Geschichte Oberschule Sachsen

entdecken und verstehen

8

Vom Zeitalter des Imperialismus bis zum Ende des Zweiten Weltkriegs

Caroline Heber, Chemnitz
Michael Heinz, Annaberg-Buchholz
Kerstin Herrmann-Nitz, Chemnitz
Tobias Sowade, Gornau/Erzgebirge

Cornelsen

Unter Verwendung von Beiträgen von:
Florian Basel, Dr. Michael Berger, Dr. Thomas Berger-von der Heide, Heike Bruchertseifer, Hans-Joachim Cornelißen, Matthias Fels, Sabine Genedl, Martin Grohmann, Kathrin Grashiller, Carola Gruner-Basel, Wolfgang Jäger, Ulrich Mittelstädt, Karl-Heinz Müller, Hans-Gert Oomen, Christine Pilz, Katrin Roth, Jürgen Schöll, Maximilian Schuster, Birgit Wenzel, Andreas Zodel

Projektleitung: Dr. Uwe Andrae
Redaktion: Nicole Rösingh, Jemgum
Grafik und Illustration: Erfurth & Kluger, Berlin; Elisabeth Galas, Bad Breisig; Carsten Märtin, Oldenburg; Dieter Stade, Hemmingen
Karten: Carlos Borrell Eiköter, Berlin; Peter Kast, Wismar
Medienbeschaffung: Anne-Katrin Dombrowsky, Sascha Haddad
Gesamtgestaltung: Heimann und Schwantes, Berlin
Technische Umsetzung: Straive

Das Umschlagbild zeigt das erste Chemnitzer Hochhaus, das nach einem Entwurf des Architekten Willy Schönefeld von 1923 bis 1925 erbaut wurde.
Foto: akg-images/Bildarchiv Monheim

www.cornelsen.de

Die Mediencodes enthalten zusätzliche Unterrichtsmaterialien, die der Verlag in eigener Verantwortung zur Verfügung stellt.

1. Auflage, 1. Druck 2022

Alle Drucke dieser Auflage sind inhaltlich unverändert
und können im Unterricht nebeneinander verwendet werden.

Druck: Mohn Media Mohndruck, Gütersloh

ISBN 978-3-06-065829-9 (Schülerbuch)
ISBN 978-3-06-065834-3 (E-Book)

PEFC
PEFC/04-31-1033

PEFC zertifiziert
Dieses Produkt stammt aus nachhaltig bewirtschafteten Wäldern und kontrollierten Quellen.

www.pefc.de

1

2

entdecken und verstehen

**Liebe Schülerin, lieber Schüler,
wir möchten dir die verschiedenen Seiten dieses Buches vorstellen.**

Auftaktseiten

Jedes Kapitel startet mit einem großen Bild. Darauf gibt es viel zu entdecken: Du kannst Eindrücke sammeln und zusammentragen, was du schon weißt.

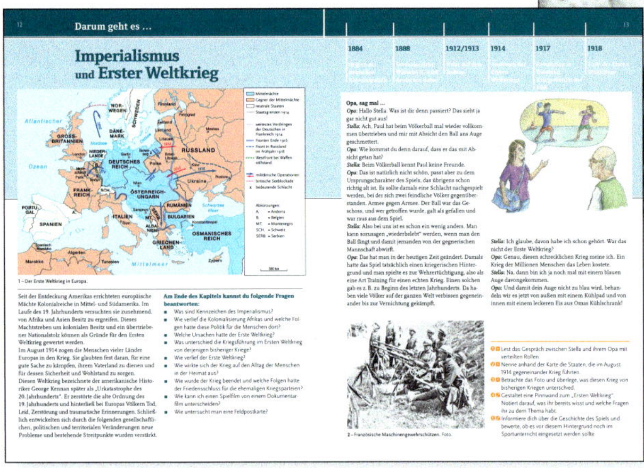

Darum geht es …

Diese Seite gibt dir einen Überblick
– über wichtige Daten und Räume,
– über die Themen des Kapitels und
– darüber, was du am Ende wissen und können sollst.

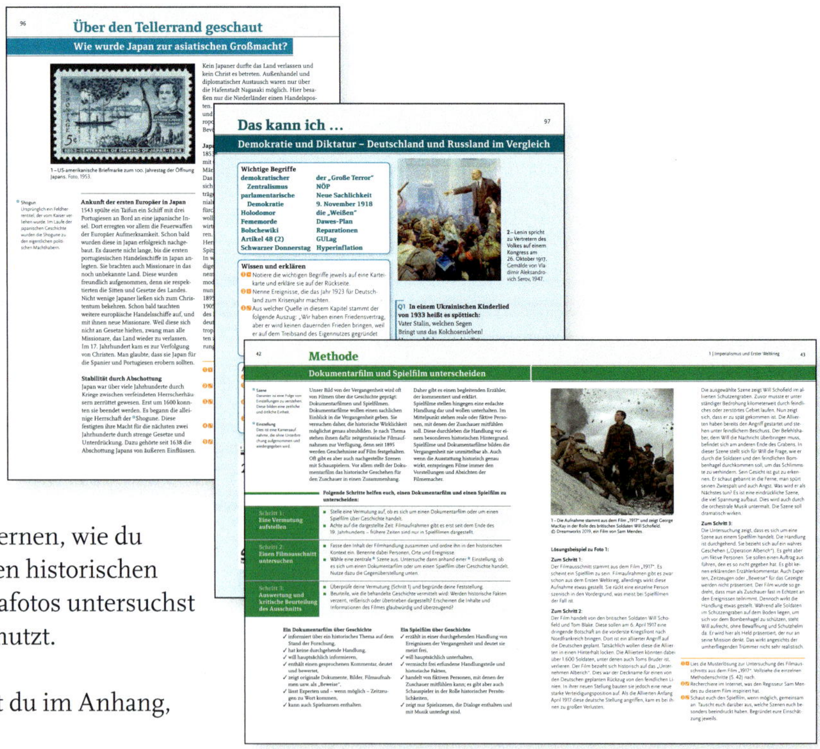

Über den Tellerrand geschaut …

Auf dieser Seite erhältst du noch vertiefende bzw. weiterführende Informationen zu einem Thema des Kapitels.

Das kann ich …

Am Ende des Kapitels kannst du dein Wissen und Können testen.

Methode

- Hier kannst du **Schritt für Schritt** erlernen, wie du z. B. einen Dokumentarfilm und einen historischen Spielfilm unterscheidest, Propagandafotos untersuchst oder Videointerviews im Unterricht nutzt.
- **Lösungsbeispiele** helfen dir.
- Eine Übersicht der Methoden findest du im Anhang, S. 184 ff.

Inhaltsseite

Oben links steht immer die **Frage**, um die es auf der Doppelseite geht. Dann folgen **Autorentexte.**

Bei den **Materialien** werden Reden von Politikern, Zeitzeugenberichte und andere Schriften aus der Vergangenheit als Quellen mit einem **Q** versehen. Texte, in denen Wissenschaftler oder Journalisten aus heutiger Sicht etwas darstellen, tragen ein **M**.

Du findest hier auch **Bilder, Karten und Grafiken.**

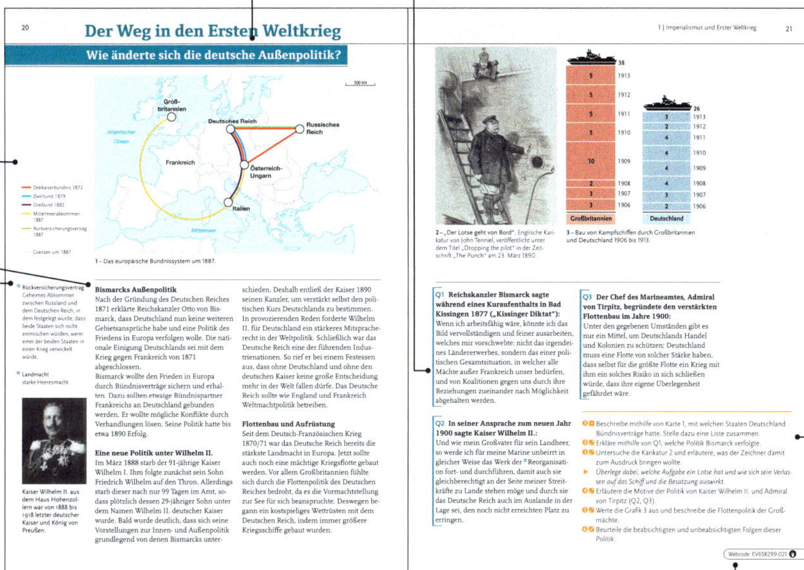

Mit den **Aufgaben** kannst du Fragen, Autorentexte und Materialien bearbeiten. Hinter dem Pfeil ▶ findest du **Starthilfen.**

Auf der Randspalte findest du **in schwarzer Schrift Worterklärungen** von schwierigen Begriffen im Autorentext.

Der **Webcode** rechts oder links unten auf der Seite führt dich zu verschiedenen Angeboten zur Weiterarbeit: Du kannst Themen des Buches im Internet vertiefen und dein Wissen anhand von Selbsteinschätzungsbögen prüfen.
So geht es:
1. Gehe auf die Webseite cornelsen.de/webcodes
2. Gib den Webcode der Seite ein, z. B.:

Webcode: EV658299-021

Geschichte vor Ort

Hier erfährst du etwas über die Geschichte Sachsens.

Geschichte vor Ort
Wie endete der Krieg in Sachsen?

Hier spielt die Geschichte

Mithilfe dieser Seite könnt ihr euer Wissen gemeinsam testen und Spaß haben.

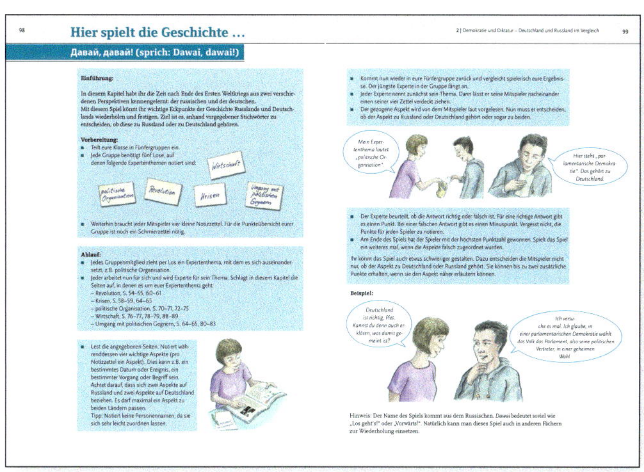

Individuell lernen und fördern

Schauplatz-Seiten: Wahlaufgaben zu einem spannenden Großbild

Auf Schauplatz-Seiten findest du – immer passend zum Kapitelthema – **ein großes Bild mit Wahlaufgaben** (rot), die du in Gruppenarbeit löst.

128 Die Verfolgung der Juden bis 1939

3 | Nationalsozialismus, Zweiter Weltkrieg und Shoah 129

Täter, Opfer, Zuschauer Schauplatz Geschichte

1 – SS-Mannschaften und Polizisten treiben jüdische Bürger Baden-Badens durch die Straßen der Stadt. Foto, 10.11.1938.

Einen Tag nach dem Pogrom, am 10.11.1938, wurden in Baden-Baden 52 deutsche Männer jüdischen Glaubens festgenommen. Unter den Augen zahlreicher Zuschauer wurden sie zum Bahnhof und dann in das Konzentrationslager Dachau gebracht.

Teilt euch in Gruppen auf und bearbeitet eine der Aufgaben.

Wahlaufgaben

1. Lasst dieses Bild zunächst auf euch wirken. Identifiziert dann auf dem Bild Täter, Opfer und Zuschauer.
2. Versucht, den einzelnen Personen in dem Bild eine Stimme zu geben (Juden, Bewacher, Fotograf, Zuschauer). Was könnten sie gesagt oder gedacht haben?
3. Die Eltern am Rande erklären ihren Kindern, was sich ereignet.
4. „Davon haben wir nichts gewusst“, behaupteten viele Menschen nach dem Ende der Herrschaft der Nationalsozialisten. Diskutiert diese Behauptung und schreibt dazu vor dem Hintergrund dieser Aufnahme eine Stellungnahme. Reicht euer Wissen als Basis für eine Stellungnahme aus?
5. Informiert euch im Archiv eures Heimatortes über den 9. und 10. November 1938. Vergleicht euer Ergebnis mit den Informationen auf den Seiten 126–129. Gibt es Parallelen oder Unterschiede?

Von leicht bis schwierig …

Bei allen Aufgaben dieses Buches findest du **Würfel** ⚄.
Sie zeigen **unterschiedliche Schwierigkeitsgrade** an:
- ⚀ einfacher Schwierigkeitsgrad,
- ⚁ mittlerer Schwierigkeitsgrad,
- ⚂ erhöhter Schwierigkeitsgrad.

1. ⚀ Lege eine Zeitleiste an und halte darin die wichtigsten Ereignisse der russischen Revolution fest.
2. ⚁ Stelle Vermutungen an, warum die deutsche Regierung Lenin zur Rückreise nach Russland verhalf.
3. ⚁ Begründe anhand des Textes, warum Lenins radikale Aprilthesen bei vielen Menschen in Russland so gut ankamen.
4. ⚁ Beschreibe, welchen Eindruck Bild 1 von der Oktoberrevolution vermittelt. Vergleiche dann mit der Darstellung des 25. Oktober 1917 im Text. Überlege, warum die Bolschewiki die Situation noch einmal auf diese Weise nachgestellt hatten.
5. ⚁ Lass das Bild 2 sprechen. Versetze dich dazu in die Lage einzelner Personen und formuliere ihre Gedanken.
   ▶ *Frau: Endlich einer aus dem Volke, der meine Sorgen versteht …*
6. ⚂ Viele Geschichtswissenschaftler sehen in der Oktoberrevolution eher einen Putsch. Nimm dazu begründet Stellung.

▶▶ Starthilfen – unterstützen und fördern

Auf den Seiten dieses Buches findest du **Starthilfen, die dich bei der Lösung von Aufgaben unterstützen.** Sie tragen ein oranges ▶ oder rotes ▶ Dreieck und sind in *kursiver* Schrift gesetzt.

1. ⚀ Beschreibe anhand des Textes die wirtschaftliche und finanzielle Lage Deutschlands nach dem Krieg.
2. ⚁ Erkläre die Gründe und Folgen der Hyperinflation im Krisenjahr 1923. Nutze dazu die Grafik 1 und das Bild 2.
3. ⚂ Stelle dir vor, du erlebst das Jahr 1923. Schreibe einen kurzen Tagebucheintrag darüber, wie es dir geht und welche Wirkung die Ereignisse auf dich haben.
   ▶ *Liebes Tagebuch, es ist kaum vorstellbar, aber die Brotpreise …*

Hilfe durch die Operatorenliste

Alle Aufgaben enthalten bestimmte Begriffe, die dir mitteilen, was du bei dieser Aufgabe tun sollst, z. B. nenne, beschreibe, erkläre ... Dies sind die Operatoren. Auf den beiden **Innenseiten des Einbands** dieses Buches findest du eine **Operatorenliste**, in der du solche Begriffe nachschlagen kannst. Du findest dort außerdem Hilfen, wie du bei der Lösung von Aufgaben mit diesem Operator vorgehen kannst.
Die Operatoren sind **alphabetisch** geordnet.

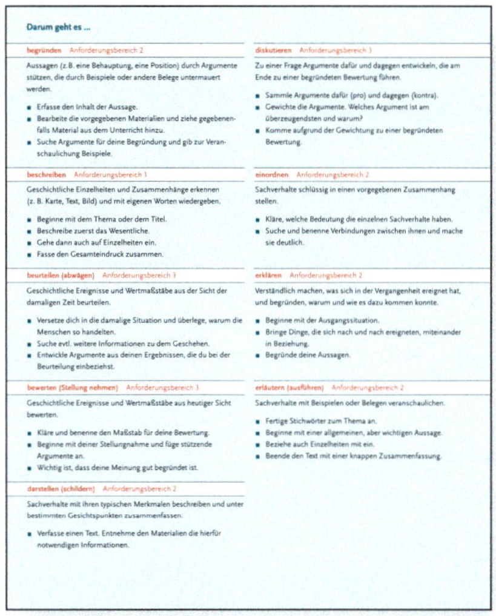
Darum geht es ...

begründen Anforderungsbereich 2

Aussagen (z.B. eine Behauptung, eine Position) durch Argumente stützen, die durch Beispiele oder andere Belege untermauert werden.

- Erfasse den Inhalt der Aussage.
- Bearbeite die vorgegebenen Materialien und ziehe gegebenenfalls Material aus dem Unterricht hinzu.
- Suche Argumente für deine Begründung und gib zur Veranschaulichung Beispiele.

beschreiben Anforderungsbereich 1

Geschichtliche Einzelheiten und Zusammenhänge erkennen (z. B. Karte, Text, Bild) und mit eigenen Worten wiedergeben.

- Beginne mit dem Thema oder dem Titel.
- Beschreibe zuerst das Wesentliche.
- Gehe dann auch auf Einzelheiten ein.
- Fasse den Gesamteindruck zusammen.

beurteilen (abwägen) Anforderungsbereich 3

Geschichtliche Ereignisse und Wertmaßstäbe aus der Sicht der damaligen Zeit beurteilen.

- Versetze dich in die damalige Situation und überlege, warum die Menschen so handelten.
- Suche evtl. weitere Informationen zu dem Geschehen.
- Entwickle Argumente aus deinen Ergebnissen, die du bei der Beurteilung einbeziehst.

bewerten (Stellung nehmen) Anforderungsbereich 3

Geschichtliche Ereignisse und Wertmaßstäbe aus heutiger Sicht bewerten.

- Kläre und benenne den Maßstab für deine Bewertung.
- Beginne mit deiner Stellungnahme und füge stützende Argumente an.
- Wichtig ist, dass deine Meinung gut begründet ist.

darstellen (schildern) Anforderungsbereich 2

Sachverhalte mit ihren typischen Merkmalen beschreiben und unter bestimmten Gesichtspunkten zusammenfassen.

- Verfasse einen Text. Entnehme den Materialien die hierfür notwendigen Informationen.

diskutieren Anforderungsbereich 3

Zu einer Frage Argumente dafür und dagegen entwickeln, die am Ende zu einer begründeten Bewertung führen.

- Sammle Argumente dafür (pro) und dagegen (kontra).
- Gewichte die Argumente. Welches Argument ist am überzeugendsten und warum?
- Komme aufgrund der Gewichtung zu einer begründeten Bewertung.

einordnen Anforderungsbereich 2

Sachverhalte schlüssig in einen vorgegebenen Zusammenhang stellen.

- Kläre, welche Bedeutung die einzelnen Sachverhalte haben.
- Suche und benenne Verbindungen zwischen ihnen und mache sie deutlich.

erklären Anforderungsbereich 2

Verständlich machen, was sich in der Vergangenheit ereignet hat, und begründen, warum und wie es dazu kommen konnte.

- Beginne mit der Ausgangssituation.
- Bringe Dinge, die sich nach und nach ereigneten, miteinander in Beziehung.
- Begründe deine Aussagen.

erläutern (ausführen) Anforderungsbereich 2

Sachverhalte mit Beispielen oder Belegen veranschaulichen.

- Fertige Stichwörter zum Thema an.
- Beginne mit einer allgemeinen, aber wichtigen Aussage.
- Beziehe auch Einzelheiten mit ein.
- Beende den Text mit einer knappen Zusammenfassung.

Medienbildung / digitale Bildung

Auf vielen Seiten kannst du **Angebote zur Medienbildung und digitalen Bildung** finden:
Unter den Webcodes:

- **Linktipps** zur Lösung von Arbeitsaufträgen

  Webcode: EV658299-021

- **Selbsteinschätzungsbögen** zur „Das kann ich"-Seite

  Webcode: EV658299-045
  Selbsteinschätzungsbogen

Bei den Aufgaben:

- **Rechercheaufgaben im Internet**

> 1 Erinnerungsorte an Gefallene finden sich auch in eurem Heimatort und der Umgebung. Recherchiert dazu im Internet unter der Adresse *http://www.denkmalprojekt.org*. Besucht diese Orte und fotografiert sie. Sammelt die Fotos auf einer Pinnwand.

1 Imperialismus und Erster Weltkrieg

Ende des 19. Jahrhunderts begann zwischen einigen Nationen ein Wettlauf um die Aufteilung der Erde. Besonders der übertriebene Nationalstolz und die Konkurrenz zwischen dem Deutschen Reich, Frankreich, Russland und dem britischen Empire prägte diese Politik. Man wetteiferte vor allem um Gebiete in Afrika und Asien. Dies führte zu mehreren außenpolitischen Krisen, die schließlich im Ausbruch des Ersten Weltkriegs gipfelten.
Dieser erste mit modernen Kriegsmitteln geführte, weltumspannende Krieg forderte etwa 17 Millionen Tote sowie zahllose verletzte und traumatisierte Opfer.
Doch wie konnte es zu dieser Katastrophe kommen?

Imperialismus und Erster Weltkrieg

1 – Der Erste Weltkrieg in Europa.

Seit der Entdeckung Amerikas errichteten europäische Mächte Kolonialreiche in Mittel- und Südamerika. Im Laufe des 19. Jahrhunderts versuchten sie zunehmend, von Afrika und Asien Besitz zu ergreifen. Dieses Machtstreben um kolonialen Besitz und ein übertriebener Nationalstolz können als Gründe für den Ersten Weltkrieg gewertet werden.
Im August 1914 zogen die Menschen vieler Länder Europas in den Krieg. Sie glaubten fest daran, für eine gute Sache zu kämpfen, ihrem Vaterland zu dienen und für dessen Sicherheit und Wohlstand zu sorgen.
Diesen Weltkrieg bezeichnete der amerikanische Historiker George Kennan später als „Urkatastrophe des 20. Jahrhunderts“. Er zerstörte die alte Ordnung des 19. Jahrhunderts und hinterließ bei Europas Völkern Tod, Leid, Zerstörung und traumatische Erinnerungen. Schließlich entwickelten sich durch die folgenden gesellschaftlichen, politischen und territorialen Veränderungen neue Probleme und bestehende Streitpunkte wurden verstärkt.

Am Ende des Kapitels kannst du folgende Fragen beantworten:

- Was sind Kennzeichen des Imperialismus?
- Wie verlief die Kolonialisierung Afrikas und welche Folgen hatte diese Politik für die Menschen dort?
- Welche Ursachen hatte der Erste Weltkrieg?
- Was unterschied die Kriegsführung im Ersten Weltkrieg von derjenigen bisheriger Kriege?
- Wie verlief der Erste Weltkrieg?
- Wie wirkte sich der Krieg auf den Alltag der Menschen in der Heimat aus?
- Wie wurde der Krieg beendet und welche Folgen hatte der Friedensschluss für die ehemaligen Kriegsparteien?
- Wie kann ich einen Spielfilm von einem Dokumentarfilm unterscheiden?
- Wie untersucht man eine Feldpostkarte?

1884	1888	1912/1913	1914	1917	1918
Beginn der deutschen Kolonialpolitik	Dreikaiserjahr: Wilhelm II. wird deutscher Kaiser	Krise auf dem Balkan	Ausbruch des Ersten Weltkriegs	Revolution in Russland, Kriegseintritt der USA	Ende des Ersten Weltkriegs

Opa, sag mal ...

Opa: Hallo Stella. Was ist dir denn passiert? Das sieht ja gar nicht gut aus!

Stella: Ach, Paul hat beim Völkerball mal wieder vollkommen übertrieben und mir mit Absicht den Ball ans Auge geschmettert.

Opa: Wie kommst du denn darauf, dass er das mit Absicht getan hat?

Stella: Beim Völkerball kennt Paul keine Freunde.

Opa: Das ist natürlich nicht schön, passt aber zu dem Ursprungscharakter des Spiels, das übrigens schon richtig alt ist. Es sollte damals eine Schlacht nachgespielt werden, bei der sich zwei feindliche Völker gegenüberstanden. Armee gegen Armee. Der Ball war das Geschoss, und wer getroffen wurde, galt als gefallen und war raus aus dem Spiel.

Stella: Also bei uns ist es schon ein wenig anders. Man kann sozusagen „wiederbelebt" werden, wenn man den Ball fängt und damit jemanden von der gegnerischen Mannschaft abwirft.

Opa: Das hat man in der heutigen Zeit geändert. Damals hatte das Spiel tatsächlich einen kriegerischen Hintergrund und man spielte es zur Wehrertüchtigung, also als eine Art Training für einen echten Krieg. Einen solchen gab es z. B. zu Beginn des letzten Jahrhunderts. Da haben viele Völker auf der ganzen Welt verbissen gegeneinander bis zur Vernichtung gekämpft.

Stella: Ich glaube, davon habe ich schon gehört. War das nicht der Erste Weltkrieg?

Opa: Genau, diesen schrecklichen Krieg meine ich. Ein Krieg der Millionen Menschen das Leben kostete.

Stella: Na, dann bin ich ja noch mal mit einem blauen Auge davongekommen.

Opa: Und damit dein Auge nicht zu blau wird, behandeln wir es jetzt von außen mit einem Kühlpad und von innen mit einem leckeren Eis aus Omas Kühlschrank!

2 – Französische Maschinengewehrschützen. Foto.

1. Lest das Gespräch zwischen Stella und ihrem Opa mit verteilten Rollen.
2. Nenne anhand der Karte die Staaten, die im August 1914 gegeneinander Krieg führten.
3. Betrachte das Foto und überlege, was diesen Krieg von bisherigen Kriegen unterschied.
4. Gestaltet eine Pinnwand zum „Ersten Weltkrieg". Notiert darauf, was ihr bereits wisst und welche Fragen ihr zu dem Thema habt.
5. Informiere dich über die Geschichte des Spiels und bewerte, ob es vor diesem Hintergrund noch im Sportunterricht eingesetzt werden sollte.

Lesarten des Kriegs

Warum gedenken wir des Ersten Weltkriegs?

1 – Gräberfeld von Verdun. Im Hintergrund befindet sich das Beinhaus, in dem die Gebeine von über 130.000 nicht identifizierten Gefallenen aufbewahrt werden. Foto, 1980.

2 – Die ehemalige deutsche Bundeskanzlerin Angela Merkel und der französische Präsident Emanuel Macron bei den Gedenkfeierlichkeiten 2018 in Compiègne. Foto, 2018.

Orte der Erinnerung

Grabfelder mit Tausenden von weißen Kreuzen erinnern an die „Urkatastrophe des 20. Jahrhunderts". Hier wurden zwischen 1914 und 1918 hunderttausende Soldaten aufeinandergehetzt, um sich zu töten. Heute sollen uns diese Orte an eine Zeit erinnern, in der Europa brannte, ganze Landstriche von tausenden Tonnen Stahl zerstört wurden und Millionen Menschen durch Kugeln, Granaten, Bajonette, Klappspaten oder Giftgas starben. Wer diese Hölle überlebte, war meistens seelisch und körperlich schwer verletzt.

Gedenken an die Gefallenen

Fast zehn Millionen Soldaten waren bis zum Ende des Ersten Weltkriegs auf den Schlachtfeldern getötet worden. Der Erste Weltkrieg bedeutete einen ungeheuren Schock für alle Beteiligten. Dies findet in der großen Zahl der Denkmäler seinen Ausdruck, die in allen Ländern nach Kriegsende errichtet wurden – allein in Frankreich 30.000. Neben großen Gedenkstätten wie z. B. in Verdun, wo eine der schrecklichsten Schlachten stattfand, wurden auch kleinere Erinnerungsstätten in Dörfern – meist auf Initiative der Gemeindevertretungen – errichtet. Auch in Sachsen – wie in ganz Deutschland – gibt es Kriegerdenkmäler, die an die Opfer erinnern sollen und die darauf hinweisen, dass die Familien sehr unter dem Krieg litten.

Warum das Gedenken so wichtig ist

Die gemeinsame Erinnerung aller Völker, die diesen Alptraum durchlebt hatten, spielte gerade in den Jahren 2014 und 2018 eine wichtige Rolle. Der Beginn und das Ende des Ersten Weltkriegs lagen nun ein Jahrhundert zurück. Seit vielen Jahrzehnten herrschte in den meisten europäischen Staaten, die sich mittlerweile in einer gemeinsamen Union zusammengeschlossen hatten, Frieden. Konflikte konnten zum Teil mithilfe der Völkergemeinschaft *UNO beendet oder zumindest eingedämmt werden. Einstige Feinde waren nun Verbündete. Oder etwa doch nicht?

*UNO
Abkürzung für United Nations Organization (= Vereinte Nationen). Sie wurde 1945 gegründet und soll seit dem dazu beitragen, Konflikte zwischen Völkern friedlich zu lösen.

3 – Der Ring der Erinnerung auf dem Plateau Notre-Dame-de-Lorette in der französischen Gemeinde Ablain-Saint-Nazaire. Das 2014 eingeweihte internationale Mahnmal ist den Gefallenen auf den Schlachtfeldern Flanderns und Artois gewidmet. Auf 500 Metallstelen werden fast 580.000 Namen von gefallenen Soldaten aus 40 verschiedenen Nationen genannt, ohne nach Siegern und Besiegten zu unterscheiden. Foto, 2019.

„Die alten Dämonen tauchen wieder auf und sind bereit, ihr Werk aus Chaos und Tod zu vollenden.“ Mit diesen Worten warnte der französische Präsident Emanuel Macron bei den Feierlichkeiten zum 100. Jahrestag des Waffenstillstands vor den Gefahren für den Weltfrieden. Nationalismus und Machtgier hatten 1914 in den Krieg geführt. Aber auch 100 Jahre danach sind sie noch in der Welt zu spüren: Bündnisse werden beendet, Verträge gebrochen. Uneinigkeit zwischen den Nationen blockiert weltweit die Politik. Viele Situationen von heute ähneln denen damals.

M1 Jean-Claude Juncker (von 2014 bis 2019 Präsident der Europäischen Kommission) erklärte am Volkstrauertag 2008, was uns der Besuch eines Soldatenfriedhofs lehrt:

Wer an Europa zweifelt, wer an Europa verzweifelt, der sollte Soldatenfriedhöfe besuchen!“ Nirgendwo besser, nirgendwo eindringlicher, nirgendwo bewegender ist zu spüren, was das europäische Gegeneinander an Schlimmstem bewirken kann. Das Nicht-Zusammenleben-Wollen und das Nicht-Zusammenleben-Können haben im 20. Jahrhundert 80 Millionen Menschen das Leben gekostet.

Q1 Der bedeutende britische Staatsmann Winston Churchill erläuterte in einer Rede an die akademische Jugend in Zürich 1946, wie man mit den traumatischen Erfahrungen der Vergangenheit umgehen sollte:

Wir alle müssen den Schrecknissen der Vergangenheit den Rücken kehren. Wir müssen in die Zukunft schauen. Wir können es uns nicht leisten, den Hass und die Rachegefühle (...) durch die kommenden Jahre mitzuschleppen. Wenn Europa vor endlosem Elend und schließlich vor seinem Untergang bewahrt werden soll, dann muss es in der europäischen Völkerfamilie diesen Akt des Vertrauens und diesen Akt des Vergessens gegenüber den Verbrechen und Wahnsinnstaten der Vergangenheit geben. (...)

Wenn sie es können, so werden auf allen Seiten die zugefügten Erniedrigungen und Beleidigungen durch das erlittene Elend ausgetilgt sein. Besteht irgendeine Notwendigkeit für weitere Qualen? Ist die Unbelehrbarkeit der Menschheit die einzige Lehre der Geschichte? Lasst Gerechtigkeit, Gnade und Freiheit herrschen!

1. Erinnerungsorte an Gefallene finden sich auch in eurem Heimatort und der Umgebung. Recherchiert dazu im Internet unter der Adresse *http://www.denkmalprojekt.org*. Besucht diese Orte und fotografiert sie. Sammelt die Fotos auf einer Pinnwand.
2. Erläutere mithilfe des Verfassertextes und M1, warum das Gedenken an die Opfer des Ersten Weltkriegs so wichtig ist.
3. Schildere anhand von Q1, was Winston Churchill für den Umgang mit der traumatischen Vergangenheit empfiehlt, und nimm begründet Stellung dazu.

Imperialismus im 19. Jahrhundert

Warum teilten die Industriestaaten die Welt auf?

Kolonialbesitz:
- belgisch
- britisch
- dänisch
- deutsch
- französisch
- italienisch
- japanisch
- niederländisch
- portugiesisch
- russisch
- spanisch
- Besitz der USA

Einflussgebiete der Kolonialmächte sind schraffiert dargestellt.

Abkürzungen:
B. = Belgien
Dk. = Dänemark
N. = Niederlande

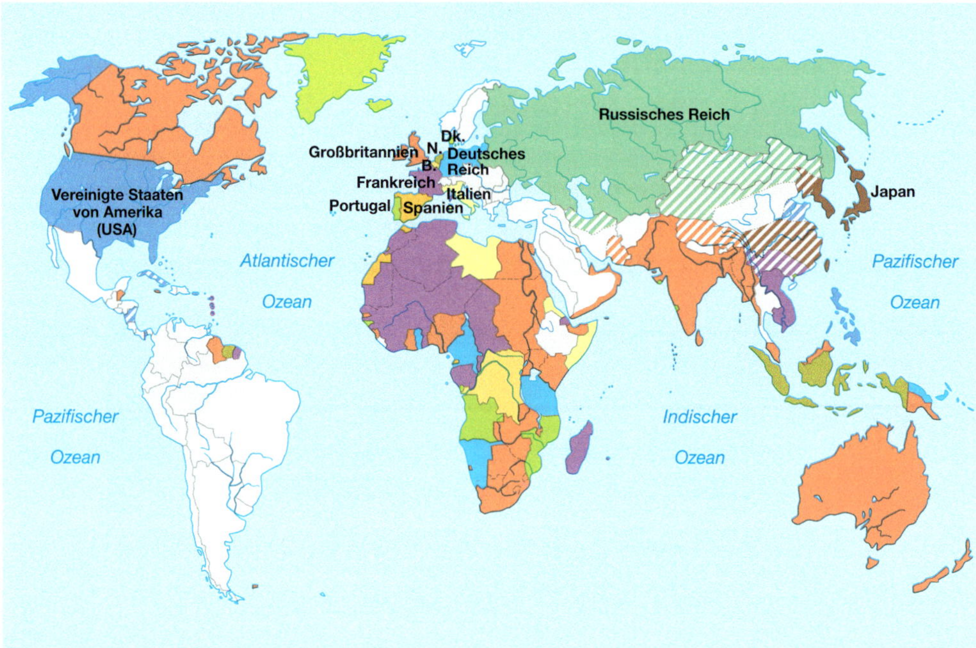

1 – Die koloniale Aufteilung der Welt.

*Imperialismus
Bezeichnung für eine angestrebte Weltherrschaft, abgeleitet von dem lateinischen Wort imperium = Weltreich

*Kolonie
überseeische Besitzung europäischer Staaten

*Kapkolonie
der Vorläuferstaat des heutigen Südafrika

Europäischer *Imperialismus

In allen europäischen Industriestaaten gab es Bestrebungen, das eigene Staatsgebiet auf überseeische Besitzungen auszudehnen und dort sogenannte *Kolonien zu errichten.
Die Europäer waren durch die industrielle Entwicklung stolz und selbstbewusst geworden. Sie waren der Überzeugung, dass das jeweils eigene Volk bedeutender sei als die Völker in den Kolonien. Diese Überheblichkeit führte zu der Ansicht, dass das eigene Land auch auf Kosten anderer Länder zu einer Weltmacht werden müsse. Daher nahmen viele europäische Staaten einfach Gebiete in Besitz, die ihnen als Rohstofflieferanten oder Absatzmärkte wichtig erschienen. Als Vorbild diente Großbritannien mit seinem riesigen Kolonialreich.
Auch Frankreich, Deutschland und Russland wollten nun Weltreiche bilden. Man bezeichnet dieses Vorgehen der europäischen Staaten als Imperialismus. Dieser Begriff kommt von der römischen Bezeichnung für ein Weltreich: imperium.

Koloniale Herrschaftsformen

Nach 1880 stritten sich die europäischen Mächte verstärkt um die angeblich noch „freien" Gebiete in der Welt. Dies betraf besonders Afrika. Viele europäische Staaten gründeten dort Kolonien. Oft wurden die entsprechenden Verträge mit der einheimischen Bevölkerung durch Gewalt erzwungen oder man besetzte einfach deren Gebiete militärisch.
Ihre Herrschaft übten die Europäer unterschiedlich aus:
- durch direkte Herrschaft, bei der das Militär der Europäer die gesamte Verwaltung einer Kolonie ausübte und die einheimische Bevölkerung zur Arbeit für die Kolonialverwaltung zwang,
- durch indirekte Herrschaft, bei der die einheimischen Fürsten oder Regierungen im Amt blieben. Diese wurden – notfalls mit Waffengewalt – gezwungen, den jeweiligen Kolonialmächten große Einflussmöglichkeiten auf die Politik und die Wirtschaft ihres Landes zu sichern.

Leitende Ideen des Imperialismus
Gerechtfertigt wurde die imperialistische Politik mit drei Theorien:
- dem **Rassismus**, der behauptete, dass es höhere und niedrigere menschliche Rassen gebe und dass die weißen Europäer und Amerikaner der höchsten Rasse angehörten,
- dem **Sozialdarwinismus**, der behauptete, dass auch im Zusammenleben der Menschen allein das Recht des Stärkeren gelte und dass die Europäer und Amerikaner als Angehörige der höchsten Rasse das Recht hätten, andere Völker zu unterwerfen,
- der **Missionsidee**, die beinhaltete, alle Nichtchristen notfalls mit Gewalt zum Christentum zu bekehren und die europäische Lebensweise in den eroberten Gebieten einzuführen.

Q1 Der britische Politiker Cecil Rhodes (1853–1902), der 1890 Premierminister der *Kapkolonie wurde, schrieb 1877, was viele Weiße, nicht nur in Großbritannien, zur Rechtfertigung des Imperialismus dachten:
Ich behaupte, dass wir die erste Rasse in der Welt sind und dass es für die Menschheit umso besser ist, je größere Teile der Welt wir bewohnen. Ich behaupte, dass jedes Stück Land, das unserem Gebiet hinzugefügt wird, die Geburt von mehr Angehörigen der englischen Rasse bedeutet, die sonst nicht ins Dasein gerufen worden wären. Darüber hinaus bedeutet es einfach das Ende aller Kriege, wenn der größere Teil der Welt in unserer Herrschaft aufgeht. (...) Da Gott sich die Englisch sprechende Rasse offensichtlich zu seinem auserwählten Werkzeug geformt hat, (...) muss es auch seinem Wunsch entsprechen, dass ich alles in meiner Macht Stehende tue, um jener Rasse so viel Spielraum und Macht wie möglich zu verschaffen.

2 – Französische Karikatur aus dem Jahr 1899 zu englischen Kolonialansprüchen. Übersetzung des Schriftbandes: „Ein Schuft, der Böses dabei denkt."

Q2 Der SPD-Abgeordnete August Bebel sagte am 17. Februar 1894 in einer Debatte zur Kolonialpolitik im Deutschen Reichstag:
Meine Herren, (...) was bedeutet in Wahrheit diese ganze sogenannte christliche Zivilisation in Afrika? Äußerlich Christentum, innerlich und in Wahrheit Prügelstrafe, Weibermisshandlung, Schnapspest, Niedermetzelung mit Feuer und Schwert, mit Säbel und Flinte. Das ist ihre Kultur. Es handelt sich um ganz gemeine materielle Interessen, ums Geschäftemachen und um nichts weiter! (...) Das ist mit einem Worte gesagt, um was es sich handelt. (...) Es handelt sich einfach um Ausbeutung und Ausraubung der Negerbevölkerung zugunsten christlicher Kapitalisten. (Große Unruhe rechts und in der Mitte. Lebhafte Zustimmung bei den Sozialdemokraten.)

1. Nenne mithilfe von Karte 1 Staaten, die besonders viele Kolonien in Afrika und Asien besaßen.
2. Beschreibe mit eigenen Worten, was man unter „Imperialismus" versteht.
3. Erkläre die Begriffe „direkte Herrschaft" und „indirekte Herrschaft".
4. Erläutere anhand des Textes und von Q1, wie die europäischen Mächte ihre imperialistische Politik rechtfertigten.
5. Untersuche Q2 und die Karikatur 2. Formuliere, was sie jeweils kritisieren.
   ▶ *Nimm die Methoden „Textquellen untersuchen" und „Karikaturen interpretieren" von S. 187 und 190 zu Hilfe.*
6. Erarbeite zur Einstellung der Europäer ein Werturteil.
7. Recherchiere in verschiedenen Medien zu ehemaligen deutschen Kolonien. Was erinnert heute noch in diesen Gebieten an die ehemalige Kolonialmacht Deutschland?

Wie kam es zum Völkermord in Deutsch-Südwest?

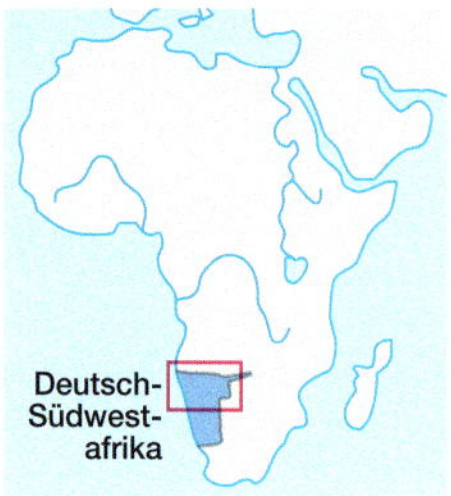

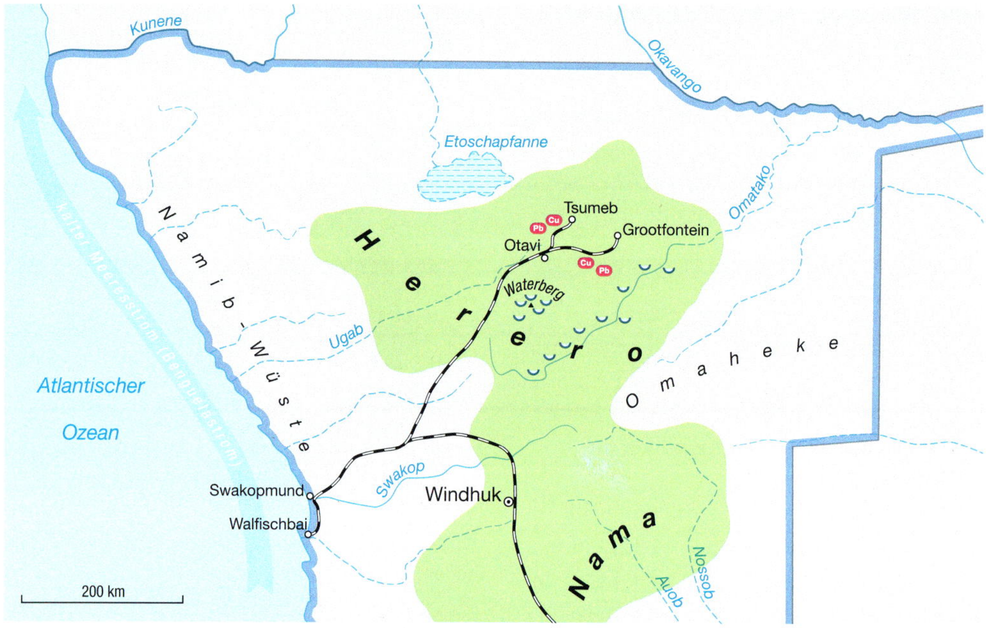

1 – Die Siedlungsgebiete der Herero und Nama.

Lothar von Trotha (1848-1920)

Samuel Maharero (1856-1923), Anführer der Herero

„Deutsch-Südwestafrika"

Der Bremer Tabak- und Waffenhändler Adolf Lüderitz erwarb 1883 Gebiete des späteren „Deutsch-Südwestafrika" durch betrügerische Verträge. Auf seinen Antrag übernahm das Deutsche Reich 1884 diese Kolonie. Hier gab es zwei größere Volksgruppen, die von der Viehzucht lebten: die Herero mit etwa 80.000 und die Nama mit ca. 20.000 Menschen.

Die deutsche Kolonialherrschaft veränderte ihre Lebensbedingungen stark:

- Händler betrogen sie um Land und Vieh.
- Für kleinste Vergehen gab es die Prügelstrafe mit der Peitsche.
- Wenn Soldaten der deutschen „Schutztruppen" Verbrechen an den Herero oder Nama begingen, wurden sie nur selten bestraft.
- Der Bau einer Bahnlinie, die den Hafen Swakopmund mit den Kupfererzminen im Norden verband, bedrohte die Existenz der Herero und Nama.
- Ihr Lebensraum wurde stark eingeschränkt, da es zu großflächigen Enteignungen kam.

Herero und Nama wehren sich

In dieser verzweifelten Lage erklärten die Herero und später auch die Nama den Deutschen im Jahr 1904 den Krieg.

Die deutsche Reichsregierung beauftragte daraufhin den preußischen General Lothar von Trotha, die Herero zu bekämpfen.

Schon nach wenigen Monaten konnten die deutschen Truppen den Kampf siegreich beenden, denn sie erhielten aus dem Deutschen Reich umfassende Verstärkungen.

In der Schlacht am Waterberg 1904 (s. Karte) wurden die Herero *eingekesselt. Dort brachen sie aus und flohen in Richtung der angrenzenden Halbwüste Omaheke. Von Trotha ließ die Herero verfolgen und riegelte die Halbwüste ab. Die Brunnen in diesem Gebiet wurden besetzt, sodass die Herero keinen Zugang zu Wasser hatten. Tausende verhungerten und verdursteten hier.

Von den etwa 80.000 Herero lebten 1905 noch etwa 16.000. Die Überlebenden wurden in Reservate gebracht, wo sie unter erbärmlichen Bedingungen leben mussten. Der Krieg gegen die Herero war ein „Vernichtungskrieg", in dem die Gegner nicht mehr besiegt und gefangen, sondern getötet werden sollten.

2 – Kampf zwischen den Herero und der deutschen Garnison von Windhuk. Holzstich, koloriert, aus der frz. Zeitschrift „Le Petit Journal", 1904.

3 – Gefangen genommene Afrikaner. Foto, 1904.

Erster Völkermord des 20. Jahrhunderts

Erst 2016 hat der damalige deutsche Bundespräsident Joachim Gauck bei einem Besuch in Namibia den Krieg gegen die Herero als Völkermord bezeichnet.

2021 erkennt auch die Bundesregierung nach jahrelangen Verhandlungen die Gräueltaten an den Herero und Nama als Völkermord an. Ihre Nachkommen sowie das Land Namibia sollen in den nächsten Jahren mit 1,1 Milliarden Euro unterstützt werden.

Q1 Über die Kriegsführung berichtete 1906 der Herero Daniel Kariko:

Auf unseren geheimen Zusammenkünften beschlossen unsere Oberhäupter, das Leben aller deutschen Frauen und Kinder zu schonen. Auch die Missionare sollten geschont werden. (...) Nur deutsche Männer wurden als unsere Feinde betrachtet.

Q2 Über die Kriegsführung Lothar von Trothas heißt es:

Ich war dabei, als die Herero bei Hamakiri, in der Nähe des Waterberges, in einer Schlacht besiegt wurden. Nach der Schlacht wurden alle Männer, Frauen und Kinder ohne Gnade getötet, die den Deutschen in die Hände fielen. Dann verfolgten die Deutschen die übrigen Herero, und alle Nachzügler am Wegesrand und im Sandfeld wurden niedergeschossen oder mit dem Bajonett niedergemacht. Die große Masse der Hereromänner war unbewaffnet und konnte sich nicht wehren. Sie versuchten nur, mit ihrem Vieh davonzukommen.

1. Beschreibe mithilfe von Karte 1, auf welche Weise die Eisenbahnlinien die Lebensgrundlage der Herero bedrohten.
2. Die Kupfer- und Bleivorkommen waren von großem Interesse für das Deutsche Kaiserreich. Nenne Möglichkeiten für deren Einsatz.
3. Beschreibe Bild 2. Gehe dabei auf die Erfolgsaussichten der Herero ein, den Krieg zu gewinnen.
4. Erläutere mithilfe von Bild 3 und dem Verfassertext, was unter einem „Vernichtungskrieg" zu verstehen ist.
5. Vergleiche die zwei Sichtweisen auf die Kriegsführung in Q1 und Q2.
6. Nimm dazu kritisch Stellung, dass die Bundesregierung erst im Jahr 2021 den Krieg gegen die Herero und Nama als Völkermord anerkannt hat.

Der Weg in den Ersten Weltkrieg

Wie änderte sich die deutsche Außenpolitik?

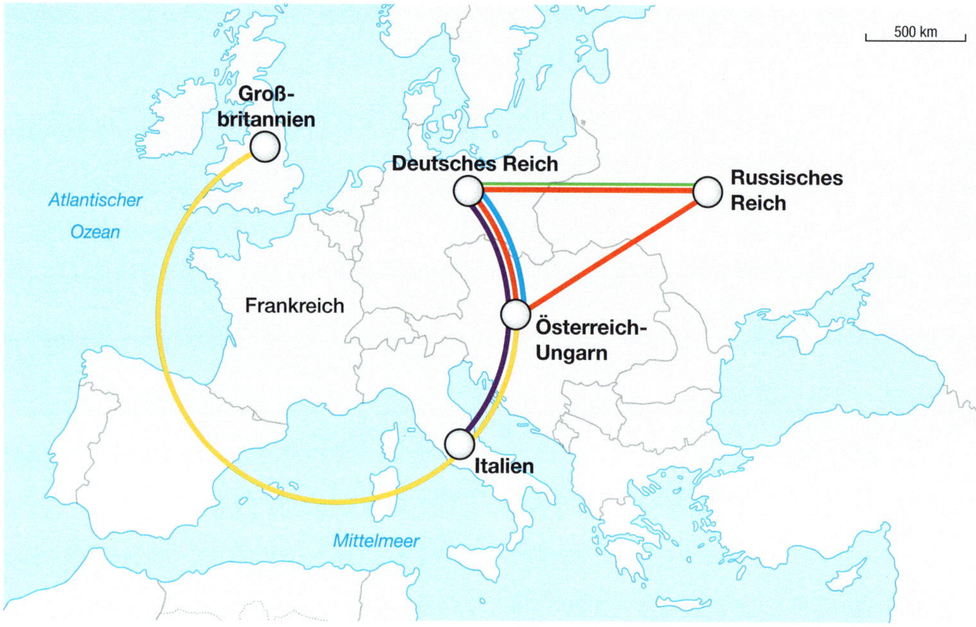

Dreikaiserbündnis 1872
Zweibund 1879
Dreibund 1882
Mittelmeerabkommen 1887
Rückversicherungsvertrag 1887
Grenzen um 1887

1 – Das europäische Bündnissystem um 1887.

Rückversicherungsvertrag Geheimes Abkommen zwischen Russland und dem Deutschen Reich, in dem festgelegt wurde, dass beide Staaten sich nicht einmischen würden, wenn einer der beiden Staaten in einen Krieg verwickelt würde.

Landmacht starke Heeresmacht

Kaiser Wilhelm II. aus dem Haus Hohenzollern war von 1888 bis 1918 letzter deutscher Kaiser und König von Preußen.

Bismarcks Außenpolitik

Nach der Gründung des Deutschen Reiches 1871 erklärte Reichskanzler Otto von Bismarck, dass Deutschland nun keine weiteren Gebietsansprüche habe und eine Politik des Friedens in Europa verfolgen wolle. Die nationale Einigung Deutschlands sei mit dem Krieg gegen Frankreich von 1871 abgeschlossen.
Bismarck wollte den Frieden in Europa durch Bündnisverträge sichern und erhalten. Dazu sollten etwaige Bündnispartner Frankreichs an Deutschland gebunden werden. Er wollte mögliche Konflikte durch Verhandlungen lösen. Seine Politik hatte bis etwa 1890 Erfolg.

Eine neue Politik unter Wilhelm II.

Im März 1888 starb der 91-jährige Kaiser Wilhelm I. Ihm folgte zunächst sein Sohn Friedrich Wilhelm auf den Thron. Allerdings starb dieser nach nur 99 Tagen im Amt, sodass plötzlich dessen 29-jähriger Sohn unter dem Namen Wilhelm II. deutscher Kaiser wurde. Bald wurde deutlich, dass sich seine Vorstellungen zur Innen- und Außenpolitik grundlegend von denen Bismarcks unterschieden. Deshalb entließ der Kaiser 1890 seinen Kanzler, um verstärkt selbst den politischen Kurs Deutschlands zu bestimmen. In provozierenden Reden forderte Wilhelm II. für Deutschland ein stärkeres Mitspracherecht in der Weltpolitik. Schließlich war das Deutsche Reich eine der führenden Industrienationen. So rief er bei einem Festessen aus, dass ohne Deutschland und ohne den deutschen Kaiser keine große Entscheidung mehr in der Welt fallen dürfe. Das Deutsche Reich sollte wie England und Frankreich Weltmachtpolitik betreiben.

Flottenbau und Aufrüstung

Seit dem Deutsch-Französischen Krieg 1870/71 war das Deutsche Reich bereits die stärkste Landmacht in Europa. Jetzt sollte auch noch eine mächtige Kriegsflotte gebaut werden. Vor allem Großbritannien fühlte sich durch die Flottenpolitik des Deutschen Reiches bedroht, da es die Vormachtstellung zur See für sich beanspruchte. Deswegen begann ein kostspieliges Wettrüsten mit dem Deutschen Reich, indem immer größere Kriegsschiffe gebaut wurden.

2 – „Der Lotse geht von Bord“. Englische Karikatur von John Tenniel, veröffentlicht unter dem Titel „Dropping the pilot“ in der Zeitschrift „The Punch“ am 23. März 1890.

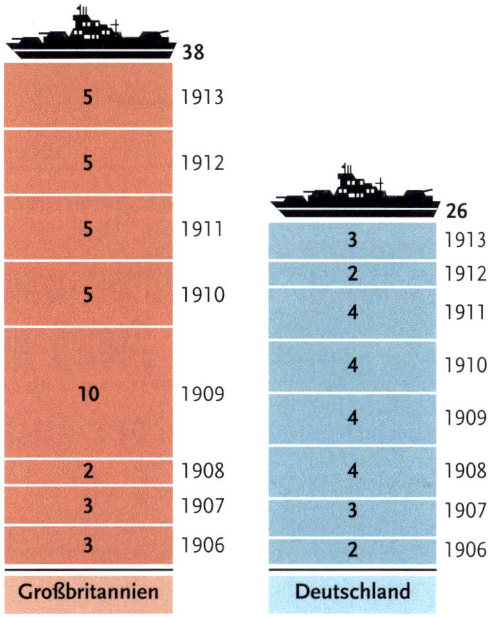

3 – Bau von Kampfschiffen durch Großbritannien und Deutschland 1906 bis 1913.

Q1 Reichskanzler Bismarck sagte während eines Kuraufenthalts in Bad Kissingen 1877 („Kissinger Diktat“):
Wenn ich arbeitsfähig wäre, könnte ich das Bild vervollständigen und feiner ausarbeiten, welches mir vorschwebte: nicht das irgendeines Ländererwerbes, sondern das einer politischen Gesamtsituation, in welcher alle Mächte außer Frankreich unser bedürfen, und von Koalitionen gegen uns durch ihre Beziehungen zueinander nach Möglichkeit abgehalten werden.

Q2 In seiner Ansprache zum neuen Jahr 1900 sagte Kaiser Wilhelm II.:
Und wie mein Großvater für sein Landheer, so werde ich für meine Marine unbeirrt in gleicher Weise das Werk der *Reorganisation fort- und durchführen, damit auch sie gleichberechtigt an der Seite meiner Streitkräfte zu Lande stehen möge und durch sie das Deutsche Reich auch im Auslande in der Lage sei, den noch nicht erreichten Platz zu erringen.

Q3 Der Chef des Marineamtes, Admiral von Tirpitz, begründete den verstärkten Flottenbau im Jahre 1900:
Unter den gegebenen Umständen gibt es nur ein Mittel, um Deutschlands Handel und Kolonien zu schützen: Deutschland muss eine Flotte von solcher Stärke haben, dass selbst für die größte Flotte ein Krieg mit ihm ein solches Risiko in sich schließen würde, dass ihre eigene Überlegenheit gefährdet wäre.

1. Beschreibe mithilfe von Karte 1, mit welchen Staaten Deutschland Bündnisverträge hatte. Stelle dazu eine Liste zusammen.
2. Erkläre mithilfe von Q1, welche Politik Bismarck verfolgte.
3. Untersuche die Karikatur 2 und erläutere, was der Zeichner damit zum Ausdruck bringen wollte.
   ▶ *Überlege dabei, welche Aufgabe ein Lotse hat und wie sich sein Verlassen auf das Schiff und die Besatzung auswirkt.*
4. Erläutere die Motive der Politik von Kaiser Wilhelm II. und Admiral von Tirpitz (Q2, Q3).
5. Werte die Grafik 3 aus und beschreibe die Flottenpolitik der Großmächte.
6. Beurteile die beabsichtigten und unbeabsichtigten Folgen dieser Politik.

Webcode: EV658299-021

Wollten wirklich alle den Krieg?

1 – Bertha von Suttner (1843–1914). Foto, 1886.

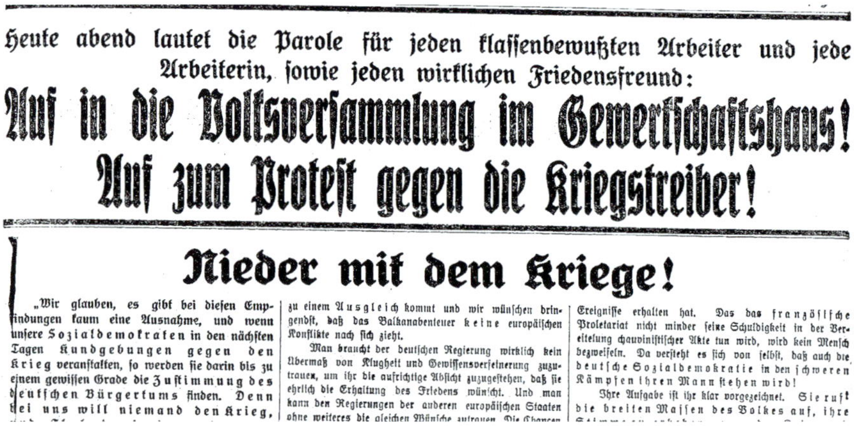

Heute abend lautet die Parole für jeden klassenbewußten Arbeiter und jede Arbeiterin, sowie jeden wirklichen Friedensfreund:

Auf in die Volksversammlung im Gewerkschaftshaus! Auf zum Protest gegen die Kriegstreiber!

Nieder mit dem Kriege!

„Wir glauben, es gibt bei diesen Empfindungen kaum eine Ausnahme, und wenn unsere Sozialdemokraten in den nächsten Tagen Kundgebungen gegen den Krieg veranstalten, so werden sie darin bis zu einem gewissen Grade die Zustimmung des deutschen Bürgertums finden. Denn bei uns will niemand den Krieg,

zu einem Ausgleich kommt und wir wünschen dringendst, daß das Balkanabenteuer keine europäischen Konflikte nach sich zieht.

Man braucht der deutschen Regierung wirklich kein Übermaß von Klugheit und Gewissensverfeinerung zuzutrauen, um ihr die aufrichtige Absicht zuzugestehen, daß sie ehrlich die Erhaltung des Friedens wünscht. Und man kann den Regierungen der anderen europäischen Staaten ohne weiteres die gleichen Wünsche zutrauen. Die Chancen

Ereignisse erhalten hat. Das das französische Proletariat nicht minder seine Schuldigkeit in der Vereitelung chauvinistischer Akte tun wird, wird kein Mensch bezweifeln. Da versteht es sich von selbst, daß auch die deutsche Sozialdemokratie in den schweren Kämpfen ihren Mann stehen wird!

Ihre Aufgabe ist ihr klar vorgezeichnet. Sie ruft die breiten Massen des Volkes auf, ihre

2 – Aufruf im „Lübecker Volksboten“, 28.07.1914.

*Pazifismus
Weltanschauung, bei der jeder Krieg abgelehnt wird. Zu den Forderungen des Pazifismus gehört auch, auf Rüstung und militärische Ausbildung zu verzichten.

*Patent
Wenn man eine Erfindung zum Patent anmeldet, hat man als Einziger das Recht, diese Erfindung zu nutzen.

Bertha von Suttners Traum vom Frieden

„Jetzt erst sieht man die Massenhaftigkeit der umherliegenden Leichen: Auf den Straßen, zwischen den Feldern, in den Gräben, hinter Mauertrümmern; (...) Geplündert, mitunter nackt. Ebenso die Verwundeten. Diese (...) sehen fahl und zerstört aus, grün und gelb, mit stierem, stumpfsinnigem Blick (...).“ Diese Zeilen stammen aus dem Roman „Die Waffen nieder“. Er vermittelt dem Leser das wahre Gesicht des Kriegs fernab jedes Heldentums. Geschrieben wurde er von Bertha von Suttner, die selbst in mehreren Kriegen Angehörige verloren hatte. 1891 gründete sie in Wien die österreichische Friedensgesellschaft.

Als Vorsitzende dieser Initiative schrieb sie an den Unternehmer Alfred Nobel (S. 23), mit dem sie eine lebenslange Freundschaft verband: „Es wäre schön, wenn der Erfinder des Kriegssprengstoffes einer der Förderer der Friedensbewegung wäre.“ Nobel antwortete ihr: „Mit dem Verlangen nach Abrüstung macht man sich fast lächerlich, ohne jemandem zu nützen“, und ferner: „Meine Fabriken werden vielleicht dem Krieg noch früher ein Ende machen als Ihre Kongresse.“

Bertha von Suttner ließ sich davon nicht entmutigen. Unermüdlich hielt sie Vorträge und schrieb an die Regierungen, um vor einem Krieg zu warnen.

Friedenshoffnung der Arbeiter

Es waren vor allem einfache Bürger und Arbeiter, die als Soldaten auf den Schlachtfeldern starben. Daher machte die sozialistische Arbeiterbewegung mit Friedenskundgebungen auf die Kriegsgefahr aufmerksam. Der *Pazifismus gehörte somit zu den wichtigsten Zielen von Gewerkschaften und Arbeiterparteien wie der SPD.

Q1 So äußerte sich Bertha von Suttner 1909 zum Wettrüsten der Nationen:

Welches sind die Faktoren, die die Rüstungsschraube in Bewegung setzen? Sind es die Völker, die danach verlangen? Mitnichten! Der Anstoß (...) kommt immer aus dem Kriegsministerium mit der bekannten Begründung, dass andere Kriegsministerien vorangegangen sind, und der zweiten Begründung, dass man von Gefahr und Feinden umgeben ist. Das schafft eine Atmosphäre von Angst (...). Und wer ist tätig, diese Angst zu verbreiten? Wieder die militärischen Kreise. Die haben immer einen „unvermeidlichen“ Krieg auf Lager (...). Kriegsparteien gibt es in jedem Lande; was diese äußern, wird von den Kriegsparteien der anderen Länder als die Willensmeinung der ganzen betreffenden Nation ausgegeben. Und die gegenseitigen Furcht- und Hassgefühle treiben die gemeinsame Schraube.

VIP

„Ich möchte einen Stoff oder eine Maschine schaffen können von so fürchterlicher, massenhaft verheerender Wirkung, dass dadurch Kriege überhaupt unmöglich würden."

Name: Alfred Nobel

Lebensdaten: 21. Oktober 1833 – 10. Dezember 1896

Familie: Nobel stammte aus einer schwedischen Unternehmerfamilie.

Jugend/Schule/Ausbildung:
- 1837 ging die Firma des Vaters, eines Brücken- und Eisenbahnkonstrukteurs bankrott. Dieser versuchte dann, in Russland geschäftlich Fuß zu fassen.
- 1843 holte der Vater, der es als Rüstungsunternehmer zu großem Wohlstand gebracht hatte, seine Familie nach Sankt Petersburg. Hier erhielt Alfred Nobel Unterricht bei Privatlehrern. Sein großes Interesse galt der Chemie. Er wurde als Maschinenbauer ausgebildet und beherrschte fünf Sprachen fließend.
- 1850 unternahm er eine zweijährige Studienreise durch mehrere Länder. In Paris vertiefte er bei führenden Experten seine Kenntnisse in der Chemie, vor allem in der Sprengstofftechnik.

Werdegang:
- Ab 1852 forschte Alfred Nobel gemeinsam mit seinem Vater auf dem Gebiet der Sprengstoffchemie.
- 1867 Erfindung und massenhafte Herstellung von Dynamit. In den Folgejahren baute Alfred Nobel ein Wirtschaftsimperium auf. Durch dieses brachte er es zu enormem Reichtum.

Besonderheit:
1876 war die Friedenskämpferin Bertha von Suttner für zwei Wochen Privatsekretärin von Nobel. Sie inspirierte ihn zum späteren Friedensnobelpreis, der ihr aber erst 1905 zugesprochen wurde.

Was bleibt:
Bis zu seinem Tod meldete Nobel 355 Erfindungen zum *Patent an. Fast sein gesamtes Vermögen vermachte er einer Stiftung. Diese zeichnet seit 1901 jährlich Menschen aus, die im jeweils vergangenen Jahr der Menschheit den größten Nutzen erbracht haben. Die Verleihung auf den Gebieten Physik, Chemie, Literatur, Medizin und Frieden findet immer am 10. Dezember statt.

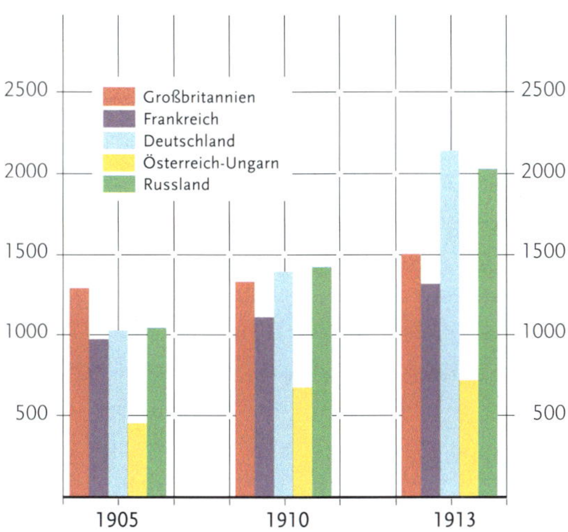

3 – Rüstungsausgaben (in Mio. Mark)

1. Fasse mithilfe von Q1 zusammen, worin Bertha von Suttner die Ursachen für das Wettrüsten sah.
2. Beschreibe anhand von Grafik 3, wie sich die Rüstungsausgaben der europäischen Großmächte entwickelten. Notiere für die angegebenen Jahre, welches Land am meisten ausgab.
3. Stelle einen Zusammenhang zwischen Grafik 3 und Q1 her. Halte deine Ergebnisse schriftlich fest.
4. Erläutere mithilfe des Verfassertextes und Bild 2, welche Bevölkerungsschichten und Parteien den Krieg ablehnten.
5. Erkläre das Zitat von Alfred Nobel mit eigenen Worten.
6. Diskutiere die Positionen von Alfred Nobel und Bertha von Suttner. Begründe deine eigene Meinung.

Der Ausbruch des Ersten Weltkriegs

Wodurch wurde der Krieg ausgelöst?

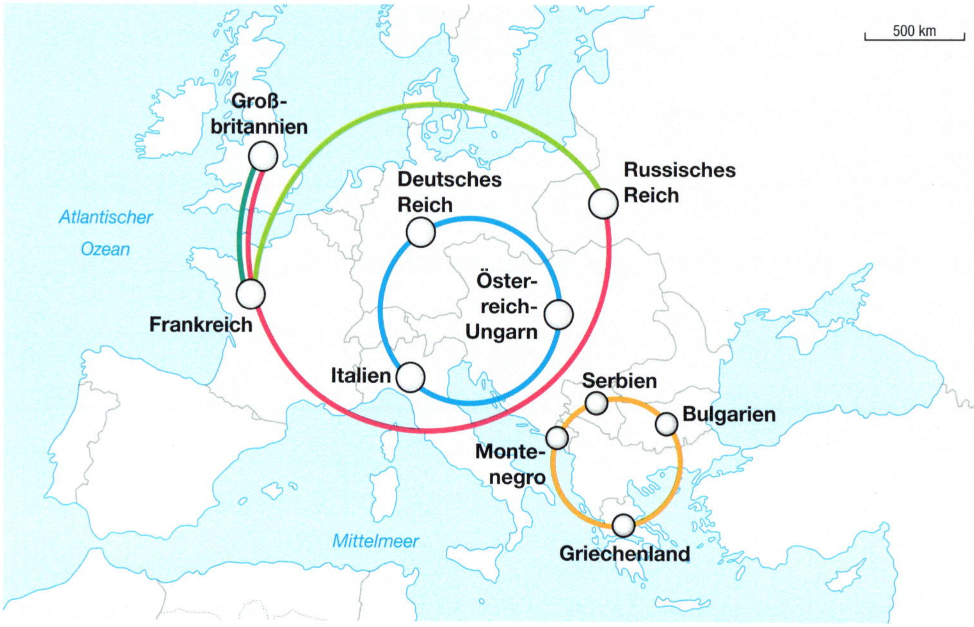

1 – **Das europäische Bündnissystem um 1914.** Der Dreibund zerbrach 1915 mit dem Kriegseintritt Italiens auf der Seite von Großbritannien, Russland und Frankreich.

Dauerkrise auf dem *Balkan

Im Laufe des 19. Jahrhunderts hatten sich die Völker des Balkans von der osmanischen Herrschaft befreit. Griechenland, Serbien und Bulgarien waren selbstständige Staaten geworden. Die staatliche Zuordnung von Albanien sowie Bosnien blieb umstritten. Die Großmächte Österreich-Ungarn und Russland versuchten, ihren Einfluss auf dem Balkan zu vergrößern. Österreich-Ungarn nahm 1908 Bosnien, das zum Osmanischen Reich gehörte, in seinen Besitz. Dagegen protestierte das mit Russland verbündete Königreich Serbien. Das Interesse Russlands richtete sich darauf, mit der Unterstützung Serbiens einen Zugang zur strategisch wichtigen Meerenge, den *Dardanellen, zu bekommen.

In den Jahren 1912/1913 wurden zwei Kriege um die Frage der staatlichen Neuordnung auf dem Balkan geführt. Ihr Ergebnis war, dass Griechenland, Bulgarien und Serbien ihr Staatsgebiet vergrößerten. Albanien wurde ein selbstständiger Staat. Deutschland und Großbritannien verhinderten durch Verhandlungen, dass sich Österreich-Ungarn und Russland direkt an den Balkankriegen beteiligten. So konnte 1912 der Ausbruch eines großen europäischen Krieges noch vermieden werden.

Der Weg in den Krieg

Die Heeresleitung in Deutschland rechnete in der politisch angespannten Lage mit einem Zweifrontenkrieg gegen Frankreich und Russland. Sie erklärte bereits 1912: „Je eher, desto besser.“ Viele Menschen in Europa teilten diese Meinung und sahen in einem kommenden Krieg ein „reinigendes Gewitter“.

Alle großen Staaten Europas waren im Frühjahr 1914 zum Krieg bereit. Der Nationalismus war in den einzelnen Ländern derart gefestigt, dass für jeden einzelnen ein Scheitern der eigenen Nation unmöglich und ein siegreiches Hervorgehen als unumgänglich erschien. Es fehlte nur noch ein Anlass. Dieser fand sich darin, dass ein

*Balkan
Halbinsel im Mittelmeer, die zur damaligen Zeit die Länder Serbien, Montenegro, Rumänien, Bulgarien, Albanien und Griechenland umfasste (siehe Karte).

*Dardanellen
So bezeichnet man die Meerenge zwischen dem asiatischen und europäischen Teil der Türkei an der westlichen Seite des Marmarameeres zur Ägäis.

*Entente cordiale
So nennt man einen Vertrag zwischen Frankreich und Großbritannien. Er regelte im gegenseitigen Einverständnis die Einflussbereiche beider Länder in Afrika.

*Triple Entente
Darunter versteht man die Erweiterung der Entente cordiale mit Russland als Dreierbündnis gegen Deutschland.

2 – ‚The Boiling Point‘. Europäische Mächte sitzen auf dem Pulverfass Balkan. Karikatur aus „The Punch“, 1912.

serbischer Attentäter im Juni 1914 den österreichischen Thronfolger Franz Ferdinand und seine Frau Sophie in Sarajevo ermordete. Im Laufe eines Monats entwickelte sich der ursprünglich auf den Balkan beschränkte Konflikt zwischen Österreich und Serbien zu einem ganz Europa erfassenden Krieg, denn die einzelnen Bündnissysteme begannen nun, nacheinander ihre Wirkung zu entfalten. Serbien weigerte sich, österreichische Beamte an dem Ermittlungsverfahren gegen die Attentäter zu beteiligen. Darauf erklärte Österreich-Ungarn am 28. Juli 1914 Serbien den Krieg. Deutschland unterstützte seinen Bündnispartner Österreich-Ungarn bedingungslos („Blankoscheck“). Noch am gleichen Tag erfolgte in Russland die *Teilmobilmachung. Am 1. August 1914 erklärte Deutschland Russland und am 3. August Frankreich den Krieg. Als am 3. August deutsche Truppen die *Neutralität Belgiens missachteten und Richtung Frankreich durchmarschierten, war dies für England der Anlass, Deutschland den Krieg zu erklären.

M1 Der deutsche Historiker Fritz Fischer zog 1961 das folgende Fazit über die Verantwortung des Deutschen Reiches am Kriegsausbruch:

Da Deutschland den österreichisch-serbischen Krieg gewollt, gewünscht und gedeckt hat und, im Vertrauen auf die deutsche militärische Überlegenheit, es im Jahre 1914 bewusst auf einen Konflikt mit Russland und Frankreich ankommen ließ, trägt die deutsche Reichsführung einen erheblichen Teil der historischen Verantwortung für den Ausbruch eines allgemeinen Krieges.

M2 Der australische Historiker Christopher Clark beantwortete 2013 die Frage, wer die Verantwortung für den Ausbruch des Ersten Weltkriegs trägt, so:

Der Kriegsausbruch von 1914 ist kein *Agatha-Christie-Thriller, an dessen Ende wir den Schuldigen (...) auf frischer Tat ertappen. In dieser Geschichte gibt es keine Tatwaffe als unwiderlegbaren Beweis, oder genauer: Es gibt sie in der Hand jedes einzelnen wichtigen Akteurs. (...) (Das) heißt (...) keineswegs, dass wir die kriegerische und imperialistische *Paranoia der österreichischen und deutschen Politiker kleinreden sollten (...). Aber die Deutschen waren nicht die einzigen Imperialisten, geschweige denn die einzigen, die unter einer Paranoia litten. Die Krise, die im Jahre 1914 zum Krieg führte, war die Frucht einer gemeinsamen politischen Kultur (...).“

* **Agatha Christie**
bekannte englische Krimiautorin (1889–1980)

* **Mobilmachung**
Maßnahmen, durch die die Streitkräfte eines Landes für den Kriegseinsatz bereitgestellt werden, z. B. durch die Einberufung aller Wehrpflichtigen.

* **Neutralität**
Wörtlich: Nichtbeteiligtsein, hier Unabhängigkeit eines Staates

* **Paranoia**
krankhaftes Misstrauen

1. Erstelle mithilfe von Karte 1 eine Liste der Bündnisverträge mit den zugehörigen Bündnispartnern.
2. Vergleiche Deutschlands Bündnisse vor dem Ersten Weltkrieg (Karte 1) mit den Bündnissen um 1887 auf S. 20, Karte 1. Deine Ergebnisse von Aufgabe 1 werden dir helfen.
3. Erläutere die Situation auf dem Balkan mithilfe der Karikatur 2 und dem Verfassertext.
4. Fasse mit eigenen Worten die Vorgänge, die zum Kriegsausbruch führten, zusammen. Unterscheide dabei genau zwischen Ursache und Anlass.
   ▶ *Alle Länder hatten aufgerüstet und der Nationalismus führte zu einem Gefühl der Überlegenheit in den einzelnen Ländern. ...*
5. Vergleiche die Meinungen der beiden Historiker (M1, M2) zur Kriegsschuldfrage. Begründe, welchem Urteil du dich anschließt.

Der Erste Weltkrieg

Welche Ziele verfolgten die Kriegsgegner?

1 – Deutsche Kriegsfreiwillige bei der Abfahrt zur Westfront. Foto, 1914.

2 – Britische Kriegsfreiwillige nach ihrer Einkleidung. Foto, 1914.

✲ Kriegskredite
Kredite zur Führung eines Krieges. Diese mussten vom Reichstag genehmigt werden.

Hoffnung auf einen kurzen Krieg

Die Nachricht von der Mobilmachung der Streitkräfte erfüllte vor allem die Menschen in den Städten mit Begeisterung. Der über Jahrzehnte erwachsene Nationalismus ließ ein siegreiches Hervorgehen aus dem Krieg als einzige Folge erscheinen. Diese positive Stimmung war auch in anderen Ländern Europas spürbar. Kaum einer glaubte, dass es einen langen Krieg geben würde. Junge Männer in ganz Europa meldeten sich freiwillig, um in den Krieg zu ziehen. Im Deutschen Reichstag stimmten alle Parteien für die vom Kaiser geforderten ✲Kriegskredite. Die SPD unterstützte diese jedoch erst nach heftigen innerparteilichen Kämpfen.

Deutsche Kriegsziele

- Frankreich darf nie wieder Großmacht sein. Daher werden die nordfranzösischen Industriegebiete übernommen. Zusätzlich soll Frankreich hohe Geldsummen an das Deutsche Reich zahlen.
- Belgische Industriegebiete sollen an das Deutsche Reich angegliedert werden.
- Unter deutscher Oberhoheit wird ein Zollverband von Frankreich bis Polen und von Norwegen bis Italien errichtet.
- Die russische Herrschaft über fremde Völker auf seinem Staatsgebiet wird beendet.
- Das Deutsche Reich wird einen größeren Anteil an den Kolonien auf Kosten der anderen Mächte haben.

Kriegsziele anderer Länder

- Österreich-Ungarn will seine Vorherrschaft auf dem Balkan ausbauen. Der Einfluss Russlands dort soll zurückgedrängt werden. Rumänien und Serbien sollen eingegliedert werden. Zudem beansprucht es Teile Polens.
- Frankreich will die Macht des Deutschen Reiches brechen und Elsass-Lothringen zurückgewinnen.
- England fordert die Abschaffung der deutschen Kriegsflotte und die Aufteilung der deutschen Kolonien.
- Russland will die Vorherrschaft Österreich-Ungarns auf dem Balkan beenden. Zudem strebt es die Herrschaft über Istanbul und die Dardanellen an.

Jedes Land bezeichnete seine Kriegsziele als „Friedensprogramm“, da nur so der Frieden dauerhaft gesichert werden könne.

3 – Die Kriegsgegner im Ersten Weltkrieg.

Q1 Kaiser Wilhelm II. erklärte am 4. August 1914 vor dem Deutschen Reichstag:

Die gegenwärtige Lage ging nicht aus vorübergehenden Interessenkonflikten (...) hervor, sie ist das Ergebnis eines seit langen Jahren tätigen Übelwollens gegen Macht und Gedeihen des Deutschen Reichs. Uns treibt nicht Eroberungslust, uns beseelt der unbeugsame Wille, den Platz zu bewahren, auf den Gott uns gestellt hat, für uns und alle kommenden Geschlechter. (...) In aufgedrungener Notwehr mit reinem Gewissen und reiner Hand ergreifen wir das Schwert. (...) Hier wiederhole ich: Ich kenne keine Partei mehr, ich kenne nur Deutsche.

Q2 Für die SPD erklärte der Abgeordnete Hugo Haase am 4. August 1914 im Reichstag:

Jetzt stehen wir vor der *ehernen Tatsache des Krieges. Uns drohen die Schrecknisse feindlicher *Invasionen. Nicht für oder gegen den Krieg haben wir heute zu entscheiden, sondern über die Frage der für die Verteidigung des Landes erforderlichen Mittel. (...)

Da machen wir wahr, was wir immer betont haben: Wir lassen in der Stunde der Gefahr das eigene Vaterland nicht im Stich. (...) Wir fordern, (...) sobald das Ziel der Sicherung erreicht ist, (...) einen Frieden, der die Freundschaft mit den Nachbarvölkern ermöglicht.

* ehern
Dies ist eine andere Bedeutung für eisern.

* Invasion
Darunter versteht man einen Angriff oder auch eine Besetzung.

1. Betrachte die Bilder 1 und 2. Nenne mögliche Gründe für die Kriegsbegeisterung der jungen Soldaten und in Teilen der europäischen Bevölkerung.
2. Erkläre mithilfe von Karte 3, warum es sich bei dem Ersten Weltkrieg um einen Weltkrieg handelte.
3. Fasse zusammen, wie Wilhelm II. die Notwendigkeit des Krieges begründet (Q1).
4. Vergleiche die Worte des deutschen Kaisers in Q1 mit den im Text genannten deutschen Kriegszielen.
5. Beurteile die Rede von Wilhelm II. (Q1) mithilfe der Informationen, die du auf den Seiten 24–25 erhalten hast.
6. Erläutere mithilfe von Q2 die Haltung der SPD zum Krieg.
7. Stelle Vermutungen an, warum Kriegsziele auch „Friedensprogramm“ genannt wurden.
8. Verfasse für einen der Kriegsfreiwilligen auf den Bildern 1 und 2 einen inneren Monolog. Gehe dabei auf ihre Gefühle, Hoffnungen und Wünsche ein.

Was machte diesen Krieg so anders?

1 – Verlauf der Westfront 1914–1918

Stellungskrieg
Damit bezeichnet man eine Kriegsführung, die durch sich kaum verändernde Frontverläufe geprägt ist. Vor allem an der Somme, bei Verdun und Ypern tobte jahrelang ein verlustreicher, aber ergebnisloser Kampf zwischen den gegnerischen Grabenstellungen.

Paul von Hindenburg (1849–1934)

Erich Ludendorff (1865–1937)

Vom Bewegungs- zum *Stellungskrieg

Das Deutsche Reich führte den Krieg an zwei Fronten: gegen Frankreich im Westen und gegen Russland im Osten. Um nicht dauerhaft an zwei Fronten kämpfen zu müssen, orientierte man sich am Feldzugsplan von General Alfred von Schlieffen aus dem Jahr 1905. Danach sollte Frankreich in einem Blitzkrieg bezwungen werden, damit anschließend alle Truppen geballt gegen Russland eingesetzt werden können.
Für einen raschen Erfolg in Frankreich fielen die deutschen Truppen am 4. August 1914 in das neutrale Belgien ein. In einem Sturmlauf stießen sie durch Belgien, Nord- und Ostfrankreich Richtung Paris vor, um die Stadt einzukesseln. Anfang September standen fünf deutsche Armeen zwischen Verdun und Paris, sodass die französische Regierung nach Bordeaux fliehen musste. Als die deutschen Truppen jedoch über die Marne vordrangen, wurden sie in einem großen französischen Gegenangriff gestoppt und zum Rückzug gezwungen. Auch in den übrigen Frontabschnitten blieb der Angriff stecken. Damit war der deutsche Feldzugsplan gescheitert. Frankreich fehlte jedoch die Kraft zu einem entscheidenden Durchbruch und so erstarrte die Front im Stellungskrieg.
Die Armeen begannen, sich in festen Stellungen einzugraben. Von der Kanalküste bis an die Schweizer Alpen erstreckte sich nun ein tief gestaffeltes System von Schützengräben. Oft lagen die gegnerischen Gräben nur 30 bis 50 Meter voneinander entfernt. Die Erstarrung der Front im Grabenkrieg führte dazu, dass beide Seiten von nun an versuchten, die gegnerischen Stellungen durch ungeheuren Einsatz an Soldaten, Material und stundenlanges Trommelfeuer aufzubrechen. Diese Kämpfe nennt man Materialschlachten.

Die Kampfhandlungen im Osten

Die deutsche Militärführung glaubte zunächst, dass die russische Armee nicht so schnell kampfbereit sei. Aber bereits im August 1914 kam es zu einem Angriff auf Ostpreußen. Dieser konnte von den Generälen Paul von Hindenburg und Erich von Ludendorff in zwei Schlachten erfolgreich abgewehrt werden, es blieb aber eine endgültige Entscheidung aus. Deutsche und österreichische Truppen starteten nun eine Gegenoffensive im Osten und konnten nach mehreren wechselvollen Kämpfen mit der russischen Armee bis 1917 zum Teil große Raumgewinne (z. B. in Kurland, Litauen und Polen) verzeichnen.

2 – Deutsche Soldaten mit Gasmaske in Maschinengewehr-Stellung. Foto, 1916.

3 – Ein englischer Panzer (Tank). Foto, 1918.

Die Ausweitung des Krieges

1915 kamen weitere Fronten hinzu: ab Februar versuchten die *Entente-Mächte, die Halbinsel Gallipoli im Osmanischen Reich zu besetzen, um von dort aus die Hauptstadt Konstantinopel zu erobern. Damit wäre ein Bündnispartner der *Mittelmächte ausgeschaltet und der Zugang Russlands vom Schwarzen Meer zum Mittelmeer ermöglicht worden. Die Kämpfe endeten mit einer Niederlage der Entente-Mächte. Bulgarien trat darauf den Mittelmächten bei.
Schließlich bildete sich noch eine Südfront. Trotz des Dreibundes mit den Mittelmächten verbündete sich Italien im Mai 1915 mit den *Alliierten. Die Gründe für den Kriegseintritt Italiens lagen in der Gegnerschaft zu Österreich-Ungarn. Außerdem wurden ihm im Falle eines Sieges der Alliierten Gebietsgewinne versprochen. Vor allem der Isonzo-Fluss an der österreichisch-ungarischen Grenze blieb bis zum Rückzug der Italiener Ende 1917 heiß umkämpft.

Industrialisierter Krieg

Eine noch nie gesehene Materialschlacht setzte durch den Grabenkrieg und die neuen Waffen ein: Maschinengewehre, Hand- und Giftgasgranaten, Flammenwerfer, Minen, Panzer und Flugzeuge. Man hoffte, den Gegner durch Giftgas und Dauerfeuer zu zermürben und auszubluten. Die Gewalt der Explosionen zerfetzte in Minuten ganze Wälder, stampfte Betonbunker zusammen und tötete Hunderttausende von Menschen. Millionen von Soldaten verloren ihr Leben, ohne dass eine Seite einen klaren Sieg errang.

Deutscher Seekrieg

Die britische Marine verhängte schon zu Beginn des Krieges eine Seeblockade, die Deutschland von allen Einfuhren abschnitt. Dies beantwortete Deutschland mit dem uneingeschränkten Einsatz von U-Booten. Ohne Warnung griffen sie alliierte Kriegsschiffe, Passagier- und Handelsschiffe an, um sie zu versenken.
Erst nach energischem Protest der USA stellte Deutschland den uneingeschränkten U-Boot-Krieg 1915 vorerst wieder ein.
Am 31. Mai 2016 kam es zu der einzigen großen Seeschlacht zwischen Deutschen und Briten vor dem *Skagerrak unter Einsatz von Großkampfschiffen. Sie brachte aber keiner Seite einen entscheidenden Vorteil.

* Mittelmächte
So bezeichnete man das Bündnis von Deutschem Reich, Österreich-Ungarn, Osmanischem Reich und Bulgarien.

* Entente-Mächte
Damit bezeichnete man die verbündeten Gegner der Mittelmächte.

* Alliierte
ebenfalls eine Bezeichnung für die verbündeten Gegner der Mittelmächte

* Skagerrak
ein Teil der Nordsee entlang der skandinavischen Küste

1. Beschreibe mit eigenen Worten den Schlieffenplan.
2. Schildere mithilfe des Verfassertextes den Kriegsverlauf der Jahre 1914 und 1915. Nutze dazu auch die Karte 1.
3. Nenne die neuen Waffen und Taktiken, mit denen dieser Krieg geführt wurde.
4. Erkläre anhand des Textes die Bedeutung der Industrialisierung für den Verlauf des Krieges.
5. Erläutere mithilfe des Textes sowie der Bilder 2 und 3, wodurch sich die Kriegserfahrung im Ersten Weltkrieg grundlegend von vorangegangenen Kriegen unterschied.

Wie sah der Kriegsalltag an der Front aus?

1 – Deutsche Infanteristen erstürmen mit Handgranaten und Flammenwerfern am 15.03.1916 die Anhöhe „Toter Mann“ in der Schlacht von Verdun.

Verdun – Sinnbild des Grauens

Die Schlacht von Verdun, die mit Unterbrechung vom 21. Februar bis zum 16. Dezember 1916 geführt wurde, gilt bis heute als Sinnbild für die Ergebnislosigkeit des Stellungskrieges und sinnloses Massensterben. Hier fanden die Materialschlachten ihren Höhepunkt, denn nie zuvor wurde die Industrialisierung des Krieges so brutal sichtbar wie an diesem Ort.

Die Deutschen wollten die für die französische Bevölkerung symbolträchtige Festungsstadt Verdun und die sie umgebenden Anhöhen mit einer großen Offensive erobern. Auf diese Weise sollte wieder Bewegung in den Krieg kommen. So nahmen sie strategisch wichtige Höhen, einige Dörfer und Festungswerke, wie z. B. das *Fort Douaumont vor Verdun, nach schwersten Kämpfen ein. Allerdings konnten diese nur teilweise gehalten werden. So wechselten bereits zerstörte Dörfer, Unterstände und Schützengräben immer wieder die Seiten. Im monatelangen Hin- und Her konnten weder das Deutsche Reich noch Frankreich nennenswerte Geländegewinne oder einen entscheidenden Sieg erreichen. Über 400.000 Soldaten beider Seiten wurden verwundet, über 305.000 Soldaten getötet. Ebenfalls 1916 fand die Schlacht an der Somme vom 24. Juni bis zum 26. November statt. Bei dieser kamen sogar über 1 Million Soldaten ums Leben.

Vom 22. April bis zum 25. Mai 1915 fand die zweite Schlacht von Ypern in Belgien statt: Dort setzten die Deutschen erstmals chemische Waffen in Form von Chlorgas ein. Dieses sogenannte „Buntschießen“, benannt nach den farbigen Kreuzen auf den Granaten, mit denen die verschiedenen Gasarten markiert wurden, führte in nur wenigen Minuten zu fürchterlichen Verletzungen für Getroffene. Damit wurde die Kriegsführung, bei welcher der Mensch selbst immer mehr nur als „Material“ gesehen wurde, weiter verstärkt. Die Psyche der Soldaten wurde durch das permanente Trommelfeuer der Artillerie und die ständige Todesangst ohnehin in unmenschlicher Weise belastet. Nun kam die Angst vor einem grausamen Erstickungstod hinzu. Viele Soldaten wurden wahnsinnig,

* Fort
So wird eine einzelne Befestigungsanlage bezeichnet, mit der strategisch wichtige Geländepunkte verteidigt werden sollen.

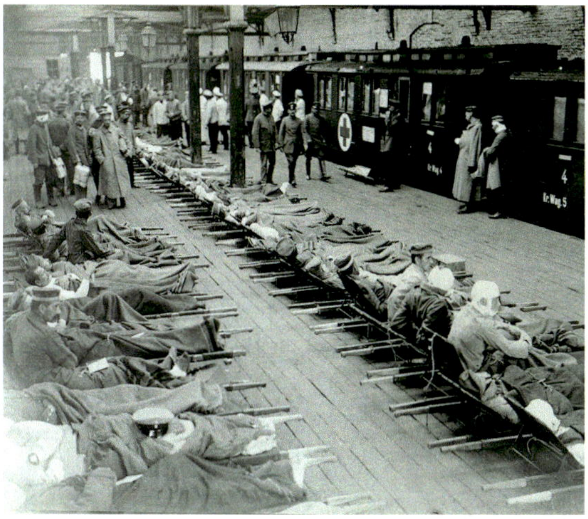

2 – Kriegsverletzte des Ersten Weltkriegs. Foto, 1918. Zur erschütternden Bilanz des Krieges gehörten Millionen Verwundete und Kriegsversehrte. Ihre Verletzungen wurden meist durch Granatsplitter verursacht.

3 – „Rauchpause" deutscher Soldaten vor ihrem Unterstand. Bildpostkarte, um 1914.

als sie in ihren Schützengräben zum untätigen Warten auf den jederzeit möglichen Tod gezwungen waren. In der Folge nahmen auch Erkrankungen des Nervensystems zu, bei denen die Männer z. B. ihre Bewegungen nicht mehr kontrollieren konnten. Man nannte sie „Kriegszitterer". Die Soldaten waren aber nicht dauerhaft im vordersten Frontgraben eingesetzt. Um den Druck auf die Einheiten zu reduzieren, wurden sie regelmäßig für kurze Zeit in die hinteren Linien oder das Hinterland verlegt.

Q1 Ein französischer Soldat schrieb im Februar 1915 seiner Mutter:

Um drei Uhr wurde der Sturm entfesselt: Sprengungen von sieben Minengängen unter den Schützengräben des Feindes; es war wie ein fernes Donnern. Dann machten die fünfhundert Geschütze einen Höllenlärm, währenddessen wir losgestürmt sind. (...) Ich musste weite nächtliche Strecken zurücklegen, auf denen ich die Toten und Verwundeten beider Parteien antraf. Morgens wurden wir mit ernstlichen Verlusten bis zu unseren früheren Stellungen zurückgetrieben; aber am Abend (...) haben wir wieder alles zurückgewonnen. (...) Du kannst dir nicht vorstellen, geliebte Mutter, was der Mensch dem Menschen anzutun vermag. (...) Endlich, nach fünf Tagen des Entsetzens, die uns zwölfhundert Opfer gekostet haben, sind wir aus diesem Ort der Gräuel zurückgezogen worden.

Q2 Am 17. Juli 1916 schrieb ein deutscher Soldat nach Hause:

Am vierten Tage, Freitag, ging's dann schon in der Frühe los mit der schweren *Artillerie bis abends halb zehn Uhr. Was das heißt: zehn Stunden im Unterstand liegen unter Granatfeuer, zehn Stunden den Tod des Lebendig-begraben-Werdens vor Augen oder die Aussicht, in die Luft zu fliegen, falls eine Granate da einschlägt, wo der Sprengstoff liegt.

* Artillerie
Geschütze

1 Beschreibe den Kriegsalltag an der Front. Zähle dazu alle Belastungen der Soldaten aus dem Verfassertext auf. Beziehe auch Bild 1 in deine Antwort mit ein.

2 Untersuche in Q1 und Q2, wie der französische und der deutsche Soldat den Krieg erlebten. Stelle dabei einen Bezug zu Bild 2 her.

▶ *Nimm die Methode „Textquellen untersuchen", S. 187, zu Hilfe.*

3 Vergleiche die Schilderungen der Soldaten (Q1, Q2) und das Foto 2 mit dem Bild, das die Postkarte (Bild 3) vom Krieg vermittelt.

Wie sah der Kriegsalltag in der Heimat aus?

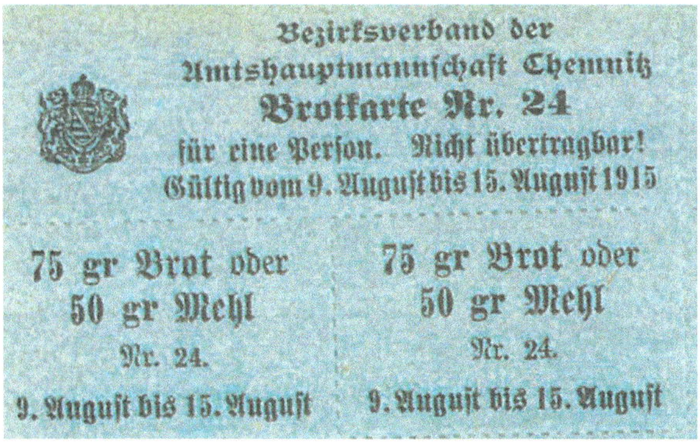

1 – Lebensmittelmarke der Stadt Chemnitz (Brot/Mehl).

2 – Lebensmittelmarke der Stadt Chemnitz (Butter).

Heimatfront

Der Krieg prägte auch den Alltag der Menschen in der Heimat, obwohl das Deutsche Reich von Kampfhandlungen auf eigenem Boden weitgehend verschont blieb. Um zu zeigen, dass die Entbehrungen dort auch zum Erfolg des Krieges beitrugen, prägte man in der Propaganda den Ausdruck „Heimatfront“.

Hungersnot

Die britische Blockade der Seewege schloss Deutschland von allen wichtigen Einfuhren ab. Das galt für Rohstoffe für die Kriegsindustrie, aber auch für Lebensmittel. Missernten bei Kartoffeln und Getreide führten schließlich im Winter 1916/17 zu einer großen Hungersnot, dem sogenannten „Steckrübenwinter“. Bereits seit Januar 1915 wurden die Lebensmittel nur noch auf Bezugskarten ausgegeben. Aber viele der Lebensmittel gab es trotz der Karten oder Marken nicht. Steckrüben (Kohlrüben), sonst ein Futtermittel für Tiere, wurden daher zu einem wichtigen Nahrungsmittel. Sie wurden dem Brot beigemischt und anstelle von Kartoffeln gegessen. Viele Menschen litten stark unter dem Hunger, besonders die Armen, Kranken und Kinder, da sie sich keine zusätzlichen Lebensmittel beschaffen konnten. Etwa 700.000 Menschen starben in Deutschland zwischen 1914 und 1918 an den Folgen der Unterernährung.

Frauenarbeit

Frauen übernahmen nun auch Arbeiten, die zuvor nur Männern vorbehalten waren. Sie bedienten schwere Maschinen und gingen z. B. den Berufen der Straßenbahnführerin oder der Schornsteinfegerin nach. Besonders in der Industrie waren immer mehr Frauen anzutreffen. Dort arbeiteten gegen Kriegsende mehr als zwei Millionen Frauen. Sie wurden aber deutlich schlechter bezahlt als ihre männlichen Kollegen.
Ein hoher Frauenanteil war vor allem in der Kriegsindustrie zu verzeichnen, obwohl die Arbeit, bei der z. B. Zündschnüre, Patronen oder Granaten hergestellt wurden, anstrengend und gefährlich war. So starben im Frühjahr 1917 40 Arbeiterinnen bei einer Explosion in einer Fürther Munitionsfabrik. Zahlreiche soziale Schutzbestimmungen in den Betrieben wurden aufgehoben, um die Mehrarbeit von Männern und Frauen in den Betrieben durchzusetzen. Zum Teil mussten selbst zwölfjährige Kinder beim Entladen von Eisenbahnwaggons helfen.
Die Arbeit in der Rüstungsindustrie, wo die durchschnittliche Arbeitswoche 55 Stunden hatte, belastete besonders die Frauen. Sie mussten sich auch weiterhin um den Haushalt und die Versorgung der Kinder kümmern. Nur wenige Betriebe gewährten ihnen Zeit für Einkäufe und die Besorgung des Haushalts.

3 – **Frauen in einem Rüstungsbetrieb bei der Arbeit.** Foto, um 1917.

4 – **Zwei Mitarbeiterinnen des Städtischen Betriebsamtes.** Seit Ende 1916 gab es auch Wagenlenkerinnen bei der Bielefelder Straßenbahn. Foto 1918.
© Stadtarchiv Bielefeld.

Q1 Im Herbst 1917 schrieb die 15-jährige Elfriede Kuhr in ihr Tagebuch:
Wenn wir bloß ein bisschen mehr zu essen hätten! Aber Brot und Mehl sind so knapp, und mit den anderen Lebensmitteln steht es nicht besser. Augenblicklich haben wir pro Person in einer ganzen Woche ein halbes Pfund Kaffee-Ersatz und ein halbes Pfund Margarine; Butter für Erwachsene pro Woche 125 g. Manchmal gibt es Bezugsscheine für ein halbes Pfund Haferflocken, ein halbes Pfund *Graupen und ein halbes Pfund Grieß. Aber wenn die Vorräte ausverkauft sind, hat man ganz umsonst stundenlang vor den Läden Schlange gestanden.

M1 Der Historiker Volker Ullrich schrieb 1994 zum Kriegsalltag:
Schon 1916 kam es zu den ersten wilden Streiks in der Rüstungsindustrie. (...) Motive und Ziele waren überwiegend wirtschaftlicher Natur: Die Arbeiter verlangten Teuerungszulagen oder zusätzliche Lebensmittel und nahmen – sobald die Unternehmer Entgegenkommen zeigten – die Arbeit wieder auf. (...) Allein in Berlin, dem Zentrum der Bewegung, streikten (im Januar 1918) über 400.000 Arbeiter; von hier aus sprang der Funke auf fast alle Industriestädte über.

Karl Retzlaw hat in seinen Erinnerungen wiedergegeben, was er am Morgen des 28. Januar, am Tage des Streikbeginns, zur versammelten Belegschaft des Kabelwerks Cassirer in Berlin-Charlottenburg sprach: „Auf einem Tisch in der Mitte der Versammelten stehend begann ich meine Rede: ‚Wir streiken nicht aus Kohlrübengründen, wir streiken, um den Krieg zu beenden; (...) Wir wollen Frieden, wir wollen dem Kaiser und seinen Generälen keine Waffen mehr liefern! (...) Wir wollen streiken, bis der Krieg beendet ist!'"

* **Graupen**
Getreidemischung aus Gersten und Weizen

1. Beschreibe mithilfe des Verfassertextes, Q1 und den Bildern 1–2 die Versorgungsprobleme im Reich. Welche Auswirkungen hatten sie auf die Menschen in Deutschland?
2. Verfasse ein kurzes Gespräch zwischen zwei Personen, die vor einem Geschäft in der Warteschlange stehen und sich über die Versorgungssituation im Deutschen Reich unterhalten.
3. Versetze dich in die Lage einer der Frauen in den Bildern 3–4 und schreibe mithilfe des Verfassertextes einen inneren Monolog.
4. Erläutere mithilfe von M1, warum die Arbeiterschaft ab 1916 streikte.
5. Beschreibe, wie sich die Sichtweise auf den Krieg seit 1914 verändert hat.
6. Führe die Streikrede aus M1 weiter.
▶ *„... bis der Krieg beendet ist! Wir leiden Hunger trotz Sonderzahlungen. Man versprach uns ja den schnellen Sieg, aber ..."*

Methode

Feldpostkarten untersuchen

Um einen direkten Kontakt zwischen den Soldaten an der Front und ihren Angehörigen in der Heimat zu ermöglichen, wurden während des Ersten Weltkriegs viele Feldpostbriefe und vor allem -postkarten verschickt. Besonders Letztere waren beliebt, da man auf ihnen kurz einen schnellen Gruß formulieren konnte. In den vier Kriegsjahren wurden etwa 10 Milliarden Feldpostkarten verteilt. Sie geben uns heute einen persönlichen Einblick in das Kriegsgeschehen, obwohl die Post oft zensiert wurde und auch die Schreiber nicht alles preisgaben, um ihre Angehörigen zu schonen.

Die Feldpostkarte ist aber nicht nur eine interessante Textquelle. Auch die Abbildungen auf der Rückseite verraten viel über die damaligen Verhältnisse.
Oftmals waren patriotische und propagandistische Motive abgedruckt, um die Kriegsmoral und das Durchhaltevermögen der Soldaten zu stärken. Sie zeigten z. B. die eigenen Soldaten als Helden und ließen die Situation in den Schützengräben manchmal geradezu idyllisch anmuten. Diese pathetische Darstellung stimmte jedoch meist nicht mit den Erfahrungen an der Front überein.

Die folgenden Schritte helfen dir, eine Feldpostkarte zu untersuchen:

Schritt 1:
Beschreibung der Feldpostkarte

Rückseite (Bilddarstellung):
- Welche Darstellungsform wurde gewählt (Foto, Zeichnung, Schrift)?
- Was ist abgebildet (genaue Bildbeschreibung)? Personen, Umgebung ...

Vorderseite (Textdarstellung):
- Wann wurde die Feldpostkarte geschrieben bzw. abgeschickt?
- Von wo wurde die Karte verschickt und wohin?
- Wie heißen der Adressat und der Absender? Erfährt man etwas über die Tätigkeit des Absenders? Wie steht er zum Adressaten?
- Was steht im Mittelpunkt des Textes (private und alltägliche Fragen oder Beschreibung der Front und des Feindes, Beurteilung des Krieges)?

Schritt 2:
Einordnung in den historischen Zusammenhang

- Wurde die Karte zu Beginn oder gegen Ende des Krieges geschrieben?
- Wie war zu dieser Zeit die Situation an der Front und in der Heimat?

Schritt 3:
Absicht klären

- Welche Absicht verfolgt das Bild (Beschönigung des Krieges, Durchhalteparolen ...)?
- Stellt der Absender die Situation an der Front realistisch dar? Gibt es Anhaltspunkte, dass er etwas beschönigt bzw. verschweigt?
- Welche Absicht verfolgt der Absender mit der Karte?

Schritt 4:
Beurteilung

- Hat der Absender mit der Feldpostkarte wohl sein beabsichtigtes Ziel erreicht?
- Wie beurteilst du die Meinung des Absenders zum Krieg, zur Front und zur Heimat?
- Wie ist die Bilddarstellung aus heutiger Sicht zu bewerten?
- Wie findest du die Bilddarstellung (bösartig, irreführend ...)?

1 Vollziehe auf S. 35 die Methodenschritte 1–3 nach, indem du sie mit Bild 1 und Q1 vergleichst.

2 Beurteile die Feldpostkarte mithilfe von Schritt 4.
► *Ich denke, Kurt Müller hat sein Ziel erreicht, da ...*
Die Bilddarstellung verwundert, denn ...

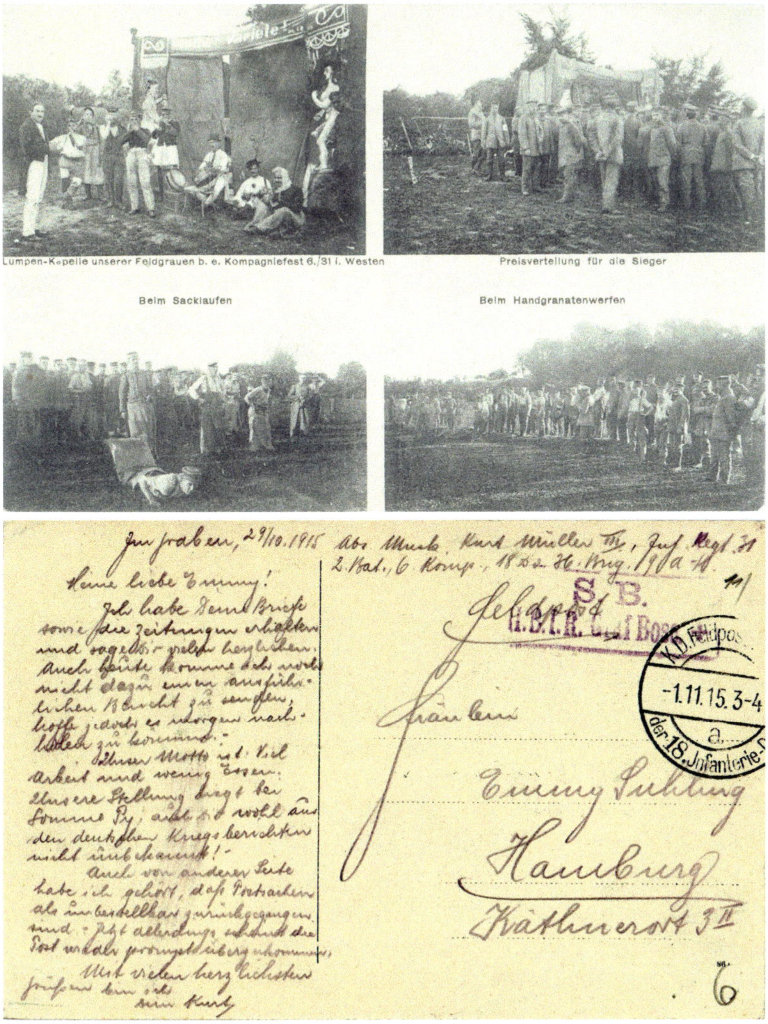

1 – Deutsche Feldpostkarte, abgeschickt in Frankreich 1915.

Q1 Übertragung des Postkartentextes:
Meine Liebe Emmy!
Ich habe deine Briefe sowie die Zeitungen erhalten und sage dir vielen herzlichen [Dank]. Auch heute komme ich noch nicht dazu[,] einen ausführlichen Bericht zu senden, hoffe jedoch[,] es morgen nachholen zu können. –
Unser Motto ist: Viel Arbeit und wenig Essen. Unsere Stellung liegt bei Somme Py [Champagne, Frankreich], auch sie wohl aus den deutschen Kriegsberichten nicht unbekannt! –
Auch von anderer Seite habe ich gehört, da[ss] Postsachen als unüberstellbar zurückgegangen sind. – Jetzt allerdings scheint die Post wieder prompt rüberzukommen.
Mit vielen herzlichen Grüßen bin ich
dein Kurty

Zum Schritt 1:
Vier kleine Fotos zeigen Soldaten bei Sport, Spiel und Spaß. Laut der Beschriftung handelte es sich um ein Kompaniefest.
Die Karte wurde am 29.10.1915 in der Stellung bei Somme Py (Frankreich) geschrieben. Absender ist Kurt Müller, der im Infanterie-Regiment diente. Die Karte ist adressiert an Fräulein Emmy Suhling in Hamburg. Kurt Müller bedankt sich zunächst für die erhaltene Post. Dann lässt er durchblicken, dass es Übermittlungsprobleme gegeben habe, die aber wieder überwunden wurden. Ob dies mit der Kampfsituation zu tun hat, lässt er offen. Ohnehin erfährt man wenig über das Geschehen an der Front, außer dass sie sich bei Somme Py befand und es viel zu tun, aber zu wenig Essen gab.

Zum Schritt 2:
Die Karte wurde geschrieben, als der Erste Weltkrieg seit über einem Jahr im Gange war. Im Westen hatte er sich zu einem Stellungskrieg entwickelt. Von Ende September bis Anfang November 1915 lieferten sich Deutsche und Franzosen in der Champagne unter heftigem Trommelfeuer eine Schlacht. Man schätzt, dass hier über 200.000 Soldaten starben.

Zum Schritt 3:
Die Postkarte sollte Emmy beruhigen. Darauf deutet sein Hinweis auf die Stellung bei Somme Py hin, von der man in der Heimat schon aus den Kriegsberichten gehört haben kann. Kurt berichtet wenig Kritisches (Post, Essen). Die Fotos vermitteln eher ein positives Bild von der Front: Man sieht nur fröhliche Soldaten bei vergnüglichen Kinderspielen.

Was geschah mit den Armeniern?

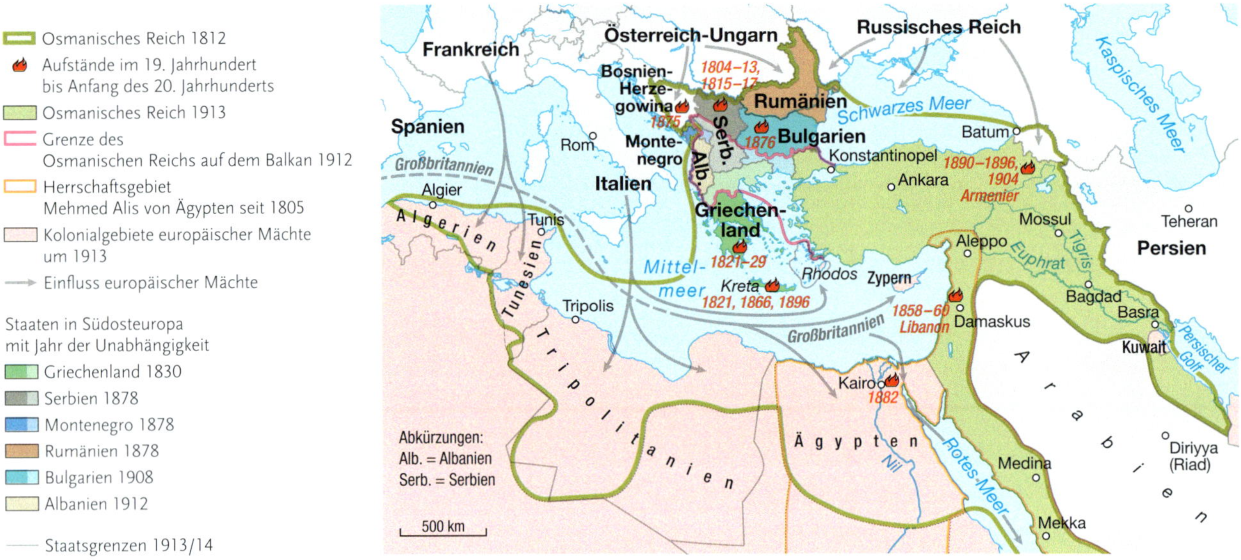

1 – Der Zerfall des Osmanischen Reiches im 19. und 20. Jahrhundert.

Kalif
Das Wort geht auf arabisch ḫalīfah zurück und bedeutet Nachfolger. Es ist der Titel islamischer Herrscher, die sich als Nachfolger Mohammeds sehen.

autoritär
diktatorisch, absoluten Gehorsam fordernd

Pogrom
gewalttätiges Vorgehen gegen Minderheiten

Deportation
Zwangsverschickung von lästigen politischen Gegnern oder ganzen Volksgruppen

Pforte
Abkürzung für „Hohe Pforte“; damit ist die Regierung des Osmanischen Reiches gemeint. Sie geht auf das Hauptquartier des Großwesirs zurück, der die Regierungsgeschäfte führt.

„Der kranke Mann am Bosporus“

Das Osmanische Reich war ein Vielvölkerstaat, in dem Menschen unterschiedlicher Religionen zusammenlebten. Der Sultan war sein Staatsoberhaupt und zugleich als *Kalif religiöser Führer der Muslime. In seinem Reich sollten sich alle als osmanische Bürger fühlen und sie durften ihren eigenen Glauben ausüben. Dennoch waren Nicht-Muslime rechtlich oft benachteiligt und sie mussten mehr Steuern zahlen.
Im 19. Jahrhundert entstand daher unter den dort lebenden Völkern wie den Griechen oder Bulgaren immer mehr der Wunsch nach Unabhängigkeit. Erfolgreich unterstützt wurden sie vor allem von Russland oder von Großbritannien, die damit eigene Interessen verfolgten. So büßte das Osmanische Reich zunehmend Gebiete ein.
Gegen diese Entwicklung und die *autoritäre Herrschaft des Sultans setzte sich Ende des 19. Jahrhunderts die nationale Bewegung der Jungtürken zur Wehr. 1908 übernahm sie die Kontrolle im Osmanischen Reich und setzte den amtierenden Sultan ab. Besonders der nationalistische Flügel der Jungtürken gewann rasch an Einfluss. 1913 gelangte dieser durch einen Putsch an die Macht und errichtete eine diktatorische Regierung. Nur die Türken sollten herrschen, damit der Staat zu früherer Stärke zurückfindet. Nicht-Muslime und später Nicht-Türken wurden daher zunehmend als Feinde betrachtet.

Die Armenier im Osmanischen Reich

Die christliche Minderheit der Armenier lebte in dem islamisch geprägten Vielvölkerstaat weit verstreut. In der osmanischen Gesellschaft galten sie als besonders gut integriert. Durch ihren Status als Nicht-Muslime und Nicht-Türken waren sie jedoch oft schutzlos korrupten Beamten oder gewalttätigen Übergriffen muslimischer Bevölkerungsteile ausgeliefert. Daher forderten die Armenier Ende des 19. Jahrhunderts vom Staat mehr Rechte und Reformen. Dies rief den Protest vieler Muslime hervor, sodass sich die Lage nicht besserte. Es kam daher zu Aufstandsversuchen einiger enttäuschter Armenier. Dies beantwortete die osmanische Regierung mit gewaltsamen Gegenmaßnahmen. In mehreren Wellen wurden die Armenier Opfer von *Pogromen, bei denen vermutlich mehrere hunderttausend Menschen ermordet wurden. Spätestens bei den nationalistischen Jungtürken galten die Armenier nun als „innere Feinde“. Viele Armenier verließen aus Furcht das Land.

Die Regierung plant den Massenmord

Am 14. November 1914 trat das Osmanische Reich auf der Seite der Mittelmächte in den Ersten Weltkrieg ein. Am Mittelmeer, an den Ostgrenzen des Reiches und im Kaukasus kam es zu schweren Kämpfen. Als russische Truppen in osmanisches Gebiet vordrangen, erhielten sie zum Teil Unterstützung von armenischen Freiwilligen. Damit sah sich die jungtürkische Regierung in ihrer Meinung von den Armeniern als „inneren Feinden", die mit den Russen gemeinsame Sache machen, bestätigt. Die Armenier sollten daher nun systematisch aus dem Staat entfernt werden.
Ab Februar 2015 begannen die ersten *Deportationen aus den umkämpften Gebieten im Osten. Als sich darauf armenischer Widerstand regte, erklärte die türkische Regierung dies zur armenischen Rebellion. Am 24. April 1915 erging der Befehl aus Istanbul, dass zunächst alle Armenier in herausragenden Positionen zu verhaften seien. Tausende wurden festgenommen, verschleppt, gefoltert und kurz darauf ermordet. Die Armenier hatten nun keine Führer mehr, sodass sie ab Ende Mai aus allen Provinzen vertrieben werden konnten. In den folgenden Wochen machte die osmanische Regierung kein Geheimnis daraus, dass das Volk der Armenier endgültig vernichtet werden sollte.
Zunächst wurden alle wehrfähigen Männer und Jungen vor den Augen ihrer Familien getötet. Danach wurden Frauen, Kinder und Alte auf Todesmärsche geschickt, um sie angeblich umzusiedeln. Armenisches Land wurde enteignet, Eigentum und Kulturgüter zerstört oder geraubt. Frauen und Mädchen wurden auf den Märschen häufig vergewaltigt. Wer entkräftet zusammenbrach, wurde getötet oder zum Sterben liegen gelassen. Je nach Schätzung geht man heute von 800.000 bis 1,5 Millionen Opfern aus. Überlebende Mädchen, Frauen und Kinder wurden teilweise von muslimischen Familien aufgenommen, wo sie einen türkischen Namen erhielten und zum Islam übertraten.

2 – Armenische Männer aus Kharput werden für ihre Hinrichtung aus der Stadt geführt. Foto, 1915.

Anerkennung als Völkermord

Bereits 1915 bezeichneten die Entente-Staaten die Vorgänge als Verbrechen gegen die Menschlichkeit. Die 1923 gegründete Türkei hat den Genozid an den Armeniern hingegen früh verharmlost und später geleugnet. Unter Historikern ist es heute gängige Meinung, dass das Vorgehen der jungtürkischen Regierung ein geplanter Völkermord war. Aber auch über 100 Jahre danach ist es immer noch ein sensibles Thema in der internationalen Politik, wenn es um die Beziehungen zur Türkei geht. 2005 stellte Frankreich die Leugnung des Völkermords an den Armeniern unter Strafe. Zehn Jahre später bezeichnete auch der Deutsche Bundestag nach jahrelangen Diskussionen die Ereignisse als Völkermord. Dieser Einschätzung schloss sich 2021 der amtierende US-Präsident Joe Biden an.

Q1 Im Juni 1915 schrieb der deutsche Botschafter in Istanbul an den deutschen Reichskanzler Bethmann Hollweg:

Dass die Verbannung der Armenier nicht allein durch militärische Rücksichten motiviert ist, liegt zutage. Der Minister des Innern Talaat Bey hat sich hierüber kürzlich (...) ohne Rückhalt dahin ausgesprochen, dass die *Pforte den Weltkrieg dazu benutzen wollte, um mit ihren inneren Feinden – den einheimischen Christen – gründlich aufzuräumen, ohne dabei durch die diplomatische Intervention des Auslandes gestört zu werden; das sei auch im Interesse der mit der Türkei verbündeten Deutschen, da die Türkei auf diese Weise gestärkt würde.

1. Erläutere, warum das Osmanische Reich damals auch „Der kranke Mann am Bosporus" genannt wurde. Nutze den Text und die Karte 1.
2. Beschreibe die Situation der Armenier vor dem Ersten Weltkrieg.
3. Schildere, wie es zum Völkermord an den Armeniern kam.
4. Untersuche Q1 und nimm Stellung zu den Beweggründen der jungtürkischen Regierung, gegen die Armenier vorzugehen.
5. Stelle Vermutungen an, weshalb sich Deutschland mit der Anerkennung als Völkermord so schwergetan hat. Denke dabei auch an den Völkermord an den Herero und Nama.

Das Ende des Ersten Weltkriegs

Wie findet man Frieden?

1 – Ein Teil der ca. 30.000 deutschen Soldaten, die bei der Schlacht von Amiens in Gefangenschaft gerieten. Foto, 1918.

US-Präsident Woodrow Wilson (1856–1924)

*Generalstreik
Bei einem Generalstreik kommt es zur Stilllegung der gesamten Produktion durch einen Streik aller Beschäftigten.

*Bolschewiki
Dies ist die Bezeichnung für die russischen Kommunisten.

Die USA treten in den Krieg ein

Nach dem Hungerwinter 1916/17 und der erfolglosen Seeschlacht vor dem Skagerrak zwischen der deutschen und der britischen Flotte Ende Mai 1916 erklärte Deutschland im Februar 1917 erneut den uneingeschränkten U-Boot-Krieg, auch gegen Schiffe neutraler Staaten. Dies war der letzte Anstoß dafür, dass die USA am 6. April 1917 gegen Deutschland in den Krieg eintraten. Fast alle Staaten Südamerikas schlossen sich diesem Schritt an.

Russland scheidet aus dem Krieg aus

Der Kriegsausbruch hatte Russland in eine tiefe Krise gestürzt. Dessen Militär war auf einen solchen Krieg schlecht vorbereitet, die Soldaten nicht ausreichend ausgerüstet und die Armee musste bereits 1914 große Schlachten verloren geben.
Im Februar 1917 demonstrierten Tausende in der russischen Hauptstadt St. Petersburg. Sie forderten anfänglich nur „Brot“, später wurde daraus „Schluss mit dem Krieg“ und „Nieder mit der Zarenherrschaft“. Die Demonstrationen entwickelten sich zum *Generalstreik. Die Armee stellte sich auf die Seite der Streikenden und verweigerte den Gehorsam. Daraufhin dankte Zar Nikolaus II. im März 1917 ab.
Im Oktober 1917 übernahmen Angehörige der sozialistischen *Bolschewiki die Macht. Angeführt wurden sie von Wladimir Iljitsch Uljanov, genannt Lenin, einem führenden Kopf der russischen Sozialisten. Dieser war erst im April 1917 mit deutscher Hilfe aus seinem jahrelangen Exil in der Schweiz nach St. Petersburg zurückgekehrt. Eine der Hauptforderungen von Lenin war von Anfang an das Ende des Krieges. Im Dezember 1917 trat der Waffenstillstand an der Ostfront in Kraft und am 3. März 1918 unterzeichnete Russland den Friedensvertrag von Brest-Litowsk. Deutschland hatte Russland darin besonders harte Bedingungen diktiert. Damit schied Russland als Kriegsteilnehmer aus dem Ersten Weltkrieg aus.

Entscheidung im Westen

Bis Oktober 1918 entsandten die USA 1,8 Millionen gut ausgerüstete Soldaten nach Europa in den Krieg. Die erschöpften deutschen Truppen konnten den alliierten Soldaten nicht mehr standhalten. Am 8. August 1918 verloren die deutschen Soldaten in Frankreich die Schlacht von Amiens und wurden zum Rückzug gezwungen. Der Krieg war damit faktisch zu Ende. Auch die deutschen Verbündeten, Österreich-Ungarn, das Osmanische Reich und Bulgarien, hatten mittlerweile kapituliert. Am 29. September 1918 erklärte die deutsche Heeresleitung, dass Deutschland den Krieg nicht mehr gewinnen könne. Sie forderte die Reichsregierung auf, sofort Waffenstillstandsverhandlungen aufzunehmen.
Am 4. Oktober ging das deutsche Friedensangebot an den amerikanischen Präsidenten Woodrow Wilson auf Grundlage seines 14-Punkte-Programms (s. Q1). Es sollte aber noch über einen Monat dauern, bis die Waffenstillstandsverhandlungen begannen.

Die Novemberrevolution

In dieser Zeit brach in Deutschland das bisherige Regierungssystem zusammen. Am 3. November 1918 meuterten in Kiel Matrosen. Sie weigerten sich, zu einem letzten großen, aber sinnlosen Gefecht auszulaufen. Bei diesem Aufstand wurden sie von Arbeitern unterstützt. Daraus entwickelte sich innerhalb weniger Tage in ganz Deutschland eine revolutionäre Bewegung, denn die Menschen waren kriegsmüde und das Vertrauen in ihre Führung war erschüttert. Überall strömten die Menschen auf die Straßen zu Kundgebungen. Der Kaiser musste abdanken und am gleichen Tag, dem 9. November, übernahm eine Übergangsregierung aus SPD-Mitgliedern die Macht und rief die Republik aus.

Waffenstillstandsverhandlungen

Die Verhandlungen fanden ab dem 8. November in einem Eisenbahnwaggon im Wald von Compiègne (Frankreich) statt. Die Alliierten stellten unter französischer Federführung unter anderem folgende Bedingungen auf: Räumung Frankreichs, Belgiens, Luxemburgs und Elsass-Lothringens; Räumung der linksrheinischen Gebiete und Besetzung durch alliierte Truppen; Verzicht auf den Friedensvertrag von Brest-Litowsk; Ablieferung eines großen Teils des deutschen Kriegsmaterials.

Es fiel der deutschen Seite schwer, diese als sehr hart empfundenen Bedingungen anzunehmen. Es gab aber kaum Verhandlungsspielraum, denn man wollte keine Fortführung des Krieges riskieren. Am 11. November 1918 wurde der Waffenstillstand von Vertretern der neuen Regierung unterzeichnet.

Q1 Im Januar 1918 verkündete der US-Präsident Woodrow Wilson in 14 Punkten ein Friedensprogramm für die ganze Welt nach Kriegsende. Es enthält folgende Grundsätze und Forderungen:

1. Öffentliche Friedensverträge, die in öffentlicher Verhandlung zustande gekommen sind (...).

2 – Die Delegation der Alliierten vor der Unterzeichnung des Waffenstillstandsvertrags bei Compiègne.
Foto, 11. November 1918.

4. Ausreichende Garantien dafür, dass die Rüstungen der Länder (...) eingeschränkt werden.
5. Freie, unvoreingenommene und streng unparteiische Regelung aller kolonialen Ansprüche (...). (D)ie Belange der betroffenen Bevölkerung (haben) das gleiche Gewicht (...) wie die berechtigten Ansprüche der Regierung (...).
6. Räumung des gesamten russischen Gebietes (...).
7. Belgien (...) muss geräumt und wiederhergestellt werden, ohne irgendeinen Versuch, die Souveränität zu beschränken (...).
8. Das gesamte französische Gebiet soll geräumt und die von der Invasion betroffenen Teile wiederhergestellt werden; das Unrecht, das Frankreich durch Preußen 1871 erlitt (...), soll wiedergutgemacht werden (...).
14. Es ist eine allgemeine Vereinigung der Nationen (...) zu bilden zum Zwecke gegenseitiger Garantieleistungen für die politische Unabhängigkeit und die territoriale Unversehrtheit der großen wie der kleinen Staaten.

1 Lege einen Zeitstrahl an und ordne die Ereignisse aus dem Text chronologisch.

2 Untersuche die einzelnen Punkte von Q1 und erkläre, was mit ihnen gemeint ist.

3 Vergleiche die Punkte aus dem Friedensprogramm Wilsons mit den Kriegszielen zu Beginn des Weltkriegs.

4 Das Jahr 1917 wird vielfach als „Entscheidungsjahr" bezeichnet. Bewerte, ob diese Bezeichnung zutreffend ist.

Kriegserfahrungen in der Kunst

1 – „Der Krieg“. Das Kunstwerk, das Otto Dix zwischen 1929–32 geschaffen hat, besteht aus vier Teilgemälden. Es ist ein sogenanntes Triptychon, also ein dreiteiliges Bild. Im späten Mittelalter war es oft Bestandteil von Kirchenaltären. Das vierte Bild nennt man Predella. Damit ist ein Sockel gemeint, der sich unter der Mitteltafel befindet. Er zeigte früher meist einen Heiligen oder Jesus im Grab. In der Kunst des 20. Jahrhunderts stellte ein Triptychon aber nicht mehr nur religiöse Themen dar.

Schauplatz Geschichte

Otto Dix – Der Krieg
Der Maler Otto Dix (1891–1969) zählt zu den wichtigsten Vertretern der Neuen Sachlichkeit. 1915 war er an der West- und Ostfront als Maschinengewehrschütze im Einsatz. Seine Eindrücke hielt Dix später schonungslos in Bildern wie dem Triptychon „Der Krieg“ fest, das er im Stil der alten Meister malte. Das war sehr mutig von ihm, denn als seine Werke entstanden, war es immer noch üblich, Krieg und Vaterlandsliebe zu idealisieren. Mit seiner realistischen Darstellung von Zerstörung und Gewalt im Krieg entlarvte Dix die Vorstellung vom Krieg als falsch verstandenen Heldenmut.

Bildet Gruppen und bearbeitet eine der Aufgaben 1–3. Tipp: Schaut genau hin, was in dem jeweiligen Teilgemälde dargestellt wird und wie. Achtet auch auf die Farbgestaltung und Kleinigkeiten, die man erst auf den zweiten Blick sieht. Stellt eure Ergebnisse anschließend vor.

1. Beschreibt das Bild und erklärt mithilfe passender Adjektive, welche Stimmung es ausdrückt. Beachtet dabei Haltung und Gesichtsausdruck der Soldaten, Farbwahl des Künstlers usw.
2. Entwerft für das linke Teilgemälde Sprechblasentexte. Was könnte die Soldaten gerade bewegen? Beachtet eure Kenntnisse über den Ersten Weltkrieg.
3. Versetzt euch in den Soldaten mit Gasmaske im Mittelteil des Gemäldes. Verfasst einen inneren Monolog, was er in dieser Situation gedacht haben könnte.
4. Für alle Gruppen: Was hat Otto Dix in der Predella dargestellt? Recherchiert dazu im Internet und ermittelt die Bedeutung der Predella.

Methode

Dokumentarfilm und Spielfilm unterscheiden

✲ Szene
Darunter ist eine Folge von Einstellungen zu verstehen. Diese bilden eine zeitliche und örtliche Einheit.

✲ Einstellung
Dies ist eine Kameraaufnahme, die ohne Unterbrechung aufgenommen und wiedergegeben wird.

Unser Bild von der Vergangenheit wird oft von Filmen über die Geschichte geprägt: Dokumentarfilmen und Spielfilmen. Dokumentarfilme wollen einen sachlichen Einblick in die Vergangenheit geben. Sie versuchen daher, die historische Wirklichkeit möglichst genau abzubilden. Je nach Thema stehen ihnen dafür zeitgenössische Filmaufnahmen zur Verfügung, denn seit 1895 werden Geschehnisse auf Film festgehalten. Oft gibt es aber auch nachgestellte Szenen mit Schauspielern. Vor allem stellt der Dokumentarfilm das historische Geschehen für den Zuschauer in einen Zusammenhang. Daher gibt es einen begleitenden Erzähler, der kommentiert und erklärt.

Spielfilme stellen hingegen eine erdachte Handlung dar und wollen unterhalten. Im Mittelpunkt stehen reale oder fiktive Personen, mit denen der Zuschauer mitfühlen soll. Diese durchleben die Handlung vor einem besonderen historischen Hintergrund. Spielfilme und Dokumentarfilme bilden die Vergangenheit nie unmittelbar ab. Auch wenn die Ausstattung historisch genau wirkt, entspringen Filme immer den Vorstellungen und Absichten der Filmemacher.

Folgende Schritte helfen euch, einen Dokumentarfilm und einen Spielfilm zu unterscheiden:

Schritt 1: Eine Vermutung aufstellen

- Stelle eine Vermutung auf, ob es sich um einen Dokumentarfilm oder um einen Spielfilm über Geschichte handelt.
- Achte auf die dargestellte Zeit: Filmaufnahmen gibt es erst seit dem Ende des 19. Jahrhunderts – frühere Zeiten sind nur in Spielfilmen dargestellt.

Schritt 2: Einen Filmausschnitt untersuchen

- Fasse den Inhalt der Filmhandlung zusammen und ordne ihn in den historischen Kontext ein. Benenne dabei Personen, Orte und Ereignisse.
- Wähle eine zentrale ✲ Szene aus. Untersuche dann anhand einer ✲ Einstellung, ob es sich um einen Dokumentarfilm oder um einen Spielfilm über Geschichte handelt. Nutze dazu die Gegenüberstellung unten.

Schritt 3: Auswertung und kritische Beurteilung des Ausschnitts

- Überprüfe deine Vermutung (Schritt 1) und begründe deine Feststellung.
- Beurteile, wie die behandelte Geschichte vermittelt wird: Werden historische Fakten verzerrt, reißerisch oder übertrieben dargestellt? Erscheinen die Inhalte und Informationen des Filmes glaubwürdig und überzeugend?

Ein Dokumentarfilm über Geschichte

✓ informiert über ein historisches Thema auf dem Stand der Forschung,
✓ hat keine durchgehende Handlung,
✓ will hauptsächlich informieren,
✓ enthält einen gesprochenen Kommentar, deutet und bewertet,
✓ zeigt originale Dokumente, Bilder, Filmaufnahmen usw. als „Beweise“,
✓ lässt Experten und – wenn möglich – Zeitzeugen zu Wort kommen,
✓ kann auch Spielszenen enthalten.

Ein Spielfilm über Geschichte

✓ erzählt in einer durchgehenden Handlung von Ereignissen der Vergangenheit und deutet sie meist frei,
✓ will hauptsächlich unterhalten,
✓ vermischt frei erfundene Handlungsteile und historische Fakten,
✓ handelt von fiktiven Personen, mit denen der Zuschauer mitfühlen kann; es gibt aber auch Schauspieler in der Rolle historischer Persönlichkeiten,
✓ zeigt nur Spielszenen, die Dialoge enthalten und mit Musik unterlegt sind.

1 – Die Aufnahme stammt aus dem Film „1917“ und zeigt George MacKay in der Rolle des britischen Soldaten Will Schofield. © Dreamworks 2019, ein Film von Sam Mendes.

Lösungsbeispiel zu Foto 1:

Zum Schritt 1:
Der Filmausschnitt stammt aus dem Film „1917“. Es scheint ein Spielfilm zu sein. Filmaufnahmen gibt es zwar schon aus dem Ersten Weltkrieg, allerdings wirkt diese Aufnahme etwas gestellt. Sie rückt eine einzelne Person szenisch in den Vordergrund, was meist bei Spielfilmen der Fall ist.

Zum Schritt 2:
Der Film handelt von den britischen Soldaten Will Schofield und Tom Blake. Diese sollen am 6. April 1917 eine dringende Botschaft an die vorderste Kriegsfront nach Nordfrankreich bringen. Dort ist ein alliierter Angriff auf die Deutschen geplant. Tatsächlich wollen diese die Alliierten in einen Hinterhalt locken. Die Alliierten könnten dabei über 1.600 Soldaten, unter denen auch Toms Bruder ist, verlieren. Der Film bezieht sich historisch auf das „Unternehmen Alberich“. Dies war der Deckname für einen von den Deutschen geplanten Rückzug von den feindlichen Linien. In ihrer neuen Stellung bauten sie jedoch eine neue starke Verteidigungsposition auf. Als die Alliierten Anfang April 1917 diese deutsche Stellung angriffen, kam es bei ihnen zu großen Verlusten.

Die ausgewählte Szene zeigt Will Schofield im alliierten Schützengraben. Zuvor musste er unter ständiger Bedrohung kilometerweit durch feindliches oder zerstörtes Gebiet laufen. Nun zeigt sich, dass er zu spät gekommen ist. Die Alliierten haben bereits den Angriff gestartet und stehen unter feindlichem Beschuss. Der Befehlshaber, dem Will die Nachricht überbringen muss, befindet sich am anderen Ende des Grabens. In dieser Szene stellt sich für Will die Frage, wie er durch die Soldaten und den feindlichen Bombenhagel durchkommen soll, um das Schlimmste zu verhindern. Sein Gesicht ist gut zu erkennen. Er schaut gebannt in die Ferne, man spürt seinen Zwiespalt und auch Angst. Was wird er als Nächstes tun? Es ist eine eindrückliche Szene, die viel Spannung aufbaut. Dies wird auch durch die orchestrale Musik untermalt. Die Szene soll dramatisch wirken.

Zum Schritt 3:
Die Untersuchung zeigt, dass es sich um eine Szene aus einem Spielfilm handelt. Die Handlung ist durchgehend. Sie bezieht sich auf ein wahres Geschehen („Operation Alberich“). Es geht aber um fiktive Personen. Sie sollen einen Auftrag ausführen, den es so nicht gegeben hat. Es gibt keinen erklärenden Erzählerkommentar. Auch Experten, Zeitzeugen oder „Beweise“ für das Gezeigte werden nicht präsentiert. Der Film wurde so gedreht, dass man als Zuschauer fast in Echtzeit an den Ereignissen teilnimmt. Dennoch wirkt die Handlung etwas gestellt. Während alle Soldaten im Schützengraben auf dem Boden liegen, um sich vor dem Bombenhagel zu schützen, steht Will aufrecht, ohne Bewaffnung und Schutzhelm da. Er wird hier als Held präsentiert, der nur an seine Mission denkt. Das wirkt angesichts der umherfliegenden Trümmer nicht sehr realistisch.

1. Lies die Musterlösung zur Untersuchung des Filmausschnitts aus dem Film „1917“. Vollziehe die einzelnen Methodenschritte (S. 42) nach.
2. Recherchiere im Internet, was den Regisseur Sam Mendes zu diesem Film inspiriert hat.
3. Schaut euch den Spielfilm, wenn möglich, gemeinsam an. Tauscht euch darüber aus, welche Szenen euch besonders beeindruckt haben. Begründet eure Einschätzung jeweils.

Über den Tellerrand geschaut

Die Spanische Grippe

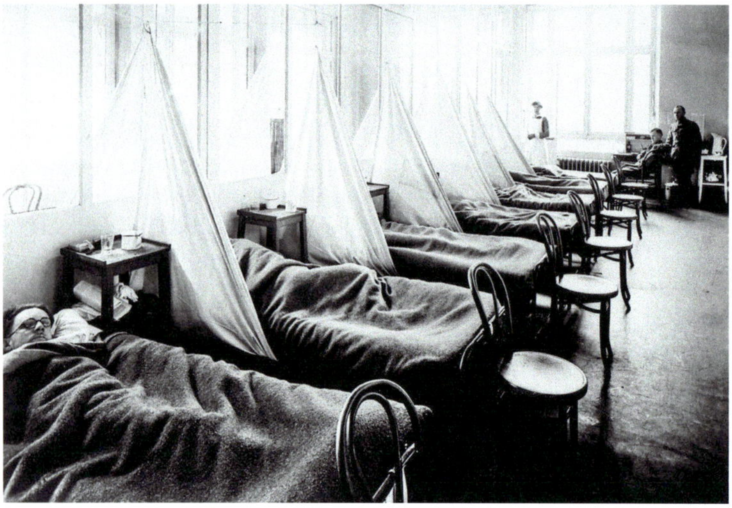

1 – Influenza-Station im US Army Camp Hospital Nr. 45 in Aix-les-Bains, Frankreich. Foto, 1918.

Eine Seuche tödlicher als der Krieg

Vom Frühjahr 1918 bis 1920 forderte eine Seuche weltweit zwischen 20 und 100 Millionen Tote (je nach Schätzung 2,5 bis 5% der damaligen Weltbevölkerung). Damit starben durch diese Pandemie mehr Menschen als während des gesamten Ersten Weltkriegs. Wie viele es genau waren, konnte man nur schwer erfassen, weil auf den meisten Totenscheinen „Pneumonie“ (Lungenentzündung) als Todesursache angegeben worden war. Allein im Deutschen Reich starben etwa 426.000 Menschen. Man nannte diese Pandemie Spanische Grippe, weil im neutralen Spanien das erste Mal über die Krankheit berichtet wurde. Die kriegsführenden Länder verboten eine Berichterstattung über die Seuche, um das Durchhaltevermögen in der Bevölkerung und bei den Soldaten aufrechtzuerhalten.

Ausgangspunkt USA

Woher die Grippe kam, ist bis heute nicht restlos geklärt. Die ersten gehäuften Fälle tauchten im März 1918 in einem Militärlager im amerikanischen Kansas auf. Hier wurden Soldaten für den Kriegseinsatz ausgebildet. Kurz zuvor war das Virus wahrscheinlich über Vögel auf den Menschen übertragen worden. Durch Militär- und Truppentransporte gelangte das Virus nach Europa. Bis Juni 1918 war es nahezu auf der ganzen Welt verbreitet. Es befiel fast jeden.

Das Virus verändert sich

Im Frühjahr 1918 verlief die erste Grippewelle in den USA und in Europa noch milde. Wer sich infiziert hatte, bekam ein paar Tage lang Schüttelfrost und Fieber. Es starben aber nur wenige daran. Im Sommer veränderte sich das Virus jedoch und es folgte im Herbst eine zweite, nun tödliche Welle. Das Virus konnte sich vor allem dort entfalten, wo viele Menschen zusammenkamen und es schlechte hygienische Bedingungen gab. In den Schützengräben, Rekruten- und Kriegsgefangenenlagern wurden so auf einen Schlag viele Menschen infiziert. Die meisten litten an Atemnot und erstickten. Wer morgens erkrankte, konnte am Abend schon tot sein. Die Ärzte konnten sich diese Krankheit nicht erklären und wussten nicht, wie sie den Patienten helfen sollten. Das dafür verantwortliche Influenza-Virus wurde erst 1933 entdeckt. Es gab keine geeignete Schutzimpfung, um die Krankheit zu bekämpfen. Nur die schlimmsten Fälle konnten in den Lazaretten oder Krankenhäusern behandelt werden. Allgemeine Schutzmaßnahmen wurden dabei nicht ergriffen.
Im Frühjahr 1919 trat eine dritte Grippewelle auf, die auch viele Todesopfer forderte. Mitte der 1920er verschwand die Seuche plötzlich. Erich Ludendorff, der Chef der Obersten Heeresleitung, machte die Grippe für seinen militärischen Misserfolg im Sommer 1918 verantwortlich. Viele Autoren sind heute aber skeptisch, ob der Krieg ohne die Spanische Grippe anders zu Ende gegangen wäre.

1. Beschreibe den Verlauf der Spanischen Grippe.
2. Erkläre, warum sie sich so leicht verbreiten und nicht eingedämmt werden konnte.
3. Vergleiche die Spanische Grippe mit der Corona-Pandemie (seit 2019). Lege dazu eine Tabelle an und nimm das Internet zu Hilfe.

Das kann ich ...

Imperialismus und Erster Weltkrieg

Wichtige Begriffe

Imperialismus
Völkermord
Woodrow Wilson
Deutsch-Südwestafrika
Attentat
Nationalismus
Alliierte/Entente-Mächte
Stellungskrieg
Industrialisierter Krieg
Compiègne
Mittelmächte
14-Punkte-Programm
Materialschlacht
1914
1917
1918
Rassismus
Dynamit
Osmanisches Reich
Armenier
Herero und Nama
Verdun
Wilhelm II
Alfred Nobel

Wissen und erklären

1. Erklärt euch gegenseitig die wichtigen Begriffe und ordnet Daten und Personen zu.
2. Aus welcher Quelle in diesem Kapitel stammt der folgende Auszug: „Welches sind die Faktoren, die die Rüstungsschraube in Bewegung setzen? Sind es die Völker, die danach verlangen? Mitnichten!“ Gib die Fundstelle an und erkläre den historischen Zusammenhang.
3. Erläutere anhand von Bild 1, wie es zum Ausbruch des Ersten Weltkriegs kam.

Anwenden

4. Untersuche in Karikatur 2, wie der Zeichner die Politik der Großmächte beurteilt hat.
5. Erstelle eine Mindmap zum Imperialismus.

▶

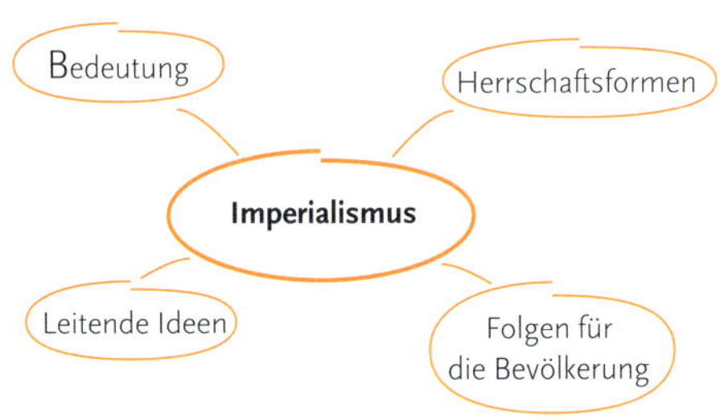

Beurteilen und handeln

6. Beziehe mithilfe von M1 Stellung, ob Deutschland die Herero und Nama auch nach über 100 Jahren entschädigen sollte.

1 – Das Attentat von Sarajewo am 28. Juni 1914. Zeichnung in der französischen Zeitschrift „Le Petit Journal“.

2 – Die Plünderer der Welt. Karikatur von Thomas Nast, 1885.

M1 Seit Jahren verhandeln Deutschland und Namibia über die Aufarbeitung des Völkermords an den Herero und Nama. Esther Muinjangue, die Vorsitzende der Ovaherero/Ovambanderu Genocide Foundation Namibia, erklärte 2018 dazu:

Man sagt uns, wir seien keine direkten Opfer, weil der Völkermord vor mehr als 100 Jahren stattfand. Das stimmt nicht. Wir fühlen noch immer den Schmerz. Noch immer leben Herero und Nama in Südafrika und Botsuana – nicht freiwillig, sondern weil sie damals flohen. Sie haben ihre Kultur verloren, ihre Identität, ihre Sprache.

Webcode: EV658299-045

Hier spielt die Geschichte ...

Ein fiktiver Schweizer Kompromiss

Einführung

Stellt euch vor, dass sich die europäischen Großmächte nach dem Ende des Krieges in der neutralen Schweiz treffen. Sie wollen hier gemeinsam beschließen, wie es mit ihren Ländern weitergehen soll. Dazu müssen z. B. folgende Fragen geklärt werden:

- Welche Gebiete werden zurückgefordert und sollen abgetreten werden?
- Welche Gebiete sollen eigenständige Staaten bleiben/werden?
- Was passiert mit den Soldaten und Waffen?
- Welche wirtschaftlichen Vorteile/Einbußen gibt es möglicherweise?

Bildet fünf Gruppen und entscheidet per Los, in welche Position ihr euch versetzen sollt: das Deutsche Reich, Österreich/Ungarn, Frankreich, Großbritannien, Russland.

Ein Schüler oder der Lehrer übernimmt die Rolle der neutralen Schweiz. Ihre Aufgabe ist es, das Gespräch zu moderieren und zwischen den ehemaligen Kriegsparteien zu vermitteln.

Gemeinsam sollt ihr einen Kompromiss finden, um eine friedliche Nachkriegsordnung festzulegen. Bei einem Kompromiss ist es wichtig, dass man nicht auf seiner Position beharrt, sondern aufeinander zugeht und gegebenenfalls eigene Vorstellungen aufgibt.

Vorbereitung

1. Alle Schüler einer Gruppe notieren auf einem Zettel mindestens drei Ziele, die ihre Großmacht mit dem Krieg verfolgt hat. Nutzt dazu die Seiten 16–17, 20–21 und 26–27.
2. Stellt diesen Zielen die Ergebnisse am Ende des Krieges gegenüber. Beachtet hierfür die Seiten 28–29 und 38–39. Haltet auch diese Ergebnisse auf eurem Zettel fest.
3. Bestimmt ein Gruppenmitglied, das eure Zusammenfassung vorträgt.

Durchführung I

1. Die Schweiz eröffnet die Verhandlungen. Sie gibt jeder Gruppe drei Minuten Zeit, um ihre Zusammenfassung vorzutragen. Die Schüler der anderen Gruppen machen sich dabei Notizen, damit sie sich danach auf die Verhandlungen vorbereiten können.

2. Kehrt wieder in eure Gruppen zurück und diskutiert, welche Wünsche und Forderungen, aber auch Verzichterklärungen ihr habt:
   - Die Siegermächte Frankreich, Großbritannien und Russland dürfen jeweils zwei Ansprüche und einen Verzicht formulieren.
   - Die Verliererstaaten benennen jeweils zwei Abgaben bzw. Verzichterklärungen und einen Wunsch/Anspruch.

   Notiert diese auf zwei Zetteln. Kennzeichnet die Verzichterklärungen mit einem Minus und die Ansprüche mit einem Plus. Gebt dann den gegnerischen Mittelmächten bzw. der Entente eure Zettel.

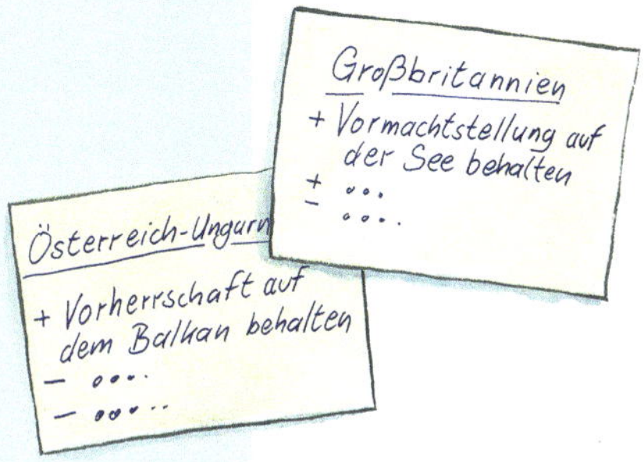

3. Nun treffen sich die Gruppen der ehemaligen Bündnispartner (Deutschland + Österreich-Ungarn und Frankreich + Großbritannien + Russland): Beratschlagt und beschließt gemeinsam, was ihr von den Zielen der Gegner erfüllen könnt und was nicht. Die Siegermächte dürfen zusammen wieder zwei Ansprüche und einen Verzicht formulieren. Die Verliererstaaten benennen erneut zwei Abgaben und einen Anspruch. Schreibt diese für jeden sichtbar auf ein großes Blatt. Händigt diese der neutralen Schweiz aus.

Durchführung II

Die Schweiz stellt nun die in den Gruppen erarbeiteten Ansprüche und Verzichterklärungen vor. Anschließend diskutiert ihr diese sechs Vorschläge gemeinsam. Einigt euch auf insgesamt vier Ergebnisse. Vergesst dabei nicht, aufeinander zuzugehen. Die Schweiz achtet auf einen fairen Umgang, sodass jede Partei zu Wort kommt. Haltet die vier Ergebnisse, auf die ihr euch geeinigt habt, schriftlich fest.

Ende

Setzt euch noch einmal in euren Gruppen zusammen und formuliert, wie ihr euch mit diesem Kompromiss fühlt. Überlegt gemeinsam: Wie seid ihr vorgegangen, um zu diesem Kompromiss zu kommen? Konntet ihr eure Mindestziele erreichen? Ist das Ergebnis in euren Augen fair und gerechtfertigt?

Übrigens: Ihr seid bei diesem Spiel in ähnlicher Weise vorgegangen wie der 1920 gegründete Völkerbund. Diese Weltfriedensorganisation hatte die Aufgabe, die internationale Zusammenarbeit zu fördern, bei Konflikten zu schlichten und auf die Einhaltung von Friedensverträgen zu achten.

Viel Spaß beim Spielen!

1 – Das UN-Hauptquartier in Genf. Foto, 2017.

2 Demokratie und Diktatur – Deutschland und Russland im Vergleich

Das Ende des Ersten Weltkriegs leitete auch gleichzeitig den Niedergang des russischen Zaren- und des deutschen Kaiserreichs ein: Im Februar und Oktober 1917 stürzten zwei Revolutionen die alte Ordnung in Russland. Man wollte einen neuen sozialistischen Staat und eine neue Gesellschaft gestalten, um den Gegensatz von Arm und Reich zu überwinden. So entstand in den folgenden Jahren eine kommunistische „Diktatur des Proletariats".
Ein Jahr später kam es im Deutschen Reich zur Novemberrevolution. Sie fegte innerhalb weniger Wochen die seit Jahrhunderten herrschende Monarchie hinweg und bereitete so den Weg für die Demokratie. Nach dem Ort, an dem sich die neue Nationalversammlung künftig treffen sollte, wurde sie Weimarer Republik genannt.
Aber akzeptierten die Menschen auch die neuen Herrschaftsformen? Und bedeuteten diese für sie auch tatsächlich die lang erhofften Verbesserungen?

Demokratie und Diktatur – Deutschland und Russland im Vergleich

Revolution mit zeitweiliger Gründung einer sozialistischen Republik
Bürgerlich-demokratische Revolution
Räterepublik in Deutschland
Meuterei in Streitkräften
Staatsgrenzen um 1920

Abkürzungen:
Alb. = Albanien
Lux. = Luxemburg

1 – Kommunistische und bürgerlich-demokratische Revolutionen in Europa 1917–1920.

Am Ende des Ersten Weltkriegs traten in vielen Ländern Europas die Monarchen zurück oder wurden gestürzt. Die 1919 von den Siegermächten ausgehandelten Bestimmungen der Friedensverträge führten zur Festlegung neuer Grenzen und zur Gründung neuer Staaten. Dies brachte erneut Konflikte mit sich. Über die Frage, welche Staatsform den Frieden in Europa sichert und den Menschen ein besseres Leben ermöglicht, gab es grundsätzliche Auseinandersetzungen.
In Deutschland sprachen sich viele Politiker für eine demokratische Gesellschaft aus. Die Revolutionäre von 1918 traten aber ein schweres Erbe an: Der Krieg war verloren und die deutsche Wirtschaft lag am Boden. Es herrschte Not und Hunger. Als die Weimarer Verfassung 1919 beschlossen wurde, bot sie alle Möglichkeiten für eine demokratische Entwicklung Deutschlands. Viele Menschen lehnten aber die neue Demokratie ab. Sie wollten Deutschlands Niederlage und deren Folgen nicht akzeptieren.
Auch in Russland begann der Neuanfang mit einer Revolution, sie nahm jedoch einen anderen Verlauf: 1917 wurde die Alleinherrschaft des Zaren durch zwei Revolutionen beendet. Der geplante Aufbau einer sozialistischen Gesellschaft mündete in der Errichtung einer brutalen Diktatur der kommunistischen Partei. Aus Russland wurde die Sowjetunion.

Am Ende des Kapitels kannst du folgende Fragen beantworten:

- Welche Probleme entstanden durch die Pariser Friedensverträge in Europa?
- Warum kam es zu Revolutionen in Russland und Deutschland?
- Wer übernahm die Macht nach den Revolutionen?
- Welchen Gefahren waren die neuen Staaten ausgesetzt und wie gingen sie damit um?
- Welche gesellschaftlichen, wirtschaftlichen und politischen Probleme gab es und wie wurden sie gelöst?
- Warum scheiterte die Weimarer Republik?
- Wie entwickelte sich die Sowjetunion unter Stalin?

1917	1918	1919	1922	1923	1924	1925	1929	1933
Februar- und Oktoberrevolution in Russland	Novemberrevolution in Deutschland und Ausrufung der Republik	Weimarer Verfassung tritt in Kraft; Friedensvertrag von Versailles	Gründung der Sowjetunion	Krisenjahr der Weimarer Republik	Tod Lenins; Stalin übernimmt die Macht	Tod Friedrich Eberts	Beginn der Weltwirtschaftskrise	Hitler wird Reichskanzler

Opa sag mal ...

Opa: Hallo Stella, du siehst aber toll aus mit deiner neuen Frisur.

Stella: Danke, Opa. Ich muss mich erst einmal daran gewöhnen. Aber es ist toll, dass man früh viel schneller fertig ist.

Opa: Das stimmt. Aber weißt du, woran mich dein neuer Haarschnitt erinnert?

Stella: Meine Friseurin sagte, das ist ein Pagenschnitt, weil die Pagen im Mittelalter ihre Haare so trugen.

Opa: Oh, ein toller Vergleich! Ich kenne die Frisur unter dem Namen Bubikopf. Es war der erste Kurzhaarschnitt für Damen. Der kam vor ungefähr hundert Jahren in Mode. Die Frauen wurden nämlich selbstbewusster und ließen sich im wahrsten Sinne ihre „alten Zöpfe" abschneiden. So zeigten sie ihre Emanzipation von den Männern.

Stella: Was ist denn eine Emanzipation?

Opa: Ursprünglich war damit gemeint, dass ein erwachsener Sohn aus der väterlichen Gewalt entlassen wurde. Erst jetzt konnte er frei für sich entscheiden und war gleichberechtigt. Später verwendete man das Wort auch, wenn Sklaven freigelassen wurden. Es geht also darum, sich von etwas zu befreien, das einen einschränkt und bevormundet. Auch die Frauen kämpften immer mehr für gleiche bürgerliche und politische Rechte. Schon zu Zeiten der Französischen Revolution gab es solche Bestrebungen.

Stella: Aber Opa, die Französische Revolution war doch schon 1789.

Opa: Da hast du aber gut in Geschichte aufgepasst! Die Emanzipation ging nur sehr langsam voran. Erst nach dem Ersten Weltkrieg wurde z.B. in Deutschland ein wichtiger Schritt in Richtung Gleichberechtigung getan, denn nun durften auch Frauen wählen. Das wurde sicherlich auch begünstigt durch die Revolution von 1918.

Stella: Das hätte ich ja nicht gedacht, dass das erst so spät war.

Opa: Du würdest dich wundern. In Südeuropa hat es noch einige Jahrzehnte gedauert, bis die Frauen wahlberechtigt waren. In der Schweiz gibt es ein Kanton, das ist eine Art Bundesland, in dem die Frauen sogar erst seit 1991 wählen durften.

Stella: Du scheinst diese Emanzipation jedenfalls gut zu finden.

Opa: Auf jeden Fall. Denn wieso sollten meiner Stella Türen verschlossen bleiben, weil sie ein Mädchen ist. Du sollst die gleichen Möglichkeiten haben wie jeder Junge auch.

Stella: Ich bin echt froh, dass ich einen so fortschrittlich denkenden Opa habe!

---

1 Lest das Gespräch zwischen Stella und ihrem Opa mit verteilten Rollen.

2 Beschreibe mit eigenen Worten, was unter dem Begriff „Emanzipation" zu verstehen ist.

▶ *Emanzipation bedeutet, dass ...*

3 Finde mithilfe der Medien heraus, seit wann Frauen in Europa jeweils wählen durften. Halte deine Ergebnisse in einem Zeitstrahl fest.

▶ *Beginne mit dem Jahr 1906 und ende mit 1991.*

4 Recherchiere im Internet Beispiele für emanzipierte Frauen in den 1920er-Jahren. Notiere deine Ergebnisse in einer Mindmap. Unterteile sie in Literatur, Bildende Kunst, Musik, Mode und Wissenschaft.

5 Stellas Opa berichtet davon, dass es nach dem Ersten Weltkrieg eine Revolution in Deutschland gab. Stelle anhand von Karte 1 auf Seite 50 fest, in welchen Ländern es noch zu Revolutionen kam.

Europa nach dem Ersten Weltkrieg

Welche Probleme gab es bei der Neuordnung Europas?

1 – Mittel-, Ost- und Südosteuropa 1914.

2 – Mittel-, Ost- und Südosteuropa 1920.

Selbstbestimmungsrecht der Völker
Das Recht von Völkern und Nationen, ihre Staatszugehörigkeit frei und ohne fremde Einmischung zu bestimmen.

Die Gründung des Völkerbundes

1919 hielten die Siegermächte des Ersten Weltkriegs in Paris Friedenskonferenzen ab. Unter Führung der USA, Großbritannien und Frankreich sollte eine neue Friedensordnung errichtet und die Staatenwelt in Europa neu geordnet werden. In verschiedenen Vertragswerken – benannt nach den Verhandlungsorten in Paris – wurden in Europa neue Grenzen festgelegt und neue Staaten gegründet. Die Verlierer des Ersten Weltkriegs waren zu den Verhandlungen nicht zugelassen. Sie mussten die Neuordnung Europas und die Gebietsveränderungen akzeptieren.
Ein Ausgangspunkt der Verhandlungen war das Friedensprogramm der Vierzehn Punkte, die der US-amerikanische Präsident Wilson Anfang 1918 verkündet hatte. Ein wichtiger Punkt darin war die Errichtung eines internationalen Völkerbundes. Dieser sollte künftig Schiedsrichter zur friedlichen Beilegung von Konflikten zwischen den Staaten sein. Der Völkerbund trat erstmals 1920 in Genf zusammen. Ein Mangel war jedoch von Anfang an, dass ihm wichtige Staaten nicht angehörten; selbst die USA traten dem Völkerbund nicht bei.

Neue Staaten entstehen

In seinem Vierzehn-Punkte-Programm hatte Wilson auch verkündet, dass zukünftig durch das *Selbstbestimmungsrecht der Völker und das Nationalitätenprinzip Konflikte verhindert werden sollen: Jedes Volk sollte seinen eigenen Staat gründen dürfen, Minderheiten sollten durch Volksabstimmungen entscheiden dürfen, zu welchem Staat sie gehören wollten.
Die Umsetzung des Nationalitätenprinzips führte im östlichen Mitteleuropa und auf dem Balkan zur Umgestaltung der politischen Landkarte: Auf dem Gebiet des aufgelösten Kaiserreichs Österreich-Ungarn entstanden Polen, die Tschechoslowakei, Ungarn und Jugoslawien. Russland musste

die drei baltischen Staaten Estland, Lettland und Litauen sowie Finnland als selbstständige Nationalstaaten anerkennen. Der „Gürtel" der neuen Staaten entlang der Westgrenze Sowjetrusslands sollte auch verhindern, dass sich das revolutionäre sowjetische System in Europa ausbreitete.

Konsequenzen der Neuordnung

Die staatliche Neuordnung in Mittel- und Osteuropa nach dem Nationalitätenprinzip sollte Konflikte verhindern. Aber das Gegenteil trat ein: Die Idee nationaler Selbstbestimmung heizte eher Auseinandersetzungen an. Dem großen Krieg folgten viele kleine, die nur mühsam durch den Völkerbund beendet werden konnten. So kam es z. B. wegen der neuen Grenzverläufe und angeblich rechtmäßiger Gebietsansprüche zu Kriegen zwischen einzelnen Staaten wie Polen und Russland oder zwischen Griechenland und der Türkei. In Finnland, Ungarn, Russland oder der Ukraine verheerten wiederum Bürgerkriege die Länder. Mehr als 4 Millionen Menschen sollen während dieser bewaffneten Konflikte des Nachkriegseuropas gestorben sein.
Um Konflikte friedlich beizulegen, wurden in einigen der strittigen Gebiete Volksabstimmungen unter Aufsicht des Völkerbundes durchgeführt. In Schlesien sollte 1921 eine Volksabstimmung darüber entscheiden, ob Oberschlesien zu Polen oder zu Deutschland gehören sollte. Beide Seiten versuchten daraufhin mit entsprechender Propaganda, die Menschen in Oberschlesien zu beeinflussen. Fast 60 % stimmten schließlich für einen Verbleib im Deutschen Reich. Als es darüber zu einem Aufstand kam, entschieden die Alliierten, Oberschlesien aufzuteilen: Das größere Westoberschlesien ging 1922 ans Deutsche Reich, Ostoberschlesien mit seiner wertvollen Industrie fiel an Polen.

3 – Polnische Propagandapostkarte von 1921. Die Schrift auf dem Wagen besagt, dass das Deutsche Reich 130 Milliarden Goldmark Reparationen zahlen müsse. Diese befinden sich sinnbildlich unter der Wagenabdeckung.

4 – Deutsches Propaganda-Plakat von 1921. „Mein Körbchen liegt dir wohl im Sinn? Da ist mein liebes Schlesien drin! Untrennbar bleibt es stets bei mir, Denn öd' und wild säh's aus bei Dir."

1 Vergleiche die Karten 1 und 2. Nenne dann die Staaten, die nach den Pariser Friedenskonferenzen in Europa neu entstanden.
2 Erkläre die Idee des Völkerbundes.
3 Untersuche die Bilder 3 und 4. Beschreibe, mit welchen bildlichen Vergleichen die Betrachter beeinflusst wurden.
4 Erstelle ein Kreisdiagramm zum Ergebnis der Volksabstimmung Schlesiens im Jahr 1921.
5 Beurteile, ob das Ziel, eine stabile europäische Friedensordnung zu schaffen, gelingen konnte.

Kriegsende in Russland

Wie verliefen 1917 die Revolutionen in Russland?

1 – Die Bolschewiki ließen den Sturm auf den Winterpalast noch einmal nachstellen. Es zeigt nicht die tatsächliche Situation am 25. Oktober 1917.

Die Februarrevolution

Das russische Zarenreich hatte sich mit dem Krieg gegen die Mittelmächte übernommen. Wirtschaftlich und militärisch war es am Boden. Schließlich sollten die letzten Reserven für die Armee mobilisiert werden. Bald konnte die Bevölkerung nicht mehr mit den nötigsten Gütern versorgt werden. Tausende Menschen fingen daraufhin an zu streiken, um die Regierung auf ihre Lage aufmerksam zu machen. Als Ende Februar 1917 die Unruhen in der russischen Hauptstadt *Petrograd immer mehr zunahmen und die Armee zu den Aufständischen überlief, hatte die Revolution gesiegt. In der Folge musste der Zar Anfang März abdanken und es wurde unter Führung von bürgerlich-liberalen Politikern eine *provisorische Regierung ernannt. Sie sollte bis zur Wahl einer verfassungsgebenden Versammlung die Macht ausüben. In ganz Russland hatten sich aber auch Arbeiter- und Soldatenräte (= Sowjets) gebildet. Hier waren die Sozialisten tonangebend. Sie bestanden aus den gemäßigten sozialdemokratischen *Menschewiki und den radikal sozialistischen *Bolschewiki. Die bürgerliche Regierung wurde von ihnen nur geduldet, denn sie beanspruchten die Macht für sich. Daher kam es in den folgenden Monaten zu einer Art Doppelherrschaft.

Ein Zug bringt die Wende

Im April 1917 kehrte Wladimir Iljitsch Uljanov, genannt Lenin, mit Hilfe der deutschen Regierung in einem Zug aus der Schweiz nach Russland zurück. Lenin war Anhänger der Bolschewiki. Wegen seiner revolutionären Ansichten war er in Russland politisch verfolgt worden und hatte seit 1900 fast durchgängig im ausländischen *Exil gelebt. In seinen „Aprilthesen" legte er das Programm der Bolschewiki dar:

- Enteignung der Gutsbesitzer und Umverteilung des Landes,
- das sofortige Kriegsende,
- keine Unterstützung der bürgerlichen Regierung; stattdessen Bildung einer Räterepublik, in der nur die Sowjets die Macht haben.

Frieden, Brot und Land

Die Forderungen Lenins wurden bei den Soldaten, von denen die meisten Bauern waren, immer beliebter. Sie sehnten sich nach einem sofortigen Frieden und waren unzufrieden, weil die zu Beginn der Revolution versprochene Landreform immer noch nicht umgesetzt worden war. Die Lage der Menschen hatte sich stattdessen weiter verschlechtert. Viele Soldaten desertierten, es kam zunehmend zu Aufständen gegen den

---

* **Petrograd**
der Name Sankt Petersburgs von 1914–1924

* **provisorisch**
vorläufig, zur Überbrückung

* **Menschewiki, Bolschewiki**
Minderheitler (Menschewiki) und Mehrheitler (Bolschewiki). Die Namen gehen auf eine Abstimmung zurück. Bei dieser hatte der radikale Teil der sozialdemokratischen Arbeiterbewegung die Mehrheit erhalten. Die Bolschewiki behielten ihren Namen, obwohl sie später oft keine Mehrheit besaßen.

* **Exil**
erzwungener Aufenthalt außerhalb des Heimatlandes aufgrund von Verfolgung

* **Dekret**
Beschluss, Verordnung mit Gesetzeskraft

Krieg und zu gewaltsamen Enteignungen der Großgrundbesitzer. Die provisorische Regierung zeigte sich in dieser Situation unfähig, die Probleme im Land zu lösen. Sie verlor daher immer mehr an Zuspruch, zumal sie von den Bolschewiki als Kriegstreiber hingestellt wurde. Sie hatte den anderen Entente-Mächten weiterhin zugesichert, sie im Krieg zu unterstützen.

Die Oktoberrevolution

Nach den Unruhen im Sommer war Lenin davon überzeugt, dass die provisorische Regierung gestürzt werden müsse. Nicht alle Bolschewiki teilten seine Meinung. Sie befürchteten eine vernichtende Niederlage, falls ihr Umsturzversuch scheitert. Lenin konnte aber die Mehrheit der Partei von seinen Plänen überzeugen. Dabei spielte ihm auch in die Hände, dass die provisorische Regierung weitere Truppen gegen die vorrückende deutsche Armee an die Front schicken wollte. Dem widersetzten sich die Soldaten und es wurde in Petrograd ein „Militärisches Revolutionskomitee" gegründet. Hier waren die Bolschewiki tonangebend.
Am 25. Oktober 1917 befahl das Revolutionskomitee, Bahnhöfe, Telegrafenämter und wichtige Teile der Hauptstadt zu besetzen. Am Tag darauf wurde der Winterpalast gestürmt, wo sich die provisorische Regierung aufhielt. Ihre Mitglieder wurden verhaftet. Die Erstürmung des Winterpalasts forderte nur wenige Opfer, da die Soldaten, die zum Schutz des Regierungssitzes abgestellt waren, kaum Widerstand leisteten. Dennoch haben die Bolschewiki den Sturm auf den Winterpalast später als dramatischen Höhepunkt der Revolution dargestellt.

Einsetzung einer neuen Regierung

Bereits am Tag danach trat der Allrussische Sowjetkongress zusammen. Hier rechtfertigten die Bolschewiki nachträglich den Umsturz und ihren Anspruch auf die Führung in ganz Russland. Die gemäßigten Kräfte verließen unter Protest den Kongress.

2 – Wladimir Iljitsch Uljanov (genannt Lenin, 1870–1924) spricht zu Vertretern der Arbeiter auf dem Sowjetkongress am 26. Oktober 1917. Gemälde von Vladimir Aleksandrovich Serov, 1947.

Nur die Partei der Sozialrevolutionäre blieb und unterstützte die Bolschewiki. Es wurde nun ein bolschewistischer Rat der Volkskommissare unter Leitung Lenins als neue Regierung eingesetzt. Um seine Hauptziele umzusetzen, wurden mehrere *Dekrete erlassen:
- Dekret über den Frieden (Kriegsende),
- Dekret über den Boden (Enteignung der Großgrundbesitzer und Kirchen),
- Dekret über die Rechte der Völker Russlands (Selbstbestimmungsrecht für die nichtrussischen Gebiete).

1 Lege eine Zeitleiste an und halte darin die wichtigsten Ereignisse der russischen Revolution fest.

2 Stelle Vermutungen an, warum die deutsche Regierung Lenin zur Rückreise nach Russland verhalf.

3 Begründe anhand des Textes, warum Lenins radikale Aprilthesen bei vielen Menschen in Russland so gut ankamen.

4 Beschreibe, welchen Eindruck Bild 1 von der Oktoberrevolution vermittelt. Vergleiche dann mit der Darstellung des 25. Oktober 1917 im Text. Überlege, warum die Bolschewiki die Situation noch einmal auf diese Weise nachgestellt hatten.

5 Lass das Bild 2 sprechen. Versetze dich dazu in die Lage einzelner Personen und formuliere ihre Gedanken.

▶ *Frau: Endlich einer aus dem Volke, der meine Sorgen versteht …*

6 Viele Geschichtswissenschaftler sehen in der Oktoberrevolution eher einen Putsch. Nimm dazu begründet Stellung.

Wie sah der Frieden mit Deutschland aus?

1 – Gebietsverluste Russlands durch den Friedensvertrag von Brest-Litowsk.

*Oberste Heeresleitung
Sie war im Ersten Weltkrieg die oberste militärische Kommandobehörde des Deutschen Reiches.

*Separatfrieden
Separat heißt „getrennt von anderen", „gesondert". Mit Separatfrieden ist der Abschluss eines Friedensvertrags mit einzelnen Gegnern gemeint.

*annexionistisch
Eine Annexion ist eine gewaltsame und eigenmächtige Aneignung eines fremden Gebiets.

Ungünstige Verhandlungsposition

Bereits am 15. Dezember 1917 kam es zwischen dem Deutschen Reich und Russland zu einem Waffenstillstand. Lenin hatte bereits in den Aprilthesen die sofortige Beendigung des Krieges versprochen und dafür die Zustimmung der kriegsmüden Bevölkerung erhalten. Der Rat der Volkskommissare hatte daher noch am 26. Oktober 1917 ein Dekret über das sofortige Kriegsende in Kraft gesetzt. Es sollten nun möglichst schnell Friedensverhandlungen aufgenommen werden. Für die Bolschewiki war das Ausscheiden Russlands aus dem Ersten Weltkrieg eine Überlebensfrage. Das Land war wirtschaftlich ruiniert und die Versorgung der Bevölkerung bereitete weiterhin große Probleme. Zudem befand sich das russische Heer längst in Auflösung. Hinzu kam, dass Gebiete des alten Zarenreiches eigene Staaten bilden wollten und aufbegehrten. Die Bolschewiki mussten also ihre Macht überall im Land erst noch sichern. Eine Weiterführung des Krieges wäre unmöglich gewesen. Das war auch der militärischen Führung des Deutschen Reiches klar. Aber auch der *Obersten Heeresleitung konnte nur an einem schnellen Frieden im Osten gelegen sein. Dadurch hätte sie Truppen an die Westfront verlagern können. Das war seit dem Kriegseintritt der USA auf Seiten der Entente umso wichtiger geworden. Die russische Seite versuchte daher zunächst, die Verhandlungen zu verzögern. Man hoffte, dass die Entente im Westen bald siegen würde. Das hätte die Verhandlung eines *Separatfriedens überflüssig gemacht.

Die Friedensverhandlungen

Am 22. Dezember 1917 begannen in der polnischen Festungsstadt Brest-Litowsk die Verhandlungen zwischen den Mittelmächten und der neuen russischen Regierung. Auf russischer Seite wurden sie von Leo Trotzki (s. S. 66) geführt. Er bot an, dass Russland keine Gebietsforderungen stellen und auf Kriegsentschädigungen verzichten würde. Zudem würden sie die besetzten Gebiete sofort räumen und das Selbstbestimmungsrecht der Völker respektieren. Dies reichte der deutschen Obersten Heeresleitung jedoch nicht. Sie stellte harte Bedingungen, indem sie u.a. die Abtretung der russischen Ostsee- und Schwarzmeerküste forderte. Als dann im Februar 1918 ein Separatfrieden mit der Ukraine geschlossen wurde, in dem diese als eigenständiger Staat anerkannt wird, brach die russische Abordnung die Verhandlungen unter Protest ab. Trotzki erklärte aber, dass der Krieg für Russland beendet sei, ohne die deutschen Friedensbedingungen anzunehmen. Daraufhin setzte die deutsche Armee den Krieg an der Ostfront fort. Schnell konnte sie große Gebiete erobern, weil sie auf keinen russischen Widerstand traf. Trotzkis Strategie des „weder Krieg noch Frieden" war nicht aufgegangen. Lenin drängte auf eine schnelle Unterzeichnung des Friedensvertrags. Die russische Abordnung kehrte daher nach Brest-Litowsk zurück. Sie hatte nun keinen Verhandlungsspielraum mehr und konnte nur noch kapitulieren.

Der Friedensvertrag
Am 3. März 1918 wurde der Friedensvertrag von den Vertretern der Mittelmächte und Russland unterzeichnet. Russland verzichtete darin auf seine Hoheitsrechte in Polen, Litauen, Kurland, Estland und Livland (Lettland). Weißrussland und Estland blieben von deutschen Truppen besetzt. Die Ukraine und Finnland mussten von der Sowjetregierung als eigenständige Staaten anerkannt werden. Vor allem der Verlust der Ukraine wog schwer, da ihre Getreidevorräte für Russland überlebenswichtig waren. Zudem mussten Gebiete im Kaukasus an der Grenze des Osmanischen Reiches abgetreten werden. Insgesamt büßte Russland 1,4 Mio. km^2 seines Gebietes und 60 Mio. seiner Gesamtbevölkerung ein. Damit war auch ein großer wirtschaftlicher Schaden verbunden. Russland verlor über 89% seiner Kohlebergwerke, 73% seiner Eisenindustrie und 26% seines Eisenbahnnetzes.
Ende August 1918 musste Russland einen Zusatzvertrag unterzeichnen. Darin musste es die Unabhängigkeit Estlands, Livlands und Georgiens anerkennen. Außerdem verpflichtete es sich zur Zahlung einer bisher nicht vorgesehenen Kriegsentschädigung in Höhe von sechs Milliarden Goldmark.
Als die Mittelmächte im Herbst 1918 selbst kapitulieren und 1919 den Friedensvertrag von Versailles unterzeichnen mussten, wurde der Vertrag von Brest-Litowsk in weiten Teilen ungültig. Dennoch sind viele seiner Grenzziehungen bis heute in Osteuropa sichtbar.

2 – Gruppenbild der russischen Verhandlungskommission in Brest-Litowsk. Der Zweite von Links ist Leo Trotzki. Foto, 1917.

Q1 Am 10. Februar 1918 brach Trotzki die Friedensverhandlungen ab und erklärte:
Russland, indem es darauf verzichtet, einen *annexionistischen Vertrag zu unterzeichnen, erklärt seinerseits den Kriegszustand mit den Zentralmächten für beendet. Den russischen Truppen wird gleichzeitig der Befehl zur vollständigen Demobilisierung an allen Fronten erteilt.

Q2 Lenin erwidert auf Trotzkis Verhandlungsabbruch:
Das wird zweifellos ein schmachvoller Friede sein, aber wenn wir uns auf den Krieg einlassen, dann wird unsere Regierung hinweggefegt werden.

1. Beschreibe die Situation, in der Russland im Dezember 1917 in die Verhandlungen mit den Mittelmächten einstieg.
2. Lies Q1 und erkläre, auf welche Weise Trotzki die Friedensverhandlungen beenden wollte.
3. Erläutere anhand von Q2, wie Lenin die Situation nach Abbruch der Friedensverhandlungen beurteilte.
4. Untersuche die Karte und finde die Gebiete, die Russland durch den Frieden von Brest-Litowsk verloren hat.
5. Verständigungsfrieden oder Diktatfrieden? Beurteile, was auf den Frieden von Brest-Litowsk zutrifft.

Warum gab es einen Bürgerkrieg in Sowjetrussland?

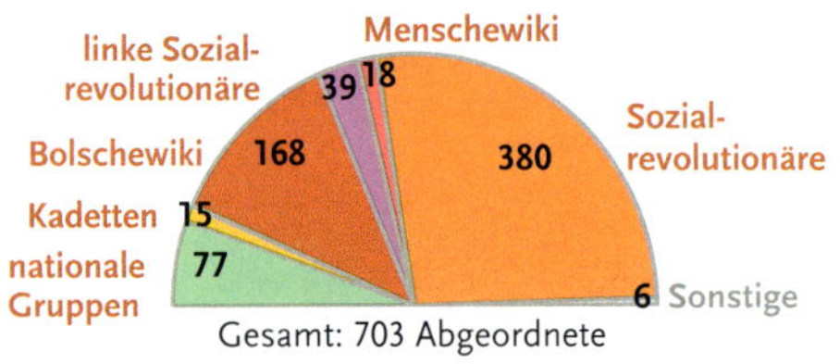

1 – Wahlergebnisse vom November 1917. Sitzverteilung.

Die Bolschewiki festigen ihre Macht

Der von den Bolschewiki eingesetzte und geführte Rat der Volkskommissare war nur eine provisorische Regierung. Für Mitte November waren die ersten freien, allgemeinen und geheimen Wahlen in Russland geplant. Hier sollte eine verfassungsgebende Versammlung gewählt werden. Sie sollte darüber entscheiden, wie und von wem Russland künftig regiert wird. Das Ergebnis zeigte, dass die Bolschewiki keinen stabilen Rückhalt in der Bevölkerung hatten. Sie erhielten weniger als 25 % der Stimmen. Diese kamen vor allem von den Arbeitern und Soldaten in den großen Städten. Die Bevölkerungsmehrheit unterstützte die Sozialrevolutionäre.

Die Bolschewiki machten aber schnell deutlich, dass sie ihre Macht freiwillig nicht wieder aufgeben würden. Daher lösten sie Anfang Januar 1918 die gerade erst gewählte Versammlung gewaltsam auf und erklärten Russland zu einer Sowjetrepublik. Eine Demokratie nach westlichem Vorbild sollte verhindert werden. Es kam darüber zu einigen Protesten, aber der große Widerstand blieb aus.

Um ihre alleinige Macht durchzusetzen, verboten die Bolschewiki bis zum Sommer 1918 nach und nach die anderen Parteien. Politisch Andersdenkende wurden mithilfe der neuen Staatssicherheitspolizei Tscheka verfolgt. Zudem begannen die Bolschewiki, ihre Hauptziele umzusetzen: Es sollte kein Privateigentum mehr geben. Großgrundbesitzer, Kirchen und ausländische Investoren wurden ohne Entschädigung enteignet. Ebenso wurden Fabriken und Banken verstaatlicht.

Widerstand gegen die Bolschewiki

Die politischen Gegner der Bolschewiki wollten deren Gewaltherrschaft nicht länger hinnehmen. Sie organisierten daher im Frühjahr 1918 den militärischen Widerstand. Dazu hatten sich Anhänger unterschiedlicher politischer Lager abseits des russischen Zentrums zusammengefunden: vertriebene Sozialrevolutionäre, bürgerliche und liberale Vertreter der parlamentarischen Demokratie, Monarchisten, hohe Militärs und Großgrundbesitzer. Unterstützt wurden die „Weißen", wie die *Konterrevolutionäre genannt wurden, von den Alliierten des Ersten Weltkriegs. Aber auch die nicht-russischen Minderheiten, die sich von Russland unabhängig machen wollten, bedrohten die Herrschaft der Bolschewiki.

Russischer Bürgerkrieg 1918 bis 1920

Ungefähr drei Jahre dauerte der Bürgerkrieg zwischen den „Weißen" Konterrevolutionären und den „Roten" Bolschewiki. Anfangs gelang es den „Weißen", die Bolschewiki von mehreren Seiten anzugreifen und größere Gebiete einzunehmen. Doch am Ende konnten die Bolschewiki fast alle Gebiete zurückerobern. Ihr Erfolg hatte u.a. folgende Gründe:

- Trotzki hatte die Rote Armee extrem vergrößert und neu organisiert. Er übernahm viele Offiziere der alten Zarenarmee, die militärisch sehr gut ausgebildet waren. Außerdem sorgte Trotzki durch Kontrolle und Gewalt für Disziplin unter den Soldaten.
- Die Bolschewiki herrschten über das dicht besiedelte Zentralrussland, wo es auch Industrie gab. Sie verfügten damit über bessere *Ressourcen, Transport- und Kommunikationsmittel.
- Die Gegner der Bolschewiki verfolgten unterschiedliche politische Ziele. Sie hatten kein geeignetes Reformprogramm, um die Probleme im Land zu lösen. Die Bauern befürchteten vielmehr, dass die „Weißen" dem Adel und den Großgrundbesitzern alle *Privilegien zurückgeben wollten.

Konterrevolutionäre die politischen Gegner der kommunistischen Revolution

Ressourcen Darunter versteht man sämtliche Bestände von etwas, z.B. einem Rohstoff. Diese werden für einen bestimmten Zweck benötigt, z.B. für die wirtschaftliche Produktion.

Privilegien bestimmte Rechte, die nur eine spezielle Gruppe besitzt

Zwangsrekrutierung Damit ist das Einziehen von Soldaten für den Kriegsdienst gemeint. Die Soldaten treten aber nicht freiwillig in die Armee ein. Es wird Druck, z.B. durch angedrohte Strafen, auf sie ausgeübt.

Fahnenflüchtige Jemand, der unerlaubt die Armee verlässt und seiner Wehrverpflichtung nicht mehr nachkommt.

2 – „Genosse Lenin reinigt die Erde vom Müll“.
Zeitgenössisches Plakat von Viktor Deni, 1917.

3 – Der Russische Bürgerkrieg 1918–1920.

– Die Bolschewiki vermittelten den nichtrussischen Minderheiten glaubhaft, dass sich ihre nationale Selbstbestimmung nur unter ihnen verwirklichen ließe.

Das Leiden der Bevölkerung

Der Bürgerkrieg wurde mit einer unglaublichen Brutalität geführt. Darunter hatte vor allem die Bevölkerung zu leiden. Sowohl „Weiße“ als auch „Rote“ setzten abwechselnd Terror gegen Andersdenkende ein. Es gab sogar Gebiete, wo die Herrschaft mehrfach wechselte; jedes Mal begleitet von Plünderungen und Erschießungen.

Ein Krieg gegen die Bauern

Besonders hart gingen die Bolschewiki gegen die Bauern vor. Zunächst hatten sie noch von der Umverteilung des Landes profitiert, das den Großgrundbesitzern und der Kirche abgenommen worden war. Die Bauern sollten den Bolschewiki aber vor allem Nahrungsmittel und Soldaten liefern. Ab Mitte Mai 1918 durften sie nur noch das Nötigste an Getreide behalten. Privathandel war verboten. Alle Ernteüberschüsse mussten abgegeben werden, um die Stadtbevölkerung und die Soldaten zu versorgen.

Zudem hatten die Bolschewiki eine Allgemeine Wehrpflicht eingeführt. Schon bald zogen bewaffnete Arbeiter und Soldaten der „Roten Armee“ durch die Dörfer und nahmen den Bauern das Getreide und andere Lebensmittel gewaltsam ab. Es kam zu *Zwangsrekrutierungen und Geiselnahmen, wenn die Bauern den Dienst in der Roten Armee verweigerten. Tausende wurden als *Fahnenflüchtige erschossen. Die Bauern reagierten auf diese Terrormaßnahmen mit zahlreichen Aufständen. Viele flüchteten sich in die Wälder und schlossen sich dem Widerstand an. Die Kämpfe gegen die Bauern dauerten noch an, als die „Weißen“ längst geschlagen waren. Erst eine verheerende Hungersnot Anfang 1921 beendete ihren Widerstand. Heute schätzt man, dass durch den Bürgerkrieg und die Hungersnot etwa 15 Millionen Menschen starben. Davon waren „nur“ 1,2 Millionen Soldaten.

1. Gib mithilfe des Textes und Grafik 1 an, von welchen Parteien die russischen Wähler vertreten werden wollten.
2. Beurteile vor diesem Wahlergebnis die Entscheidung der Bolschewiki, die verfassungsgebende Versammlung aufzulösen.
3. Notiere, wer zu den Gegnern der Bolschewiki zählte.
4. Schildere die Situation zu Beginn des Bürgerkriegs aus der Sicht der verschiedenen Kriegsgegner.
5. Untersuche Plakat 2 und vergleiche es mit den von dir notierten Gegnern der Bolschewiki.
6. Beschreibe Ursachen, Verlauf und Folgen des Russischen Bürgerkriegs anhand des Textes und Karte 3.

Kriegsende in Deutschland

Wie kam es 1918 zu der Revolution in Deutschland?

1 – Philipp Scheidemann ruft am 09.11.1918 die Deutsche Republik aus. Nachgestelltes Foto aus den 1920er-Jahren.

Die Deutschen wollen Frieden

Im Juli 1914 hatten alle politischen Parteien im Deutschen Reichstag beschlossen, den bevorstehenden Kampf zu unterstützen. Doch je länger der Krieg dauerte und je größer die Belastungen für die Bevölkerung wurden, umso schwieriger konnte dieser *Burgfriede aufrechterhalten werden. So wuchs seit 1916 unter den Parteien der Widerstand gegen eine Fortführung des Krieges. Das galt besonders für die Sozialdemokraten.

Im April 1917 spaltete sich ein Teil der Sozialdemokratie ab: Es entstand die Unabhängige Sozialdemokratische Partei Deutschlands (= USPD). Sie forderte sofortigen Frieden und die Umgestaltung Deutschlands in eine Demokratie.

Im Juli 1917 wollte eine Reichstagsmehrheit den Alliierten einen Verständigungsfrieden ohne Gebietsforderungen und Entschädigungszahlungen anbieten. Doch für die militärischen und bürgerlichen Kräfte im Deutschen Reich kam nur ein Siegfrieden infrage und so scheiterte der Friedensvorstoß.

* **Burgfrieden**
  Das ist eine Vereinbarung zwischen mehreren Parteien, sich für eine bestimmte Zeit nicht zu bekämpfen.

* **Hohenzollern**
  Deutsches Fürstengeschlecht. Es stellte ab 1701 die preußischen Könige und ab 1871 die deutschen Kaiser.

* **parlamentarische Monarchie**
  Der Staat wird von einem Parlament geführt, das vom Volk frei gewählt wurde. Der Monarch repräsentiert den Staat meist nur noch nach innen und außen.

Revolutionäre Stimmung

Seit April 1917 legten immer mehr Arbeiter in kriegswichtigen Betrieben die Arbeit nieder. Unterstützt von der USPD protestierten sie zunächst gegen die schlechten Lebensbedingungen und die Fortführung des Krieges. Angeheizt von der russischen Revolution stellten sie schließlich umfassende politische Forderungen. Schon bald wurden alle großen Städte des Deutschen Reiches von diesen Streiks erfasst. Die größten waren mit mehreren Hunderttausend Arbeitern die Januarstreiks 1918.

Gesuch um Waffenstillstand

Als 1918 die anfänglich erfolgreiche deutsche Frühjahrsoffensive scheiterte, weigerten sich ab August immer mehr Soldaten zu kämpfen. Viele verließen unerlaubt ihre Einheiten oder ließen sich gefangen nehmen. Ende September 1918 erklärte die Oberste Heeresleitung, dass eine Fortsetzung des Krieges aussichtslos sei. Sie drängte die Reichsregierung, sofort Waffenstillstandsverhandlungen mit den Alliierten aufzunehmen. Außerdem sollten die liberalen und demokratischen Kräfte an der Regierung beteiligt werden. Auf diese Weise wollte die militärische Führung ihre Verantwortung an dem katastrophalen Ausgang des Krieges auf die zukünftige Regierung abwälzen. Zudem hatte US-Präsident Woodrow Wilson eine Umwandlung Deutschlands in eine Demokratie zur Friedensbedingung gemacht. Anfang Oktober wurde eine neue Regierung gebildet mit dem liberalen Prinzen Max von Baden als Reichskanzler. Gleichzeitig ging das Waffenstillstandsgesuch an den amerikanischen Präsidenten raus. Jetzt erfuhr die deutsche Bevölkerung von der tatsächlichen Lage des Reiches. Viele waren schockiert, da die staatliche Propaganda bis zu diesem Zeitpunkt ein völlig anderes Bild gezeichnet hatte. Damit war das Vertrauen in die Führung endgültig erschüttert und die revolutionäre Bereitschaft wuchs. Das lag auch daran, dass sich die Verhandlungen um den Waffenstillstand in die Länge zogen. Um den Forderungen von Wilson entgegenzukommen, hatte die neue Regierung Ende Oktober die Verfassung geändert. Das Deutsche Reich war nun eine *parlamentarische Monarchie. Darin hatte der Kaiser keine Macht mehr. Das reichte dem US-Präsidenten aber nicht. Er wollte einen klaren Systemwechsel und ließ das auch die deutsche Bevölkerung wissen: Das Militär müsse entmachtet werden und der Kaiser abdanken.

Die Revolution bricht aus

Die Oberste Heeresleitung war empört über die Forderungen des US-Präsidenten und sprach sich für eine Wiederaufnahme der Kämpfe aus. Dies konnte die Regierung zwar verhindern, allerdings entschlossen sich die Admirale der Kriegsmarine zu einer letzten Operation. Die Seekriegsleitung wollte lieber untergehen, als dem Sieger die Flotte kampflos zu überlassen. Gegen ein solches „Selbstmordkommando" meuterten am 29. Oktober 1918 die Schiffsbesatzungen in Wilhelmshaven. Als die Flotte nach Kiel verlegt wurde, wo man die Anführer festnehmen wollte, solidarisierten sich zahlreiche Matrosen und streikende Arbeiter mit ihnen. Die Bewegung bildete spontan nach russischem Vorbild Arbeiter- und Soldatenräte. Sie forderten den sofortigen Frieden und die Abdankung des Kaisers. Jetzt breitete sich eine Welle des Aufruhrs über ganz Deutschland aus. Anfang November war der Druck auf viele Landesfürsten so groß geworden, dass sie abdanken mussten (s. S. 94). Nun war auch der Kaiser nicht mehr haltbar. Er sollte abdanken, um die Revolution unter Kontrolle zu halten. Als sich Wilhelm II. weigerte, erklärte Max von Baden am 9. November 1918 eigenmächtig den Rücktritt des Kaisers.

Deutschland wird eine Republik

Nach der Abdankungserklärung hatte Max von Baden die Regierungsgeschäfte an den Vorsitzenden der SPD, Friedrich Ebert, übergeben. Dieser wollte auf einer Nationalversammlung über die Staatsform des Deutschen Reiches entscheiden lassen, also ob es eine Monarchie bleiben oder eine Republik

2 – Demonstrationszug „Unter den Linden" in Berlin. Foto, 09.11.1918.

werden sollte. Daraus wurde jedoch nichts. Einige Sozialdemokraten befürchteten, dass die aufständischen Arbeiter und Soldaten in Berlin eine Räte-Republik nach russischem Vorbild errichten könnten. Um dem zuvorzukommen, rief der Sozialdemokrat Philipp Scheidemann noch am selben Tag die Deutsche Republik aus. Zwei Stunden nach ihm verkündete der Sprecher des kommunistischen Spartakusbundes, Karl Liebknecht, die freie sozialistische Republik. Schließlich einigen sich die Vertreter der mehrheitlichen SPD und der USPD auf eine Übergangsregierung. Am 10. November wurde dazu der Rat der Volksbeauftragten gebildet. Er bestand aus jeweils drei Vertretern von SPD und USPD.

Q1 Am 9. November 1918 rief Philipp Scheidemann den demonstrierenden Menschen zu:

Das deutsche Volk hat auf der ganzen Linie gesiegt. Das alte Morsche ist zusammengebrochen; der Militarismus ist erledigt. Die *Hohenzollern haben abgedankt! Es lebe die deutsche Republik! Der Abgeordnete Ebert ist zum Reichskanzler ausgerufen worden. (...) Jetzt besteht unsere Aufgabe darin, diesen glänzenden Sieg, diesen vollen Sieg des deutschen Volkes nicht beschmutzen zu lassen, und deshalb bitte ich Sie, sorgen Sie dafür, dass keine Störung der Sicherheit eintrete! Wir müssen stolz sein können in alle Zukunft auf diesen Tag! (...) Ruhe, Ordnung und Sicherheit, das ist das, was wir jetzt brauchen!

1. Beschreibe die Stimmung der Deutschen bis zum Sommer 1918.
2. Erläutere, warum die Oberste Heeresleitung nicht selbst die Waffenstillstandsverhandlungen aufnehmen wollte.
3. Erkläre, warum Philipp Scheidemann die Republik ausrief.
4. Beschreibe, was Scheidemann in Q1 von den Zuhörern fordert.
5. Formuliere Sprechblasen für die Personen in Bild 1 oder 2.

Was bedeutete der Versailler Vertrag für Deutschland?

1 – Die Bestimmungen des Friedensvertrags von Versailles.

Friedensschluss ohne Verhandlung

Am 18. Januar 1919, also am 48. Jahrestag der Deutschen Reichsgründung, wurde im Schloss Versailles bei Paris die Friedenskonferenz eröffnet. Es waren nur die Vertreter der Siegermächte versammelt, um den Friedensvertrag zu erarbeiten. Ziel war eine neue Friedensordnung für die Welt. Neue Staaten wie die Tschechoslowakei und Jugoslawien sollten errichtet, Polen wieder ein Staat werden. Der neu gegründete *Völkerbund sollte Kriege sogar für alle Zeiten unmöglich machen. Deutschland als besiegtes Land war zu den Verhandlungen nicht zugelassen. Am 7. Mai 1919 wurde der deutschen Delegation der Vertragstext vorgelegt. Änderungswünsche wurden nicht verhandelt.

Der Friedensvertrag von Versailles

Der Vertrag regelte vor allem die alleinige Kriegsschuld, die deutschen Gebietsabtretungen, die Abrüstung der deutschen Armee und das Verbot der allgemeinen Wehrpflicht. Weitere Punkte waren die Wiedergutmachung der alliierten Kriegsschäden und mögliche Eingriffsrechte der Alliierten in Deutschland. Wichtige Bedingungen des Versailler Vertrages besagten im Einzelnen: Deutschland musste alle Kolonien abtreten, für alle Kriegsschäden aufkommen und *Reparationen zahlen. Die Höhe der Zahlungen sollte erst später festgelegt werden. So wurden dem Deutschen Reich 1920 auf der Konferenz von Boulogne 269 Milliarden Goldmark in Rechnung gestellt. Diese konnten auch in Form von Sachgütern bezahlt werden. Das deutsche Heer wurde auf 100.000, die Marine auf 15.000 Mann beschränkt. Schwere Waffen, Flugzeuge und U-Boote wurden verboten. Deutschland blieb vom Völkerbund ausgeschlossen.

Politische und wirtschaftliche Folgen

Die Friedensbedingungen wurden von deutscher Seite als besonders hart empfunden. Die Siegermächte lehnten aber fast alle deutschen Einwände und Forderungen ab. Parteiübergreifend gab es heftige Diskussionen. Auf den Straßen kam es zu leidenschaftlichen Protesten gegen die Versailler Vorgaben. Der spektakulärste „Protest“ fand am 21. Juni 1919 statt: Der Kommandant der deutschen Kriegsflotte, die

* Völkerbund
Die erste internationale Organisation zur Sicherung des Weltfriedens; sie bestand von 1920 bis 1946.

* Reparationen
Zahlungen Deutschlands an die Siegermächte. Damit sollte Deutschland für die verursachten Zerstörungen und Kosten des Ersten Weltkriegs aufkommen.

* Alliierte und assoziierte Regierungen
Insgesamt gehörten hierzu 27 Siegerstaaten, die gegen das Deutsche Reich verbündet (alliiert und assoziiert) waren.

vor den Orkney-Inseln nördlich von Schottland festgesetzt war, befahl deren Selbstvernichtung: 57 Schiffe wurden von ihren Besatzungen selbst versenkt oder auf Grund gesetzt. Die Siegermächte drohten, in Deutschland einzumarschieren, wenn der Vertrag von der deutschen Regierung nicht angenommen würde. Die Abgeordneten sahen daher keinen anderen Weg, als zu unterschreiben. Wegen dieser Umstände sprach man in Deutschland vom „Versailler Zwangsfrieden“ oder dem „Friedensdiktat“.

Die „Dolchstoßlegende“

Gegen den „Diktatfrieden“ von Versailles entwickelte sich in der Folgezeit eine nationalistische und antirepublikanische Kampagne. Vergessen waren die wirklichen Ursachen des Zusammenbruchs. Die ganze Schuld und Verantwortung lastete man der Republik und ihren Vertretern an. Um dies zu unterstreichen, wurde die „Dolchstoßlegende“ in die Welt gesetzt. Sie besagte, dass das Heer im Feld unbesiegt gewesen und nur durch die Regierung und den (kommunistischen) Aufstand zur Aufgabe des Kampfes gezwungen worden sei. Dem eigenen Heer sei man in den Rücken gefallen, wodurch es zur militärischen Niederlage gekommen war. Diese Legende, die vielmehr eine Lüge war, lässt dabei unberücksichtigt, dass die Oberste Heeresleitung eine Fortsetzung des Krieges für aussichtslos hielt und die Regierung zur Aufnahme von Waffenstillstandsverhandlungen gedrängt hat.

Q1 Artikel 231 des Versailler Vertrages lautete:
Die *alliierten und assoziierten Regierungen erklären und Deutschland erkennt an, dass Deutschland und seine Verbündeten als Urheber (des Krieges) für alle Schäden und Verluste verantwortlich sind, die die alliierten und assoziierten Regierungen und ihre Staatsangehörigen infolge des ihnen durch den Angriff Deutschlands und seiner Verbündeten aufgezwungenen Krieges erlitten haben.

2 – Illustration zu einem Wahlplakat (oberer Teil) der Deutschnationalen Volkspartei (DNVP) für die Reichstagswahlen am 07.12.1924. Ein deutscher Arbeiter (Schirmmütze = Symbol für die Arbeiter) erdolcht einen deutschen Soldaten von hinten. Foto, 1924.

Q2 Der französische Ministerpräsident Clemenceau begründete am 07.05.1919 die Friedensbedingungen:
Sie haben uns um Frieden gebeten. Wir sind geneigt, ihn ihnen zu gewähren. (...) Der Versailler Frieden ist zu teuer von uns erkauft worden, als dass wir (...) die Folgen dieses Krieges allein tragen könnten. (...) (Wir sind) entschlossen, sämtliche uns zu Gebote stehenden Mittel aufzuwenden, um jede uns geschuldete Genugtuung zu erlangen.

Q3 Der US-Außenminister Lansing schrieb am 08.05.1919:
Die Friedensbedingungen erscheinen unsagbar hart und demütigend, während viele von ihnen mir unerfüllbar scheinen. (...) Hass und Erbitterung, wenn nicht Verzweiflung, müssen die Folgen derartiger Bestimmungen sein. (...) Wir haben einen Friedensvertrag, aber er wird keinen dauernden Frieden bringen, weil er auf dem Treibsand des Eigennutzes gegründet ist.

1. Gib Artikel 231 (Q1) mit eigenen Worten wieder.
2. Nenne mithilfe des Textes und Grafik 1 wesentliche Bedingungen des Versailler Vertrages für Deutschland.
3. Welche symbolische Bedeutung hatten das Datum und der Ort der Friedenskonferenz? Erkläre, warum man sie gewählt hat.
4. Fasse die Aussagen von Clemenceau (Q2) und Lansing (Q3) mit eigenen Worten zusammen.
5. Erkläre mithilfe von Bild 2, was unter der Dolchstoßlegende zu verstehen ist. Löse dabei die Metapher des Dolches auf.

Welche Krisen musste Deutschland bewältigen?

1 – Kapp-Putschisten riegelten im März 1920 das Regierungsviertel in Berlin ab. Die Regierung floh nach Stuttgart. Foto.

Neuer Staat – altes Personal

Deutschland musste nun die enormen Folgen des Krieges bewältigen: Millionen zurückkehrende Soldaten und Verwundete brauchten Unterstützung, die Lebensmittelversorgung war unsicher, die Kriegswirtschaft musste wieder auf Friedensproduktion umgestellt werden.
Friedrich Ebert konnte dies nur mithilfe der Führungen von Wirtschaft, Militär und Verwaltung aus der Kaiserzeit schaffen. Bereits im November 1918 hatte er sich die Unterstützung durch die Reichswehr zugesichert, um innerpolitische Unruhen bekämpfen zu können. Der Pakt mit den alten Eliten war aber problematisch. Diese waren überwiegend antirepublikanisch eingestellt. Sie besaßen aber zum Teil hohe Ämter in Verwaltung, Justiz und Heer und konnten in ihrem Sinne weiterarbeiten. Dadurch wandten sich die politischen Linken immer mehr von der Übergangsregierung Friedrich Eberts ab.

Aufstand in Berlin

Anfang Januar 1919 kam es in Berlin zu einem Aufstand von Arbeitern und Soldaten. Diesem schlossen sich auch Mitglieder der KPD an. Die linksradikalen Gruppen wollten so die Wahl der Nationalversammlung (s. S. 72) verhindern und eine Räterepublik gründen. Der Aufstand wurde mithilfe von Reichswehr und *Freikorps niedergeschlagen. Dabei wurden am 15. Januar 1919 die Sprecher des *Spartakusbundes Rosa Luxemburg und Karl Liebknecht von Offizieren ermordet. Das sorgte in ganz Deutschland für weitere Unruhen.

Kapp-Lüttwitz-Putsch

1920 kam es zum ersten großen Putschversuch durch eine rechte Verschwörergruppe um den hohen Verwaltungsbeamten Wolfgang Kapp und den Reichswehrgeneral Walther von Lüttwitz. Sie konnten sich nicht mit der Verkleinerung des deutschen Heeres im Zuge des Versailler Vertrages abfinden. Daher marschierten sie am 12. März nach Berlin, um die Regierung zu stürzen. Die Reichswehr ging aber nicht gegen die Putschisten vor. Als Vorwand gab sie an, nicht auf ehemalige Kameraden schießen zu können. So blieb der Regierung nur die Flucht. Erst das Eingreifen von Gewerkschaften und SPD brachte den Putsch zum Scheitern. Sie hatten zum Generalstreik aufgerufen und damit das gesamte öffentliche Leben lahmgelegt.

Aufstand im Ruhrgebiet

Zeitgleich hatte sich im Ruhrgebiet der Generalstreik gegen diesen rechten Umsturzversuch zu einem Aufstand ausgeweitet. Zehntausende Arbeiter hatten sich bewaffnet und zu einer „Roten Armee" zusammengeschlossen. Schon bald beherrschten sie große Teile des Ruhrgebiets. Die Reichsregierung konnte die Ruhrarmee nicht zur Selbstauflösung überreden. Daher setzten sie zu ihrer Bekämpfung die Reichswehr ein, welche die Regierung zuvor nicht gegen die rechten Putschisten schützen wollte. Im Ruhrgebiet machte die Reichsarmee hingegen kurzen Prozess: Wer eine Waffe trug, wurde sofort erschossen. Über Tausend Arbeiter wurden getötet.

* **Freikorps** – Freiwilligenverbände ehemaliger Soldaten und Offiziere
* **Spartakusbund** – politischer Zusammenschluss von Anhängern des linken Randes der SPD und anderer sozialistischer Gruppen
* **passiver Widerstand** – Verzicht auf Gewaltanwendung oder direkte Gegenmaßnahmen
* **Amnestie** – Straferlass oder Strafmilderung (vor allem bei politischen Vergehen)
* **Feme** – Eine geheime Versammlung entscheidet über die Ermordung von politischen Gegnern und Verrätern.

2 – Der *Amnestie-Automat, Karikatur in der Zeitschrift „Ulk", 1926. „Gebrauchsanweisung: Man decke abwechselnd die beiden Gesichtshälften ab. Nach rechts nickt er – nach links pickt er!"

Besetzung des Ruhrgebiets

Als Deutschland Ende 1922 mit den *Reparationszahlungen in Rückstand geriet, ließ die französische Regierung Anfang Januar 1923 Soldaten ins Ruhrgebiet einmarschieren, um auf diese Weise die Zahlungen zu sichern. Daraufhin rief die Reichsregierung die Menschen an der Ruhr zum *passiven Widerstand auf: Keinem Befehl der Besatzer sollte gehorcht werden. Aufgrund der wirtschaftlichen Not musste die Reichsregierung jedoch im September 1923 diesen Widerstand aufgeben.

Der Hitler-Putsch

Auch Adolf Hitler von der NSDAP (s. S. 75) wollte die Republik durch einen rechten Putsch beseitigen. Am 9. November 1923 stoppte die Polizei den Marsch mit seinen Gefolgsleuten zur Münchner Feldherrnhalle mit Gewalt. Es gab Tote und Verwundete. 1924 wurde Hitler dafür zu fünf Jahren Zuchthaus verurteilt. Von diesen musste er nur neun Monate unter komfortablen Haftbedingungen absitzen.

Bedrohung durch rechten Terror

Die neue Regierung wurde besonders von rechten Gruppen angefeindet. Dazu trugen die „Dolchstoßlegende" (s. S. 63) und der Vertrag von Versailles, den die neue Regierung angenommen hatte, bei. Vor allem ehemalige Freikorpsmitglieder und Offiziere schlossen sich in Geheimbünden wie der „Organisation Consul" zusammen und sorgten deutschlandweit für Angst und Unsicherheit. So kam es zwischen 1919 und 1922 zu über 350 politischen Morden durch Rechtsextreme. Ihre bekanntesten Opfer waren 1921 der Reichsfinanzminister Matthias Erzberger und 1922 der Reichsaußenminister Walther Rathenau. Die meisten Taten waren „*Fememorde". Es genügte der Verdacht, ein „Verräter" zu sein, um verfolgt und ohne Gerichtsurteil „hingerichtet" zu werden. Die Täter hatten kaum etwas zu befürchten. Die überwiegend republikfeindlichen Richter hegten oft Sympathie für sie und fällten eher milde Urteile. Die Justiz unterstützte auf diese Weise auch Hetzkampagnen gegen Vertreter der neuen Regierung. Sowohl Matthias Erzberger als auch Friedrich Ebert wurden durch die rechte Presse verleumdet, um sie politisch in Verruf zu bringen. Die Politiker reagierten darauf mit Klagen wegen Beleidigung. In beiden Fällen erhielten die Angeklagten geringe Strafen. Gleichzeitig bestätigten die Richter in ihren Urteilen die Vorwürfe gegen Erzberger und Ebert, obwohl diese haltlos waren. Auf die öffentliche Meinung wirkte sich das sehr negativ aus. Erzberger trat daher im März 1920 von seinem Amt zurück.

Q1 Der Mathematiker Erich Gumbel stellte Folgendes zu den politischen Morden zwischen 1919 und 1922 fest:

Politische Morde durch	Linksstehende	Rechtsstehende
Gesamtzahl	22	354
ohne Täterbestrafung	4	326
teilweise Täterbestrafung	1	27
mit Täterbestrafung	17	1
Verurteilungen	38	24
Freigesprochen	–	23
Freiheitsstrafe pro Mord	15 Jahre	4 Monate
Hinrichtungen	10	–

1. Nenne Krisen, die Deutschland zu Beginn der 1920er-Jahre bewältigen musste.
2. Untersuche die Tabelle (Q1). Was stellst du fest, wenn du die Gesamtzahl der politischen Morde, die Täter und deren Bestrafung miteinander vergleichst?
3. Erläutere anhand von Karikatur 2, was der Zeichner damit kritisieren wollte. Nutze dazu auch den Text.
4. Nimm kritisch Stellung, warum Militär und Justiz nicht oder nur milde gegen rechte Umsturzversuche vorgingen.

Kriegsende in Russland und Deutschland

VIPs: Welche Persönlichkeiten prägten diese Zeit?

„Jeder Staat wird auf Gewalt gegründet."

Name: Leo (Lew) Dawidowitsch Trotzki (eigentlich Leib Bronstein)
Lebensdaten: 7. November 1879 – 21. August 1940
Familie: Trotzki stammte aus einer wohlhabenden ukrainisch-jüdischen Bauernfamilie.
Jugend/Schule/Ausbildung:
- Ab 1886 besuchte er die Grundschule und wechselte zwei Jahre später an die deutsch-lutherische Schule in Odessa.
- 1897 machte er sein Abitur in Nikolajew als Jahrgangsbester.
- Danach Studium in Odessa. Hier traf er auf Sozialisten und wurde Mitbegründer des Südrussischen Arbeiterbundes.

Werdegang:
- 1898 wurde er verhaftet und 1899 wegen seiner politischen und regierungskritischen Tätigkeit nach Sibirien verbannt.
- 1902 floh er nach London und trug nun den Decknamen Trotzki.
- Bei einer politischen Zeitschrift lernte er Lenin kennen. Bald war er ein führender Sozialdemokrat.
- 1905/1906 unterstützte er die erste Revolution gegen Zar Nikolaus II. Diese wurde jedoch niedergeschlagen. Nach einer erneuten Verhaftung gelang ihm wieder die Flucht ins Ausland.
- Fast 10 Jahre verbrachte er im ausländischen Exil in Wien, Paris und New York. In dieser Zeit wurde er zu einem Vertreter von Lenins Revolutionsidee. Er veröffentlichte zahlreiche politische Schriften und sammelte auch militärische Erfahrungen.
- 1917 kehrte er nach Ausbruch der Februarrevolution nach Russland zurück. Er schloss sich den Bolschewiki an und übernahm in deren Partei führende Aufgaben. So organisierte er militärisch den Sturz der bürgerlich-liberalen Übergangsregierung.
- Trotzki war bald der engste Vertraute Lenins. Dieser ernannte ihn im November 1917 zum Außenkommissar und ab März 1918 zum Kriegskommissar.
- 1924 begann der Machtkampf mit Stalin um die Nachfolge Lenins. Trotzki verlor und wurde entmachtet: Er musste als Kriegskommissar zurücktreten, wurde aus der Partei ausgeschlossen, nach Sibirien verbannt und 1929 aus der Sowjetunion ausgewiesen.
- Trotzki lebte die nächsten zehn Jahre an verschiedenen Orten im Exil. 1936 wurde er in Abwesenheit zum Tode verurteilt und musste nun um sein Leben fürchten.
- 1940 wurde er in Mexiko durch einen sowjetischen Geheimagenten ermordet.

Besonderheit:
Trotzki war ein ausgezeichneter Redner. Er konnte in mehreren Sprachen herausragende Reden halten, die international viel beachtet wurden. Er war sehr intelligent, verstand es aber nicht, sich Verbündete zu schaffen. Darum fehlten ihm die wichtigen Unterstützer im Machtkampf gegen Stalin.

Was bleibt:
Trotzki entwickelte eine eigene kommunistische Theorie. Diese ist bis heute als „Trotzkismus" bekannt. Sie besagt, dass sich die kommunistische Revolution nicht durchsetzen kann, wenn sie nur auf ein Land beschränkt bleibt. Sie muss daher auf andere Länder ausgedehnt werden.

1. Das Zitat oben wird Leo Trotzki zugeschrieben. Erläutere, wie du es verstehst. Nutze Beispiele aus der russischen Geschichte.
2. Informiere dich, wie es zu der ersten Revolution 1905 in Russland kam.
3. Beschreibe, wie Trotzki zum Aufstieg und Machterhalt der Bolschewiki beitrug. Nutze auch die vorherigen Seiten.

„Ich möchte hier feststellen, (...) dass wir deutschen Frauen dieser Regierung nicht etwa (...) Dank schuldig sind. Was diese Regierung getan hat, das war eine Selbstverständlichkeit: sie hat den Frauen gegeben, was ihnen bis dahin zu Unrecht vorenthalten worden ist."

Name: Marie Juchacz geb. Gohlke
Lebensdaten: 15. März 1879 – 28. Januar 1956
Familie: Sie war die Tochter eines Zimmermanns und wuchs im ländlichen Landsberg an der Warthe (heute in Polen) auf.
Jugend/Schule/Ausbildung:
- Bis zum 14. Lebensjahr besuchte Juchacz die Volksschule.
- Danach arbeitete sie als Dienstmädchen, Fabrikarbeiterin und Wärterin in der „Provinz-Landes-Irrenanstalt". 1898 begann sie eine Schneiderlehre.

Werdegang:
- Marie nahm eine Stelle beim Schneidermeister Bernhard Juchacz an. 1903 heirateten beide und bekamen zwei Kinder.
- 1906 ließ sie sich scheiden. Danach siedelte Marie mit ihrer Schwester und ihren Kindern nach Berlin um. Dort arbeitete sie zunächst in Heimarbeit.
- Juchacz war früh politisch interessiert. Sie durfte als Frau jedoch nicht Mitglied einer Partei sein und sich politisch betätigen. Das änderte sich 1908. Im selben Jahr trat sie der SPD bei.
- Von 1913 bis 1917 arbeitete sie bei der SPD als Frauensekretärin in Köln. Im Ersten Weltkrieg unterstützte sie Bedürftige, indem sie Suppenküchen, Nähstuben und Heimarbeitsplätze einrichten ließ.
- 1917 wurde sie zentrale Frauensekretärin bei der SPD in Berlin. Als einzige Frau wählte man sie in den Parteivorstand. Hier engagierte sie sich für die Frauenbewegung und Sozialpolitik.
- Um Kriegsversehrten, Witwen, Waisenkindern und Arbeitslosen zu helfen, gründete sie 1919 die Arbeiterwohlfahrt (AWO). Diese Organisation verstand sich als solidarische Fürsorge.
- Von 1920 bis 1933 war Juchacz Mitglied des deutschen Reichstags.
- 1933 löste sich die AWO selbst auf. Sie wollte so einer Vereinnahmung durch die Nationalsozialisten entgehen. Juchacz floh über mehrere Etappen nach New York. Von dort unterstützte sie ab 1945 Opfer des Nationalsozialismus in Deutschland mit Hilfspaketen.
- 1949 lebte sie wieder in Deutschland und wurde Ehrenvorsitzende der neu gegründeten AWO.

Besonderheit:
Marie Juchacz' Karriere war völlig untypisch für eine Frau in dieser Zeit. Sie war eine von 37 weiblichen Abgeordneten im Weimarer Parlament und hielt als erste Frau vor der Nationalversammlung eine Rede. Sie war zudem die einzige Frau, die an der Weimarer Verfassung mitgewirkt hat.
Was bleibt:
Die Arbeiterwohlfahrt (AWO) kümmert sich heute bundesweit in über 18.000 Einrichtungen (z. B. Senioren- und Pflegeheime, Kindertagesstätten und Beratungsstellen) um ihre Mitmenschen.

1. Gib das Zitat von Marie Juchacz mit eigenen Worten wieder.
2. Erläutere, worauf sich das Zitat bezieht. Nutze den Text der Seiten 86/87.
3. Erkläre, warum Juchacz' Karriere damals so untypisch für eine Frau war.
4. Recherchiere, wofür sich Juchacz als Reichstagsabgeordnete engagierte und was sie verbessern wollte.
5. Informiere dich über die Geschichte der AWO bis 1933. Wie hat die AWO in dieser Zeit Menschen geholfen?

Partnerpuzzle – Deutschland und Sowjetunion

In diesem Kapitel erfahrt ihr, wie sich Deutschland und die Sowjetunion am Ende des Ersten Weltkriegs und in den Jahren danach jeweils entwickelt haben. Mit drei Aspekten sollt ihr euch nun jeweils genauer befassen:
- Politische Mitbestimmung
- Wirtschaft
- Umgang mit politischen Gegnern

Erschließt zunächst auf den folgenden Seiten die Texte und Materialien mithilfe der angegebenen Arbeitsaufträge.
Im Anschluss führt ihr zu jedem oben genannten Aspekt ein Partnerpuzzle durch. Dazu findet ihr jeweils eine Tabelle mit Fragen. Mit diesen könnt ihr euer Wissen zur Anwendung bringen und vertiefen, indem ihr die beiden Länder miteinander vergleicht.

Politische Mitbestimmung
Textgrundlage: S. 72–75 (Deutschland), S. 70–71 (Sowjetunion)

	Deutschland	Sowjetunion
1. Welches politische System wurde eingesetzt?		
2. a) Wer übte laut Verfassung die Herrschaft im Staat aus? b) Welche politischen Mitbestimmungsmöglichkeiten hatte das Volk?		
3. Welche Rolle hatten die Parteien im politischen System?		
4. Wie wurden politische Beschlüsse tatsächlich getroffen und durchgesetzt?		
VERGLEICH		
Welche Gemeinsamkeiten und Unterschiede gab es bei der politischen Mitbestimmung in Deutschland und in der Sowjetunion?		
Gemeinsamkeiten:	*Unterschiede:*	
Wie beurteilt ihr die politischen Mitbestimmungsmöglichkeiten in Deutschland und in der Sowjetunion? Worauf führt ihr das jeweils zurück?		
Wir finden es gut, dass in ... Das liegt daran, dass ... *Wir finden es schlecht wie in ... Das ist darauf zurückzuführen dass ...*		

1 Lest euch die Tabelle zu dem Aspekt durch, den ihr untersuchen sollt.

2 Bildet in der Klasse Vierer-Gruppen (= Stammgruppen) und teilt die beiden Länder unter euch auf. Es sollen sich jeweils zwei Schüler mit einem Land beschäftigen (= Expertengruppen).

3 Lest die angegebenen Seiten zu eurem Land und beantwortet die Fragen 1 bis 4. Haltet eure Ergebnisse stichpunktartig in der Tabelle fest.

4 Wenn beide Expertengruppen ihren Teil der Tabelle ausgefüllt haben, wechselt ihr innerhalb eurer Stammgruppe den Partner. Stellt euch eure Ergebnisse vor und ergänzt dabei die Tabelle.

5 Vergleicht nun in eurer Stammgruppe die beiden Länder. Beantwortet dazu gemeinsam die Fragen unter dem Abschnitt „Vergleich“.

Wirtschaft
Textgrundlage: S. 78–79, 88–89 (Deutschland), S. 59, 76–77, 80–82 (Sowjetunion)

	Deutschland	Sowjetunion
1. a) Wie sah die wirtschaftliche Lage zu Beginn der 1920er-Jahre aus? b) Worauf ist das zurückzuführen?		
2. Mit welchen Maßnahmen sollte die wirtschaftliche Lage verbessert werden?		
3. Woran erkennt ihr, dass diese Maßnahmen erfolgreich / nicht erfolgreich waren?		
4. a) Konnte die wirtschaftliche Lage dauerhaft verbessert werden? b) Was trug zum erneuten Einbruch der Wirtschaft bei?		
VERGLEICH		
Wie beurteilt ihr die Maßnahmen zur Verbesserung der wirtschaftlichen Situation in Deutschland und in der Sowjetunion? Worauf führt ihr das jeweils zurück?		
Wir finden es gut, dass in ... Das liegt daran, dass ... *Wir finden es schlecht, wie in ... Das ist darauf zurückzuführen, dass ...*		

Umgang mit politischen Gegnern
Textgrundlage: S. 64–65 (Deutschland), S. 58–59, 80–83 (Sowjetunion)

	Deutschland	Sowjetunion
1. Wer waren die politischen Gegner der Machthaber/Regierungsvertreter?		
2. Was kritisierten die politischen Gegner an ihnen?		
3. a) Was wollten sie anders machen? b) Was waren ihre Ziele?		
4. a) Wie reagierten die Machthaber/Regierungsvertreter darauf? b) Wie gingen die Machthaber/Regierungsvertreter im Allgemeinen mit anderen Meinungen um?		
VERGLEICH		
Welche Gemeinsamkeiten und Unterschiede gab es im Umgang mit politischen Gegnern in Deutschland und in der Sowjetunion?		
Gemeinsamkeiten: ...	*Unterschiede: ...*	
Wie beurteilt ihr den jeweiligen Umgang mit politischen Gegnern? Worauf führt ihr das jeweils zurück?		
Wir finden es gut, dass es in ... Das liegt daran, dass ... *Wir finden es schlecht, wie in ... Das ist darauf zurückzuführen, dass ...*		

Wie hat sich die Sowjetunion politisch organisiert?

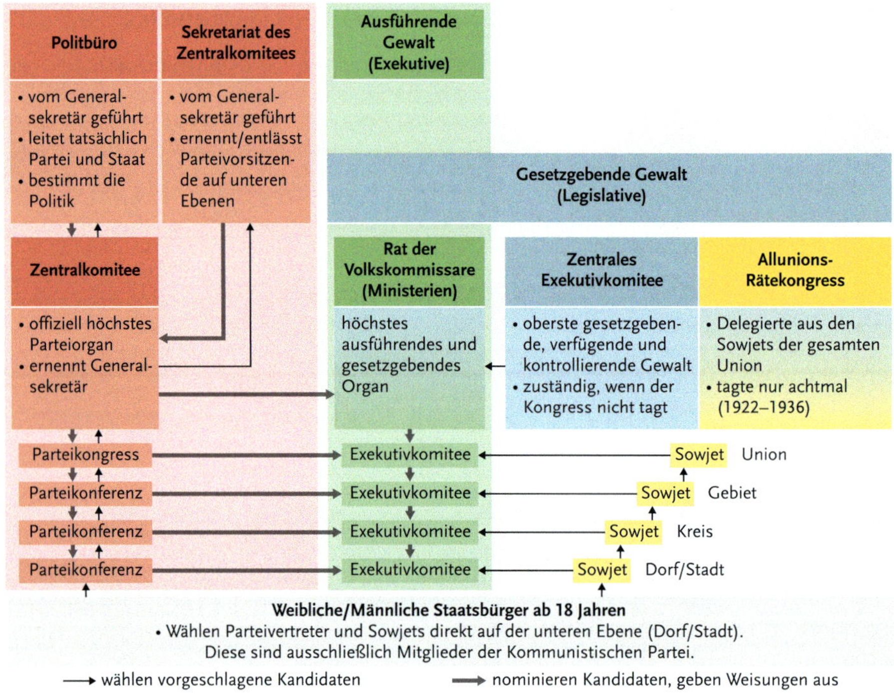

1 – Das politische System der Sowjetunion von 1924.

2 – Flagge der UdSSR.

Delegierte
Bevollmächtigte, die ihren Zuständigkeitsbereich z. B. bei einer politischen Tagung vertreten.

Opposition
Politische Gruppen, welche die Politik anderer, meist der herrschenden Parteien, ablehnen. Eine Opposition kann es unter mehreren Parteien geben, aber auch innerhalb einer Partei.

Die Sowjetunion entsteht

1922 fassten die Bolschewiki die von ihnen kontrollierten Gebiete zusammen und gründeten die Union der Sozialistischen Sowjetrepubliken (UdSSR). Diese war laut der neuen Verfassung ein Bundesstaat, auf dessen Gebiet mehrere Völker lebten. Neben der russischen Sowjetrepublik gehörten zu ihr die zurückeroberten Republiken Ukraine und Weißrussland sowie die Transkaukasische Republik (Georgien, Aserbaidschan, Armenien). Später kamen noch weitere wie Usbekistan, Turkmenistan, Tadschikistan und Kirgistan hinzu. Lenin hatte den nichtrussischen Republiken während des Bürgerkrieges eine gleichberechtigte Zusammenarbeit versprochen. Sie sollten daher in der Union die gleichen Rechte erhalten. Allerdings bestanden diese nur auf dem Papier. In Wirklichkeit bestimmte die Zentralregierung in Moskau die Politik in der Union.

Demokratische Fassade

Laut Verfassung war die UdSSR eine Räterepublik mit demokratischen Verfahren. Demzufolge übten der Rätekongress mit dem Zentralen Exekutivkomitee und der Rat der Volkskommissare gleichberechtigt die Herrschaft im Staat aus. Im Rätekongress saßen die Delegierten aus den Sowjets. Diese wurden von der Bevölkerung auf der Dorf- bzw. Stadtebene in allgemeinen, gleichen und direkten Wahlen bestimmt. Wahlberechtigt waren sowohl Männer als auch Frauen ab 18 Jahren.
Tatsächlich wurden politische Entscheidungen aber nicht in den Sowjets getroffen, sondern in der Kommunistischen Partei der Sowjetunion (KPdSU), wie sich die Partei der Bolschewiki nun nannte.

Die Partei lenkt den Staat

Lenin hatte alle nichtkommunistischen Parteien verbieten lassen. Es gab also nur noch ein Einparteiensystem. Diese eine Partei war eng mit dem Staatsapparat verbunden und übte überall Kontrolle aus. Alle Staatsorgane und wichtigen Ämter waren mit Bolschewiki besetzt. Eine *Opposition gab es nicht. An der Spitze der Parteiorganisation stand das Politbüro mit dem Generalsekretär als Vorsitzendem. Dieses besaß die eigentliche Regierungsgewalt. Es traf die politischen Entscheidungen und bestimmte, welche Richtung die Entwicklung des Landes einschlagen sollte.

Demokratischer Zentralismus

Sowohl die Partei als auch die Räte waren nach dem Prinzip des demokratischen Zentralismus aufgebaut. Danach werden die jeweils höheren Organe durch die unteren (scheinbar demokratisch) gewählt. Tatsächlich werden die Kandidaten jedoch von oben (zentralistisch) vorgegeben. Jede Wahl hat dadurch nur noch einen bestätigenden Charakter. Aus diesem Grund traf Lenins Forderung in seinen Aprilthesen von 1917, dass sämtliche Macht bei den Sowjets zu liegen habe, nur eingeschränkt zu. Da die Partei vorgab, wer in den Sowjet zu wählen war, hatte dieser nur noch eine Stellvertreterfunktion. Grundsätzlich wurden Beschlüsse nur nach unten durchgereicht. Andere Meinungen wurden nicht diskutiert. Weisungsberechtigt waren nur die jeweils höheren Organe. Die untergeordneten Organe mussten die Weisungen bedingungslos ausführen und durften sie nicht hinterfragen.

Kampf um die Parteiführung

Seit 1922 hatte Lenin mehrere Schlaganfälle erlitten. Er war körperlich geschwächt und trat nicht mehr öffentlich auf. Seine Nachfolge hatte er offiziell nicht geregelt, er hinterließ aber zwei Briefe. Diese galten als sein politisches Testament. Dennoch begann unter Lenins Gefolgsleuten ein Kampf um seine Nachfolge. Diesen konnte Josef Stalin (s. S. 80) nach Lenins Tod im Januar 1924 schnell für sich entscheiden. Stalin war seit 1922 erster Generalsekretär des Zentralkomitees. In dieser Funktion kontrollierte er eine ständig wachsende Zahl von Funktionären in der gesamten Sowjetunion. Er förderte treue Gefolgsleute und bekämpfte Gegner in der Partei. Ohne Stalins Zustimmung konnte kein Parteisekretär ins Amt kommen oder politische Karriere machen. So hatte er zahlreiche Parteimitglieder auf seine Linie gebracht.

Q1 Vor seinem Tod hatte Lenin in zwei Briefen die Frage seiner Nachfolge aufgeworfen. Für ihn standen Trotzki und Stalin zur Auswahl. Lenin schrieb über sie:

Genosse Stalin hat, nachdem er Generalsekretär geworden ist, eine unermessliche Macht in seinen Händen konzentriert, und ich bin nicht überzeugt, dass er es immer verstehen wird, von dieser Macht vorsichtig genug Gebrauch zu machen.
Andererseits zeichnet sich Genosse Trotzki (...) nicht nur durch hervorragende Fähigkeiten aus. Persönlich ist er wohl der fähigste Mann im gegenwärtigen ZK (Zentralkomitee), aber auch ein Mensch, der ein Übermaß von Selbstbewusstsein und eine übermäßige Vorliebe für rein administrative Maßnahmen hat.
Stalin ist zu grob, und dieser Mangel (...) kann in der Funktion des Generalsekretärs nicht geduldet werden. Deshalb schlage ich den Genossen vor, sich zu überlegen, wie man Stalin ablösen könnte.

1. Gib mit eigenen Worten wieder, wie sich die UdSSR zusammensetzte. Welche Rechte hatten ihre Mitglieder?
2. Beschreibe die Flagge der UdSSR und recherchiere die Bedeutung der Farben und Symbole.
3. Untersuche anhand der Grafik 1 und des Textes das politische System der UdSSR.
4. Erkläre den Begriff „demokratischer Zentralismus“.
5. Lies Q1 und beschreibe, wie Lenin seine beiden möglichen Nachfolger charakterisiert.
6. Beschreibe, wie Stalin das politische System zur Machtsicherung nutzte.

Wie hat sich Deutschland politisch organisiert?

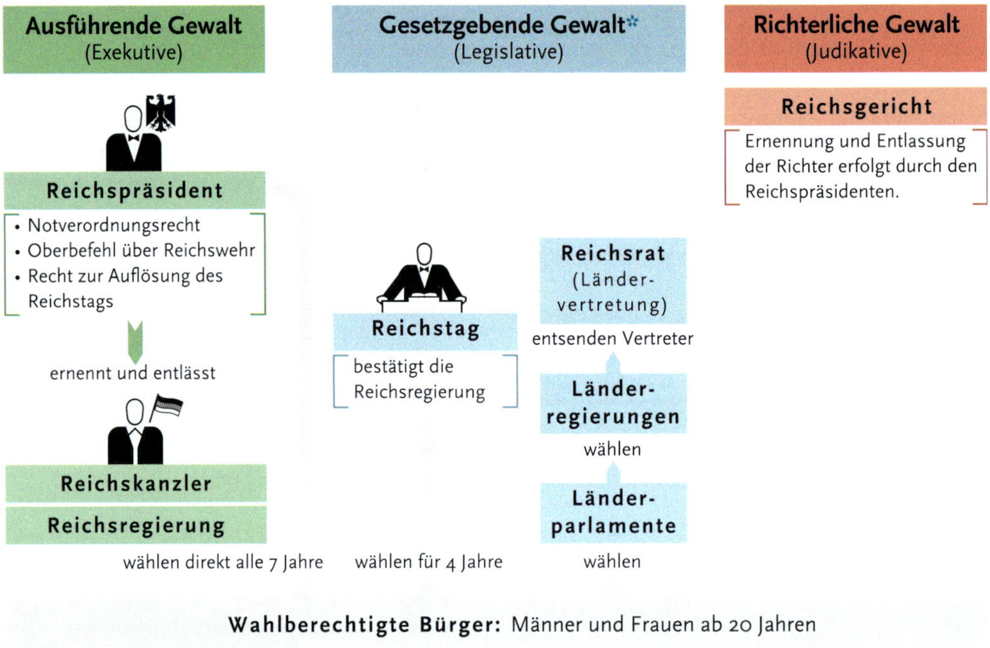

1 – Die Weimarer Verfassung.

* **provisorisch**
  vorläufig, zur Überbrückung

* **parlamentarische Demokratie**
  Hier wählt das Volk in geheimer Wahl ein Parlament.

* **Räterepublik**
  Hier geht die Herrschaft von direkt gewählten Räten aus. Es gibt keine Gewaltenteilung und keine Parteien, weil die Räte den einheitlichen Volkswillen verkörpern sollen.

Der Weg nach Weimar

Einen Tag nach Ausrufung der Republik, am 10. November 1918, bildete die SPD eine *provisorische Regierung. Sie nannte sich „Rat der Volksbeauftragten". Ihr Vorsitzender war Friedrich Ebert. Wie es politisch weitergehen sollte, hing von der Entscheidung der Arbeiter- und Soldatenräte ab. Diese hatten in vielen Städten in Deutschland die Macht übernommen. Zur Wahl standen eine *parlamentarische Demokratie oder eine *Räterepublik. Am 18. Dezember 1918 stimmte auf einem Kongress der Arbeiter- und Soldatenräte in Berlin eine Mehrheit für die parlamentarische Demokratie. Diese Entscheidung wurde vom kommunistischen Spartakusbund als Verrat an der Revolution gesehen. Zusammen mit weiteren revolutionären Gruppierungen gründete er daher am 30. Dezember 1918 die Kommunistische Partei Deutschlands (KPD).

Wahlen zur Nationalversammlung

Am 19. Januar 1919 fanden die Wahlen zur Nationalversammlung statt. Zum ersten Mal durften neben den Männern auch Frauen wählen und gewählt werden. Es war eine allgemeine, freie, gleiche, geheime und direkte Wahl. Es durfte jeder teilnehmen, der älter als 20 Jahre alt war. Bei den Wahlen wurde die SPD stärkste Partei. Sie setzte sich für eine demokratische Reichsverfassung der jungen Republik ein. Das gleiche Ziel verfolgten auch die Deutsche Demokratische Partei (DDP) und das katholische Zentrum. Diese drei Parteien schlossen sich zu der „Weimarer Koalition" zusammen. Die Unabhängige Sozialdemokratische Partei Deutschlands (USPD), die Deutschnationale Volkspartei (DNVP) und zeitweise die Deutsche Volkspartei (DVP) lehnten eine parlamentarische Republik ab.

Da in Berlin bürgerkriegsähnliche Zustände herrschten, wurde Weimar zum Tagungsort der Nationalversammlung bestimmt. Man spricht deshalb auch von der Weimarer Republik.

Die Nationalversammlung trat zum ersten Mal am 6. Februar 1919 zusammen. Friedrich Ebert wurde bald darauf zum ersten Reichspräsidenten gewählt und Philipp Scheidemann zum Reichskanzler ernannt.

Weimarer Verfassung

Die Weimarer Verfassung wurde am 14. August 1919 in Kraft gesetzt. Darin war das Volk der eigentliche Souverän. Es konnte unmittelbar an der Staatspolitik mitwirken, indem es den Reichspräsidenten sowie die Mitglieder des Reichstages und der Länderparlamente direkt wählte. Außerdem konnte es durch Volksbegehren und Volksentscheide unmittelbar Einfluss nehmen. Die Weimarer Verfassung hatte 181 Artikel. Darin wurde u.a. die Gleichheit aller Bürger vor dem Gesetz garantiert, ferner die Versammlungs- und Glaubensfreiheit, das Recht der freien Meinungsäußerung und die Gewissensfreiheit. Die Verfassung galt als sehr demokratisch und freiheitlich. Ein neues Wahlrecht ermöglichte auch kleinen Parteien die Mitwirkung im Parlament.

Rechte des Reichspräsidenten

Die Verfassung gab dem Reichspräsidenten eine große Machtfülle, besonders für Notzeiten. Er war Oberbefehlshaber der Wehrmacht, ernannte und entließ den Reichskanzler sowie auch die Minister. Der Reichstag musste aber die Ernannten mit Mehrheit bestätigen. Weiterhin konnte der Reichspräsident den Reichstag auflösen. Schließlich konnte er mit Gesetzeskraft Notverordnungen erlassen.

Gefahr für die Demokratie

Damit die parlamentarische Demokratie funktioniert, müssen die demokratischen Parteien in den Wahlen eine Mehrheit bekommen und zur Zusammenarbeit in einer Regierung bereit sein. Dies war seit 1920 nicht mehr der Fall. Allzu oft konnten sich die zerstrittenen Parteien nicht auf die Lösung dringender Probleme einigen. Es kam zu häufigen Regierungswechseln. Radikale und republikfeindliche Gruppen gewannen immer mehr an politischem Einfluss. Zudem wurde 1925 mit Paul von Hindenburg ein republikfeindlicher Reichspräsident gewählt. Gerade seine Machtfülle wurde ab 1930 zu einer Gefahr für die Demokratie.

2 – Friedrich Ebert (1871–1925), Mitglied der SPD, war von 1919 bis 1925 der erste Reichspräsident der Weimarer Republik. Foto.

Q1 Dies beinhaltete Artikel 48 (2) der Weimarer Verfassung:

Der Reichspräsident kann, wenn im Deutschen Reich die öffentliche Sicherheit und Ordnung erheblich gestört oder gefährdet wird, die zur Wiederherstellung der öffentlichen Sicherheit und Ordnung nötigen Maßnahmen treffen, erforderlichenfalls mit Hilfe der bewaffneten Macht einschreiten. Zu diesem Zweck darf er vorübergehend die (...) Grundrechte ganz oder zum Teil außer Kraft setzen.

1. Beschreibe die Situation in Deutschland vor den Wahlen zur Nationalversammlung.
2. Stelle mithilfe des Textes und der Grafik 1 die Merkmale zusammen, die eine parlamentarische Demokratie kennzeichnen.
3. Fasse mithilfe des Textes, Grafik 1 und Q1 die Rechte des Reichspräsidenten zusammen.
4. Begründe mithilfe von Q1, warum der Reichspräsident als „Ersatzkaiser“ bezeichnet wurde.
5. Erläutere, was für das Funktionieren der parlamentarischen Demokratie nötig ist.

Wer trägt die Republik?

1 – *Sie tragen die Buchstaben der Firma – aber wer trägt den Geist?
Karikatur von Th. Heine aus der Zeitschrift „Simplicissimus", 1927.

* **Sie**
Gemeint sind von links nach rechts:
Geistlicher – Zentrum,
Adliger – DNVP,
Berufsoffizier – DNVP,
Bauer – Zentrum/DNVP,
Arbeiter – SPD/KPD,
Industrieller – DVP,
Bildungsbürger – DDP,
SA-Mann – NSDAP.

* **Fünf-Prozent-Hürde**
Nach einer Wahl bekommen heute nur die Parteien Parlamentssitze, die mindestens 5 % der abgegebenen Stimmen erhalten haben. Dadurch soll verhindert werden, dass durch zu viele Splitterparteien Koalitionen erschwert werden.

Die Zerstrittenheit der Parteien

Die meisten Parteien der Weimarer Republik hatten hauptsächlich die Interessen ihrer Wähler im Blick. Sie waren im Reichstag oft nicht bereit, Kompromisse einzugehen. Dies ist aber in einer Demokratie notwendig, um die Zustimmung der Abgeordneten zu Gesetzesentwürfen zu bekommen. Solche Mehrheiten zu erhalten, war in der Weimarer Republik schwierig, weil die Verfassung keine *Fünf-Prozent-Hürde vorsah. Deshalb gab es im Reichstag viele kleine Parteien, die sich bei Beschlüssen von Gesetzen nicht einigen konnten.

Eine Mehrheit für die Republik?

Bei den ersten Wahlen im Januar 1919 hatte es noch eine breite Mehrheit in der Bevölkerung für die parlamentarische Demokratie gegeben. Die zahlreichen wirtschaftlichen und sozialen Probleme nach dem Ende des verlorenen Ersten Weltkriegs führten jedoch sehr schnell zu einer Spaltung der Gesellschaft: Das Bürgertum teilte sich in Anhänger der Monarchie und sogenannte „Vernunftrepublikaner", die nicht aus Überzeugung, sondern nur aus Notwendigkeit die Demokratie unterstützten. Die Arbeiterschaft war gespalten in überzeugte Anhänger der Demokratie und in Gegner, die für eine Räterepublik nach sowjetischem Vorbild eintraten.

USPD und KPD

Die Unabhängige Sozialdemokratische Partei hatte sich 1917 von der SPD abgespalten. Aus ihr entstand die Kommunistische Partei Deutschlands. Sie verstand sich als Arbeiterpartei und lehnte die parlamentarische Demokratie ab. Ihr Ziel war eine Räteregierung nach russischem Vorbild.

SPD

Die Sozialdemokratische Partei Deutschlands trat für Erhaltung und Ausbau der Demokratie ein. Obwohl ein Drittel der Mitglieder aus dem Bürgertum kam, war sie in erster Linie eine Arbeiterpartei.

Zentrum und BVP

Die 1870 gegründete Zentrumspartei verstand sich als katholische Partei, ebenso wie ihre Schwester, die Bayerische Volkspartei. Ihre Mitglieder gehörten überwiegend zum Bürgertum. Das Zentrum trat für die Republik und die Verfassung ein. Die BVP wollte eine starke Stellung Bayerns im neuen Deutschland erreichen.

DDP und DVP

Die Liberalen hatten sich 1919 gespalten. Die Deutsche Demokratische Partei (DDP) war eine Partei des demokratischen Bürgertums. Sie hatte die Republik mitbegründet und trat für die Verfassung ein.
Die Deutsche Volkspartei (DVP) wandte sich an konservativ-nationale Großbürger und vertrat deren wirtschaftliche Interessen. Sie trat anfangs für die Monarchie ein.

DNVP
Die Deutschnationale Volkspartei war das Sammelbecken der konservativen und nationalistischen Kräfte des Kaiserreiches. Sie trat für die Interessen der großen Landwirtschaft und der Großindustrie ein. Die DNVP lehnte die Demokratie völlig ab. Sie wollte die Wiederherstellung der Monarchie.

NSDAP
Der militante Rechtsextremismus organisierte sich in einer Vielzahl von Geheimbünden und Parteien. Eine davon war die Nationalsozialistische Deutsche Arbeiterpartei Adolf Hitlers (s. S. 65). Anfangs war die NSDAP eine Partei des Mittel- und Kleinbürgertums. Später kamen die Mitglieder aus allen Schichten des Volkes. Die NSDAP lehnte die Demokratie radikal ab. Sie vertrat nationale und *völkische Ideen.

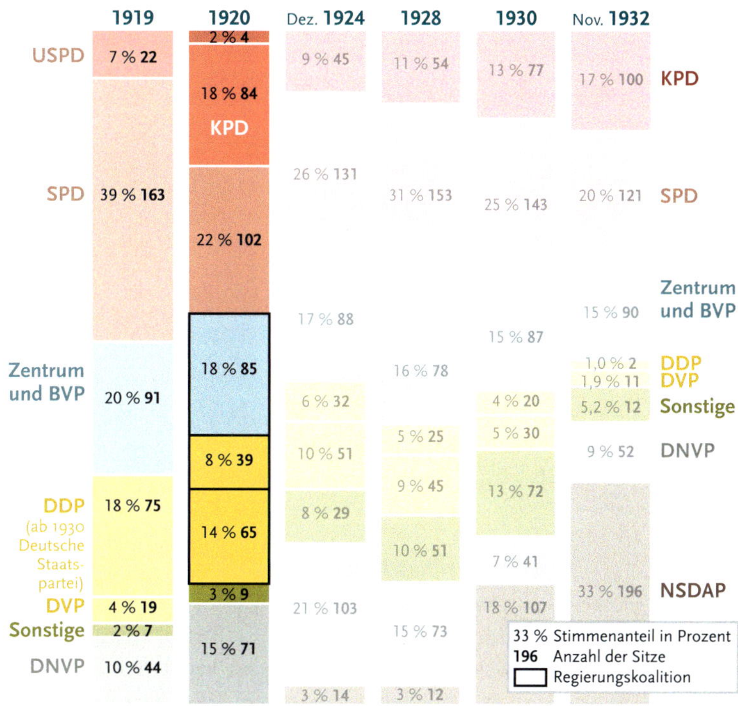

2 – Ergebnisse der Reichstagswahl am 6. Juni 1920.

Die Reichstagswahl 1920
Die erste Bewährungsprobe der neuen Staatsform und der Regierung aus SPD, Zentrum und DDP („Weimarer Koalition") war die Reichstagswahl am 6. Juni 1920. Das Ergebnis zeigte, dass vor allem die Regierungsparteien für die vielen ungelösten wirtschaftlichen und sozialen Probleme der jungen Republik verantwortlich gemacht wurden: Die „Weimarer Koalition" verlor 27,9% ihrer Wählerstimmen im Vergleich zu den Wahlen vom Januar 1919. Dagegen legten die Parteien, die die neue republikanische Staatsform ablehnten, um 26,3% zu. Wie sich später zeigen sollte, war dieser Verlust der Mehrheit für die demokratischen Parteien von Dauer.

* **völkische Ideen**
Vorstellungen, die darauf beruhen, dass ein Volk angeblich aus einer Rasse besteht. Hierbei werden den Völkern unterschiedliche Wertigkeiten zugeordnet.

1 Notiere in einer Tabelle Ziele und Interessen der jeweiligen Parteien.

Partei	Ziele/Interessen
USPD/KPD	*Räterepublik nach russischem Vorbild*
SPD	…

2 Erkläre, welches Problem der Weimarer Republik Karikatur 1 anspricht. Beachte deine Ergebnisse von Aufgabe 1.

3 Ordne die Parteien folgenden Gruppen zu: „Republikgegner und Monarchisten", „Vernunftrepublikaner", „überzeugte Demokraten", „Republikgegner" und „Anhänger einer Rätedemokratie".

4 Ermittle anhand von Grafik 2, ob die Weimarer Koalition 1920 über eine Mehrheit verfügte.

▶ *Stelle mithilfe der Legende fest, welche Parteien zur Weimarer Koalition gehörten. Zähle dann ihre Stimmenanteile in Prozent und die Anzahl ihrer Sitze zusammen.*

5 Gestalte ein Protestplakat mit Sprechblasen, das die Kritik des Karikaturisten in Bild 1 ausdrückt.

Vergleich wirtschaftliche Ordnung

Wie entwickelte sich die Wirtschaft in der Sowjetunion?

1 – Der Sucharew-Markt in Moskau. Foto, Anfang der 1920er-Jahre. NÖP führte zu einem Aufblühen des Handels. Es gab wieder mehr Lebensmittel und Konsumgüter.

*kapitalistisch
In einer kapitalistischen Wirtschaft bestimmen Angebot und Nachfrage, was produziert und verkauft wird. Zum Kapital gehören z.B. Maschinen, Fabriken und Geld. Diese sind in der Hand von Unternehmern. Der Staat greift nur in Maßen in das Wirtschaftsgeschehen ein. Die Unternehmer können meist frei entscheiden und handeln. Privateigentum ist geschützt.

Wirtschaftlicher Einbruch

Der Bürgerkrieg und eine von Lenin angeordnete Versorgungsdiktatur hatten Sowjetrussland Zerstörung und wirtschaftlichen Niedergang gebracht. Der Staat hatte die Lenkung der gesamten Wirtschaft übernommen. Es zählten nicht mehr die Gesetze des Marktes und unternehmerisches Profitstreben, sondern die Vorgaben des Staates. Betriebe waren enteignet, Unternehmer und Fachkräfte vertrieben worden. Die Produktion war während des Krieges fast vollständig eingebrochen. Der Wert des Geldes war immer mehr gesunken, sodass nur noch Sachwerte getauscht wurden.
Durch die staatlichen Zwangsabgaben, die den Bauern auferlegt worden waren, kam es zu immer mehr Unruhen (s. S. 59). Angesichts von Verwüstungen und zunehmender Hungersnot gab es Anfang 1921 auch eine Aufstands- und Streikwelle unter den Arbeitern und Soldaten. Diese waren eigentlich Unterstützer der Bolschewiki. Nun protestierten sie gegen die Zerstörung ihrer Arbeits- und Lebensgrundlagen. Vor allem forderten sie ein politisches Mitbestimmungsrecht ein. Lenin ließ diese Demonstrationen durch Trotzki brutal niederkämpfen. Ihm war aber klar, dass sie mit Unterdrückung allein das Land nicht wiederaufbauen konnten.

Neue Ökonomische Politik (NÖP)

Im Frühjahr 1921 verkündete Lenin seine Idee von einer Neuen Ökonomischen Politik. Für eine begrenzte Zeit sollten die Gesetze des *kapitalistischen Marktes wieder zugelassen werden. So wollte Lenin den Frieden im Land wiederherstellen und die Wirtschaft stabilisieren:

- Das Getreide der Bauern wurde nicht mehr willkürlich beschlagnahmt. Stattdessen gab es eine feste Naturalsteuer. Was die Bauern zusätzlich produzierten, durften sie behalten oder verkaufen.
- Für den Kleinhandel und das Gewerbe wurde die Verstaatlichung eingestellt. Es durften wieder Betriebe mit bis zu 20 Lohnarbeitern privat geführt werden.
- Nur die Banken, der Außenhandel sowie große und mittlere Betriebe blieben unter staatlicher Aufsicht. Sie durften aber Preise und Löhne bestimmen.
- Eine Währungsreform stabilisierte den Geldwert.

Modernisierung und Bildung

Lenin wollte aus der noch rückständigen, landwirtschaftlich geprägten Sowjetunion im Schnellverfahren eine fortschrittliche Industrienation machen. Der wichtigste Schritt war für ihn die Elektrifizierung.

In 10 bis 15 Jahren sollte das gesamte Land durch ein System von Heiz- und Wasserkraftwerken mit elektrischem Strom versorgt werden. Für den Aufbau benötigte man jedoch Spezialisten. Aufgrund des Fachkräftemangels unter den Bolschewiki musste man wieder um die alte „technische Intelligenz" aus dem Zarenreich werben. Gleichzeitig brachten die Bolschewiki ein Bildungsprogramm auf den Weg. Vor allem auf dem Land musste die Bevölkerung alphabetisiert werden. Viele konnten weder lesen noch schreiben. Auch die Arbeiter in den Betrieben hatten oft nur vier Jahre eine Dorfschule besucht. An sogenannten Arbeiterfakultäten sollten sie alles nachholen, was für ein Hochschulstudium nötig war.

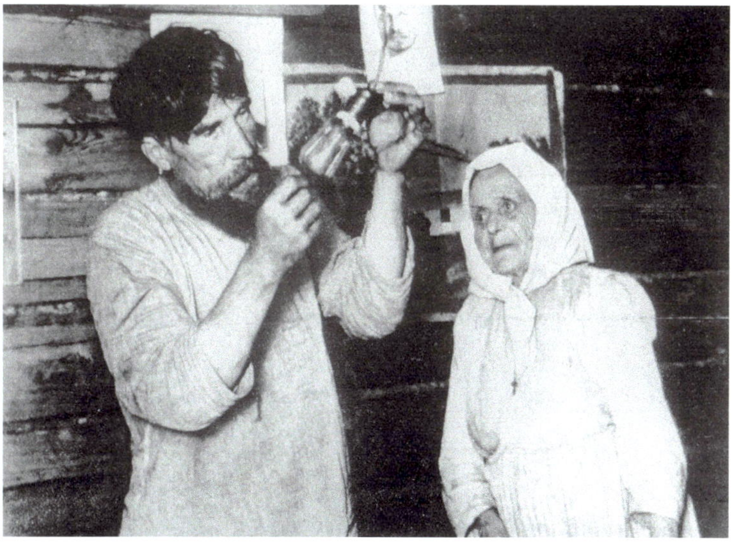

2 – Die Elektrifizierung war für Lenin ein Symbol des Fortschritts.
Foto, 1920er-Jahre.

Jahre relativen Wohlstands

NÖP führte zu einer Wiederbelebung von Handel und Gewerbe. Es entstanden wieder Märkte, Verkaufsläden und kleine Gewerbebetriebe. Die Versorgung mit Lebensmitteln und Konsumgütern verbesserte sich. Weil die Preise jedoch nicht stabil waren, wurde Geld meist sofort ausgegeben. Mitte der 1920er-Jahre hatte die Wirtschaft in vielen Bereichen wieder das Niveau von 1914 erreicht. Auch das Bildungsprogramm hatte Erfolg: Die Alphabetisierung der Landbevölkerung schritt rasch voran.
Das Land war aber noch lange keine moderne Industrienation. Die Sowjetunion besaß keine eigene leistungsfähige Maschinenbauindustrie. Anlagen konnten nur zu hohen Preisen im Ausland gekauft werden. Dafür fehlte oft das Geld.

Industrialisierung und Zwangskollektivierung unter Stalin

Ende der 1920er-Jahre sollte NÖP wieder von einer zentralen Wirtschaftsplanung abgelöst werden. Eine staatliche Behörde legte für fünf Jahre im Voraus fest, in welcher Höhe industrielle und landwirtschaftliche Güter zu produzieren und zu verteilen sind.
Auch Löhne und Preise wurden für fünf Jahre bestimmt. Die Parteiführung unter Stalin (s. S. 80) wollte vor allem die Industrialisierung zügiger voranbringen. Daher waren die Planziele meist viel zu hoch. Besonders die Qualität der Arbeitsleistung litt darunter. Dennoch nahmen Schwerindustrie, Kohleförderung, Stahlgewinnung und Rüstungsindustrie deutlich zu. Überall im Land entstanden neue Industrieanlagen. Dafür wurde die Produktion von Konsumgütern vernachlässigt. Nur Grundnahrungsmittel waren billig und ausreichend zu haben.
Zudem sah die Planungsbehörde die völlige Umgestaltung der Landwirtschaft vor. Alle privaten Bauern sollten enteignet werden. Sie durften nur ein kleines Stück Land für sich behalten. Boden, Vieh und Arbeitsgeräte wurden in Gemeineigentum umgewandelt. Jeweils zehn Dörfer sollten sich zu einer Kollektivwirtschaft zusammenschließen und nach Plan produzieren. Dies stieß bei den Bauern auf Widerstand. Stalin ging gegen sie daher äußerst brutal vor (s. S. 81).
Insgesamt konnte die russische Rückständigkeit mit dieser Wirtschaftspolitik beseitigt und das Land industrialisiert werden. Allerdings ging dies alles zu Lasten der Menschen, die unterdrückt und verfolgt wurden.

1 Beschreibe, was die Versorgungsdiktatur Lenins im Bürgerkrieg kennzeichnete. Welche Folgen hatte sie?
2 Nenne zentrale Maßnahmen von NÖP. Warum galt diese Politik als extreme Kehrtwende Lenins?
3 Versetze dich in zwei russische Bauern Mitte der 1920er-Jahre. Wie beurteilen sie die Änderungen durch NÖP? Schreibe aus ihrer Sicht ein kurzes Gespräch.
4 Erläutere, wie sich die Wirtschaftspolitik unter Stalin änderte.
5 Stelle begründet Vermutungen an, warum viele Bauern die Kollektivwirtschaft ablehnten.

Wie entwickelte sich die deutsche Nachkriegswirtschaft?

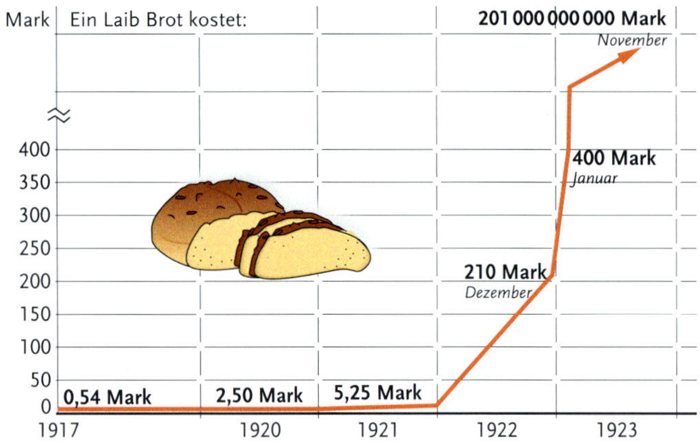

1 – Entwicklung der Preise (in Mark) für Brot während der Inflation.

2 – Kinder spielen mit wertlos gewordenen Geldscheinen. Foto, 15.11.1923.

* Hyperinflation
Rasante Geldentwertung (= Inflation). Diese ist mit extrem schnellen Preissteigerungen verbunden.

Hohe Schulden und wirtschaftliche Not
Das ehemalige Kaiserreich hatte den Krieg bezahlt, indem es sich massiv verschuldete. Nach dem Krieg hatte die neue Regierung daher enorme Staatsschulden zu begleichen. Gleichzeitig kamen weitere Kosten hinzu: Die Wirtschaft musste wiederaufgebaut werden. Sowohl die industrielle als auch die landwirtschaftliche Produktion waren extrem eingebrochen und mussten von der Kriegs- auf die Friedensproduktion umgestellt werden. Verwundete Kriegsheimkehrer, Witwen und Waisen waren zudem finanziell zu unterstützen. Ab 1920 kamen die Reparationen hinzu, zu denen sich Deutschland im Versailler Vertrag verpflichtet hatte. Der Staat benötigte also dringend Geld. Da die wirtschaftliche Situation aber schlecht war, fielen die Staatseinnahmen nur gering aus. Dazu trugen auch die Gebietsverluste nach dem Krieg bei, da hier wertvolle Industrien und Rohstoffvorkommen beheimatet waren. Um die Bevölkerung nicht mit hohen Steuern belasten zu müssen, wurde mehr Geld gedruckt. Weil es aber keine Waren als Gegenwert für dieses Geld gab, stiegen die Preise immer schneller.

***Hyperinflation im Krisenjahr 1923**
Als im Januar 1923 der passive Widerstand gegen die Ruhrgebietsbesetzung (s. S. 65) erklärt wurde, musste die Regierung die Wirtschaft hier unterstützen. Das Geld dafür ließ sich nur beschaffen, indem immer mehr Geldscheine gedruckt wurden. Dies führte zu einer rasenden Geldentwertung (= Hyperinflation). Die Preise explodierten. Daher gaben die Leute das Geld schnell wieder aus. Schulden konnten so zügig abbezahlt werden. Sachwerte gewannen immer mehr an Bedeutung, da man diese gegen andere Sachwerte tauschen konnte. Für die Industriellen bedeutete die Inflation große Gewinne: Produkte wurden gegen andere eingetauscht und die Löhne wurden als Papiergeld ausgezahlt. Für ihren Arbeitslohn konnten sich die einfachen Bürger kaum ein Stück Brot leisten.
Als das Geld im November 1923 völlig wertlos geworden war, griff der Staat ein und führte eine Währungsreform durch. Eine Billion Mark wurde in eine Rentenmark umgetauscht und die Geldmenge deutlich verringert. Dadurch verloren sämtliche Ersparnisse ihren Wert. Die Wirtschaft konnte sich so aber wieder erholen.

Die Reparationen werden neu geregelt
Schon bald stellte sich erneut die Frage, wie Deutschland die hohen Reparationen an die Siegermächte bezahlen sollte. Daher ging der damalige Reichskanzler und Außenminister Gustav Stresemann auf die Siegermächte zu und bat um eine

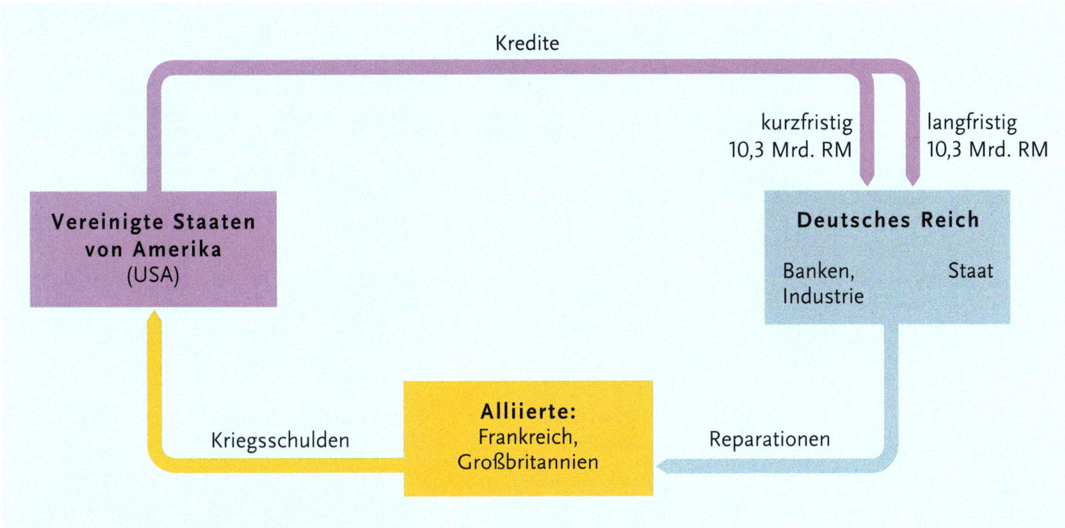

3 – Der internationale Wirtschaftskreislauf (1924–1932).

Überprüfung der deutschen Zahlungsfähigkeit.
Es wurde unter der Führung des amerikanischen Bankiers Charles G. Dawes eine unabhängige Expertenkommission eingesetzt. Diese kam 1924 zu dem Schluss, dass man die deutsche Wirtschaft erst wiederaufbauen und stabilisieren muss, damit Deutschland seine Reparationsverpflichtungen erfüllen kann. Es erhielt dafür von den USA finanzielle Wirtschaftshilfen. Zudem sollte die jährliche Reparationszahlung abhängig vom Stand der deutschen Wirtschaft sein. Daher wurden zunächst geringere Reparationen gefordert. Auf Grundlage dieser neuen Vereinbarungen zogen sich die französischen und belgischen Besatzungstruppen wieder aus dem Ruhrgebiet zurück.

Die deutsche Wirtschaft im Aufschwung
Das nun fließende Kapital sorgte in den Jahren 1924 bis 1928 für einen wirtschaftlichen Aufschwung in Deutschland. Mithilfe des Dawes-Darlehens ausländischer Kredite konnten nun die Fabriken erneuert werden. Krankenhäuser und Schulen entstanden, das Verkehrswesen wurde moderner. Deutsche Schiffe, Flugzeuge und Autos waren gefragt. Elektrogeräte verkaufte die Industrie ab 1925 in der ganzen Welt. Spitzenniveau erreichte auch die chemische Industrie. Die Steuereinnahmen stiegen. Die Staatskasse erholte sich. So konnte Deutschland die durch den Dawes-Plan festgelegten Raten bezahlen. Dieser wirtschaftliche Aufschwung wurde aber mit hoher Auslandsverschuldung und steigender sozialer Ungerechtigkeit bezahlt.

Gustav Stresemann (1878-1929) Von August bis November 1923 Reichskanzler und von 1923 bis 1929 Außenminister

1. Beschreibe anhand des Textes die wirtschaftliche und finanzielle Lage Deutschlands nach dem Krieg.
2. Erkläre die Gründe und Folgen der Hyperinflation im Krisenjahr 1923. Nutze dazu die Grafik 1 und das Bild 2.
3. Stelle dir vor, du erlebst das Jahr 1923. Schreibe einen kurzen Tagebucheintrag darüber, wie es dir geht und welche Wirkung die Ereignisse auf dich haben.
   ▶ *Liebes Tagebuch, es ist kaum vorstellbar, aber die Brotpreise ...*
4. Fasse zusammen, was der Dawes-Plan festlegte.
5. Erkläre, wie sich die Wirtschaft Deutschlands wieder stabilisieren konnte. Verwende dazu den Text und Grafik 3.

Vergleich Umgang mit politischen Gegnern

Wie setzte sich Stalin politisch durch?

1 und **2** – Das erste Bild zeigt Stalin (2. v. links) 1926 mit seinen Parteigenossen Antipov, Kirov, Schwernik und Komarov. Im Laufe der Zeit ließ Stalin das Bild mehrere Male verändern. Zuletzt blieb nur noch Kirov übrig.

*KPdSU
Abkürzung für Kommunistische Partei der Sowjetunion

*Kolchosen
verstaatlichter landwirtschaftlicher Großbetrieb

*GULags
staatliche Zwangsarbeiterlager, s. S. 82/83

Wer war Josef Stalin?

Josef Stalin hieß mit bürgerlichem Namen Josef Wissarionowitsch Dschugaschwili. Er wurde 1879 bei Tiflis (Georgien) geboren und war der Sohn eines Schusters. 1894 trat er in ein Priesterseminar ein. Fünf Jahre später musste er es wegen seiner kommunistischen Gesinnung verlassen. Er wurde Mitglied der sozialdemokratischen Arbeiterpartei und schloss sich später den Bolschewiki an. Ab 1912 nannte er sich Stalin (= der Stählerne) und wurde Mitglied des Zentralkomitees der Partei, danach Herausgeber der Parteizeitung Prawda. Nach der Oktoberrevolution gehörte er dem Rat der Volkskommissare an. 1922 wurde er Generalsekretär der *KPdSU. Nach dem Tod Lenins 1924 baute er seine Stellung zur Alleinherrschaft aus. Er behielt sie unangefochten bis zu seinem Tod 1953.

Ausschaltung politischer Konkurrenten

Als Generalsekretär der KPdSU kontrollierte Stalin die Partei und wichtige Bereiche der Staatsmacht. Neue Stellen besetzte er nur mit Personen, die ihm ergeben waren. Gegensätzliche Meinungen und politische Standpunkte, die von seinen abwichen, duldete Stalin nicht. Von 1924 bis 1927 entmachtete er nach und nach seine politischen Konkurrenten. Zu diesen gehörten vor allem Altbolschewiki wie Leo Trotzki, die während der Oktoberrevolution (im Gegensatz zu Stalin) eine führende Rolle hatten. Stalin machte sich dazu die von Lenin geschaffene Gleichschaltung der Partei zu nutze. Damit war es Parteimitgliedern verboten, eine Meinung zu vertreten, die von jener der Parteiführung abwich. Sie wurden sonst als Feinde der Partei gebrandmarkt. Parteifunktionäre verloren zunächst ihre Ämter und wurden von der Partei ausgeschlossen. Das hatte schwerwiegende gesellschaftliche Folgen für die Betroffenen. Viele Abweichler wurden später auch verbannt oder vor Gericht gestellt.

Mit Terror Widerstand brechen

Stalin setzte Terror gegen jeden ein, der sich ihm und seiner Politik widersetzte. Zu ihnen gehörten die Kulaken. Diese etwas besser gestellten Bauern waren nicht einverstanden mit der Zwangskollektivierung in der Landwirtschaft (s. S. 77). Sie wollten nicht in

die von Stalin verordneten *Kolchosen eintreten und ihre Selbstständigkeit verlieren. Stalin brandmarkte sie als „konterrevolutionäre Klassenfeinde" und ließ ihren Widerstand rücksichtslos brechen. Sie verloren ihren gesamten Besitz, kamen in *GULags oder wurden in unfruchtbare Gebiete verschleppt. Wer sich wehrte, wurde sofort erschossen. Eine Folge der Zwangskollektivierung und der Kulakenverfolgung war eine weitere Hungerkatastrophe in den Jahren 1932/33. Heute geht man von fünf bis neun Millionen Hungertoten aus. In der Ukraine, wo die meisten durch Hunger gestorben waren, will man diese Hungerkatastrophe als Völkermord (= Holodomor) anerkennen lassen.
Auch bürgerlichen Spezialisten (z.B. Wirtschaftsexperten oder Ingenieure) sagte Stalin den Kampf an. Nach dem Bürgerkrieg hatte man noch auf ihre Fähigkeiten beim Aufbau des zerstörten Landes gesetzt. Jetzt prangerte man sie als „Konterrevolutionäre" und „Spione" an. Nicht wenige hatten sich kritisch über den neuen wirtschaftlichen Kurs Stalins (s. S. 77) geäußert. Bereits 1928 fanden sie sich bei Schauprozessen auf der Anklagebank wieder. Todesurteile und Lagerhaft standen schon vorher als Strafe fest. Gleichzeitig wurden die alten Stellen mit neuen Spezialisten besetzt, die über das „richtige" politische Bewusstsein verfügten.

Der „Große Terror"

Ende 1934 wurde der in der Partei beliebte Leningrader Parteichef Sergej Kirov ermordet. Stalin nahm den Mord zum Anlass für den „Großen Terror". Es sollte nun jeder beseitigt werden, der sich einmal gegen Stalin gestellt hatte. Das wichtigste Instrument für die „Säuberung" der Partei wurde das Volkskommissariat des Inneren (NKWD). Diese neue Behörde war sowohl Polizei als auch Geheimdienst. Ihre Aufgabe war es, „Verdächtige" zu überprüfen, zu verhören und Geständnisse aus ihnen herauszupressen. Hohen Parteifunktionären und Militärs wurde wegen Hochverrates öffentlich der Prozess gemacht. Man warf ihnen vor, den Sturz der

3 – „Jeschovs eiserner Handschuh". NKWD-Chef Nikolaj Jeschov zerdrückt eine Schlange mit den Köpfen der Stalin-Gegner Trotzki, Bucharin und Rykow.
Plakat, 1937.

Regierung und die Ermordung Stalins geplant zu haben. Die meisten wurden nach erzwungenen Schuldeingeständnissen zum Tode verurteilt. Bis in die kleinsten Gliederungen der Partei setzen sich die Säuberungen fort. Viele ließ Stalin auch ohne Gerichtsverhandlung ermorden. Sein Terror war unberechenbar. Verhaftungen und Todesurteile konnten jeden treffen. Wer heute noch ein guter Kommunist war, konnte morgen schon ein Volksfeind sein. Die Angst war daher allgegenwärtig. Allein 1937/38 wurden 2,5 Millionen Menschen verhaftet und 680.000 erschossen. Millionen verschwanden in den GULags. Mit den Schauprozessen konnte Stalin von zahlreichen Problemen in der Sowjetunion ablenken. Zudem präsentierte er der Öffentlichkeit Sündenböcke für seine verfehlte Politik.

1 Beschreibe, wie Stalin sich nach dem Tod Lenins politisch durchsetzte.
2 Erläutere, warum Stalin Kulaken und bürgerliche Spezialisten verfolgen ließ. Welche Mittel setzte er dafür ein?
3 Erkläre, was unter dem „Großen Terror" zu verstehen ist.
4 Beschreibe das Plakat 3 und vermute, welche Wirkung es auf den Betrachter haben sollte. Mit welchen Gestaltungsmitteln wird das erreicht?
5 Erkläre, warum Stalin Kritiker oder prominente politische Gegner in Schauprozessen verurteilen ließ.
6 Beschreibe die Fotos 1 und 2. Erkläre mithilfe des Textes, warum Stalin das ursprüngliche Foto verändern ließ.
▶ *Nutze die Methode „Original und Fälschung unterscheiden".*

Die Sowjetunion unter Stalin

Wie prägte Stalins Terror den Alltag?

1 – Strafgefangene beim Bau des Weißmeer-Ostseekanals. Foto, 1932.

⁂ totalitär
Ein politisches System ist totalitär, wenn es alle Lebensbereiche bestimmt und die Freiheiten seiner Bevölkerung nach eigenem Ermessen einschränkt oder erweitert.

Der Terror ist allgegenwärtig

Das Leben in der Sowjetunion hatte sich ganz den Zielen der Partei zu unterwerfen. Um sicherzustellen, dass sich auch alle an die Vorgaben hielten, ließ die Regierung alle Vorgänge im Staat überwachen. Kritik an Maßnahmen der Regierung oder abfällige Bemerkungen über Stalin galten als konterrevolutionäre Handlungen. Sie wurden unterdrückt und bestraft. Ein Staat, der auf diese Weise herrscht, wird als ⁂totalitär bezeichnet.

Ab 1934 nahmen Willkür und Gewalt der Staatspolizei NKWD unvorstellbare Ausmaße an. Es konnte vor allem jeden ganz zufällig treffen. Viele Menschen fanden keinen Schlaf mehr, weil sie wussten, dass der NKWD bevorzugt in der Nacht zuschlug. Die Gründe für die Verhaftungen und die Leiden der Opfer blieben geheim. Die Bevölkerung stand dem Ganzen hilflos gegenüber. Aus Angst, als Nächster an der Reihe zu sein, trauten sich viele nicht zur Gegenwehr. Viele Menschen wurden aber auch von Spitzeln der Geheimpolizei, Nachbarn oder Kollegen angezeigt. Meistens verschwanden dann nicht nur die Angezeigten. Es traf auch deren Verwandte und Bekannte. Nicht selten wurden Kinder als Geiseln genommen. Verstärkt wurden die gegenseitigen Verdächtigungen durch Kampagnen des Staates. Darin wurde immer wieder vor Volksfeinden gewarnt. Dadurch glaubten die Menschen, dass sich überall Verräter versteckt halten.

Das weitere Schicksal der Gefangenen

Viele Gefangene wurden in Schnellverfahren zum Tode verurteilt. Andere wurden in staatliche Arbeitslager (GULag) eingewiesen, um dort Zwangsarbeit zu verrichten. Diese waren seit Ende der 1920er-Jahre überall in der Sowjetunion zu finden. Man ließ hier Millionen Menschen bei unzureichender Unterbringung und Verpflegung härteste Arbeiten verrichten. Wer zu schwach war, wurde gequält und ermordet. Wenn Gefangene die Zeit im GULag überlebten, kehrten sie meist als gebrochene Menschen zurück.

Die Zwangsarbeit war von der sowjetischen Wirtschaft fest eingeplant. Man nutzte sie vor allem in abgelegenen Gegenden, wohin kein Lohnarbeiter freiwillig gehen wollte. Meistens wurden die Zwangsarbeiter auf Baustellen, im Bergbau oder der Goldgewinnung eingesetzt.

Terror gegen Randgruppen

Unter Stalin wurden auch gezielt Menschen verfolgt, die nicht in das Wunschbild der sozialistischen Gesellschaft passten. Zu ihnen gehörten Bettler, Obdach- oder Beschäftigungslose, Gelegenheitsdiebe und Prostituierte. Diese Randgruppen wurden als Kriminelle betrachtet, die nicht in die Gesellschaft einzugliedern seien. Sie wurden daher oft verschleppt oder ermordet.

Personenkult

1929 ließ sich Stalin an seinem 50. Geburtstag mit riesigen Porträts an öffentlichen Gebäuden als Lenins Nachfolger und Führer der Sowjetunion verehren. In der Folgezeit baute er einen ausufernden Personenkult um sich auf. Diese Propaganda trug dazu bei, dass die Menschen Stalin trotz der persönlichen Einschränkungen und dem ständigen Terror verehrten. Städte, Straßen, Plätze und Gebäude im ganzen Land trugen seinen Namen. Es gab überall Statuen von

Stalin und riesige Plakate mit seinem Gesicht. Diese „zierten“ nicht nur öffentliche Gebäude, sondern auch viele private Wohnungen.

Q1 Seit 1936 führte die Schülerin Nina Kosterina ein Tagebuch. Ninas Vater war Weggefährte Lenins und leitender kommunistischer Funktionär. In ihrem Tagebuch beschrieb sie, wie sich ihr Leben 1937 veränderte:

25. März 1937: Etwas Sonderbares und Unbegreifliches hat sich ereignet. Onkel Mischa, Papas Bruder, ist verhaftet worden, ebenso seine Frau, Tante Anja. Irma, unsere kleine Cousine, musste in ein Kinderheim gebracht werden. Es heißt, Onkel Mischa sei an einer konterrevolutionären Verschwörung beteiligt gewesen. Wie soll so etwas möglich sein – Onkel Mischa gehört der Partei seit den ersten Tagen der Revolution an – und nun ein Volksfeind?

16. April 1937: Mein Geburtstag ist unbemerkt vorübergegangen. Nur Tonja schenkte mir ein rotes Handtäschchen (...). Und noch etwas Schreckliches und Unverständliches hat sich ereignet. Stellas Vater ist verhaftet worden. Es heißt, er sei ein Volksfeind gewesen (...).

22. August 1937: (...) Auch Stellas und Irmas Vater sind verhaftet worden. Irgendetwas Furchtbares ist im Gange. Nach langem Nachdenken kam ich zu dem Schluss: Wenn mein Vater Trotzkist ist, und das heißt so viel wie Vaterlandsverräter, werde ich ihn nicht beweinen, sondern mich von ihm lossagen. Jetzt steht das auf dem Papier und ich muss gestehen, dass ich mich schäme.

20. Dezember 1937: (der Vater hat seine Parteiämter verloren) Heute spielte sich eine furchtbare Szene ab. Aus dem Fernen Osten kam Esther Pawlowna, Papas gute Bekannte, zurück (...). Sie sagte, dass Papa sich vorbildlich verhalte. Obgleich er entlassen ist, bekommt er immer noch sein Gehalt ausbezahlt (...). Ich verstehe natürlich, dass alle Angst haben. Papa, komm doch bald zurück!

2 – „Dem besten Freund der Kinder, dem großen Stalin: Ruhm!“ Sowjetisches Plakat von 1931.

7. September 1938: (...) Papas Verhaftung ist ein solcher Schlag, dass ich mich wohl nie davon erholen werde. Bis jetzt hielt ich noch immer den Kopf hoch. Jetzt kann Achmetow zu mir sagen: „Wir sind Kameraden im Unglück!“ Wenn ich daran zurückdenke, wie ich ihn verachtet habe, weil sein Vater als Trotzkist entlarvt worden war. Jetzt quält mich Tag und Nacht die Frage: Ist mein Vater ein Volksfeind?

Nina Kosterina (1921–1941) Sie starb im Zweiten Weltkrieg, nachdem sie sich zum Kampfeinsatz gemeldet hatte.

1 Beschreibe, wie Stalins Terror den Alltag der Menschen bestimmte. Gehe auch darauf ein, gegen wen sich die Gewaltmaßnahmen richteten und warum.

2 Erläutere, was GULags waren und welche Rolle sie im Rahmen von Stalins Terrorregime spielten.

3 Erkläre mithilfe des Textes und Bild 2 den Begriff „Personenkult“. Überlege, warum Stalin diesen gefördert hat.

4 Lies Q1 und beschreibe, welche verschiedenen Gefühle das Mädchen bewegen.

5 Suche in Q1 die Textstellen heraus, in denen die Bedrohungen des Terrors von 1937 deutlich werden. Wie reagiert die Tagebuchschreiberin darauf?

Methode

Original und Fälschung bei Fotos unterscheiden

In der ersten Hälfte des 19. Jahrhunderts wurde die Fotografie erfunden. Seit den 1990er-Jahren wird fast nur noch digital fotografiert. Am Computer kannst du heute mit einem Bildbearbeitungsprogramm jedes Foto beliebig verändern. Aber schon vorher gab es viele Techniken der Bildveränderung durch Retusche, Montage oder Zuschnitt. Wenn du eine Fotografie als historische Quelle nutzen möchtest, musst du das bei der Untersuchung beachten. Gefälschte Fotos sind zwar keine geeigneten Quellen für das abgebildete vergangene Geschehen. Man erfährt aber etwas über die Motive des Auftraggebers, der mit einer Fälschung meist eine besondere Absicht verfolgt hat. Schon in der Antike versuchten Pharaonen oder römische Kaiser durch die Zerstörung von Statuen Erinnerungen an ihre Gegner zu löschen. Die Diktaturen des 20. Jahrhunderts fälschten in großem Stil Dokumente. In der Sowjetunion verfolgte Stalin seine politischen Gegner erbarmungslos, um sie aus dem „öffentlichen Gedächtnis“ zu entfernen. Über 3.000 Personen waren auf Befehl Stalins damit beschäftigt, unliebsame Fotos aus Zeitungen, Büchern und Lexika in allen Bibliotheken des Landes herauszuschneiden und retuschierte Fotos mitsamt der Seite wieder einzukleben.
Wie du manipulierte Fotos erkennen kannst und wer ein Interesse an der Verbreitung von solchen Fotos hatte, kannst du hier untersuchen.

Folgende Hinweise helfen dir, Original und Fälschung bei Fotos zu unterscheiden:

Schritt 1
Die Fotos beschreiben

Was ist alles auf den Fotos zu sehen?
- Was genau ist dargestellt (Umgebung, Gebäude, Gegenstände ...)?
- Welche Personen sind abgebildet?
- Welche Unterschiede fallen sofort auf? Wurde z.B. etwas entfernt oder hinzugefügt? Wird ein anderer Blickwinkel oder nur ein Ausschnitt gezeigt?

Schritt 2
In den historischen Zusammenhang einordnen

- Wer hat das Originalfoto gemacht?
- Wann wurde das Originalfoto aufgenommen?
- Was war der Anlass für das Originalfoto?
- Wer hat die Bildfälschung (wahrscheinlich) beauftragt?
- Was war (wahrscheinlich) der Anlass für die Bildfälschung?

Einige Fragen kannst du meist mithilfe der Bildunterschrift beantworten. Manchmal musst du die Informationen aber auch erst suchen, z.B. mithilfe einer Internetrecherche.

Schritt 3
Die Absicht hinter der Fälschung deuten

- Was sollte durch die Bildfälschung erreicht werden?

1 Vervollständige die Musterlösung zu den Fotos 1 und 2.
▶ *Bei der Lösung für Schritt 3 hilft dir der Einleitungstext auf dieser Seite weiter.*

2 Der Roman „1984“ von George Orwell handelt von einem Überwachungsstaat, der große Ähnlichkeit mit der Sowjetunion unter Stalin hat. Darin heißt es: „Wer die Vergangenheit kontrolliert (...), kontrolliert die Zukunft (...).“ Erkläre, was Orwell damit gemeint hat. Stelle dazu einen Zusammenhang zu den Bildfälschungen Stalins her.

1 – Moskau, Swerdlow-Platz am 5. Mai 1920. Lenin verabschiedet Soldaten der Roten Armee. Diese hatten bereits erfolgreich im Bürgerkrieg gegen die „Weißen" gekämpft. Nun sollten sie an eine neue Front ziehen. Polnische Truppen waren in die Ukraine einmarschiert und hatten Kiew eingenommen. Der Fotograf Grigori Goldstein ist ein treuer Anhänger Lenins und bei vielen seiner Veranstaltungen dabei. Auf den Stufen der Rednertribüne stehen zwei Männer. Der vordere ist Leo Trotzki (s. S. 66), Organisator der Roten Armee und zu diesem Zeitpunkt Kriegsminister. Hinter ihm steht Leo Kamenew (1883–1936). Auch er war ein treuer Freund Lenins mit verschiedenen hohen Ämtern. Das Originalfoto trug den Titel „Genosse Lenin redet vor Soldaten der Roten Armee". Es wurde 1927 das letzte Mal veröffentlicht.

2 – Eine bearbeitete Fassung des Fotos, das in sowjetischen Geschichtsbüchern abgedruckt war.

Musterlösung zu den Fotos 1 und 2:

Zu Schritt 1:

Man sieht auf beiden Fotos eine Rednertribüne aus Holz. Darauf steht ... und spricht zu ... In Foto 1 sieht man im Hintergrund ... In Foto 2 sind viel mehr Zuhörer zu sehen. Auch die Haltung des Redners wirkt in den beiden Aufnahmen unterschiedlich. In Foto 1 ..., wohingegen ... In Foto 1 stehen auf einer Treppe rechts neben der Tribüne ... Ihre Position verdeutlicht, dass es sich bei ihnen um Vertraute Lenins und führende Kräfte der Revolution handelt. In Foto 2 sind die beiden Männer jedoch ... Ihre historische Rolle als Mitstreiter Lenins wurde gelöscht.

Zu Schritt 2:

Das Originalfoto wurde von ... am ... aufgenommen. Es zeigt ... auf dem Swerdlow-Platz in ... bei einer Rede vor ...

Die Bildfälschung wurde von Stalin in Auftrag gegeben. Nach dem Tod Lenins 1924 war Trotzki Stalins größter Konkurrent um die Macht in der Sowjetunion. Er verfolgte ganz andere politische Ziele als Stalin und wurde daher erbittert von diesem verleugnet und bekämpft. Trotzki musste 1925 als Kriegsminister zurücktreten, 1927 wurde er aus der Partei ausgeschlossen und zwei Jahre später aus der Sowjetunion verbannt. Ähnlich erging es Leo Kamenew. Er musste 1926 seine Ämter aufgeben. Er wurde 1936 nach einem großen Schauprozess zum Tode verurteilt und hingerichtet.

Zu Schritt 3:

Stalin wollte durch die Bildfälschung erreichen, dass ... Damit wollte er seine Macht als alleiniger Führer untermauern.

Die Bewährung der Weimarer Republik

Warum sprach man von den „goldenen Zwanzigern"?

1 – Tanzbar in Baden-Baden. Gemälde von Max Beckmann, 1923.

2 – Das Bauhaus in Dessau-Roßlau. Erbaut ab 1925.

Moderner Aufbruch

In den 1920er-Jahren konnte sich in den Großstädten ein neues freiheitliches, aber auch beschleunigtes Lebensgefühl entfalten. Viele Deutsche machten sich nun frei von überkommenen Traditionen und Verhaltensregeln, die im Kaiserreich noch Gültigkeit hatten. Das betraf z.B. das Frauenbild. Diese moderne Aufbruchstimmung beflügelte aber auch die deutsche Kulturlandschaft. So kam es in der Weimarer Republik zu einem außergewöhnlichen geistigen und künstlerischen Aufschwung. Man spricht in diesem Zusammenhang von der „Weimarer Kultur". Diese wurde auch im Ausland viel beachtet und gerühmt.

Berlin setzt neue Maßstäbe

Symbol und Zentrum der neuen Aufbruchstimmung war die Reichshauptstadt Berlin. Sie entwickelte sich in den 1920er-Jahren zur europäischen Kulturmetropole. Mit fast 6 Millionen Einwohnern war sie nach New York und London die drittgrößte Stadt der Welt. Berlin besaß die meisten und größten Verlage, Kinos, Theater und Konzerthallen. Die Vielfalt an abendlichen Ausgehmöglichkeiten (z.B. Varietés) war enorm. Die Vergnügungen galten als berühmt-berüchtigt.

In Berlin veränderten sich die Lebens- und Wertvorstellungen am deutlichsten und schnellsten. Die Vertreter der alten Werte lehnten Berlin daher als Sündenpfuhl ab und brandmarkten es als „modernes Babylon".

Die Rolle der „neuen" Frau

In der Weimarer Republik erreichten die Frauen eine Verbesserung ihrer sozialen Stellung. Die Verfassung sah nun auch das Wahlrecht für Frauen vor. In der Berufswelt gab es neue Tätigkeitsbereiche, vor allem im Büro und in der Verwaltung. Junge Frauen erhofften sich dadurch einen höheren Status und ein besseres Arbeitsumfeld. Allerdings verdienten sie deutlich weniger als Männer. Die meisten sahen daher weiterhin in der Ehe ihre eigentliche Bestimmung und gaben ihren Beruf nach der Heirat auf. Die weibliche Angestellte der Großstadt, wie man sie damals oft in der Zeitschriftenwerbung sah, stand dennoch für einen modernen, selbstständigen Frauentyp. Sie unterstrich dies durch deutlich kürzere Kleidung und ließ ihre Haare zu einem frechen Bubikopf schneiden. Dieses äußere Selbstbewusstsein zeigte sich auch im Auftreten der Frauen. Sie scheuten sich nicht mehr, ohne männliche Begleitung auszugehen und sich zu vergnügen.

Neue kulturelle Blüte

Nach 1918 setzte man sich in der Kunst unter dem Begriff „Neue Sachlichkeit“ intensiver als je zuvor mit der Realität auseinander. Alltag und Zweckmäßigkeit wurden zu neuen Maßstäben. Unnötige Verzierungen wichen schlichten Linien. Aber auch Verfremdung und Abstraktion prägten nun Malerei und Literatur. In der Literatur hatten die Menschen oft Alltagsprobleme der modernen Gesellschaft zu bewältigen wie Arbeitslosigkeit oder Großstadtelend. Auch der Weltkrieg wurde thematisiert. In der Malerei beeindruckten die ungeschönten und überspitzten Darstellungen des Frontalltags (s. S. 40/41). In der Literatur gab es immer mehr Frontromane. Besonders erfolgreich war der Antikriegsroman „Im Westen nichts Neues“ von Erich Maria Remarque. Er verarbeitete darin seine Fronterfahrungen mit all ihrer Grausamkeit. Auch in der Architektur herrschte Schlichtheit und Funktionalität. Besonders die von Walter Gropius gegründete Kunstschule Bauhaus tat sich hier hervor. Sie führte Kunst, Handwerk und Architektur zu einer neuen Baukunst zusammen. Wohnhäuser, aber auch Gegenstände des täglichen Lebens sollten einfach und funktionsgerecht gestaltet sein.

Entfaltung der Massenmedien

Der Film war schon seit der Kaiserzeit erfolgreich. Vielerorts gab es Kinos, in denen Stummfilme und Ende der 1920er-Jahre auch Tonfilme ausgestrahlt wurden. Die deutsche Filmindustrie war ein gutgehender Wirtschaftszweig, der Hollywood immer mehr Konkurrenz machte. In Babelsberg bei Berlin befand sich mit der Ufa das größte Filmstudio Europas. Dieses brachte auch international vielbeachtete Produktionen und Stars hervor. Daneben trat das Radio Ende 1923 seinen Siegeszug an. Schon ein Jahr später gab es neun Rundfunkgesellschaften, die mit musikalischen und literarischen Sendungen unterhielten.

3 – „Die modische Frau – von heute und aus der Großväterzeit". Titelseite der „Berliner Illustrierte Zeitung" vom 06.06.1925.

In Deutschland stieß die moderne Aufbruchstimmung auf viel Ablehnung. Gerade konservative Kreise bekämpften das neue Kunstverständnis und die freiere Einstellung zu Sitte und Lebensgestaltung. Viele Bevölkerungsschichten teilten diese kritische Einstellung.

Q1 Der Autor Kurt Tucholsky war ein kritischer Gesellschaftsbeobachter. Bereits 1920 stellte er fest:

Die Provinz, wo sie am dicksten ist, lebt von der Abneigung gegen Berlin und von seiner heimlichen Bewunderung. Sie schimpfen auf Berlin, soweit es politisch ist – und sie sehnen sich nach Berlin, soweit es sich um das Berlin handelt, das wir Berliner gar nicht so sehr schätzen: um das zwischen zehn und zwölf Uhr. Die Revolution, oder das, was die Deutschen so nennen, gilt für die Provinz nicht. (...) Da regiert etwas anderes. Da regiert der Bürger in seiner übelsten Gestalt. Da regiert der Offizier alten Stils. Da regiert der Beamte des alten Regimes. Und wie regieren sie! Keine Erkenntnis hat sich da Bahn gebrochen. Kein Luftzug einer neuen Zeit weht da herein. Da ist alles noch beim Alten.

1. Gib mit eigenen Worten wieder, was die „Weimarer Kultur“ kennzeichnete.
2. Erläutere anhand der Bilder 1 und 2 sowie des Textes, wie sich das Kunstverständnis in dieser Zeit veränderte.
3. Vergleiche die beiden Frauen auf dem Cover der Zeitung (Bild 3) und beschreibe die Unterschiede.
4. Beschreibe mithilfe des Textes, inwiefern sich das Leben der Frauen veränderte.
5. Untersuche anhand von Q1, wie die moderne Aufbruchstimmung von den Deutschen bewertet wurde.

Das Scheitern der Weimarer Republik

Welche Folgen hatte die Wirtschaftskrise 1929/1930?

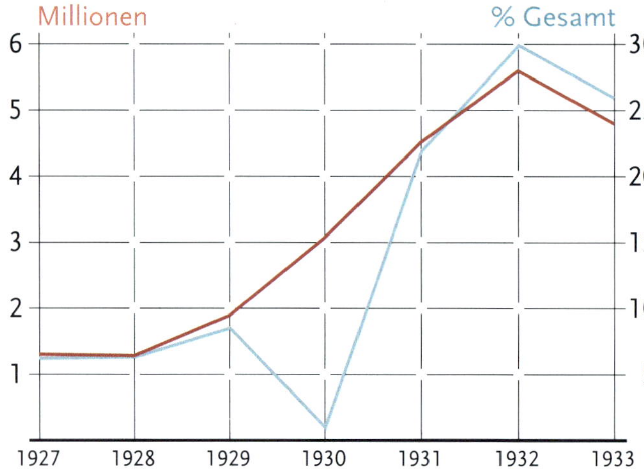

1 – Arbeitslosigkeit in Deutschland jeweils im Januar. Angaben in Millionen bzw. in % der Erwerbstätigen.

* Börse
Markt vor allem für den Handel mit Aktien, für die nach klar geregelten Vorgehensweisen Preise ausgehandelt werden.

* Schwarzer Donnerstag
In Europa wird dieser Tag Schwarzer Freitag genannt. Die Auswirkungen des Börsenkrachs waren durch die Zeitverschiebung erst am darauffolgenden Tag in Europa zu spüren.

Der Weg in die Krise

In den Jahren nach dem Ersten Weltkrieg wurde die Industrie in allen westlichen Ländern auf Friedensproduktion umgestellt. Besonders in den USA war die Produktion sehr schnell gewachsen. Durch Fließbandarbeit wurden z.B. Massen von Autos hergestellt. Immer mehr Menschen kauften sich Autos, Kühlschränke und Radios. Wer nicht sofort bezahlen konnte, kaufte auf Raten. Kredite waren günstig zu haben.
Schon bald lebten viele Menschen in den USA über ihre Verhältnisse. Sie glaubten, die Wirtschaft würde sich immer weiter steigern: Immer mehr Arbeit, mehr Güter, mehr Lohn. Da könnte man ruhig Schulden machen. Zudem lockte die *Börse mit hohen Gewinnen. Einige Aktien verdoppelten ihren Wert in einem Jahr. Wer sich auf Kredit Aktien kaufte, konnte nach kurzer Zeit seine Schulden zurückzahlen. Deshalb kauften viele Menschen Aktien mit Geld, das sie noch nicht besaßen.

Der Börsenkrach in New York

1928 ließen sich die produzierten Waren schon nicht mehr ganz verkaufen. Im Sommer 1929 wurde die Produktion in vielen Fabriken daher eingeschränkt. Arbeiter mussten entlassen werden. Hierauf reagierte der Aktienmarkt. Die Kurse gaben erst langsam nach. Aber am 25. Oktober, dem *Schwarzen Donnerstag, und den fünf folgenden Börsentagen kam es zu einem regelrechten Zusammenbruch. Viele Aktien wurden wertlos. Allein am 29. Oktober wurden an der New Yorker Börse 16,5 Millionen Aktien angeboten, doch niemand wollte sie mehr kaufen. Infolge des Börsenkrachs brachen viele Banken zusammen. Die Sparer verloren ihr angelegtes Geld. Auch viele Fabriken bekamen von den Banken keinen Kredit mehr. Die Folge: Sie mussten schließen und ihre Arbeiter entlassen. Die Weltwirtschaftskrise nahm ihren Anfang.

Wachsende Arbeitslosigkeit

In Europa und besonders in Deutschland waren die Auswirkungen der Wirtschaftskrise verheerend. Deutschlands Wirtschaft hatte sich mithilfe des Dawes-Plans 1924 schnell erholt. Dieser Aufschwung war aber vor allem amerikanischen Krediten zu verdanken. Diese forderten die Banken in den USA nun zurück, weil sie das Geld selbst benötigten. Deutsche Firmen mussten also kurzfristig Kredite an US-Banken zurückzahlen. Gleichzeitig brachen die Absatzmärkte für deutsche Waren im Ausland weg. Deswegen schränkten zahlreiche Unternehmen in Deutschland die Produktion ein und entließen viele Arbeiter. Bis 1932/33 stieg die Zahl der Arbeitslosen auf sechs Millionen.

2 – „Erst Essen – dann Miete." Aufschrift in einem Hinterhof in Berlin. An den Fenstern befinden sich Fahnen von NSDAP und KPD. Foto, 1932.

3 – Wartende Arbeitslose vor dem Arbeitsamt Hannover. Foto, 1930.

Q1 Der amerikanische Publizist Hubert Renfro Knickerbocker schilderte die Not der Arbeiter in Berlin 1931:

Nach den Angaben des Arbeitsamtes in Neukölln beträgt der Reichsdurchschnitt der Unterstützung, die ein beschäftigungsloser Arbeiter mit Frau und Kind bezieht, 51 Mark im Monat. Gemäß den Berechnungen (...) kommen Miete, Beleuchtung, Beheizung und unvermeidliche Nebenausgaben auf ein unerbittliches Minimum von 32 Mark 50 im Monat.

Für die Ernährung dreier Menschen bleiben also 18 Mark 50 im Monat übrig (...). Das bedeutet täglich ein halbes Brot, ein Pfund Kartoffeln, hundert Gramm Kohl, fünfzig Gramm Margarine und dreimal im Monat einen Hering pro Kopf.

Q2 In der Zeitung „Der Tag" vom 22. September 1932 äußert sich ein junger Arbeitsloser:

Der Hunger ist noch lange nicht das Schlimmste. Aber seine Arbeit verlernen, bummeln müssen und nicht wissen, ob man jemals wieder in seine Arbeit kommt, das macht kaputt.

Man ist rumgelaufen nach Arbeit, Tag für Tag. Man ist schon bekannt bei den einzelnen Fabriken, und wenn man dann immer das Eine hört: Nichts zu machen – da wird man abgestumpft.

Ich hasse diesen Staat, und ich habe als Arbeitsloser das Recht und die Pflicht, den deutschen Besitzenden zu hassen.

1 Beschreibe die amerikanische Wirtschaftskrise und ihre Auswirkungen auf Europa.

▶ *Folgende Satzanfänge helfen dir: Der 24.10.1929 wird auch als ... Die Menschen reagierten darauf mit ... In der Folge herrschten ... Auch in Deutschland ...*

2 Untersuche Grafik 1 und beschreibe die Entwicklung der Arbeitslosigkeit in Deutschland.

3 Erläutere mithilfe von Q1, wofür kein Geld vorhanden war.

4 Beschreibe anhand von Bild 2 und Q2 die Stimmung in Deutschland.

5 Schreibe auf, was die Leute in Bild 3 gedacht haben könnten. Beachte auch die Aufschrift auf dem Schuppen.

Warum setzten sich die Gegner der Republik durch?

1 – Wahlplakat der Reichstagswahl von 1932.

2 – Wahlplakat der NSDAP aus dem Jahr 1932.

✲ Große Koalition
Regierungsbündnis zweier großer Parteien, die dadurch eine sehr große Mehrheit im Parlament haben.

✲ Notverordnungen
Der Reichspräsident konnte mit Notverordnungen Gesetze ohne Zustimmung des Reichstages in Kraft setzen (s. S. 73). Auf Verlangen des Reichstages konnten Notverordnungen aufgehoben werden. Dafür gab es aber nach 1930 keine Mehrheit mehr.

✲ Antisemitismus
Seit Ende des 19. Jahrhunderts gebräuchlicher Begriff für „Judenhass" oder „Judenfeindlichkeit".

Das Scheitern der ✲Großen Koalition

Im Winter 1929/1930 nahmen die Arbeitslosenzahlen durch die Wirtschaftskrise immer mehr zu. Schon bald zeichnete sich ab, dass die Arbeitslosenversicherung kein Geld mehr auszahlen konnte. Doch auf eine Erhöhung der Arbeitslosenversicherung um 0,5 Prozent konnten sich die Parteien nicht einigen. Im März 1930 zerbrach darüber die Koalitionsregierung aus SPD, Zentrum, BVP, DDP und DVP. Es war die letzte Regierung mit einer Mehrheit im Parlament.

Die Regierung Brüning

Der neue Kanzler Heinrich Brüning (Zentrum) hatte keine Mehrheit im Reichstag hinter sich. Regieren konnte er daher nur mit ✲Notverordnungen des Reichspräsidenten. Um die Wirtschaftskrise zu beenden, schlug er einen strengen Sparkurs ein: Steuererhöhungen, Kürzung der Arbeitslosenunterstützung und Senkung der Löhne und Gehälter im öffentlichen Dienst. Brünings Politik verschärfte jedoch die Krise: Die Zahl der Arbeitslosen stieg auf ca. sechs Millionen an.

Antidemokratisches Denken

Die Extremisten unter den Arbeitern und im Bürgertum sahen die Krise der Wirtschaft und des politischen Systems als Bestätigung ihrer Ablehnung der parlamentarischen Demokratie. Antidemokratisches Denken bestimmte weite Kreise. Viele Bürgerinnen und Bürger verloren das Vertrauen in ein politisches System, das nur noch mit Notverordnungen ohne das gewählte Parlament regierte.

Wahlsiege der NSDAP

Bei den Wahlen im September 1930 gelang der rechtsradikalen NSDAP der Durchbruch. Die Parolen Hitlers fanden immer mehr Zuspruch. Im Unterschied zu anderen Parteien

führte die NSDAP einen aggressiven Wahlkampf mit modernen Medien. Sie war die erste „Volkspartei", die mit ihren Versprechen fast alle Schichten erreichte. Um Hitler zu wählen, musste man nicht alles gut finden. Wenn Hitler vor Unternehmern sprach, betonte er das „Nationale", sprach er vor Arbeitern, betonte er das „Sozialistische".
Hitler versprach

- schnell Arbeit zu verschaffen,
- das demokratische System zu beseitigen,
- den Vertrag von Versailles mit seiner Aussage, Deutschland sei am Ersten Weltkrieg allein schuldig, zu bekämpfen,
- ein neues Deutschland mit einer schlagkräftigen Armee zu schaffen.

Vor allem aber machte er unablässig die Juden, die eine Minderheit von 0,5 Prozent der Bevölkerung ausmachten, für die wirtschaftliche und politische Krise Deutschlands verantwortlich. Dieser *Antisemitismus wurde von vielen seiner Wähler unterstützt oder zumindest hingenommen.

Q1 Hitler schrieb während seiner Inhaftierung in Landsberg am Lech das Propagandabuch „Mein Kampf". Wegen „guter Führung" wurde er bereits nach neun Monaten entlassen. Gegenüber einem Freund äußerte sich Hitler:
Statt die Macht mit Waffengewalt zu erobern, werden wir (...) unsere Nase in den Reichstag stecken. Zwar mag es länger dauern, sie zu überstimmen als sie zu erschießen, (...) doch werden wir früher oder später die Mehrheit haben und damit Deutschland.

Q2 Hitler hatte am 24. September 1930 vor dem Ulmer Reichsgericht gesagt:
Die Verfassung schreibt uns nur die Methoden vor, nicht aber das Ziel. Wir werden auf diesem verfassungsmäßigen Wege die ausschlaggebenden Mehrheiten (...) zu erlangen versuchen, um in dem Augenblick, wo uns das gelingt, den Staat in die Form zu gießen, die unseren Ideen entspricht.

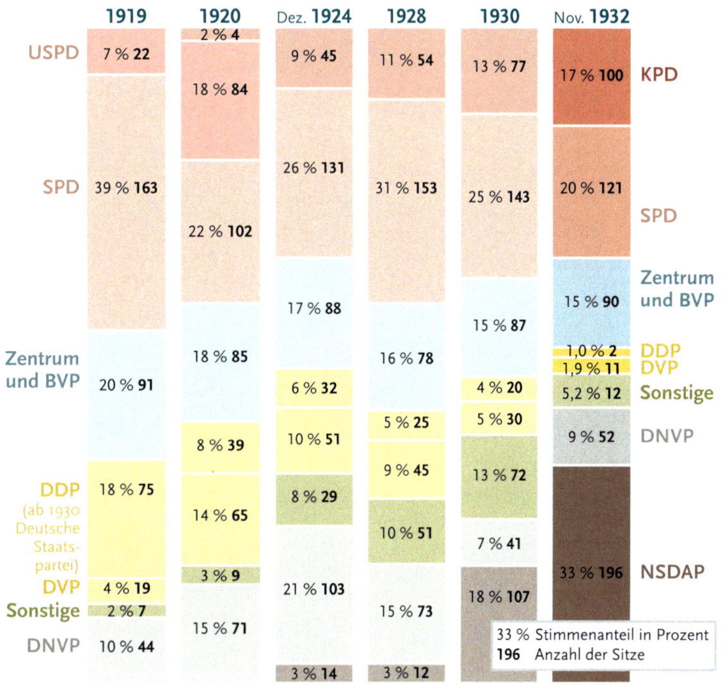

3 – Ergebnisse der Reichstagswahl vom November 1932.

1 Notiere Gründe für Hitlers Wahlerfolg.

2 Beschreibe die Plakate 1 und 2 und erläutere die Wirkung auf den zeitgenössischen Betrachter. Berücksichtige den historischen Hintergrund und die Gestaltungsmittel der Plakate.
▶ *1932 ist die Wirtschaftskrise ...*

3 Erkläre mithilfe von Q1, welchen Weg Hitler nach dem gescheiterten Putschversuch (s. S. 65) einschlagen wollte.

4 Erörtere, was Q2 über Hitlers Einstellung zur Demokratie aussagt.

5 Erkläre mithilfe des Textes, warum es wichtig war, die Arbeitslosenversicherung zahlungsfähig zu erhalten.

6 Beschreibe anhand von Grafik 3, wie sich die Stimmenanteile der einzelnen Parteien von 1930 bis 1932 entwickelten.

7 Erläutere mithilfe von Grafik 3, warum die Parteien der Weimarer Koalition (SPD, Zentrum, DDP) ab 1930 keine Regierung mit einer Reichstagsmehrheit mehr bilden konnten.
▶ *Beim Blick auf die Wahlergebnisse von 1930 fällt auf, dass die Parteien der Weimarer Koalition ... Radikale Parteien wie ... und ... haben hingegen ...*

Wer unterstützte die Machtübergabe an Hitler?

1 – Plakat der SPD, 1932.

autoritäre Regierung
Form der Herrschaft, in der die Macht ungleich verteilt ist und es keine freien Wahlen gibt.

Präsidialkabinett
Bezeichnung für die Regierungen in der Endphase der Weimarer Republik. Sie waren vom Reichspräsidenten abhängig. Politische Maßnahmen konnten nur mithilfe der Notverordnungen Hindenburgs umgesetzt werden.

Das Ende der Weimarer Republik

Am 10. April 1932 wurde Paul von Hindenburg als Staatsoberhaupt wiedergewählt. Nur kurze Zeit später entließ er Reichskanzler Brüning. Der inzwischen 85-Jährige, der im Laufe der Zeit immer mehr von seinen Beratern abhängig geworden war, begründete diese Entscheidung mit der sinkenden Popularität der Regierung Brüning. In rascher Folge ernannte Reichspräsident von Hindenburg nun die Nachfolger im Amt des Reichskanzlers. Diese scheiterten aber alle bereits nach wenigen Wochen. In dieser Situation ergriffen die rechten Gegner der Republik, aber auch das Zentrum als ehemals republikfreundliche Partei, die Initiative. Sie strebten nun die Einführung der Monarchie oder eine *autoritäre Regierung an.

Hitler wird Reichskanzler

In Verhandlungen einigten sich die Nationalsozialisten und die Parteiführer der DNVP, eine gemeinsame Regierung zu bilden. Die NSDAP sollte, wie es Hitler forderte, den Reichkanzler stellen. Sie hatte aber sonst nur zwei weitere Minister und blieb in dieser Koalition in der Minderheit. Reichspräsident von Hindenburg hatte sich noch ein halbes Jahr zuvor geweigert, Adolf Hitler zum Reichskanzler zu ernennen. Unter dem Einfluss seiner Berater ernannte er Hitler schließlich doch am 30. Januar 1933 zum Reichskanzler.
Diese Machtübergabe an Hitler leitete die Beseitigung der Demokratie durch das nationalsozialistische Regime ein und steht für das Ende der Weimarer Republik.

Gründe für das Scheitern der Republik

In der Weltwirtschaftskrise von 1929 bis 1933 zerbrach das parlamentarische Regierungssystem. In schnell aufeinanderfolgenden Wahlen gewannen die Rechtsextremisten (NSDAP) und die Linksextremisten (KPD) hohe Stimmenanteile. Beide Parteien lehnten das demokratische System ab. Die Parteien der Mitte hatten keine Mehrheit mehr und waren zerstritten.
Die alten Eliten des deutschen Kaiserreichs aus Adel, Wirtschaft und Landwirtschaft sowie die Führung der Reichswehr, aber auch Reichspräsident von Hindenburg stützten das demokratische System nicht, sondern übergaben das Reichskanzleramt an Adolf Hitler, den größten Feind der demokratischen Ordnung.

Q1 Führende Persönlichkeiten aus Wirtschaft und Industrie sowie großagrarischer Kreise setzten sich Mitte November 1932 dafür ein, dass Reichspräsident von Hindenburg Adolf Hitler zum Reichskanzler ernennt:
Mit Eurer Exzellenz (= Hindenburg) bejahen wir die Notwendigkeit einer vom parlamentarischen Parteiwesen unabhängigeren

2 – Reichspräsident Paul von Hindenburg und Reichskanzler Adolf Hitler.
Propagandapostkarte nach Zeichnung von Heinz Wever, Berlin, 1933.

Regierung, wie sie in dem von Eurer Exzellenz formulierten Gedanken eines *Präsidialkabinetts zum Ausdruck kommt. (...) Gegen das bisherige parlamentarische Parteiregime sind nicht nur die Deutschnationale Volkspartei und die ihr nahestehenden kleineren Gruppen, sondern auch die Nationalsozialistische Deutsche Arbeiterpartei grundsätzlich eingestellt und haben damit das Ziel Eurer Exzellenz bejaht. (...) Die Übertragung der verantwortlichen Leitung eines mit den besten sachlichen und persönlichen Kräften ausgestatteten Präsidialkabinetts an den Führer der größten nationalen Gruppe wird die Schlacken und Fehler, die jeder Massenbewegung notgedrungen anhaften, ausmerzen und Millionen Menschen, die heute abseits stehen, zu bejahender Kraft mitreißen.

Q2 Aufzeichnung des Staatssekretärs Dr. Meissner über den Empfang des Zentrumsführers *Prälat Dr. Kaas durch Hindenburg, 18. November 1932:

Nach den einleitenden Worten des Herrn Reichspräsidenten erklärte Prälat Kaas: (...) Wir wollen nicht wieder zurückfallen in den Parlamentarismus, sondern wir wollen dem Reichspräsidenten einen politischen und moralischen Rückhalt schaffen für eine autoritäre Regierung, die vom Reichspräsidenten *inspiriert und instruiert wird. Wir wollen nicht rückwärts, sondern vorwärts.

* **Prälat**
Titelbezeichnung; der Träger hat in der katholischen Kirche ein hohes Amt.

* **inspiriert und instruiert**
angeregt und angeleitet

1. Untersuche Q1 und erläutere, warum führende Wirtschaftsvertreter Hitlers Kanzlerschaft forderten.
   ▶ *Nimm die Methode „Textquellen untersuchen" von S. 187 zu Hilfe.*
2. Gib anhand von Q2 mit eigenen Worten wieder, was für eine Regierung sich der Führer der Zentrumspartei 1932 wünscht.
3. Beschreibe Plakat 1 und erläutere, welche politischen Gruppen die SPD 1932 als Feinde der Demokratie sieht.
4. Untersuche Bild 2. Überlege, welche Wirkung der Auftraggeber mit der Darstellung erreichen wollte. Beachte die Gestaltungsmittel.
5. Die Nationalsozialisten haben den 30.01.1933 Tag der „Machtergreifung" genannt. Historiker heute nennen ihn hingegen Tag der „Machtübergabe". Beschreibe den Unterschied zwischen den Begriffen und nimm dazu begründet Stellung.
6. Erstelle eine Mindmap zum Scheitern der Weimarer Demokratie. Halte darin fest, mit welchen Belastungen sie von 1919 bis 1933 zu kämpfen hatte. Nutze dafür die Texte und Materialien der Seiten 62–65, 72–75, 78–79, 86–87 und 88–93.
7. Beurteile, ob die Weimarer Republik ohne diese Belastungen hätte fortbestehen können.

Geschichte vor Ort

Was wurde aus Sachsen in den Zwischenkriegsjahren?

1 – Revolutionäre Kundgebung auf dem Augustusplatz in Leipzig.
Foto, 1. November 1918.

* Minderheitsregierung
So nennt man eine Regierung, die im Parlament keine Mehrheit von über 50% besitzt. Sie muss daher die übrigen Parteien bei jeder politischen Entscheidung um Unterstützung bitten.

* KOMINTERN
Abkürzung für kommunistische Internationale. Diese Organisation war ein weltweiter Zusammenschluss kommunistischer Parteien. Die Bolschewiki nahmen hier eine führende Position ein.

Der König verzichtet auf den Thron

Wie in ganz Deutschland kam es auch in Sachsen im Herbst 1918 zu zahlreichen Protesten. Die Menschen hatten bereits seit zwei Jahren nicht genug zu essen. Sie forderten angesichts der angespannten Situation ein Ende des Krieges und eine politische Umgestaltung Sachsens. Daraufhin wurden am 6. November die ersten sächsischen Arbeiter- und Soldatenräte gegründet. Zwei Tage später kam es zu Aufständen in mehreren sächsischen Städten. Unterstützt wurden die Aufständischen von der Armee. König Friedrich August III. von Sachsen besaß zwar königstreue Truppen, wollte es aber nicht zu einem Blutvergießen kommen lassen. Stattdessen flüchtete er am 9. November aus dem Residenzschloss in Dresden nach Moritzburg. Hier verzichtete er am 13. November auf den sächsischen Thron. In Sachsen wurde die Republik ausgerufen.

Im Januar 1919 sollten die sächsischen Volksvertreter das erste Mal in einer allgemeinen, gleichen, geheimen und direkten Wahl bestimmt werden. Bis dahin übernahm der sächsische Rat der Volksbeauftragten die Regierungsgeschäfte.

Sachsen erhält eine Verfassung

Im Februar 1919 wurde die Volkskammer demokratisch gewählt. Die 96 Abgeordneten hatten neben den Regierungsgeschäften die Aufgabe, eine Verfassung für den neuen Freistaat Sachsen auszuarbeiten. Im April 1920 legte die Volkskammer ihren Verfassungsentwurf vor. Er wurde Ende Oktober angenommen und trat am 1. November 1920 in Kraft.

„Linksrepublikanisches Projekt"

Auf Grundlage der neuen Verfassung fanden am 14. November 1920 die ersten sächsischen Landtagswahlen statt. Weder die bürgerlichen Parteien noch die Sozialdemokraten bekamen eine Mehrheit. Es wurde daher eine *Minderheitsregierung aus SPD (28,3%) und USPD (16,8%) gebildet. Man nannte diese Zusammenarbeit zwischen Sozialdemokraten und dem linken politischen Lager auch „linksrepublikanisches Projekt". Sachsen war ein wichtiges Zentrum der Arbeiterbewegung und schlug damit einen anderen Weg ein als die Reichspolitik. Dort gingen die Sozialdemokraten ein Bündnis mit der bürgerlichen Mitte ein.

Sachsen im Krisenjahr 1923

Im Herbst 1923 kam es im Rheinland und in Bayern zu Aufständen gegen die Reichsregierung. Diese Situation wollte die KPD ausnutzen. Sie plante mit Unterstützung der *KOMINTERN in Moskau einen revolutionären Umsturz. Dieser sollte in Thüringen und Sachsen anfangen und sich von hier aus in ganz Deutschland ausbreiten. Die KPD war hier mit den Sozialdemokraten Regierungsbündnisse eingegangen. Sie besetzte nun staatliche Machtpositionen und setzte ihren Einfluss ein, um bewaffnete Wehrverbände aufzustellen. Diese wurden „Proletarische Hundertschaften" genannt. Die Reichsregierung durchschaute aber die Pläne der KPD. Sie sah darin die Vorbereitung einer Bürgerkriegsarmee und forderte die Auflösung der Hundertschaften. Der sächsische Ministerpräsident Erich Zeigner weigerte sich jedoch. Daraufhin ließ die Reichsregierung am 23. Oktober 1923 die Reichswehr in Sachsen einmarschieren. Nach blutigen Kämpfen, besonders im Erzgebirge und im Vogtland, wurde die sächsische Regierung zum Rücktritt gezwungen. In Thüringen löste sich die Landesregierung freiwillig auf. Damit war das „linksrepublikanische Projekt" in Sachsen gescheitert.

Die Wirtschaft nach 1923

Ab 1924 erholte sich durch den Dawes-Plan auch die sächsische Wirtschaft in einigen wichtigen Industriezweigen. Vorherrschend war in Sachsen die Textilindustrie. 60% des deutschen Textilexports kamen von hier. Auch im aufkommenden Kraftfahrzeugbau stieg die Produktion beträchtlich an. In einigen Industriezweigen entwickelten sich Großunternehmen wie die Thüringer Gasgesellschaft in Leipzig oder die Sächsische Maschinenfabrik Chemnitz. Ein Großteil der sächsischen Betriebe war aber klein und mittelständisch. Besonders im Erzgebirge, Vogtland und der Oberlausitz war die Heimarbeit (z.B. Töpferei-, Lebkuchen- und Spielwarenherstellung) verbreitet. Diese war auf einen schnellen Absatz ihrer Produkte angewiesen und besonders von Marktschwankungen abhängig. Durch die Weltwirtschaftskrise brach auch die sächsische Wirtschaft ein. Zwischen 1928 und 1932 ging die Zahl der gewerblichen Betriebe von 72.201 auf 64.779 zurück. Die Anzahl der Arbeitnehmer sank in diesen Betrieben um 43,1%. Im Baugewerbe waren es sogar 71,7%. Soziales Elend war die Folge.

2 – Einmarsch der Reichswehr in Dresden. Hier sollte der Landtag abgesetzt werden. Foto, 1923.

Radikalisierung und Spaltung

Seit 1930 erhielt die NSDAP immer mehr Zulauf in Sachsen. Auf den Straßen kam es immer häufiger zu gewalttätigen politischen Auseinandersetzungen. Bei der Reichstagswahl im Juli 1932 erlangten die sächsischen Nationalsozialisten schließlich 41,2% der Stimmen, die meisten im Wahlkreis Chemnitz-Zwickau (47%). Die sächsische SPD konnte immerhin 28,4% der Stimmen verbuchen. Beide Parteien erhielten aber in Sachsen mehr Stimmen als auf Reichsebene (NSDAP 37,4%, SPD 21,6%).

1. Beschreibe, wie aus der Monarchie Sachsen ein Freistaat wurde.
2. Erkläre, was mit dem „linksrepublikanischen Projekt" gemeint war. Warum galt es in Deutschland als politische Besonderheit?
3. Erläutere, wie die Reichsregierung die Situation in Sachsen 1923 beurteilte und was sie deshalb unternahm.
4. Gib mit eigenen Worten wieder, wie sich die Wirtschaft in Sachsen zwischen 1924 und 1932 entwickelte.
5. Beschreibe, wie sich die politische Situation in Sachsen ab 1930 veränderte.

Über den Tellerrand geschaut

Wie wurde Japan zur asiatischen Großmacht?

1 – US-amerikanische Briefmarke zum 100. Jahrestag der Öffnung Japans. Foto, 1953.

* Shogun
Ursprünglich ein Feldherrentitel, der vom Kaiser verliehen wurde. Im Laufe der japanischen Geschichte wurden die Shogune zu den eigentlichen politischen Machthabern.

Ankunft der ersten Europäer in Japan

1543 spülte ein Taifun ein Schiff mit drei Portugiesen an Bord an eine japanische Insel. Dort erregten vor allem die Feuerwaffen der Europäer Aufmerksamkeit. Schon bald wurden diese in Japan erfolgreich nachgebaut. Es dauerte nicht lange, bis die ersten portugiesischen Handelsschiffe in Japan anlegten. Sie brachten auch Missionare in das noch unbekannte Land. Diese wurden freundlich aufgenommen, denn sie respektierten die Sitten und Gesetze des Landes. Nicht wenige Japaner ließen sich zum Christentum bekehren. Schon bald tauchten weitere europäische Handelsschiffe auf, und mit ihnen neue Missionare. Weil diese sich nicht an Gesetze hielten, zwang man alle Missionare, das Land wieder zu verlassen. Im 17. Jahrhundert kam es zur Verfolgung von Christen. Man glaubte, dass sie Japan für die Spanier und Portugiesen erobern sollten.

Stabilität durch Abschottung

Japan war über viele Jahrhunderte durch Kriege zwischen verfeindeten Herrscherhäusern zerrüttet gewesen. Erst um 1600 konnten sie beendet werden. Es begann die alleinige Herrschaft der *Shogune. Diese festigten ihre Macht für die nächsten zwei Jahrhunderte durch strenge Gesetze und Unterdrückung. Dazu gehörte seit 1638 die Abschottung Japans von äußeren Einflüssen. Kein Japaner durfte das Land verlassen und kein Christ es betreten. Außenhandel und diplomatischer Austausch waren nur über die Hafenstadt Nagasaki möglich. Hier besaßen nur die Niederländer einen Handelsposten. Diese Epoche galt als wirtschaftliche und kulturelle Blütezeit. Es entstanden Metropolen mit einer vielschichtigen städtischen Bevölkerung.

Japan wird moderne Imperialmacht

1853 gelang es einer amerikanischen Flotte mit Gewaltandrohung, Japan und seine Märkte wieder für das Ausland zu öffnen. Das technisch rückständige Japan konnte sich nicht wehren und musste Handelsverträge mit den USA und europäischen Kolonialmächten schließen. Viele Japaner befürchteten eine westliche Vorherrschaft und wollten daher Reformen. Diese sollten Japan wirtschaftlich und militärisch modernisieren. In diesem Zuge wurde 1868 auch die Herrschaft der Shogune beendet. An der Spitze Japans stand nun der Tenno (Kaiser). In wenigen Jahren wurde aus dem rückständigen Inselreich eine Industrienation mit einem enormen Wirtschaftswachstum und moderner Rüstungsindustrie. Japan wurde nun selbst Imperialmacht. Es besiegte z.B. 1895 China und besetzte Taiwan und Korea. 1905 schlug es Russland im Krieg. Während des Ersten Weltkriegs übernahm Japan die deutschen Kolonien im Pazifik. Naturkatastrophen und die Weltwirtschaftskrise führten zu sozialem Elend und einer Radikalisierung der Politik.

1. Beschreibe den ersten Kontakt Japans mit den Europäern im 16. Jahrhundert.
2. Erläutere, wie sich die Haltung Japans gegenüber den Europäern änderte.
3. Erkläre, wodurch die japanische Abschottung beendet wurde. Wie reagierte Japan darauf?
4. Erläutere anhand von Bild 1, wie die US-Post die Öffnung Japans beurteilte.
5. Nimm dazu Stellung, ob du diese Darstellung für angemessen hältst.

Das kann ich ...

Demokratie und Diktatur – Deutschland und Russland im Vergleich

Wichtige Begriffe

demokratischer Zentralismus
parlamentarische Demokratie
Holodomor
Fememorde
Bolschewiki
Artikel 48 (2)
Schwarzer Donnerstag
der „Große Terror“
NÖP
Neue Sachlichkeit
9. November 1918
die „Weißen“
Dawes-Plan
Reparationen
GULag
Hyperinflation

Wissen und erklären

1 Notiere die wichtigen Begriffe jeweils auf eine Karteikarte und erkläre sie auf der Rückseite.

2 Nenne Ereignisse, die das Jahr 1923 für Deutschland zum Krisenjahr machten.

3 Aus welcher Quelle in diesem Kapitel stammt der folgende Auszug: „Wir haben einen Friedensvertrag, aber er wird keinen dauernden Frieden bringen, weil er auf dem Treibsand des Eigennutzes gegründet ist.“ Gib die Fundstelle an und erkläre den historischen Zusammenhang.

Anwenden

4 Beschreibe Bild 1 und ordne es historisch ein.

5 Nimm kritisch zu dieser Sichtweise Stellung. Berücksichtige dabei die Folgen dieser Darstellung.

6 Erläutere anhand von Bild 2 die Hintergründe der Oktoberrevolution in Russland.

7 Untersuche Q1 und erläutere, auf welchen historischen Sachverhalt sich das Kinderlied bezieht.

1 – „Der Dolchstoß“. Titelblatt der Süddeutschen Monatshefte, 21. Jg., München 1924, Heft 7 (April).

2 – Lenin spricht zu Vertretern des Volkes auf einem Kongress am 26. Oktober 1917. Gemälde von Vladimir Aleksandrovich Serov, 1947.

Q1 In einem Ukrainischen Kinderlied von 1933 heißt es spöttisch:

Vater Stalin, welchen Segen
Bringt uns das Kolchosenleben!
Haus und Scheune sind in Trümmern,
Alle Pferde am Verkümmern.
Hammer und Sichel leuchten am Haus,
Doch Tod und Hunger schauen heraus.
Die Kühe fort, die Schweine weg,
Ein Stalinbild statt Fleisch und Speck,
Die Eltern zur Kolchose gehen,
Das arme Kind muss einsam stehen.
Mit Brot und Fett ist es vorbei,
Das ist der Segen der Partei.
Wo Liebe wohl und Güte sind?
Ein Vater fraß das eigene Kind.
Die Partei hört jedes Wort
Und schickt uns nach Sibirien fort.

Beurteilen und Handeln

8 Stelle dir vor, ein Sowjetbürger, der an dem Kongress mit Lenin teilgenommen hat, betrachtet rückblickend Bild 2. Was könnte ihm dabei durch den Kopf gehen? Gehe z.B. darauf ein, ob sich die in Lenin gesetzten Hoffnungen erfüllt haben.

9 Die Ukraine möchte die Hungerkatastrophe zu Beginn der 1930er-Jahre als Völkermord anerkennen lassen. Nimm dazu begründet Stellung, indem du die Hintergründe einbeziehst und das Verhalten der Parteiführung unter Stalin bewertest.

Hier spielt die Geschichte …

Давай, давай! (sprich: Dawai, dawai!)

Einführung:

In diesem Kapitel habt ihr die Zeit nach Ende des Ersten Weltkriegs aus zwei verschiedenen Perspektiven kennengelernt: der russischen und der deutschen.
Mit diesem Spiel könnt ihr wichtige Eckpunkte der Geschichte Russlands und Deutschlands wiederholen und festigen. Ziel ist es, anhand vorgegebener Stichwörter zu entscheiden, ob diese zu Russland oder zu Deutschland gehören.

Vorbereitung:

- Teilt eure Klasse in Fünfergruppen ein.
- Jede Gruppe benötigt fünf Lose, auf denen folgende Expertenthemen notiert sind:

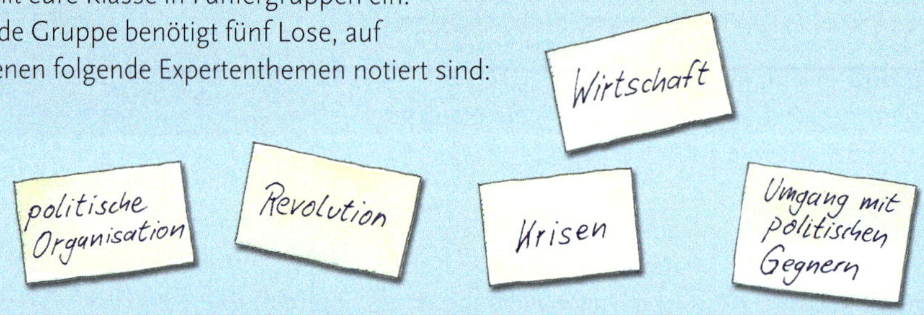

- Weiterhin braucht jeder Mitspieler vier kleine Notizzettel. Für die Punkteübersicht eurer Gruppe ist noch ein Schmierzettel nötig.

Ablauf:

- Jedes Gruppenmitglied zieht per Los ein Expertenthema, mit dem es sich auseinandersetzt, z.B. politische Organisation.
- Jeder arbeitet nun für sich und wird Experte für sein Thema. Schlagt in diesem Kapitel die Seiten auf, in denen es um euer Expertenthema geht:
  - Revolution, S. 54–55, 60–61
  - Krisen, S. 58–59, 64–65
  - politische Organisation, S. 70–71, 72–75
  - Wirtschaft, S. 76–77, 78–79, 88–89
  - Umgang mit politischen Gegnern, S. 64–65, 80–83

- Lest die angegebenen Seiten. Notiert währenddessen vier wichtige Aspekte (pro Notizzettel ein Aspekt). Dies kann z.B. ein bestimmtes Datum oder Ereignis, ein bestimmter Vorgang oder Begriff sein. Achtet darauf, dass sich zwei Aspekte auf Russland und zwei Aspekte auf Deutschland beziehen. Es darf maximal ein Aspekt zu beiden Ländern passen.
  Tipp: Notiert keine Personennamen, da sie sich sehr leicht zuordnen lassen.

- Kommt nun wieder in eure Fünfergruppe zurück und vergleicht spielerisch eure Ergebnisse. Der jüngste Experte in der Gruppe fängt an.
- Jeder Experte nennt zunächst sein Thema. Dann lässt er seine Mitspieler nacheinander einen seiner vier Zettel verdeckt ziehen.
- Der gezogene Aspekt wird von dem Mitspieler laut vorgelesen. Nun muss er entscheiden, ob der Aspekt zu Russland oder Deutschland gehört oder sogar zu beiden.

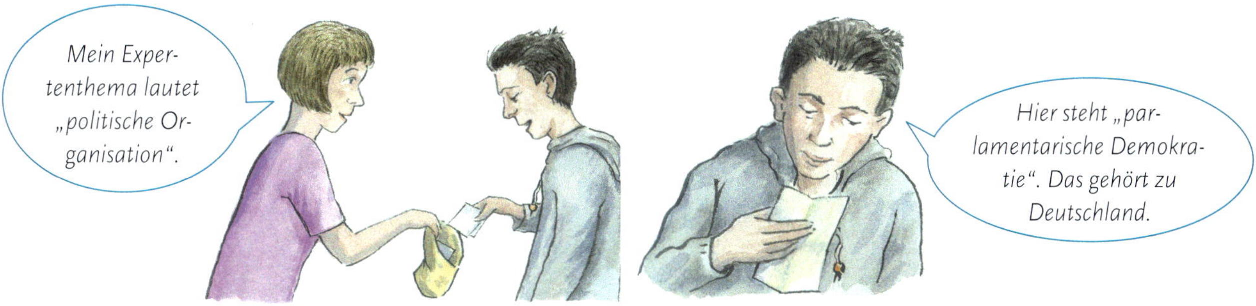

- Der Experte beurteilt, ob die Antwort richtig oder falsch ist. Für eine richtige Antwort gibt es einen Punkt. Bei einer falschen Antwort gibt es einen Minuspunkt. Vergesst nicht, die Punkte für jeden Spieler zu notieren.
- Am Ende des Spiels hat der Spieler mit der höchsten Punktzahl gewonnen. Spielt das Spiel ein weiteres mal, wenn die Aspekte falsch zugeordnet wurden.

Ihr könnt das Spiel auch etwas schwieriger gestalten. Dazu entscheiden die Mitspieler nicht nur, ob der Aspekt zu Deutschland oder Russland gehört. Sie können bis zu zwei zusätzliche Punkte erhalten, wenn sie den Aspekt näher erläutern können.

Beispiel:

Hinweis: Der Name des Spiels kommt aus dem Russischen. *Dawai* bedeutet soviel wie „Los geht's!“ oder „Vorwärts!“. Natürlich kann man dieses Spiel auch in anderen Fächern zur Wiederholung einsetzen.

3 Nationalsozialismus, Zweiter Weltkrieg und Shoah

Mit Fahnen geschmückte Häuser, uniformierte Kinder der Hitlerjugend, die am „Reichsjugendführer“ Baldur von Schirach vorbeimarschieren. Scheinbar jubelt die ganze Stadt der Hitlerjugend zu. Dieses Propagandafoto der Nationalsozialisten sollte zeigen, welchen großen Eindruck diese Inszenierung auf die Bevölkerung machte.
Wer aber waren die Nationalsozialisten? Welche Ziele hatten sie und wie versuchten sie, diese umzusetzen? Welche Folgen hatte das?

Nationalsozialismus, Zweiter Weltkrieg und Shoah

1 – Die Erweiterung des deutschen Machtbereichs bis 1939.

Viele Bürger hatten die Weimarer Republik von Anfang an abgelehnt. 1933 zeichnete sich schließlich ihr Ende ab. Die Wirtschaftskrise, steigende Arbeitslosigkeit, Straßenschlachten und unfähige Politiker verstärkten das Bedürfnis der Menschen nach Veränderung.
In dieser Situation gelang es der Partei der Nationalsozialisten, den Menschen Hoffnung zu machen und sie für sich zu begeistern. Doch zu welchem Preis?
Mit Beginn der nationalsozialistischen Herrschaft wurden nicht nur innerhalb kurzer Zeit sämtliche demokratischen Grundsätze und -rechte beseitigt. Er markierte zugleich den Auftakt zu einer systematischen Ausgrenzung, Entrechtung und Verfolgung von Menschen, welche die Nationalsozialisten in ihrer menschenverachtenden Ideologie als minderwertig betrachteten und schließlich ermorden ließen.

Am Ende des Kapitels kannst du folgende Fragen beantworten:

- Wie konnten die Nationalsozialisten ihre Macht ausbauen und diese auch dauerhaft halten?
- Wie funktionierte der NS-Staat?
- Wie prägte der Nationalsozialismus das alltägliche Leben der Menschen?
- Warum stimmten so viele Deutsche einer Politik der Ausgrenzung und Verfolgung anderer zu?
- Warum und wie wurden die Juden, andere Minderheiten und politische Gegner verfolgt?
- Wie veränderte sich die deutsche Außenpolitik?
- Wie kam es zum Ausbruch des Zweiten Weltkriegs?
- Welche Folgen hatte die nationalsozialistische Expansions- und Eroberungspolitik?
- Wer wagte den Widerstand gegen das NS-Regime?
- Wie untersuche ich Propagandafotos?
- Welche Informationen lassen sich beim Besuch von Gedenkstätten und bei der Auswertung von Videointerviews gewinnen?

30.01.1933	1933–1939	01.09.1939	1942	08./09.05.1945
Adolf Hitler wird Reichskanzler	Errichtung und Ausbau der Diktatur	Beginn des Zweiten Weltkriegs	Organisation des Völkermords an den europäischen Juden	Bedingungslose Kapitulation Deutschlands

Opa, sag mal...

Stella: Hallo, Opa. Ich muss dir mal was Merkwürdiges erzählen! Heute habe ich auf meinem Schulweg jemanden beobachtet, der ein Hakenkreuz an einer Garage übersprüht und daraus eine tanzende Ägypterin gemacht hat.

***Opa*:** Also, Häuser zu besprühen ist natürlich überhaupt nicht in Ordnung. Aber ein Hakenkreuz ... Du weißt doch, wofür dieses Symbol steht, Stella?

***Stella*:** Klar, Opa. Es wurde von den Nazis im Dritten Reich benutzt.

***Opa*:** Du hast Recht, Stella. Aber wusstest du auch, dass es eigentlich ein uraltes Glückssymbol ist, das in vielen Kulturen verbreitet war? Es bekam erst im 19. Jahrhundert eine politische Bedeutung durch deutschnationale Gruppen. Diese waren den Juden gegenüber feindlich eingestellt und glaubten, dass die Deutschen allen anderen überlegen sind. Die Nazis haben das Hakenkreuz daher später zu ihrem Parteizeichen erklärt. Ab 1935 wurde es Bestandteil der deutschen Reichsflagge. Zur damaligen Zeit wehten diese Flaggen an allen offiziellen Gebäuden. Heute ist es gesetzlich verboten, ein Hakenkreuz zu zeichnen oder abzubilden.

***Stella*:** Echt, Opa? Aber warum sehe ich das Zeichen dann immer öfter in unserer Stadt?

***Opa*:** Tja, manche Leute haben vielleicht keine Ahnung, wofür dieses Zeichen genau steht. Einige möchten auch nur provozieren. Es gibt heutzutage aber leider wieder Menschen, die den Ideen des Nationalsozialismus anhängen. Diese Leute sind vor allem fremdenfeindlich eingestellt. Wenn sie also ein Hakenkreuz an eine Wand schmieren, zeigen sie unseren Mitbürgern mit nichtdeutscher Herkunft oder einer anderen Religion, dass sie diese ablehnen. Es löst bei diesen daher verständlicherweise ein schreckliches Gefühl aus, wenn sie das Zeichen sehen.

***Stella*:** Aber dagegen muss man doch etwas tun! Ich glaube, wenn ich wieder so ein Hakenkreuz sehe, übermale ich es einfach auch.

***Opa*:** Es freut mich ja, dass du dich so engagiert zeigst, meine kleine Künstlerin. Das Problem ist nur: Du machst dich damit selbst schuldig, wenn du auf Gebäuden ein Graffito zeichnest, egal mit welchem Motiv. In Thüringen gibt es z.B. eine Rentnerin, die es sich zur Aufgabe gemacht hat, Nazi-Schmierereien zu übersprühen. Dafür wurde sie schon mehrfach verurteilt.

***Stella*:** Das finde ich aber ungerecht. Warum muss diejenige, die ein verbotenes Symbol übermalt, mit einer Strafe rechnen? Bin ich froh, Opa, dass du als Rentner ein ungefährliches Hobby hast: deiner Enkelin die Welt zu erklären.

1 Lest das Gespräch zwischen Stella und ihrem Opa.

2 Gib mit eigenen Worten wieder, wofür das Hakenkreuz steht.

3 Recherchiere, welche rechtlichen Konsequenzen es hat, wenn man ein Hakenkreuz im öffentlichen Raum abbildet.

4 Diskutiert, ob es angemessen ist, die Rentnerin in Thüringen für ihren Einsatz strafrechtlich zu verfolgen.

5 Beschreibe mithilfe von Karte 1, wie sich die deutschen Außengrenzen zwischen 1937 und 1939 verändert haben. Beachte dabei, welche Gebiete nun auch zu Deutschland gehörten.

6 Sammelt Fragen zur Herrschaft der Nationalsozialisten und zum Zweiten Weltkrieg, die ihr klären möchtet. Pinnt sie sichtbar in eurem Klassenzimmer an oder erstellt eine digitale Pinnwand.

Die Errichtung der NS-Diktatur

Wie wurde 1933 die Demokratie abgeschafft?

1 – Fackelzug der Nationalsozialisten am 30.01.1933 in Berlin. Die Situation wurde 1935 für das Foto nachgestellt.

* Anführungszeichen
Die Anführungszeichen kennzeichnen den Sprachgebrauch, und damit auch die Denkart der Nationalsozialisten. Dieser ist menschenverachtend und daher verwenden wir ihn heute nicht mehr.

* SA
Abkürzung für „Sturmabteilung". Uniformierte Kampf- und Propagandatruppe der NSDAP. Sie wurde bei Saal- und Straßenschlachten gegen Kommunisten eingesetzt und ging äußerst brutal gegen Gegner der NSDAP vor.

* SS
Abkürzung für „Schutzstaffel". Militärisch organisierter Kampfverband der NSDAP. Ab 1934 Hauptträger des NS-Terrors nach innen und außen.

Adolf Hitler wird Reichskanzler

Am 30. Januar 1933 ernannte Reichspräsident von Hindenburg Adolf Hitler, den *„Führer" der Nationalsozialistischen Deutschen Arbeiterpartei (NSDAP), zum Reichskanzler. Am gleichen Abend feierten die Nationalsozialisten Hitlers Ernennung mit Fackelzügen und Aufmärschen.

Beseitigung der Demokratie

Jetzt war Hitler Reichskanzler. Er konnte aber nicht allein regieren, weil dies das Ergebnis der letzten Reichstagswahl nicht zuließ. In seiner Regierung waren daher auch mehrere Minister aus bürgerlichen Parteien vertreten. Aber Hitler strebte für die NSDAP eine Alleinregierung an.

Am 27. Februar 1933 nutzte er daher den Ausbruch eines Brandes im Reichstag, um sein Ziel zu verwirklichen. Denn Hitler beschuldigte sofort die Kommunisten der Brandstiftung. Heute geht man davon aus, dass ein Einzeltäter den Brand gelegt hat. Am Tag darauf erließ Reichspräsident von Hindenburg auf Betreiben Hitlers eine Notverordnung, die den Titel „Reichstagsbrandverordnung" trug. Diese Notverordnung setzte sämtliche Grundrechte der Weimarer Verfassung „bis auf Weiteres" aus und war ein wichtiger Schritt auf dem Weg zur vollständigen Erringung der Macht durch die Nationalsozialisten. Nun war es möglich, jede beliebige Person unter dem Vorwurf des „Hochverrats am deutschen Volk" zu verhaften und ohne Verhandlung und Gerichtsurteil einzusperren. Daraufhin wurden bis April 1933 ca. 35.000 politische Gegner allein in Preußen inhaftiert. Die Grundrechte blieben bis zum Ende der Herrschaft der Nationalsozialisten aufgehoben. Die Errichtung der Alleinherrschaft gelang, als am 5. März 1933 ein neuer Reichstag gewählt werden sollte. Schon während des Wahlkampfes verfolgte die Polizei Kommunisten und Sozialdemokraten. Dabei verhaftete sie die Funktionäre dieser Parteien oder verbot ihre Wahlveranstaltungen. Als Vorwand diente der Polizei eine angeblich drohende Gefahr, dass die Kommunisten die Macht in Deutschland übernehmen wollten.

Obwohl die NSDAP ihre Gegner verfolgte und einschüchterte, erreichte sie in dieser Wahl ihr Ziel einer absoluten Mehrheit nicht. Sie erhielt nur 43,9 Prozent der abgegebenen Stimmen. Mit der Deutschnationalen Volkspartei (DNVP) verfügte sie aber über 52 Prozent der Stimmen.

2 – Am 21.03.1933 marschierten die SA und die *SS als „Saalschutz" in die Kroll-Oper ein, in der nach dem Brand der Reichstag tagte.

Die Errichtung der Alleinherrschaft

Die Nationalsozialisten strebten jedoch keine parlamentarische Regierung an. Sie hatten bereits bei der Ernennung Hitlers angekündigt, den Reichstag zu entmachten. Die Reichsregierung sollte deshalb mit dem „Gesetz zur Behebung der Not von Volk und Reich" das Recht erhalten, Gesetze ohne Zustimmung des Reichstages zu erlassen. Dieses Gesetz wurde „Ermächtigungsgesetz" genannt, weil die Regierung künftig Gesetze ohne den Reichstag erlassen konnte. Nach den Bestimmungen der Weimarer Verfassung musste das „Ermächtigungsgesetz" mit einer Zweidrittelmehrheit beschlossen werden. Am Tag der Abstimmung, dem 23. März 1933, wurden im Sitzungssaal *SA-Männer postiert, die die Abgeordneten der SPD und des Zentrums bedrohten. Die Mehrheit der Reichstagsabgeordneten stimmte unter diesem Eindruck von Drohungen und den Versprechungen Hitlers für das Gesetz. Die 81 Abgeordneten der KPD waren bereits verhaftet und konnten nicht an der Sitzung teilnehmen. Nur die Sozialdemokraten stimmten gegen das Gesetz.

Q1 Der SPD-Abgeordnete Otto Wels begründete am 23.03.1933 die Ablehnung der Sozialdemokraten:

Nach den Verfolgungen, die die Sozialdemokratische Partei in der letzten Zeit erfahren hat, wird billigerweise niemand von ihr verlangen oder erwarten können, dass sie für das hier eingebrachte Ermächtigungsgesetz stimmt. Die Wahlen vom 5. März haben den Regierungsparteien die Mehrheit gebracht und damit die Möglichkeit gegeben, streng nach Wortlaut und Sinn der Verfassung zu regieren. (...) Wir deutschen Sozialdemokraten bekennen uns in dieser geschichtlichen Stunde feierlich zu den Grundsätzen der Menschlichkeit und Gerechtigkeit, der Freiheit und des Sozialismus. (...) Kein Ermächtigungsgesetz gibt Ihnen die Macht, Ideen, die ewig und unzerstörbar sind, zu vernichten.

1. Nenne die Maßnahmen der Nationalsozialisten zum Ausbau und zur Absicherung ihrer Macht.
2. Vermute die Gründe, warum der Fackelzug der Nationalsozialisten vom 30.01.1933 im Jahr 1935 auf Wunsch der Nationalsozialisten für ein Foto nachgestellt wurde (Bild 1).
3. Arbeite aus Q1 heraus, mit welchen Argumenten Otto Wels das Ermächtigungsgesetz ablehnte.
4. Erläutere die Bedeutung der Reichstagsbrandverordnung. Beachte die Grundrechte, die damit abgeschafft wurden.
5. Erkläre den Zusammenhang zwischen Bild 2 und dem Wahlergebnis für die NSDAP am 23.03.1933.
6. Begründe folgende Aussage: „Mit der Notverordnung und dem ‚Ermächtigungsgesetz' wurde die Verfassungsordnung der Weimarer Republik endgültig beseitigt."
7. Beurteile die Gründe, mit denen die SPD das Ermächtigungsgesetz ablehnte.

Welche Ziele verfolgte Hitler?

1 – Titelumschlag „Mein Kampf“.
Ausgabe aus den 1930er-Jahren.

Hitlers Lebenslauf bis 1933

- 20.04.1889 Geburt in Braunau am Inn, Österreich
- 1907–1914 Leben in Wien, Kontakt zu judenfeindlichen Gruppierungen
- 1914 Kriegsfreiwilliger eines bayerischen Regiments im Ersten Weltkrieg
- 1918 Kriegsverletzung
- 1919 Eintritt in die Deutsche Arbeiterpartei (DAP)
- 1920 wird die DAP zur Nationalsozialistischen Deutschen Arbeiterpartei (NSDAP)
- 1924 Festungshaft wegen eines Umsturzversuches der Reichsregierung 1923
- 1925 Führer der NSDAP
- 30.01.1933 Ernennung zum Reichskanzler

Hitlers Buch „Mein Kampf“

1924 wurde Hitler wegen eines Umsturzversuches zu Festungshaft verurteilt. Dort schrieb er das Buch „Mein Kampf“, in dem er seine politischen Ziele und Vorstellungen darlegte. Hitler bekannte sich später bei öffentlichen Auftritten und in Rundfunkreden immer wieder zu den Kernpunkten seiner *Ideologie, wie er sie in dem Buch beschrieben hatte. Da es Brautpaaren auch zur Hochzeit überreicht wurde, erreichte es eine Auflage von über 12 Millionen Exemplaren.

„Führerprinzip“

Hitler machte deutlich, wie sehr er das parlamentarische und demokratische System der Weimarer Republik hasste. Viele Deutsche waren gleicher Meinung. Er sah Demokratie und die Toleranz gegenüber anderen Meinungen als Schwäche an. Es sollte nur eine einzige „Führerautorität“ geben. Dies bedeutet, dass alle Entscheidungen von Hitler selbst getroffen werden sollten. Weder das Volk noch andere Entscheidungsträger konnten dabei mitbestimmen.

Rassismus

Hitler vertrat in seinen Reden eine „Rassenlehre“. Diese war zu Beginn des 20. Jahrhunderts weit verbreitet, aber wissenschaftlich völlig unhaltbar. Diese „Rassenlehre“ teilte die Menschen in vermeintlich biologisch „höherstehende Rassen“, die „Arier“, und „minderwertige Rassen“ ein. Die reinste und hochwertigste „Rasse“ seien laut Hitler die Deutschen. Diese seien dazu bestimmt, die „minderwertigen Rassen“ zu beherrschen.

Antisemitismus

Für Hitler waren die Juden die minderwertigste „Rasse“. Ihnen gab er die Schuld an allem Übel der Welt. Sie seien schuld an der Niederlage im Ersten Weltkrieg, der Demokratie der Weimarer Republik, dem amerikanischen Kapitalismus und sogar dem „russischen Bolschewismus“.

„Lebensraum im Osten“

Nach Ansicht Hitlers hatte Deutschland zu wenig „Lebensraum“ für sein Volk. Dieses Problem wollte er in einem Krieg gegen die Sowjetunion und somit auch gegen das verhasste System des Kommunismus lösen.

---

* **Völkischer Beobachter**
täglich erscheinende Zeitung und Parteiorgan der NSDAP

* **Ideologie**
Dies bezeichnet die Weltanschauung eines Menschen – wie er sich die ideale Welt vorstellt.

* **„Ordensburg“**
So wurden besondere Schulen für die Führungskräfte des Nationalsozialismus genannt. Der Name leitet sich von der äußerlichen Gestaltung der Bauten ab. Sie sahen aus wie mittelalterliche Burgen, waren jedoch neu errichtet.

Kampf gegen politische Gegner

Für Hitler war der Kampf gegen den Kommunismus in Deutschland ein zentraler Punkt seiner Politik. Rücksichtslos ging er gegen KPD, SPD und die Gewerkschaften in Deutschland vor. Er bezeichnete sie als „Novemberverbrecher“, denn er gab ihnen Schuld am Untergang des Kaiserreiches in der Novemberrevolution von 1918. Er rechtfertigte das brutale Vorgehen gegen sie dadurch, dass er die Gefahr einer kommunistischen Revolution, wie sie sich 1917 in Russland ereignet hatte und die angeblich nun Deutschland drohte, abwenden wollte.

2 – „Ein Volk, ein Reich, ein Führer!“ Propagandaplakat der NSDAP, 1938.

Q1 Seine Ansichten legte Hitler 1937 auch in einer Rede vor jungen Anhängern auf der NS*„Ordensburg“ in Sonthofen dar:

Es kann nur einer befehlen. Einer befiehlt und die anderen gehorchen. Da sagt man: wieso, wieso? Wieso muss ich gehorchen? – Wieso? Weil nur auf dem Weg etwas zu erreichen ist und weil wir Männer genug sind, einzusehen, dass das, was notwendig ist, auch zu geschehen hat, und weil darum nicht mit dem Einzelnen diskutiert wird. Es ist ganz zwecklos, jedem Einzelnen dann zu sagen: Natürlich, wenn du dann nicht willst, dann brauchst du natürlich nicht nachfolgen. Nein, so geht das einfach nicht! Die Vernunft hat auch ein Recht und damit eine Pflicht. Sie hat das Recht, sich zu diktatorischer Gewalt zu erheben, und die Pflicht, die anderen zu zwingen, dem zu gehorchen.

Q2 In „Mein Kampf“ schrieb Hitler 1925 über die Juden:

Den wichtigsten Gegensatz zum Arier bildet der Jude. Er ist und bleibt der ewige Parasit, ein Schmarotzer, der wie ein schädlicher Bazillus sich immer mehr ausbreitet, sowie nur ein günstiger Nährboden dazu einlädt. Die Wirkung seines Daseins aber gleicht ebenfalls der von Schmarotzern; wo er auftritt, stirbt das Wirtsvolk nach kürzerer oder längerer Zeit ab.

Q3 Zum Thema „Lebensraum“ schrieb Hitler 1925 in seinem Buch „Mein Kampf“:

Wir Nationalsozialisten (müssen) unverrückbar an unserem außenpolitischen Ziel festhalten, nämlich dem deutschen Volk den ihm gebührenden Grund und Boden auf dieser Erde zu sichern. Und diese Aktion ist die einzige, die vor Gott und der deutschen Nachwelt einen Bluteinsatz gerechtfertigt erscheinen lässt. (...) Deutschland wird entweder Weltmacht oder überhaupt nicht sein. (...) Wenn wir aber in Europa von neuem Grund und Boden reden, können wir in erster Linie nur an Russland und die ihm untertanen Randstaaten denken. (...) Das Riesenreich im Osten ist reif zum Zusammenbruch. Und das Ende der Judenherrschaft in Russland wird auch das Ende Russlands als Staat sein.

1. Erkläre, wie Hitler in Q1 seinen Anspruch, „Führer“ zu sein, begründet.
2. Überlege, welche Folgen sich für den Einzelnen aus Hitlers Anspruch auf bedingungslose Unterordnung ergeben.
3. Arbeite aus Q2 heraus, womit Hitler Juden vergleicht.
4. Erläutere mithilfe von Q3 die außenpolitischen Ziele Hitlers. Nenne dazu die Mittel, mit denen diese Ziele erreicht werden sollten.
5. Bewerte Inhalt und Sprache von Q1–Q3 mithilfe deiner Ergebnisse aus den Aufgaben 1–4. Welche Gefahren könnten davon ausgehen, wenn man Menschen Wertigkeiten zumisst?
   ▶ *Welche Folgen könnte es z.B. für die jüdische Bevölkerung haben, wenn man sie als „schädlichen Bazillus“ bezeichnet?*
6. Begründe die Darstellung Hitlers auf Bild 2 mithilfe des Textes und Q1.

Wie errichteten die Nationalsozialisten ihre Diktatur?

1 – Die Bücherverbrennung am 10.05.1933 auf dem Berliner Opernplatz.

✲ Gestapo
Abkürzung für „Geheime Staatspolizei", eine von den Nationalsozialisten geschaffene Sonderpolizei zur Bekämpfung ihrer Gegner

Joseph Goebbels (1897–1945) Er war ab 1933 Reichsminister für Volksaufklärung und Propaganda und einer der engsten Vertrauten Hitlers.

Nationalsozialistische „Gleichschaltung"

Den Nationalsozialisten gelang es mithilfe des „Ermächtigungsgesetzes" innerhalb von 18 Monaten, alle staatlichen Einrichtungen unter ihre Kontrolle zu bekommen. Diesen Vorgang nannten sie „Gleichschaltung", d.h., alle Behörden mussten nun nach dem Willen der Nationalsozialisten arbeiten. Zunächst wurden die Länderparlamente aufgelöst und dafür nationalsozialistische „Reichsstatthalter" eingesetzt.

Kampf gegen Andersdenkende

Bereits im April 1933 schloss ein Gesetz Juden vom Beamtentum aus. Kommunisten durften nicht mehr Rechtsanwälte werden. Nachdem alle Parteien verboten worden waren oder sich aufgelöst hatten, wurde die NSDAP im Juli 1933 zur alleinigen Staatspartei erklärt. Die NSDAP schaltete folglich alle demokratischen Einrichtungen aus und ging mit Terror gegen Andersdenkende – auch in ihren eigenen Reihen – vor: Ende Juni 1934 verhafteten und ermordeten die Nationalsozialisten die Führungskräfte der SA einschließlich des Stabschefs Ernst Röhm. Die nationalsozialistische Propaganda stellte die Morde als vorbeugende Maßnahme gegen einen angeblich bevorstehenden Umsturz der SA unter Röhm dar – heute als Röhm-Putsch bezeichnet.

Eine weitere Aktion richtete sich gegen Schriftsteller, Wissenschaftler und Künstler, die eine andere Meinung vertraten: Ihre Veröffentlichungen wurden in einer propagandistisch inszenierten Bücherverbrennung vernichtet. Die bekannteste fand am 10. Mai 1933 auf dem Berliner Opernplatz statt, gleichzeitig und später aber auch in vielen anderen deutschen Städten. Die dort angeblich als „undeutsch" verleumdeten Schriftsteller, Wissenschaftler und Künstler wurden z.T. verhaftet, zur Emigration gezwungen und erhielten Veröffentlichungsverbot. Das kam einem Berufsverbot gleich.

Ausschaltung der Presse

Auch die Presse wurde durch die Nationalsozialisten „gleichgeschaltet". Die Zeitungen der KPD und SPD wurden verboten; Journalisten, die sich nicht anpassen wollten, wurden entlassen. Der Propagandaminister Joseph Goebbels bestimmte, welche Nachrichten veröffentlicht werden durften.

Zunehmende Machtkonzentration

Reichspräsident Paul von Hindenburg starb am 2. August 1934. Am selben Tag übernahm Hitler – zusätzlich zu seinem Amt als Reichskanzler – auch noch die Befugnisse des Reichspräsidenten. Dadurch wurde er Oberbefehlshaber des Militärs, der Reichswehr.

Das Ende der Gewerkschaften

Wie die Nationalsozialisten bei der Errichtung der Diktatur vorgegangen sind, zeigt die Zerschlagung der Gewerkschaften: Der 1. Mai war der traditionelle Feiertag der Arbeiter. Nun erklärten die Nationalsozialisten diesen Feiertag zum staatlichen Feiertag. Mit großen Aufzügen feierten sie die Arbeiter unter Parolen wie „Ehret die Arbeit und achtet die Arbeiter". Völlig überraschend besetzten dann SA-Trupps am 2. Mai 1933 die Gewerkschaftshäuser: Die Gewerkschaften wurden aufgelöst und ihre Funktionäre verhaftet.

2 – Am 2. Mai 1933 besetzte die SA das Berliner Gewerkschaftshaus und brachte leitende Funktionäre in „Schutzhaft“.

3 – „1. Mai 1933“, Tag der Arbeit.
Postkarte von Felix Albrecht, 1933.

Tiefgreifende Veränderungen

Die Nationalsozialisten trafen auf keinen nennenswerten Widerstand, als sie das politische und gesellschaftliche Leben tiefgreifend veränderten. Dafür sorgten einerseits der massive Terror gegen alle oppositionellen Kräfte und die ständige Propaganda, andererseits der wirtschaftliche Aufschwung, der die Folgen der Weltwirtschaftskrise überwand und für viele Menschen die unmittelbare Not beseitigte. Auch in anderen Industrieländern, die die Demokratie nicht abgeschafft hatten, verbesserte sich die wirtschaftliche Lage. Die nationalsozialistische Regierung unterstützte den wirtschaftlichen Aufschwung und die Beseitigung der Arbeitslosigkeit zusätzlich durch Arbeitsbeschaffungsmaßnahmen, z.B. durch die Verpflichtung zum Arbeitsdienst und den Einsatz beim Straßenbau. Arbeitsdienstler – es waren 1934 über eine Million – verschwanden aus der Arbeitslosenstatistik. So gelang es den Nationalsozialisten, die Arbeitslosigkeit bis 1936/37 zu beseitigen. Vor allem aber trug die Aufrüstung der Wehrmacht zum Wirtschaftsaufschwung bei.

M1 Der amerikanische Historiker William S. Allen hat 1966 untersucht, wie die nationalsozialistische Machtergreifung sich auf lokaler Ebene vollzog:

Den einen Tag gab es Verhaftungen und den nächsten einen großen jubelnden Umzug. (...) Zuerst hörte der Gesangverein mit alter Tradition und hohem Ansehen auf zu existieren, und dann kam die messingschimmernde SA-Kapelle. Aufzuckende Bilder von schwarz-weiß-roten Fahnen, brennenden Büchern, blechernen Rundfunkreden, Schulkindern mit Hakenkreuzen, gestiefelten SA-Männern, die einen Mann ins Gefängnis schleppten, Fackelzügen, auf denen heisere Stimmen Lieder sangen, dem Pastor, der für den Führer betete, Gerüchte über die Gestapo (...) – das alles vermischte sich.

* Gewerkschaften
Vereine, die Mitte des 19. Jahrhunderts zur Verbesserung der wirtschaftlichen und sozialen Lage von Arbeitnehmern gegründet wurden. Sie unterhielten eigene Banken und Zeitungen, bauten Wohnungen und hatten eigene Sportvereine. Diesen enormen Einfluss sahen die Nationalsozialisten als Hindernis auf dem Weg zur Macht. Daher wollten sie die Gewerkschaften beseitigen.

1. Liste die Gleichschaltungsmaßnahmen der Nationalsozialisten auf.
2. Beschreibe mithilfe des Textes sowie der Bilder 2 und 3 die Ausschaltung der Gewerkschaften. Berücksichtige, welche Gestaltungsmittel dies im Plakat zum Ausdruck bringen.
3. Erkläre mithilfe von M1, wie es den Nationalsozialisten gelang, die deutsche Gesellschaft nach ihrer Denkweise zu verändern.
4. Informiere dich, welche Künstler, Schriftsteller und Wissenschaftler Opfer der Bücherverbrennung wurden. Wähle einen aus und halte über ihn ein Kurzreferat.
5. Beantworte die Frage der Doppelseite mithilfe deines Wissens, das du auf den Seiten 104-109 erworben hast.

Wie funktionierte der NS-Staat?

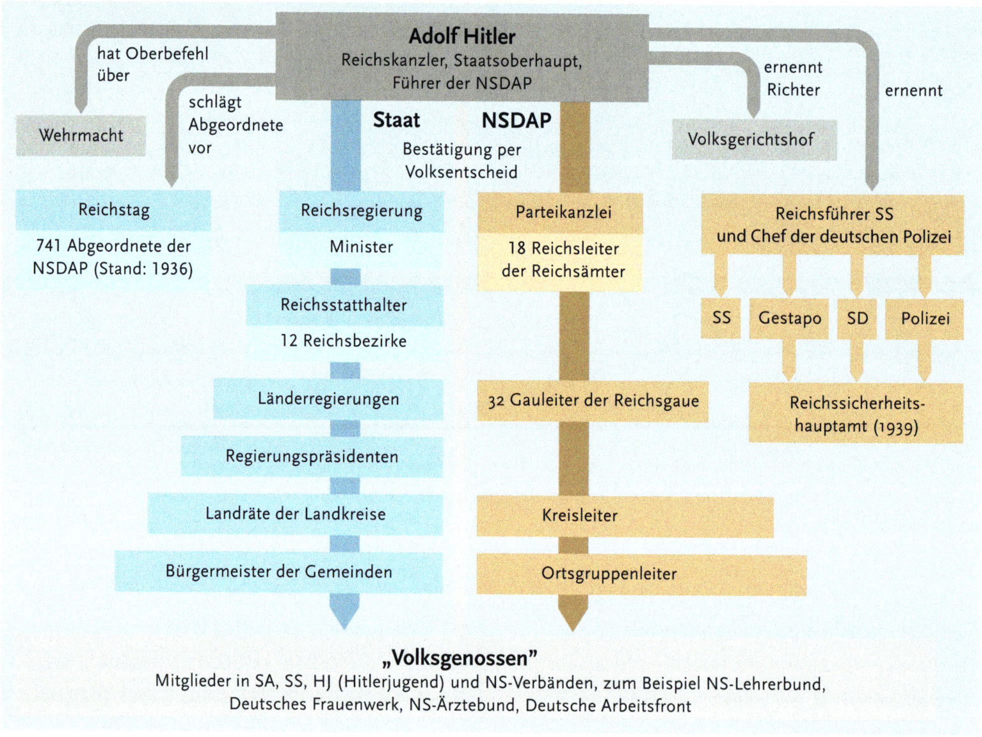

1 – Die Machtstruktur im NS-Staat.

* **Reichskulturkammer** Behörde, der u.a. die Presse und der Runkfunk unterstanden

* **Gauleiter** eine Führungsfunktion innerhalb der NSDAP

* **Selektion** Auswahl, Auslese; im Zusammenhang mit dem Nationalsozialismus ist damit auch die „Aussonderung" von zuvor deportierten Menschen gemeint, die dann ermordet wurden (s. S. 150–151).

* **Repression** Unterdrückung

Machtbefugnisse nach dem „Führerprinzip"

Der Herrschaft und Regierung des NS-Staates lag das „Führerprinzip" zugrunde". Klare Hierarchien, also wer grundsätzlich für etwas zuständig war, oder geregelte Verfahren gab es nicht. Stattdessen zählten auf allen Ebenen allein Gehorsam und unbedingte Loyalität gegenüber Hitler. Wer sich ihm bzw. seinen Stellvertretern gegenüber als treuer Gefolgsmann erwies, erhielt weitgehende Machtbefugnisse.
Von der Reichsregierung bis zum Bürgermeister wurden staatliche Organisationen mit ergebenen Nationalsozialisten besetzt. Diese führten die Befehle aus, die Hitler über Erlasse verfügte. Abstimmungen und gemeinsame Beschlussverfahren wurden abgeschafft.

Verzahnung von Partei und Staat

Im nationalsozialistischen Deutschland waren die NSDAP, seit Sommer 1933 die einzige zugelassene Partei, und der Staat aufs Engste miteinander verzahnt. Neben den staatlichen Behörden gab es auf Parteiebene entsprechende eigene Strukturen. Diese arbeiteten zum Teil parallel zu den Regierungseinrichtungen, zum Teil waren sie mit diesen verbunden (= Doppelstruktur). Führende Mitglieder der NSDAP hatten nicht nur Parteifunktionen, sondern sie übernahmen gleichzeitig (mehrere) staatliche Aufgaben. So war Joseph Goebbels nicht nur Reichsminister für Volksaufklärung und Propaganda, sondern zugleich Präsident der *„Reichskulturkammer" und *„Gauleiter" der Partei in Berlin. Heinrich Himmler hatte die Befehlsgewalt über die SS und die gesamte Polizei im Reich.
Dieser Vermischung von parteilichen und staatlichen Funktionen folgten zahlreiche neu geschaffene Posten, die wiederum direkt Hitler unterstellt waren und Sonderaufgaben im Reich übernahmen. Ein Beispiel dafür ist Heinrich Himmler, der von Hitler per Erlass zum *Reichskommissar für die Festlegung deutschen Volkstums ernannt wurde. Mit diesem harmlos klingenden Titel wurde Himmler ab Oktober 1939 beauftragt, die rassistische Ideologie der Nationalsozialisten

in die Tat umzusetzen (vgl. S. 144–145). Himmler besaß damit umfassende Machtbefugnisse, die es ihm ermöglichten, Juden in ganz Europa ermorden zu lassen.

Zwischen „Ämterchaos" und „Initiative von unten"

Diese unklaren Herrschaftsstrukturen und doppelten Zuständigkeiten führten oft zu Machtrivalitäten. Früher sprachen Historiker von einem wenig effektiven „Ämterchaos". Heute geht man jedoch davon aus, dass dadurch viele Aufgaben flexibel und ohne umständliche Bürokratie rasch erledigt werden konnten. Das lag vor allem daran, dass das Regime Anreize und Freiräume schuf, um die nationalsozialistische Ideologie überall schnell und effektiv durchzusetzen. Wer sich in diesem System besonders engagierte, konnte Hitlers Gunst und Einfluss gewinnen. Daraus entwickelte sich eine fatale Wirkung, weil Befehle nicht nur von Hitler von oben nach unten gegeben werden mussten. Es wurde auch sehr aktiv von unten dem „Führer entgegengearbeitet". Viele handelten auch in dem Glauben, dies sei zum Wohl der „Volksgemeinschaft". Auf diese Weise entstanden in verschiedenen Bereichen der Gesellschaft viele „kleine Führer", die dem Willen Hitlers entsprechen wollten. Die Durchsetzung des NS-Unrechtsstaates hatte also viele Unterstützer. Sie nutzten ihren Handlungsspielraum und ihre Machtbefugnisse bei der Judenverfolgung und der Ausbeutung anderer Länder weidlich aus. Das System wurde von den wenigsten kritisch hinterfragt. Viele waren aber auch eingeschüchtert, weil sie Strafen befürchteten.

Q1 Rede von Werner Willikens, Staatssekretär im preußischen Landwirtschaftsministerium, am 21.02.1934:

Jeder (...) weiß, dass der Führer sehr schwer von oben her alles das befehlen kann, was er für bald oder später zu verwirklichen beabsichtigt. Im Gegenteil, bis jetzt hat jeder an seinem Platz im neuen Deutschland dann am besten gearbeitet, wenn er sozusagen dem Führer entgegenarbeitet. (...) Wer aber dem Führer in seiner Linie und zu seinem Ziel richtig entgegenarbeitet, der wird bestimmt wie bisher so auch in Zukunft den schönsten Lohn darin haben, dass er eines Tages plötzlich die legale Bestätigung seiner Arbeit bekommt.

M1 Der Historiker Rüdiger Hachtmann erklärt, weshalb die Nationalsozialisten mit ihrer Herrschaftsstrategie so erfolgreich waren:

Am besten veranschaulicht man das Phänomen (...), wenn man sich die Praxis der mit Erziehung, *Selektion und *Repression beauftragten nationalsozialistischen Organisationen und Institutionen wie eine Vielzahl von teilweise grob-, meist jedoch engmaschigen Netzen vorstellt, die über die Bevölkerung geworfen wurden, diese zu „Volksgenossen" zu machen und auf die Ziele des NS (Nationalsozialismus) hin zu lenken, und gleichzeitig Gemeinschaftsfremde zu erfassen und auszugrenzen. Einem einzigen Netz kann man relativ leicht entfliehen, einer Vielzahl von Netzen sehr viel schwieriger, zumal wenn diese laufend engmaschiger geflochten werden.

1. Beschreibe, was das „Führerprinzip" mit der Verteilung von Machtbefugnissen im NS-Staat zu tun hatte.
2. Erkläre, wie die Machtstruktur im NS-Staat aufgebaut war. Nutze dazu das Schaubild 1 und den Text.
3. Überlege, warum es für die Menschen in einem Staat nachteilig ist, wenn eine Person mehrere Ämter gleichzeitig besetzt. Betrachte dazu z.B. die Ämter von Joseph Goebbels.
4. Erläutere anhand von Q1 und dem Text, warum der NS-Staat trotz „Ämterchaos" seine Ziele effektiv umsetzen konnte.
5. Untersuche M1 und erkläre, warum die Herrschaftsstrategie der Nationalsozialisten so erfolgreich war.

Methode

Propagandafotos untersuchen

Fotografien zeigen selten die Wirklichkeit, so wie sie ist. Sie bilden meist nur einen Ausschnitt der Realität ab und sollen eine bestimmte Botschaft vermitteln. Dies gilt vor allem für die Bilder aus der Zeit des NS-Regimes. Neben vielen anderen technischen Neuentwicklungen, wie z.B. dem Rundfunk und dem Film, nutzten die Nationalsozialisten auch die Fotografie für ihre Zwecke. Ihre Pressefotografen arbeiteten nach genauen Anweisungen.
Hitler hatte einen eigenen Fotografen, Heinrich Hoffmann. Dieser plante seine Fotos und setzte Hitler so in Szene. Er veränderte z.B. die normale Aufnahmeperspektive und erzeugte so in seinen Bildern eine ganz bestimmte Wirkung. All diese Bilder wurden massenhaft verbreitet. Auf diese Weise sollte vor allem Hitlers Anspruch, als „Führer" dargestellt zu werden, der Bevölkerung als selbstverständlich erscheinen.
Bis heute ist das Bild, das die Menschen von Hitler haben, durch Hoffmanns Inszenierungen geprägt.
Mit den folgenden methodischen Fragen kannst du dir die Machart und Wirkung solcher Bilder bewusst machen.

Folgende Schritte helfen dir, Propagandafotos zu untersuchen:

Schritt 1: Erster Eindruck
- Was ist dargestellt?
- Welche Einzelheiten fallen dir auf (Personen, Kleidung, Gebäude)?
- Wie wirkt das Bild auf dich?

Schritt 2: Fragen zum Bildinhalt und zur Bildgestaltung
- Wohin wird das Auge zu Beginn der Betrachtung gelenkt?
- Was ist dargestellt (Personen, Gegenstände, Symbole, Gebäude, ...)?
- Wann und wo ist das Foto entstanden?
- Welche Informationen enthält die Bildunterschrift?
- Welche Personengruppen sind zu sehen und was soll der Betrachter über diese erfahren?
- In welchem Größenverhältnis wird die Hauptperson abgebildet?
- Aus welcher Perspektive wird die Hauptperson gezeigt (von oben, von unten, aus gleicher Höhe)?

Schritt 3: Bildanalyse
- Was wollte der Fotograf mit diesem Foto dokumentieren?
- Woran erkennt man, dass das Bild propagandistischen Zwecken dient?
- Welches Gefühl löst das Bild aus? Welcher Eindruck wird erzeugt?

1. Lies auf der rechten Seite das Lösungsbeispiel zu den einzelnen Schritten der Methode „Propagandafotos untersuchen".
2. Bearbeite Bild 2 mithilfe der Schritte 1–3 nun alleine. Schreibe das Ergebnis in dein Geschichtsheft.
3. Welche Wirkung wurde mit diesen beiden Bildern erzeugt? Erläutere dies anhand deiner Ergebnisse aus den Aufgaben 1 und 2.
4. Erkläre den Zusammenhang zwischen Propagandafotos und der Errichtung der Diktatur.

1 – Hitler wahrend einer Rede in der Luitpoldarena anlässlich der „Totenehrung" der Opfer des Hitlerputsches 1923 auf dem „Reichsparteitag" vom 10.–16.09.1935.
Hitler ist von hinten zu sehen. Im Bildvordergrund sind SA-Angehörige mit Hakenkreuzstandarten abgebildet. Foto von Heinrich Hoffmann.

Nürnberg als Stadt der „Reichsparteitage"

Nürnberg wurde aus mehreren Gründen als Veranstaltungsort für die Reichsparteitage der NSDAP gewählt:

- Es hatte eine zentrale Lage im Deutschen Reich.
- Das Gelände des Luitpoldhains war für Großveranstaltungen gut geeignet.
- Die Partei war in Franken gut organisiert.
- Nürnberg war eine geschichtsträchtige Stadt. Hier fanden im Mittelalter die Nürnberger Reichstage des „Heiligen Römischen Reiches Deutscher Nation" statt. Die NSDAP wollte so eine Verbindung zu den eigenen Reichsparteitagen herstellen.

Bei den Reichsparteitagen ging es nicht um politische Debatten. Es sollte vielmehr eine „Volksgemeinschaft" inszeniert werden, die in Adolf Hitler ihren „Führer" gefunden hatte.

2 – Hitler im Stadion auf dem „Reichsparteitag" in Nürnberg vom 08.–14.09.1936.
Links sind Angehörige der Hitlerjugend zu sehen. Foto von Heinrich Hoffmann.

Lösungsbeispiel zu Bild 1:

Zum Schritt 1:
Man sieht Adolf Hitler von hinten erhöht auf einer Rednertribüne inmitten von Parteiangehörigen in Uniform. Es fällt auf, dass Hitler quasi von uniformierten Parteisoldaten eingerahmt wird.

Zum Schritt 2:
Das Foto zeigt Hitler während einer Rede in der Luitpoldarena auf dem „Reichsparteitag" im September 1935. Er ist von wahren Massen an Parteiangehörigen umgeben. Alle tragen Uniform und stehen akkurat in Blöcken und Reihen in der Ebene unter ihm, hinter ihm und ganz hinten auf Tribünen. Laut Bildunterschrift sind im Vordergrund SA-Angehörige mit Hakenkreuzstandarten zu sehen. Fahnen mit Hakenkreuzen begrenzen die Arena. Hitler ist kaum zu erkennen, da er von hinten zu sehen ist. Er dominiert aber dennoch durch seine erhöhte Position auf der Rednertribüne und seine zentrale Anordnung im Bild das Geschehen. Das Foto ist von einer erhöhten Perspektive aufgenommen, wodurch die ganze Arena zu sehen ist. Der Bildunterschrift ist zu entnehmen, dass das Foto zwischen dem 10. und 16.09.1935 von Heinrich Hoffmann aufgenommen wurde.

Zum Schritt 3:
Das Bild ist bewusst gestaltet. Es erzeugt durch die Darstellung der Menschenmenge den Eindruck, dass der Nationalsozialismus eine Massenbewegung ist, an deren Spitze ihr „Führer" Hitler steht. Auf ihn ist, wie man an seiner Position im Bild erkennt, alles ausgerichtet. Das Bild wirkt durch die Menschenmassen furchteinflößend. Sie sollen die Macht der Nationalsozialisten zeigen.

Projekt: „NS-Volksgemeinschaft“

Wie umwarben die Nationalsozialisten die Menschen?

In diesem Projekt arbeitet ihr in Arbeitsgruppen selbstständig mit unterschiedlichen Fragestellungen zum Thema „Nationalsozialistische Volksgemeinschaft“. Die folgenden Doppelseiten bieten einen Einstieg in ein Teilthema an. Weitere Informationen findet ihr in Büchern und im Internet. Wählt zunächst ein Teilthema aus der Übersicht unten und erarbeitet es dann in einer Arbeitsgruppe.
Am Ende des Projekts solltet ihr eure Arbeitsergebnisse zusammentragen und gemeinsam in einer PowerPoint-Präsentation, in einer Projektzeitung oder einer kleinen Ausstellung der Klasse und der Schulöffentlichkeit präsentieren.

Übersicht über die Projektthemen:
- Wie umwarben die Nationalsozialisten die Menschen?
- Welche Aufgabe hatte der Rundfunk?
- Wie ging der NS-Staat mit seinen Gegnern um?
- Wie wurde die Jugend beeinflusst?
- Welche Rolle war den Frauen zugedacht?

1 – Die NSDAP sichert die Volksgemeinschaft“. Werbeplakat von René Ahrlé, 1936.

*„Volksgemeinschaft“
Die Nationalsozialisten verstanden darunter eine „Blut- und Schicksalsgemeinschaft“. Diese hatte sich dem Willen des „Führers“ unterzuordnen.

*Deutsche Arbeitsfront (DAF)
Dies war eine nach der Zerschlagung der Gewerkschaften von der NSDAP gegründete Zwangsorganisation von Arbeitnehmern und Unternehmern.

Die „*Volksgemeinschaft“

Die Nationalsozialisten lehnten eine demokratische Ordnung wie die der Weimarer Republik ab. An ihre Stelle sollte eine nationalsozialistische „Volksgemeinschaft“ treten, in der es keine gesellschaftlichen Unterschiede und verschiedenen Interessen geben sollte. Die Deutschen sollten sich um den „Führer“ der NSDAP, Adolf Hitler, scharen und eine große, sich gegenseitig helfende Gemeinschaft werden. Die Nationalsozialisten behaupteten, dass zu dieser „Volksgemeinschaft“ das ganze Volk gehören würde. In Wirklichkeit aber bestimmten sie, wer zur „Volksgemeinschaft“ gehörte: Juden, Menschen mit Behinderungen, Sozialdemokraten und Kommunisten sowie alle weiteren Gegner des Regimes wurden von dieser „Volksgemeinschaft“ von Anfang an ausgeschlossen und brutal verfolgt.

Sammlungen

Um die Not der Arbeitslosen zu lindern, veranstalteten die Nationalsozialisten großangelegte Sammelaktionen. Das „Winterhilfswerk“ war die bekannteste Einrichtung. Alle Deutschen sollten einmal im Monat auf ihren Sonntagsbraten verzichten und das Geld spenden. Aber nur ein Teil der Spendengelder erreichte die Bedürftigen. Mit dem anderen Teil wurde die Aufrüstung finanziert.

Freizeitangebote

An die Stelle der Gewerkschaften war die „*Deutsche Arbeitsfront“ (DAF) getreten. Ihr war die nationalsozialistische Organisation „Kraft durch Freude“ (KdF) untergeordnet. Diese machte umfangreiche Freizeitangebote, die bis dahin nur für einen kleinen Teil der Bevölkerung erschwinglich waren. So lockte sie Arbeiterinnen und Arbeiter mit Freizeitangeboten wie Wanderungen, Tagesausflügen und sogar Seereisen, die ausgesprochen günstig waren.

Q1 Hans-Jürgen Massaquoi (1926–2013) war Sohn einer weißen Mutter und eines schwarzen Vaters. In einem Buch über seine Kindheit in Deutschland schreibt er Folgendes über seine Schulzeit 1933:
Unser Klassenlehrer, Herr Schürmann, (...) versuchte ununterbrochen, uns zum Beitritt ins Jungvolk zu bewegen, (...). Allmählich gab einer nach dem anderen Schürmanns unerbittlichen Drängen nach und trat in die Hitlerjugend ein. (...) Eines Morgens als ich an die Reihe kam, öffnete ich den Mund, um etwas zu sagen, doch Herr Schürmann schnitt mir das Wort ab: „Schon gut, du bist ja sowieso vom Jungvolk ausgeschlossen. (...) Ich dachte, du wüsstest, dass du nicht ins Jungvolk darfst, weil du Nichtarier bist. (...) Du weißt doch, dass dein Vater Afrikaner ist und dass Afrikaner und andere nicht europäische Menschen als Nichtarier gelten. Nichtariern ist es untersagt, der Hitlerjugend beizutreten." – „Aber ich bin doch Deutscher", schluchzte ich unter Tränen. „Meine Mutter sagt, dass ich Deutscher bin, so wie alle anderen."

Q2 Anfang November 1933 konnte man in einer Göttinger Zeitung folgenden Aufruf über eine Aktion des Winterhilfswerkes lesen:
Das Eintopfgericht – Tischkameraden der Nation. Der Sonntag ist der zweite Sonntag des Eintopfgerichtes. (...) Das Geheimnis der nationalsozialistischen Weltanschauung beruht in der Forderung, dass Gemeinnutz vor Eigennutz geht. (...) Deshalb wird die gesamte Bevölkerung Göttingens aufgerufen, sich ausnahmslos am Sonntag am Eintopfgericht und an der Sammlung zu beteiligen. SS-Männer werden die durch das Eintopfgericht ersparten Beträge in allen Haushaltungen einkassieren. (...) Die Volksgenossen, die in Gaststätten das Eintopfgericht einnehmen, erhalten dort eine Quittung als Ausweis. Bei der Straßensammlung werden Ansteckblumen – Narzissen – als Ausweis abgegeben. Am Sonntag darf kein Göttinger ohne diese Ansteckblume angetroffen werden!

2 – Werbung der deutschen Arbeitsfront für Reisen nach Italien mit der NS-Freizeitorganisation „Kraft durch Freude". Plakat, 1935.

Q3 Die „Deutschland-Berichte" der verbotenen SPD, die in Prag erschienen, berichteten 1936:
Die Beliebtheit der KdF-Veranstaltungen ist sehr groß geworden. Auch der einfache Arbeiter kann sich solche Wanderungen leisten (...). Die KdF wird bei fast allen Volksgenossen als eine wirklich anerkennenswerte Leistung des Nationalsozialismus gewertet.

1. Nennt die Gruppen, die Teil der „Volksgemeinschaft" sein durften bzw. davon ausgeschlossen waren.
2. Beurteilt anhand von Q1 die Situation Hans-Jürgen Massaquois in der „Volksgemeinschaft".
3. Untersucht Bild 1: An welchen Elementen der Gestaltung und der Darstellung erkennt ihr, dass es ein Werbeplakat für die „Volksgemeinschaft" war?
4. Untersucht anhand von Q2, mit welchen Argumenten die Menschen dazu gebracht wurden, für das Winterhilfswerk zu spenden.
5. Erklärt mithilfe von Q3 die Begeisterung der Menschen für die KdF-Veranstaltungen. Inwiefern spiegelt sich das in der Gestaltung und Darstellung von Bild 2 wider?
6. Versetzt euch in ein Ehepaar, das vor 1933 die SPD wählte. Führt zwischen ihnen ein Streitgespräch zu der Frage „Soll man an KdF-Veranstaltungen teilnehmen?"

Webcode: EV658299-115

Welche Aufgabe hatte der Rundfunk?

1 – „Ganz Deutschland hört den Führer mit dem Volksempfänger“. Werbeplakat, 1936.

Der „Volksempfänger“

Die Nationalsozialisten verstanden früh, dass moderne Massenmedien wie Rundfunk und Film von großer Bedeutung waren, um die öffentliche Meinung zu beeinflussen und zu kontrollieren. Daher richteten sie ein eigenes Ministerium für „Volksaufklärung und Propaganda“ ein. Dieses Ministerium nahm unter dem Leiter Joseph Goebbels zielstrebig die *Gleichschaltung der Presse und des Kulturbetriebs (siehe S. 108) in Angriff: Verbindliche Sprachregelungen gaben Inhalte und Form der Berichterstattung vor. Ab 1936 wurde eine noch intensivere Verbreitung der staatlichen Propaganda durch den massenhaften Vertrieb eines billigen Radios, des „Volksempfängers“, möglich. Die Nationalsozialisten befahlen das gemeinsame Anhören von „Führerreden“ zu Hause, in Schulen, Betrieben und Parteigliederungen.

* Gleichschaltung
Prozess der Vereinheitlichung des gesamten politischen und gesellschaftlichen Lebens. Die Gleichschaltung trug zur Machtausweitung des NS-Regimes bei.

* Stentorstimme
Stentor war ein Kämpfer in der griechischen Sage. Er steht seit der Antike sprichwörtlich für eine laute Stimme.

Übertragung von Reden Hitlers

Am 12.11.1933 fanden Wahlen zum Reichstag statt. Nur die NSDAP stand zur Wahl. Zugleich sollten die Bürgerinnen und Bürger in einem Volksentscheid über den Austritt Deutschlands aus dem Völkerbund abstimmen. Am 11.11.1933 hielt Hitler eine Rede über den Rundfunk, die in alle Betriebe, Schulen, Restaurants und auf alle Plätze Deutschlands übertragen wurde.

Q1 Reichspropagandaminister Joseph Goebbels erklärte am 25.03.1933 vor leitenden Mitarbeitern des Rundfunks:
Wir machen gar keinen Hehl daraus: Der Rundfunk gehört uns, niemandem sonst! Und den Rundfunk werden wir in den Dienst unserer Idee stellen, und keine andere Idee soll hier zu Worte kommen. (...) Ich halte den Rundfunk für das allermodernste und für das allerwichtigste Massenbeeinflussungsinstrument, das es überhaupt gibt. (...) Ich bin der Meinung, dass der Rundfunk auf die Dauer überhaupt das Volk an allen öffentlichen Angelegenheiten teilnehmen lässt, dass es im Volksdasein überhaupt keinen großen Vorgang mehr geben wird, der sich auf zwei-, dreihundert Menschen begrenzt, sondern dass das Volk in seiner Gesamtheit daran teilnehmen muss. (...) Der Rundfunk muss uns diese hundert Prozent zusammentrommeln. Und haben wir sie einmal, muss der Rundfunk uns diese hundert Prozent halten, muss sie verteidigen, muss sie innerlich durchtränken mit dem geistigen Inhalt unserer Zeit, dass überhaupt niemand mehr ausbrechen kann. (...) Damit ist der Rundfunk wirklicher Dienst am Volk, ein Mittel zum Zweck, und zwar zu einem sehr hohen und idealen Zweck – ein Mittel zur Vereinheitlichung des deutschen Volkes in Nord und West und Süd und Ost. (...) Das ist das Geheimnis der Propaganda: den, den die Propaganda fassen will, ganz mit den Ideen der Propaganda zu durchtränken, ohne dass er überhaupt merkt, dass er durchtränkt wird.

Q2 Das Göttinger Tageblatt berichtete über die Übertragung der Rede Hitlers am 11. November 1933:

Göttingen hört den Führer (...) Als die Luftschutzsirene vom Johanniskirchturm ihre gellende Stimme erhob, schwieg in ganz Göttingen der Lärm der Arbeit. Auf den Straßen verharrten die Fußgänger und Fahrzeuge 60 Sekunden in lautloser Stille. Alle Geschäfte schlossen ihre Pforten, alle Räder standen still. Dann erhoben die Glocken von den Türmen der Stadt ihre eherne Stimme und die Menschen stürmten zu den Lautsprechern: Des Volkes Führer begann zu 60 Millionen zu sprechen. In den Betrieben, bei den Behörden, in den Schulen, in allen Haushaltungen lauschte die Göttinger Bevölkerung der Mahnung des Führers an die Arbeiter der Stirn und der Faust. Die Stadt lag in dieser Stunde wie ausgestorben. Erst um 2 Uhr begann sich das Leben wieder zu regen. Der ganze Rest des Tages stand unter dem Eindruck dieser einzigartigen Kundgebung.

2 – Männer vom Reichsarbeitsdienst in Bernau an Chiemsee hören eine Rede am „Volksempfänger". Foto, 1935.

Q3 In einem Brief an den Philosophen Karl Löwith wird ihm 1937 über die Reaktion auf eine Rede Hitlers berichtet:

Als sie mich zu langweilen anfing, betrachtete ich die Gesichter der Umsitzenden. Als es immer toller wurde mit der Rede, sah ich plötzlich einen nett aussehenden jungen Mann mir gegenüber rot anlaufen, dann wieder blass werden, schließlich wurde er unruhig, erhob sich plötzlich und rief mit *Stentorstimme: „Ober, zahlen!" Das hatte die seltsamsten Wirkungen; an mehreren Tischen standen plötzlich andere Leute auf, ich selber wurde auch mit von der Aufbruchswelle erfasst und – wie man heute zu sagen pflegt – in geschlossener Formation verließen wir das Lokal.

1 Untersucht Q1 und haltet eure Ergebnisse schriftlich fest.

▶ *Nutzt dazu die Methode „Textquellen untersuchen" auf S. 187.*

2 Arbeitet die Bedeutung der Massenmedien für die Diktatur heraus. Erläutert dabei ihre Funktion am Beispiel des Radios. Nutzt dazu Q1, den Text und Bild 1.

3 Beurteilt die Aussagen von Goebbels zur Propaganda (Q1). Berücksichtigt seine Motive und Interessen.

4 Untersucht Q2 und erläutert, wie der Verfasser die Leser zu beeinflussen versucht.

5 Lest Q3 und beschreibt die Reaktionen der Zuhörer. Vermutet, worauf sie zurückzuführen sein könnten.

6 Vergleicht Q2 und Q3 miteinander. Achtet z.B. darauf, wie die Menschen dem Rundfunkbeitrag zuhören und wie sie darauf reagieren. Bezieht auch Bild 2 in eure Überlegungen mit ein.

▶ *Im Unterschied zur Propaganda in Q2 ...*

7 Erstellt eine Übersicht zu den Möglichkeiten der Nationalsozialisten, Menschen zu beeinflussen. Denkt auch an die Medien, die auf dieser Doppelseite nicht aufgeführt sind.

Wie ging der NS-Staat mit seinen Gegnern um?

1 – Sozialdemokratische Funktionäre und Gewerkschafter nach ihrer Verhaftung und Einlieferung in das Konzentrationslager Dachau. Sie mussten ein Schild mit der Aufschrift „Ich bin ein klassenbewusster SPD-*Bonze“ tragen. Foto, 01.07.1933.

*** Bonze**
ein abwertender Ausdruck für Leute in Positionen mit Macht und Geltung. Sie kümmern sich nicht mehr um ihre eigentliche Arbeit, sondern nehmen nur deren Vorteile in Anspruch.

*** „Deutscher Gruß“**
Ab 1933 wurde die Begrüßung mit den Worten „Heil Hitler!“ und das Heben des rechten Arms gebräuchlich.

*** Konzentrationslager**
(Abkürzung: KZ)
Dies bezeichnet das Netz von Massenlagern, mit dem die Nationalsozialisten Deutschland überzogen. Hier wurden Häftlinge misshandelt und ermordet. Neben sogenannten Stammlagern gab es eine Vielzahl von Arbeits-, Neben- und Außenlagern.

Die Überwachung der Bevölkerung

Alle Menschen, die die Nationalsozialisten als politische Gegner ansahen, wurden verfolgt, unterdrückt und ausgeschlossen. Bei der Bekämpfung der Gegner konnte sich das NS-Regime auf die Unterstützung vieler Bürger verlassen. Zu meldepflichtigen Verhaltensweisen gehörten z.B. Kritik an der NS-Herrschaft, eine fehlende Beflaggung an nationalsozialistischen Festtagen oder ein nicht erwiderter *„deutscher Gruß“.

Die Verfolgung politischer Gegner

Der Sicherheitsdienst der SS, die Polizei und auch die Gestapo gingen den Hinweisen aus der Bevölkerung nach und konnten durch die „Verordnung zum Schutz von Volk und Staat“ vom 28. Februar 1933 politische Gegner wie Kommunisten, Sozialdemokraten, linke Intellektuelle, SPD- und Gewerkschaftsfunktionäre festnehmen. Diese zeitlich unbegrenzte und ohne richterliche oder rechtsstaatliche Kontrolle durchgeführte Inhaftierung bezeichneten die Nationalsozialisten als „Schutzhaft“. Diese diente nicht irgendwelchen Schutzzwecken und auch nicht – wie häufig behauptet wurde – dem Schutz der Inhaftierten vor dem „Volkszorn“, sondern der Verfolgung oder Vernichtung von Regimegegnern.

Menschenunwürdige Lebensbedingungen in Gefangenenlagern und KZs

Durch die zahlreichen Festnahmen waren die regulären Gefängnisse überfüllt. Die Nationalsozialisten errichteten daher überall im Reich Gefangenenlager in ehemaligen Fabrikhallen, Lagerschuppen und Kellern. Im ersten Jahr des NS-Regimes entstanden ca. 70 solcher Lager. Hierhin wurden ca. 100.000 Menschen verschleppt. NS-Verbände, SA- und SS-Einheiten quälten die Inhaftierten dort oft bis zum Tod.
Am 22. März 1933 meldete die Zeitschrift „Völkischer Beobachter“ offiziell die Einrichtung des ersten *KZs in Dachau nordwestlich von München (s. Karte, S. 148). Verpflegung und Hygiene waren in diesen Lagern nur unzureichend. Ärztliche Versorgung gab es kaum. Zudem hatten die Nationalsozialisten ein perfides System von Strafen geschaffen. Dieses mussten die von schwerer Arbeit gezeichneten, halb verhungerten Menschen über sich ergehen lassen.

Q1 Die Gestapo begründete die Einweisung in die „Schutzhaft" folgendermaßen (1934):

Dankwart, geb. Pieper, geb. am 16.12.88 zu Löbau, Berlin, Strassmannstr. 4b wohnhaft, wurde festgenommen, weil er [der Schutzhäftling] am 25.11.1934 die Gräber der *Rosa Luxemburg und des Karl Liebknecht auf dem Zentralfriedhof Berlin-Friedrichsfelde mit Blumen geschmückt hat. Er hat dadurch auch äußerlich seine Sympathie zum Kommunismus (...) zum Ausdruck gebracht und sich bewusst in Gegensatz zu der heutigen Staatsform und zur nationalsozialistischen Weltanschauung gestellt. Sein Verhalten und seine Handlungsweise sind geeignet, die Öffentlichkeit zu beunruhigen. Das Geheime Staatspolizeiamt hat (...) Schutzhaft bis auf Weiteres angeordnet.

Q2 Der Politiker Hans Beimler aus Augsburg berichtete über seine KZ-Haft in Dachau:

Kaum hatte ich die Zelle betreten, da musste ich feststellen, dass ich nicht etwa in einer Gefängniszelle, sondern in einem ehemaligen *Abort eingesperrt war. (...) Während ich so auf der Kante der primitiv zusammengezimmerten Holzpritsche sitzend über mein weiteres Schicksal nachdachte, wurde die Tür meiner Zelle aufgestoßen und drei SS-Männer mit Händen auf dem Rücken, an der Spitze Steinbrenner, traten ein mit den Worten: „Jetzt haben wir dich, Hetzer, du Landesverräter, du Arbeiterverräter, du Bolschewistensau, du Bonze." Steinbrenner schlug mir dabei einige Male über den Kopf und über die Schultern. Nachdem er sich mit dieser Prozedur genügend in Wut geredet hatte, brüllte er mich an: „Zieh deine Jacke aus! Lass die Hose runter!" Und auf die Holzpritsche zeigend: „Leg dich ‚nüber!"

2 – * **Zählappell im Konzentrationslager Buchenwald.** Foto, ca. 1938–1941.

1. Nenne mithilfe des Textes und Q1 Verhaltensweisen der Bevölkerung, die zur Verfolgung und Inhaftierung durch die Nationalsozialisten führen konnten.
2. Erkläre mithilfe des Textes, Bild 1 und Q1 den Begriff „Schutzhaft".
3. Erläutere mithilfe des Textes sowie von Bild 2 und Q2 die Haftbedingungen in den Konzentrationslagern.
4. Wähle mithilfe der Karte auf Seite 148 ein Konzentrationslager in der Nähe aus und bereite hierzu ein Kurzreferat vor.
5. Erkundige dich in deinem Heimatort (Stadtarchiv, Stadtmuseum) nach (politischer) Verfolgung durch die Nationalsozialisten. Wähle eine Person aus und erstelle einen Steckbrief.

▶ *Der Steckbrief soll folgende Aspekte genauer beleuchten: Leben und Wirken der Person vor 1933, Grund für die Verfolgung, Schicksal zur Zeit des NS-Regimes, Rehabilitation (Wiederherstellung der verletzten Ehre) nach dem Krieg.*

* **Rosa Luxemburg,**
Karl Liebknecht
führende Köpfe der Kommunistischen Partei Deutschlands (s. Seite 64)

* **Abort**
Dies ist eine andere Bezeichnung für „Toilette".

* **Zählappell**
Damit wurde zwei- bis dreimal pro Tag die Anwesenheit aller Gefangenen festgestellt. Der Appell diente der Schikane und wurde auch als Strafe verhängt. Das manchmal stundenlange Stehen bedeutete für die entkräfteten Häftlinge eine zusätzliche Strapaze.

Wie wurde die Jugend beeinflusst?

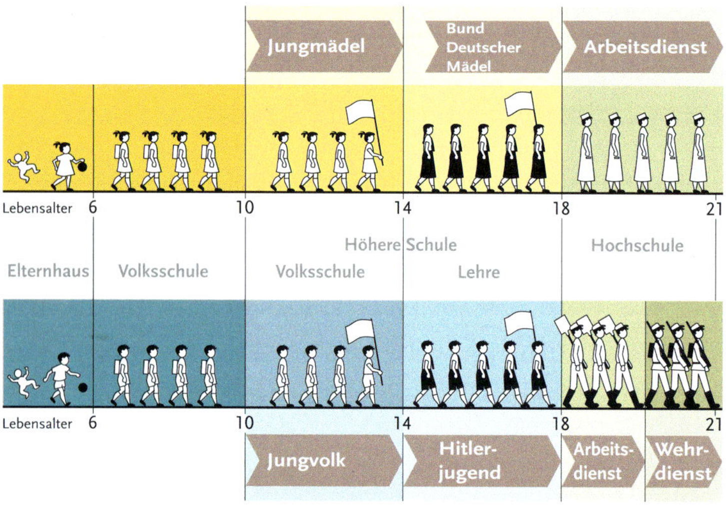

1 – Organisatorischer Aufbau des Lebenswegs der Jugend im System des NS-Staates.

2 – Mitgliederwerbung für den „Bund Deutscher Mädel“. Plakat von 1937.

Hitlers neue Jugend

Der Nationalsozialismus hatte als totalitäres System die Erfassung aller Menschen und die „Gleichschaltung“ der Gesellschaft zum Ziel. Dementsprechend wichtig war für die NS-Ideologie die Erziehung der Jugend. Hitler wollte systemtreue, willenlose Kinder und Jugendliche heranzüchten. Die körperliche Ertüchtigung spielte dabei eine wichtige Rolle. Die Jugend sollte einen kerngesunden Körper bekommen. Bei den Mädchen galt dies als Voraussetzung für die Geburt möglichst vieler gesunder Kinder und für die Jungen als Vorbereitung auf den Einsatz in der Armee. Nach der körperlichen Ertüchtigung kam „erst in zweiter Linie die Ausbildung der geistigen Fähigkeiten“, wie Hitler in „Mein Kampf“ schrieb.

Schon 1926 gründete die NSDAP die Hitlerjugend (HJ) als Jugendorganisation der Nationalsozialisten, 1930 den Bund Deutscher Mädel (BDM). Mit der Machtübernahme 1933 wurden alle anderen Jugendorganisationen verboten. Der Beitritt zu HJ und BDM wurde Pflicht, aber nicht alle durften Mitglieder werden. Als schwach oder krank geltende Kinder und auch Juden waren ausgeschlossen.

Organisation der Hitlerjugend

Bereits im Alter von zehn Jahren wurden die Kinder in staatliche Organisationen einbezogen. Elternhäuser und Kirchen sollten schon früh weniger Einfluss auf die Jugendlichen nehmen können. Am 20. April jedes Jahres waren die Zehnjährigen Hitlers „Geburtstagsgeschenk“. An diesem Tag traten sie dem „Jungvolk“ bzw. den „Jungmädeln“ bei. Die Jugendlichen führten alle Gruppen der HJ und des BDM selbst. Als Mitglieder in den nationalsozialistischen Organisationen mussten sie sich einheitlich kleiden. Die HJ zog in den ersten Jahren der nationalsozialistischen Herrschaft viele Jugendliche an. Ihre Freizeitangebote und der Gemeinschaftsgeist waren für viele Mädchen und Jungen verlockend. Auch in der Schule hatte man als Mitglied Vorteile, beispielsweise gab es an zwei Tagen keine Hausaufgaben.

Q1 Ein ehemaliger Hitlerjugend-Führer erinnerte sich 1975:
Wenn andere von der Pimpfenzeit (Pimpfe sind Mitglieder des Deutschen Jungvolks) schwärmen, so kann ich diese Begeisterung nicht teilen. Ich habe beklemmende Erinnerungen. In unserem Fähnlein (kleinste Organisationseinheit im Deutschen Jungvolk) bestanden die Jungvolkstunden fast nur aus „Ordnungsdienst", das heißt aus sturem militärischen Drill. Auch wenn Sport oder Schießen oder Singen auf dem Plan stand, gab es erst immer „Ordnungsdienst": endloses Exerzieren mit „Stillgestanden", „Rührt euch", „Links um", „Rechts um", „Ganze Abteilung – kehrt" – Kommandos, die ich heute noch im Schlaf beherrsche. Zwölfjährige Hordenführer brüllten zehnjährige Pimpfe zusammen und jagten sie kreuz und quer über die Schulhöfe, Wiesen und Sturzäcker. Die kleinsten Aufsässigkeiten, die harmlosesten Mängel an der Uniform, die geringste Verspätung wurden sogleich mit Strafexerzieren geahndet – ohnmächtige Unterführer ließen ihre Wut an uns aus. Aber die Schikane hatte Methode: Uns wurde von Kindesbeinen an Härte und blinder Gehorsam eingedrillt. (...) Mit dreizehn hatte ich es geschafft: Ich wurde „Jungzugführer". (...) Eines Tages muckten sie auf. Nun war die Reihe an mir zu treten. Nach Dienstschluss um sechs Uhr abends knöpfte ich mir (...) die drei ärgsten „Rabauken" vor und „schliff" sie nach Strich und Faden (...). Ich brauchte nur zu brüllen, den Daumen auf und ab zu bewegen und die Liegestütze zu zählen (...). Die armen Kerle stöhnten, schwitzten, schnappten nach Luft – aber sie gehorchten. Ihr (Eigen-)Wille war gebrochen.

Q2 Gisela Richter erinnerte sich 2008 an ihre Zeit beim BDM:
Zu solch einer Jugend wollte ich gehören, die so viel bot, und wo man sich durch die Uniform von der Masse abheben konnte. (...) (Beim Sport) merkte ich, dass ich gewisse Fähigkeiten hatte und mich auszeichnen konnte. Zu begeistern waren auch wir Mädchen mit Geländespielen, Schnitzeljagden, Fackelmärschen und Ähnlichem. (...) Ein tolles Erlebnis war für mich ein Zeltlager auf Rügen!
(...) Am eindrucksvollsten aber waren die Abende am Lagerfeuer! Es wurde viel gesungen mit Gitarrenbegleitung und Verse zeitgenössischer Dichter rezitiert. Darin wurde natürlich immer die Heimat, das Vaterland verherrlicht, Helden wurden verehrt. Dies alles verfehlte nicht seine Wirkung auf uns. Ich hatte immer das Gefühl, dass ich in eine Zeit hineingeboren war, die so groß und herrlich ist, wie sie es vorher noch nie gegeben hatte.

3 – Jungen der Hitlerjugend bei einer Luftschutzübung mit Gasmasken. Foto, 1937.

1. Fasst mithilfe des Textes, Bild 1 und Q1 den Lebensweg eines Jugendlichen im NS-Staat zusammen.
2. Untersucht Bild 2 und erklärt anhand der Gestaltung und Darstellung die Botschaft des Plakats.
3. Wertet die Schilderungen über die Zeit bei der Hitlerjugend und dem Bund Deutscher Mädel anhand von Q1 und Q2 aus. Überlegt, warum die Berichte so unterschiedlich ausfallen.
4. Belegt mit Q1 und Bild 3, dass die Aktivitäten der Hitlerjugend der Kriegsvorbereitung dienten.
5. „Wer die Jugend besitzt, hat die Zukunft!" Überlegt vor dem Hintergrund dieser Aussage und eurer Ergebnisse aus den vorherigen Aufgaben die Bedeutung der Erziehung für die Nationalsozialisten.
6. Sammelt in der Stadtbibliothek und dem Internet weitere Informationen zum Leben von Jugendlichen damals.
7. Entwerft ein Lernplakat zur „Jugend im NS-Staat".

▶ *Nutzt dazu die Methode „Ein Lernplakat erstellen"* *(s. S. 191).*

Welche Rolle war den Frauen zugedacht?

1 – Kurs für Babypflege. Foto, um 1935.

Ablehnung der Emanzipation

Die Nationalsozialisten lehnten Frauenemanzipation, Gleichberechtigung und Selbstständigkeit gegenüber dem Mann entschieden ab. Nach ihrer Meinung wurden in der Frauenbewegung Frauen gegen Männer aufgehetzt und von ihrer „natürlichen Bestimmung“ abgehalten. Frauen wurde während der NS-Herrschaft außerdem das passive Wahlrecht und somit die Möglichkeit, selbst gewählt zu werden, abgesprochen.

NS-Ideal: Erziehung zur Hausfrau und Mutter

Zu den verpflichtenden Unterrichtsfächern für Mädchen zählten Hauswirtschaft, Handarbeiten, Säuglingspflege und „Rassenbiologie“. Vor der Zulassung zur Oberstufe der höheren Schulen mussten Mädchen eine hauswirtschaftliche Prüfung ablegen. Sie mussten beweisen, dass sie trotz Abitur ihre für sie von den Nationalsozialisten vorgesehene eigentliche Aufgabe als Hausfrau und Mutter erfüllen würden. Auch das Studium der Mädchen wurde beschränkt. Nur 10% der jährlich zugelassenen Studienanfänger durften Frauen sein. 1938 wurde das Pflichtjahr eingeführt. Das bedeutete, dass alle ledigen Frauen unter 25 Jahren, die in bestimmten Berufen arbeiten wollten, vorher ein Jahr in der Haus- und Landwirtschaft tätig sein mussten.

Ziel der Ehe: Kinder für die „Volksgemeinschaft“

Mit einem groß angelegten Programm förderten die Nationalsozialisten Eheschließungen. Seit Juni 1933 konnten Hochzeitspaare ein großzügiges Ehestandsdarlehen erhalten. Der zurückzuzahlende Betrag verminderte sich mit der Zahl der Kinder. Nach vier Geburten galt er als „abgekindert“. Das Geld erhielten nur gesunde „arische“ Paare, deren politische Einstellung im Sinne der Nationalsozialisten stimmte.
In der Berufstätigkeit von Frauen sahen die Nationalsozialisten nur eine Ersatzbeschäftigung für Unverheiratete. Wenn Frauen überhaupt arbeiten sollten, dann nur in solchen Bereichen, die angeblich ihrer weiblichen Wesensart entsprachen, z.B. als Krankenschwester, Hausgehilfin oder Fürsorgerin. Aus leitenden Positionen wurden Frauen entlassen und die Arbeitsplätze mit Männern wieder besetzt. Verheiratete „arische“ Frauen sollten im Idealfall nicht berufstätig sein, sondern möglichst viele „arische“ Kinder gebären. Im Sinne dieser Politik wurde die Abtreibung als „Verbrechen an der Volksgemeinschaft“ hart bestraft. Ab 1939 wurden

2 – **Mutterkreuzträgerin mit ihrer Familie.** Foto, um 1940.

3 – **„Hilf auch Du mit!“** Plakat, 1943.

kinderreiche Mütter mit dem *Mutterkreuz ausgezeichnet. Am Muttertag 1939 verlieh der Staat drei Millionen Frauen feierlich dieses neue Ehrenzeichen. Auch finanziell wurden kinderreiche Familien mit Kindergeld und Steuerfreibeträgen unterstützt.

Frauenarbeit im Krieg

Die Nationalsozialisten gingen davon aus, dass Deutschland früher oder später einen Krieg führen würde. Durch die Förderung des Kinderreichtums sollten mögliche Bevölkerungsverluste frühzeitig ausgeglichen werden. Ab September 1939 mussten Frauen mit Beginn des Zweiten Weltkriegs in der Industrie arbeiten und die einberufenen Männer ersetzen. So stieg die Zahl der weiblichen Arbeitskräfte bis 1944 von 4,6 auf 14,9 Millionen an. Das widersprach den Aussagen der Nationalsozialisten zur Rolle der Frau.

Q1 Hitler sagte am 8. September 1934 vor dem Reichsparteitag über die Rolle von Mann und Frau:

Wenn man sagt, die Welt des Mannes ist der Staat, die Welt des Mannes ist sein Ringen, die Einsatzbereitschaft für die Gemeinschaft, so könnte man vielleicht sagen, dass die Welt der Frau eine kleinere sei. Denn ihre Welt ist der Mann, ihre Familie, ihre Kinder und ihr Haus. Wo wäre aber die größere Welt, wenn niemand die kleine Welt betreuen wollte? Wie könnte die größere Welt bestehen, wenn niemand wäre, der die Sorgen um die kleinere Welt zu seinem Lebensinhalt machen würde? Nein: Die große Welt baut sich auf dieser kleinen Welt auf. Diese große Welt kann nicht bestehen, wenn die kleine Welt nicht fest ist.

* **Mutterkreuz**
Dies war ein Abzeichen als Auszeichnung in Bronze für vier Kinder, in Silber für sechs und in Gold für acht und mehr Kinder.

1. Beschreibe mithilfe des Textes und Bild 1 die Ausbildung junger Mädchen im Nationalsozialismus.
2. Erkläre den Begriff „Ehestandsdarlehen“ mit eigenen Worten.
3. Erarbeite mithilfe des Textes und Q1 das nationalsozialistische Rollenbild der Frau. Ziehe dann einen Vergleich zu heute.
4. Beurteile, ob die Bilder 2 und 3 zu den Aussagen der Nationalsozialisten über die Rolle der Frauen passten.
   ▶ *In den beiden Bildern finden sich …*
5. Schreibt für die Schülerzeitung einen Bericht über die Politik der Nationalsozialisten gegenüber Frauen.
6. Erkundigt euch, ob und welche Hilfen es heute für kinderreiche Familien gibt.

Verfolgung der Juden bis 1939

Auf welche Weise erfolgte die Diskriminierung?

1 – Aufruf zum Boykott jüdischer Geschäfte.
Foto, 1. April 1933.

Der Beginn der Verfolgung

Die Nationalsozialisten begannen unmittelbar nach der Machtübergabe, die jüdischen Bürger zu entrechten und öffentlich zu demütigen. Am 1. April 1933 rief die NSDAP zum Boykott jüdischer Geschäfte auf. Jüdische Kinos und Theater sollten nicht mehr besucht werden. Firmen und Betriebe von jüdischen Eigentümern erhielten kaum Aufträge. Die Bürger wurden aufgefordert, sich nicht von Juden unterrichten, behandeln oder rechtlich vertreten zu lassen. Banken verweigerten oder kündigten Darlehen. Dadurch standen viele jüdische Händler vor dem wirtschaftlichen Ruin und mussten ihre Geschäfte aufgeben.

Zeittafel zur Verfolgung und Entrechtung der jüdischen Bevölkerung

1. April 1933: Aufruf zum allgemeinen Boykott jüdischer Geschäfte

7. April 1933: Gesetz zur Wiederherstellung des Berufsbeamtentums (Grundlage für die Entlassung „nichtarischer" Beamter)

April 1933: Jüdischen Ärzten wird die Zulassung zur Arbeit im Krankenhaus entzogen; jüdische Rechtsanwälte werden nicht mehr bei Gericht zugelassen.

Mai 1933: Jüdische Professoren und Notare müssen ihre Arbeit einstellen. Jüdische Arbeiter und Angestellte im öffentlichen Dienst verlieren ihre Arbeit.

Oktober 1935: „Nürnberger Gesetze": Juden verlieren das Wahlrecht und den Zugang zu politischen Ämtern; Eheschließungen mit Nichtjuden werden verboten; Schriftleitergesetz: Entfernung der Juden aus Presseberufen

Herbst 1937: Verkauf jüdischer Unternehmen weit unter Wert an Nichtjuden („Arisierungen")

Oktober 1938: Reisepässe von Juden werden mit einem „J" versehen.

November 1938: Juden dürfen nicht mehr an deutschen Hochschulen studieren. Sie werden gezwungen, ihre Geschäfte im Einzelhandel und Handwerk aufzugeben.

Dezember 1938: Juden dürfen keine PKWs oder Motorräder mehr fahren. Ihre Führerscheine werden eingezogen. Die Nutzung öffentlicher Verkehrsmittel und der Kauf von Büchern oder Zeitschriften werden verboten; Juden müssen „Sara" oder „Israel" als zweite Vornamen tragen.

Januar 1939: Jüdische Zahnärzte, Tierärzte und Apotheker dürfen ihren Beruf nicht mehr ausüben.

Februar 1939: Juden müssen alle persönlichen Wertgegenstände aus Gold, Silber und Platin beim Staat abliefern.

September 1939: Juden müssen Rundfunkgeräte abgeben.

Die „Nürnberger Gesetze"

Im September 1935 führten die Nationalsozialisten ihren Parteitag in Nürnberg durch. Dort beschloss der Parteitag die „Nürnberger Gesetze". Sie waren die gesetzliche Grundlage, um den 520.000 deutschen Juden schrittweise ihre Rechte zu entziehen und sie aus dem öffentlichen

2 – Öffentliche Anprangerung eines jüdischen Geschäftsmannes und seiner nicht-jüdischen angeblichen Geliebten durch SA-Männer. Foto, 27. Juli 1933.

3 – Hinweisschild am Eingang zum Strandbad Wannsee. Berlin, Foto, 1934.

Leben auszuschließen. Nun steigerten sich im täglichen Leben die Verfolgungen der Juden ständig. Deswegen wanderten bis 1938 über 220.000 jüdische Bürger aus. Ihnen folgten bis 1941 mehr oder minder unfreiwillig weitere 100.000 Juden.

Reaktionen der Bevölkerung

Die antijüdischen Gesetze verfehlten ihre Wirkung nicht. Viele Menschen verharmlosten das Vorgehen der Nationalsozialisten und leisteten kaum Widerstand.

Q1 Die „Nürnberger Gesetze" legalisierten im September 1935 die Diskriminierung von Juden. Nur noch „Reichsdeutsche" hatten alle Bürgerrechte:

Reichsbürgergesetz
- Reichsbürger ist nur der Staatsangehörige deutschen und artverwandten Blutes, der durch sein Verhalten beweist, dass er gewillt und geeignet ist, in Treue dem Deutschen Reich und Volk zu dienen.
- Nur der Reichsbürger kann als Träger der vollen politischen Rechte das Stimmrecht in politischen Angelegenheiten ausüben und ein öffentliches Amt bekleiden.
- Ein Jude kann nicht Reichsbürger sein. Ihm steht ein Stimmrecht in politischen Angelegenheiten nicht zu; er kann kein öffentliches Amt bekleiden.

Gesetz zum Schutz des deutschen Blutes und der deutschen Ehre
§ 1 Eheschließungen zwischen Juden und Staatsangehörigen deutschen und artverwandten Blutes sind verboten. Trotzdem geschlossene Ehen sind nichtig. (...)
§ 2 Außerehelicher Verkehr zwischen Juden und Staatsangehörigen deutschen und artverwandten Blutes ist verboten.
§ 3 Juden dürfen weibliche Staatsangehörige deutschen oder artverwandten Blutes unter 45 Jahren nicht in ihrem Haushalt beschäftigen.

1 Nenne mithilfe des Textes, Bild 1 und der Zeittafel Lebensbereiche, in denen jüdische Bürger ab 1933 eingeschränkt wurden.

2 Stelle dir vor, du dürftest das Freibad in deinem Ort nicht besuchen, da dort das Hinweisschild wie auf Bild 3 angebracht ist. Schildere deine Gefühle vor dem Schwimmbad.

3 Fasse den Inhalt der „Nürnberger Gesetze" (Q1) mit eigenen Worten zusammen.

4 Überlege, welche Folgen ein Nichteinhalten der „Nürnberger Gesetze" haben konnte. Beachte die Bilder 2 und 3.

▶ *Denke auch über folgende Punkte nach: Einkauf der Lebensgrundlagen ohne Arbeit, Fortbewegung ohne Führerschein, kein Zugang zu Büchern, Zeitschriften und dem Rundfunk, Abgabe aller Wertgegenstände.*

5 Ermittle, wie sich die Mehrheit der Bevölkerung gegenüber Juden verhielt. Vermute mögliche Gründe für dieses Verhalten.

Wie inszenierte der NS-Staat die Novemberpogrome?

1 – Ruine der Synagoge in der Gottschedstraße, November 1938 © Stadtgeschichtliches Museum Leipzig.

* Pogrom
Ausschreitungen und gewaltsame Verfolgung aus religiösen oder in Vorurteilen begründeten Absichten

Die *Pogrome des 9./10. November 1938

Die Nationalsozialisten verschärften 1938 die Verfolgung der Juden. Angeblich staatenlose Juden wurden nach Polen ausgewiesen. Polen weigerte sich aber, diese Menschen aufzunehmen. Folglich mussten sie unversorgt auf einem Grasstreifen zwischen den Grenzen campieren. Der 17-jährige deutsche Jude Herschel Grynspan war empört über die Behandlung seiner vor wenigen Tagen ausgewiesenen Familie. Daraufhin erschoss er am 7. November 1938 einen Beamten der deutschen Botschaft, Ernst vom Rath, in Paris. Die nationalsozialistische Hetzpropaganda nahm das Attentat zum Anlass, die bis zu diesem Zeitpunkt größten Pogrome gegen die jüdische Bevölkerung in Deutschland zu organisieren.

In der Nacht von 9. auf 10. November 1938 steckten SA-Trupps 267 Synagogen in ganz Deutschland in Brand. Feuerwehr und Polizei hatten die Anweisung, die Brände nicht zu löschen und die Brandstiftungen nicht zu verhindern. Jüdische Friedhöfe, Kaufhäuser, Anwaltsbüros und Wohnungen wurden ausgeraubt und verwüstet. Insgesamt wurden in dieser Pogromnacht 91 Juden getötet, 30.000 Juden festgenommen und einen Tag später in Konzentrationslager verschleppt.

In Sachsen wurden während der Pogromnacht fast alle Synagogen zerstört und 558 jüdische Männer in KZs verschleppt. In der Bevölkerung gab es nur wenige Menschen, die diese Verbrechen verurteilten und dagegen aufbegehrten. Viele fanden das Vorgehen der Nationalsozialisten sogar richtig.

Weitere Schikanen

Die NS-Regierung beschloss, von den Juden als Entschädigung für die entstandenen Schäden eine Sondersteuer von 1 Milliarde Reichsmark zu verlangen. Außerdem beschlagnahmten die Nationalsozialisten die Versicherungen. Deshalb erhielten jüdische Bewohner keine Zahlungen für ihre Schäden. Juden wurde jegliche wirtschaftliche Betätigung untersagt, Kindern und Jugendlichen wurde der Besuch von Schulen oder Universitäten verboten.

Es gab nur wenige Fälle von Hilfe und Solidarität mit den Betroffenen aus der Bevölkerung – und die beiden großen Kirchen schwiegen.

2 – Das Kaufhaus Uhlfelder, eines der größten Haushaltswarengeschäfte Münchens, nach der Pogromnacht. Foto, 1938.

Q1 1988 erinnerte sich Arno Hamburger an seine Erlebnisse in der Pogromnacht in Nürnberg. Er war damals 15 Jahre alt:
Zuerst kamen die großen Ladengeschäfte dran; mit mitgebrachten Stangen wurden die Schaufenster eingeschlagen, und der am Abend bereits verständigte Pöbel plünderte unter Anführung der SA die Läden aus. Dann ging es in die von Juden bewohnten Häuser. Schon vorher informierte nichtjüdische Hausbewohner öffneten die Türen. (...) Die Wohnungen wurden angeblich nach Waffen durchsucht, weil am Tage vorher ein Waffenverbot für Juden veröffentlicht worden war. Glastüren, Spiegel, Bilder wurden eingeschlagen, Ölbilder mit den Dolchen zerschnitten, Betten, Schuhe, Kleider aufgeschlitzt, es wurde alles kurz und klein geschlagen. Die betroffenen Familien hatten am Morgen des 10. November meistens keine Kaffeetasse, keinen Löffel, kein Messer, nichts mehr. Vorgefundene Geldbeträge wurden *konfisziert, Wertpapiere und Sparkassenbücher mitgenommen. Das Schlimmste dabei waren die schweren Ausschreitungen gegen die Wohnungsinhaber, wobei anwesende Frauen oft ebenso misshandelt wurden wie die Männer. Eine Anzahl von Männern wurde von den SA-Leuten unter ständigen Misshandlungen und unter dem Gejohle der Menge zum Polizeigefängnis getrieben.

Q2 Melanie Dewynter erinnerte sich an den Morgen nach dem Pogrom in München:
Die Straßen waren ungewöhnlich leer, rauchig und grau. Die Luft wurde immer dicker vor lauter Ruß, je näher ich an die Herzog-Rudolf-Straße kam. Dann sah ich plötzlich die ersten Flammen. (...) Ich ging weiter die Straße entlang, bis ich fast gegenüber der Schule war und auch nur ein paar Schritte von den Soldaten entfernt. ‚Meine Schule brennt!‘, wiederholte ich, wer weiß wie oft, wahrscheinlich unhörbar geflüstert. ‚Ja, meine Schule brennt, und niemand kommt die Flammen auszulöschen!‘

* **konfiszieren** Beschlagnahmung oder Enteignung von Gütern oder Geldmittel ohne entsprechende Entschädigung

1. Beschreibe mithilfe des Textes die Vorbereitung der Pogrome am 9./10. November 1938 durch die Nationalsozialisten.
2. Schildere mithilfe von Q1 und der Bilder den Ablauf der Pogromnacht.
3. Arbeite anhand von Q1 und Q2 das Verhalten von Teilen der nichtjüdischen Bevölkerung heraus.
4. Bewerte das Verhalten der nichtjüdischen Bevölkerung und der Kirche. Berücksichtige dabei, wie groß die Gefahr für sie selbst war und welche Hilfe sie hätten leisten können.
   ▶ *Teile der nichtjüdischen Bevölkerung blieben tatenlos, weil ...*

Täter, Opfer, Zuschauer

1 – SS-Mannschaften und Polizisten treiben jüdische Bürger Baden-Badens durch die Straßen der Stadt. Foto, 10.11.1938.

Schauplatz Geschichte

Einen Tag nach dem Pogrom, am 10.11.1938, wurden in Baden-Baden 52 deutsche Männer jüdischen Glaubens festgenommen. Unter den Augen zahlreicher Zuschauer wurden sie zum Bahnhof und dann in das Konzentrationslager Dachau gebracht.

Teilt euch in Gruppen auf und bearbeitet eine der Aufgaben.

Wahlaufgaben

1. Lasst dieses Bild zunächst auf euch wirken. Identifiziert dann auf dem Bild Täter, Opfer und Zuschauer.
2. Versucht, den einzelnen Personen in dem Bild eine Stimme zu geben (Juden, Bewacher, Fotograf, Zuschauer). Was könnten sie gesagt oder gedacht haben?
3. Die Eltern am Rande erklären ihren Kindern, was sich ereignet.
4. „Davon haben wir nichts gewusst“, behaupteten viele Menschen nach dem Ende der Herrschaft der Nationalsozialisten. Diskutiert diese Behauptung und schreibt dazu vor dem Hintergrund dieser Aufnahme eine Stellungnahme. Reicht euer Wissen als Basis für eine Stellungnahme aus?
5. Informiert euch im Archiv eures Heimatortes über den 9. und 10. November 1938. Vergleicht euer Ergebnis mit den Informationen auf den Seiten 126–129. Gibt es Parallelen oder Unterschiede?

Gab es noch andere Opfer der NS-Diktatur?

1 – Blick in die Gaskammer der ehemaligen Tötungsanstalt Pirna-Sonnenstein. Der Lichtkranz in der heutigen Gedenkstätte symbolisiert die Tür, wo die Menschen ermordet wurden. Foto, 2020.

* „Euthanasie“
Ursprünglich bezeichnet es einen „guten Tod“ aus der Sicht des Sterbenden und seiner Angehörigen; später war damit die Herbeiführung des Todes von unheilbar Kranken gemeint, indem künstlich lebensverlängernde Maßnahmen beendet wurden. Im Nationalsozialismus sollte der Begriff die Ermordung von Menschen mit psychischer Erkrankung oder Behinderung verschleiern.

* Sinti und Roma
Dies sind die Namen für weltweit verbreitete Minderheitengruppen. Diese sind besonders durch ihre Sprache, das Romanes, kulturell verbunden. Die Sinti finden sich vor allem in Mittel- und Westeuropa.

Menschen mit psychischer Erkrankung oder Behinderung und altersschwache Menschen

Ende 1939 radikalisierten die Nationalsozialisten ihre Politik gegenüber Menschen mit psychischer Erkrankung oder Behinderung. Auf Befehl Hitlers sollten sie im Rahmen der „Aktion T4“ den „Gnadentod“ erhalten. Ihr Leben galt in den Augen der Nationalsozialisten als „unwert“.
Die Vernichtungsaktion wurde ab 1940 von staatlichen Behörden und zahlreichen Ärzten geplant und durchgeführt. Zu diesem Zweck entstanden sechs Tötungsanstalten. Hier wurden bis zum Sommer 1941 mehr als 70.000 Menschen ermordet. Die Opfer galten als psychisch krank oder körperlich und geistig behindert. Aber auch altersschwache Bewohner von Alten- und Pflegeheimen wurden systematisch getötet.
Zu den „*Euthanasie“-Anstalten gehörten Pirna-Sonnenstein (Sachsen), Grafeneck (Baden-Württemberg), Brandenburg an der Havel, Hartheim (bei Linz, Oberösterreich), Bernburg (Sachsen-Anhalt) und Hadamar (Hessen).
Allein in der Anstalt Pirna-Sonnenstein wurden von Ende Juni 1940 bis zum 23. August 1941 insgesamt 13.720 Menschen durch Gas getötet. Sie stammten vor allem aus Sachsen, Thüringen, Franken, dem Sudetenland, Schlesien sowie aus Ost- und Westpreußen.
Die Leitung der Tötungen lag in den Händen von Ärzten. Unter dem Vorwand, sie müssten duschen, wurden die Menschen oft noch am selben Tag in die Gaskammer geführt und mit Kohlenmonoxid vergast. Anschließend verbrannte man die Leichen. Den Angehörigen wurde im Nachhinein eine Sterbeurkunde mit gefälschter Todesursache und ein standardisierter Brief über den plötzlichen Tod des Ermordeten zugestellt.
Am 24. August 1941 ließ Hitler die „Aktion T4“ stoppen, weil es immer mehr Proteste von Angehörigen und der Kirchen gab. Tatsächlich wurde das Morden aber fortgesetzt. Man ließ die Menschen systematisch verhungern, gab ihnen zu hoch dosierte Medikamente oder tötete sie heimlich. Auf diese Weise starben bis 1945 weitere 30.000 Menschen.

Verfolgung Homosexueller

Homosexualität galt den führenden Nationalsozialisten als „Entartung“ menschlicher Sexualität. Homosexuelle wurden systematisch verfolgt, zu Gefängnisstrafen verurteilt oder in Konzentrationslager verbracht. Hier wurden sie als Außenseiter mit einem rosa Winkel gebrandmarkt.

Sinti und Roma

Mehr als 25.000 *Sinti und Roma wurden aus ganz Europa in Vernichtungslager gebracht und getötet. Nach dem Entzug der Bürgerrechte im Jahr 1935 konnten die Sinti und Roma in Deutschland jederzeit verhaftet und in Lager eingesperrt werden.
Von den 30.000 Sinti und Roma, die 1939 in Deutschland lebten, überlebten nur 5.000 das Ende der nationalsozialistischen Gewaltherrschaft.
Seit den Olympischen Spielen 1936 wurden die in Berlin lebenden Roma und Sinti in ein mit Stacheldraht eingezäuntes Lager in Berlin-Marzahn verbracht.

Zeugen Jehovas

Die Glaubensgemeinschaft, zu der sich 1933 etwa 25.000 Menschen bekannten, wurde bereits 1933 verboten. Trotzdem setzten sie ihre Zusammenkünfte und den Vertrieb ihrer Zeitschrift „Der Wachtturm“ im Untergrund fort. Die Zeugen Jehovas verweigerten den Hitlergruß und wie schon im Ersten Weltkrieg jeglichen Kriegsdienst. Sie weigerten sich auch, Mitglied in den Organisationen der NSDAP zu werden. 1936 protestierten sie mit einer Flugblattaktion gegen die Einschränkung ihrer Glaubensfreiheit. Das NS-Regime antwortete mit der Zerschlagung ihrer Organisation. Etwa 10.000 Angehörige der Zeugen Jehovas wurden verhaftet. 2.000 kamen in ein KZ, das viele nicht überlebten. Wegen der Verweigerung des Kriegsdienstes wurden 250 Zeugen Jehovas hingerichtet.
In Herne beteiligte sich die Familie Gotthold 1936 an der Verteilung von Flugblättern und wurde deswegen verhaftet. Nach ihrer Freilassung hielt die Familie an ihrer Glaubensüberzeugung fest und verteilte weiter den „Wachtturm“. Helene Gotthold wurde deswegen vom Volksgerichtshof wegen Wehrkraftzersetzung im August 1944 zum Tode verurteilt und hingerichtet.
Die Zeugen Jehovas forderten für sich das Recht auf uneingeschränkte Religionsausübung. In der Verfolgung durch die Nationalsozialisten sahen sie eine Prüfung ihrer Glaubenstreue.

Q1 Eine Überlebende des Lagers Berlin-Marzahn berichtete 1999:
Wir erhielten alle einen „Zigeuner-Ausweis“, der sich von allen anderen Ausweisen und Pässen unterschied. Er war mit einem großen „Z“ gestempelt und trug neben dem Passbild noch den Abdruck des rechten Zeigefingers. Auch unsere Lebensmittelkarten und Haushaltskarten, die wir später erhielten, waren mit „Z“ gekennzeichnet. Die für uns vorgesehenen Rationen waren wesentlich schlechter als für die nicht rassisch Verfolgten (...). Als die Bombenangriffe begannen, durften wir nicht in die Luftschutzbunker. Unsere Männer hoben Gräben auf dem freien Felde aus, in denen wir uns dann verkrochen. Alle meine Angehörigen bis auf meinen Mann und meine Kinder sind nach Auschwitz abtransportiert worden und nicht wiedergekommen. (...) Das Lager lag direkt an der Bahnstrecke Marzahn-Werneuchen. Manchmal warfen uns die Menschen aus den vorbeifahrenden Zügen Brot, Kohlköpfe oder auch Kohlen zum Heizen herunter, denn auch sie wussten, wie wir leiden mussten.

2 – Im Oktober 2012 wurde in Berlin ein Denkmal für die von den Nationalsozialisten ermordeten Sinti und Roma eingeweiht. „Dieser Völkermord hat tiefe Spuren hinterlassen und noch tiefere Wunden“, sagte Bundeskanzlerin Angela Merkel bei der Einweihung. Das Denkmal sei ein Spiegel unendlicher Trauer. Foto, 2012.

1. Nenne mithilfe des Textes weitere Personengruppen, die von den Nationalsozialisten ausgegrenzt und verfolgt wurden.
2. Beschreibe mithilfe von Bild 1 und dem Text, mit welchen Maßnahmen die Nationalsozialisten gegen diese Personengruppen vorgingen.
3. Ermittle, wie die Nationalsozialisten ihre Maßnahmen gegen diese Personengruppen begründeten.
4. Finde heraus, ob es einen Widerstand in der Bevölkerung gegen diese Maßnahmen gab. Unterscheide dabei zwischen den genannten Personengruppen.
5. Untersucht, inwieweit Sinti und Roma auch heute noch diskriminiert werden.

Wie erfolgte die Verfolgung der Juden in Sachsen?

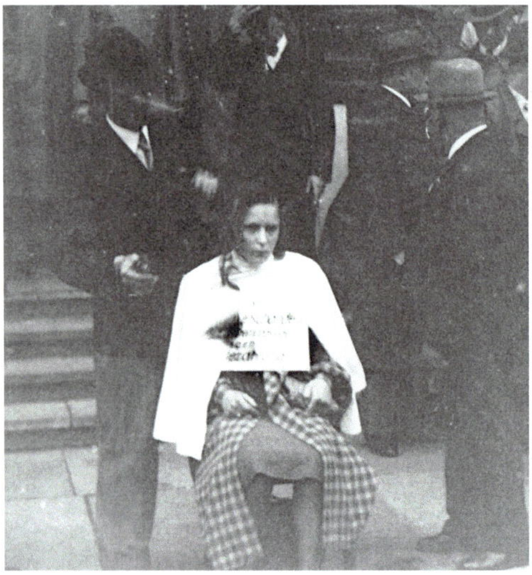

1 – Einer Frau werden öffentlich auf einer Straße in Dresden die Haare abrasiert, weil sie gegen die Nürnberger Gesetze verstoßen haben soll.

Juden in Sachsen

In Sachsen lebten zu Beginn der 1930er-Jahre verhältnismäßig wenig Juden. Viele waren seit 1871 vor allem aus Osteuropa zugewandert. Die meisten hatten sich in Leipzig, Dresden und Chemnitz niedergelassen. 1933 waren gerade einmal 20.500 Juden in Sachsen verzeichnet. Gemessen an der Gesamtbevölkerung entsprach dies einem Anteil von nur 0,4%.

Früh erstarkter Antisemitismus

Antisemitismus war im Deutschen Reich in fast allen Gesellschaftsschichten anzutreffen. Obwohl es in Sachsen nicht viele Mitbürger jüdischen Glaubens gab, war der Antisemitismus im Freistaat sehr stark ausgeprägt. So entstanden hier in der zweiten Hälfte des 19. Jahrhunderts antijüdische Reformvereine. Diese richteten 1882 und 1883 internationale Kongresse in Dresden und Leipzig aus, auf denen antijüdische Parolen und erste Forderungen zur Einschränkung jüdischen Lebens verbreitet wurden. Soziale Probleme und wirtschaftliche Einbrüche förderten Ende des 19. Jahrhunderts den Antisemitismus in der Bevölkerung, da diese die jüdische Konkurrenz in Handel und Gewerbe dafür verantwortlich machte. Auch im 20. Jahrhundert nahm die antijüdische Propaganda kein Ende, wie das 1907 in Sachsen erschienene „Handbuch zur Judenfrage“ beweist. Nach Ende des Ersten Weltkriegs machten immer mehr nationalistische Kreise Stimmung gegen die jüdische Bevölkerung, weil man ihr die Schuld an der Niederlage Deutschlands gab. In Sachsen trafen diese Kreise mit ihrer antijüdischen Propaganda auf fruchtbaren Boden, was sich nicht zuletzt in den beachtlichen Wahlerfolgen der NSDAP seit 1930 zeigte. Schon bald galt Sachsen als nationalsozialistische Hochburg.

Nationalsozialisten machen das Leben für Juden in Sachsen unerträglich

Nach der Machtübertragung an Hitler wurden Juden auch in Sachsen immer mehr aus dem öffentlichen Leben gedrängt, entrechtet und enteignet. In besonderem Maße verantwortlich dafür war der Gauleiter und Reichsstatthalter Martin Mutschmann. Er war ein fanatischer Antisemit und treuer Gefolgsmann Hitlers. Schon früh leitete er in Sachsen Maßnahmen zur Unterdrückung der jüdischen Bevölkerung ein. Der Terror begann im April 1933 mit dem Boykott von jüdischen Geschäften, Ärzten und Rechtsanwälten. Die sächsische Verwaltung entließ bis November 1933 fast 2.000 Beamte jüdischen Glaubens oder schickte sie in den Ruhestand. Viele jüdische Geschäftsinhaber sahen sich bald gezwungen, ihre Unternehmen und Geschäfte zu verkaufen – meist deutlich unter ihrem Wert. Auf diese Weise fand auch in Sachsen eine zunehmende Enteignung der jüdischen Bevölkerung statt. Dadurch hatten die meisten Juden bald keine Möglichkeit mehr, sich den Lebensunterhalt zu verdienen.
1935 ließ Mutschmann sogar eine „Judenabwehrstelle“ in Dresden einrichten, die sich um die Koordination der antijüdischen Propaganda zu kümmern hatte.
Hinzu kam eine Vielzahl von antisemitischen Schikanen, die von den sächsischen Behörden seit 1933 nach und nach erlassen wurden (Beispiele):

- Die Stadt Plauen verbot den Juden ab dem Sommer 1933 die Nutzung städtischer Schwimmbäder.
- Ab August 1940 durften Juden weder das Königsufer in Dresden noch die städtischen Parkanlagen besuchen.
- 1942 verbot die Dresdener Aufsichtsbehörde den Juden, Blumen oder Speiseeis zu kaufen.

Nach dem Terror der Novemberpogrome 1938 (s. S. 126–127), die in Sachsen viele Unterstützer fanden, verschlechterte sich die Situation für die jüdische Bevölkerung zunehmend. So durften in Sachsen ab 1939 Juden nur noch auf engstem Raum in „Judenhäusern“ leben. Eine normale Wohnung zu mieten, war ihnen nun untersagt. Einkaufen durften Juden nur noch in bestimmten Geschäften und zu genau festgelegten Zeiten. Zudem durften sie nur bestimmte Waren kaufen. Ein Jahr später wurde die Arbeitspflicht für alle Juden eingeführt. Damit war nichts anderes als eine Form der Zwangsarbeit gemeint.

Das Schicksal Bruno Gimpels

Wie willkürlich und mit welcher Brutalität die Nationalsozialisten gegenüber der jüdischen Bevölkerung vorgingen, lässt sich am Lebenslauf des sächsischen Malers Bruno Gimpel zeigen:
Bruno Gimpel wurde am 14. Januar 1886 in Rostock geboren. Er absolvierte seine künstlerische Ausbildung in Düsseldorf und Dresden. Im Ersten Weltkrieg diente er zunächst freiwillig als Krankenpfleger. Später kam er an die französische Front, wo er verwundet wurde. Ab 1921 wurde Gimpel in Dresden sesshaft. 1923 heiratete er die nicht-jüdische Sängerin und Musiklehrerin Irene Herzig. Gimpel war als Maler, Grafiker und Plakatgestalter tätig. Er war politisch interessiertes Mitglied in der SPD und pflegte Kontakt zur jüdischen Gemeinde. Ab 1935 wurde ihm mit den Nürnberger Gesetzen die Ausübung seines Berufes untersagt. Gimpels Kunst wurde als „entartet“ eingestuft.

2 – Stolpersteine (vgl. S. 176) zum Gedenken an den jüdischen Künstler Bruno Gimpel und seine Frau Irene in der Mendelsonallee 10 in Dresden. Foto, 2019.

Schon 1933 wurde er daher aus den Künstlervereinigungen als Jude ausgeschlossen. Auch seine Frau durfte nicht mehr auftreten. Gimpel konnte sich künstlerisch nur noch in der jüdischen Gemeinde betätigen. Von 1937 bis 1939 unterrichteten er und seine Frau zudem jüdische Kinder. Nach den Novemberpogromen 1938 wurde Gimpel mehrfach kurzzeitig verhaftet. Schließlich zwang man ihn zur Arbeit in einer Teefirma. Sein Gesundheitszustand verschlechterte sich dabei bis zur fast vollständigen Erblindung. 1943 musste Gimpel seine Wohnung in Dresden aufgeben und in ein „Judenhaus“ ziehen. Diese Schikanen ertrug er nicht mehr und nahm sich 28. April 1943 das Leben.

1. Gib mit eigenen Worten wieder, was du über das jüdische Leben in Sachsen bis 1933 erfährst.
2. Antisemitismus war in Sachsen schon früh stark ausgeprägt. Beschreibe, wie sich das geäußert hat.
3. Erläutere, mit welchen Maßnahmen die sächsischen Juden von den Nationalsozialisten diskriminiert und entrechtet wurden.
4. Erstelle mithilfe des Textes einen tabellarischen Lebenslauf des Malers Bruno Gimpel. Recherchiere dazu Werke, die er geschaffen hat. Ergänze mit ihnen den Lebenslauf und stelle sie darin kurz vor.

Welche Ziele verfolgte Hitler in der Außenpolitik?

1 – Plakat zur Volksabstimmung nach dem „Anschluss" Österreichs (10. April 1938).

2 – Hitler verkündet von der Wiener Hofburg aus den „Anschluss" Österreichs an das Deutsche Reich. Vor ihm auf dem Heldenplatz jubeln 200.000 Wiener. Foto, 15. März 1938.

*Konkordat
Vertrag zwischen einem Staat und dem Vatikan

*Appeasement-Politik
(engl. to appease = beschwichtigen)
Der Begriff bezeichnet eine Politik der Beschwichtigung, indem man im Konfliktfall nachgibt. Mit dem Begriff wird hier insbesondere die britische Außenpolitik gegenüber Hitler charakterisiert. Man erhoffte sich durch Zugeständnisse an Hitler, den Frieden in Europa erhalten zu können. Höhepunkte der Appeasement-Politik sind das Münchner Abkommen von 1938 und die Hinnahme der deutschen Besetzung der Tschechoslowakei im folgenden Jahr.

Außenpolitik der Täuschung

Hitler betonte gegenüber den europäischen Staaten, dass Deutschland nur friedliche Absichten verfolge. Sie sollten dadurch über die wahren Absichten getäuscht werden, um Deutschland Zeit zur Aufrüstung zu verschaffen. Das Ausland vertraute auf Hitlers Friedensabsichten und so schloss im Juli 1933 der Kirchenstaat (Vatikan) mit den Nationalsozialisten ein *Konkordat ab. Das war für das Hitlerregime ein erster außenpolitischer Erfolg. Der Nichtangriffspakt mit Polen im Januar 1934 schien den scheinbaren Friedenskurs des Deutschen Reiches zu bestätigen.
Im März 1935 führte Hitler die allgemeine Wehrpflicht ein. Dies war ein offener Bruch des Versailler Vertrags. Frankreich und Großbritannien protestierten gegen die Vertragsverletzung, aber sie unternahmen nichts. England schloss sogar ein Abkommen zur Begrenzung der Kriegsflotte mit dem Deutschen Reich, obwohl Deutschland der Aufbau einer solchen Flotte laut Versailler Vertrag gänzlich untersagt war.
Im März 1936 marschierte Hitler mit Truppen in das entmilitarisierte Rheinland ein, obwohl dieses laut Versailler Vertrag nicht durch deutsche Truppen besetzt sein durfte. Dies war ein weiterer Vertragsbruch, der für Hitler ohne Konsequenzen blieb.

*Appeasement-Politik

Großbritannien und Frankreich hatten die Verstöße gegen den Versailler Vertrag hingenommen, weil sie einen Krieg gegen Deutschland unter allen Umständen vermeiden wollten. Beide Länder waren aufgrund ihrer Wirtschaftslage nicht auf einen Krieg vorbereitet.
Als Hitler am 12. März 1938 deutsche Truppen in Österreich einmarschieren ließ, reagierten Großbritannien und Frankreich nur mit schwachem Protest. Hinzu kam, dass die Bevölkerung Österreichs den Einmarsch und den „Anschluss" des Landes an Deutschland bejubelte. Das Deutsche Reich nannte sich nun „Großdeutsches Reich". Eine inszenierte Volksabstimmung am 10. April 1938 in Österreich erbrachte 99 Prozent Ja-Stimmen.

3 – Die Erweiterung des deutschen Machtbereichs bis 1939.

Neue Gebietsforderungen

Bereits im Mai 1938 drohte Hitler erneut mit Krieg. Er wollte seine Forderung nach Abtretung des Sudetenlandes durch die Tschechoslowakei an Deutschland durchsetzen.
Im Herbst 1938 trafen sich die Regierungschefs von Italien, Frankreich, England und Deutschland in München zu Verhandlungen, um einen Krieg abzuwenden. Die betroffene Tschechoslowakei wurde zu dieser Konferenz nicht eingeladen. Mit der Unterzeichnung des Münchner Abkommens am 29. September 1938 billigten die Teilnehmer die deutschen Forderungen nach der Abtretung des Sudetenlandes. Dafür garantierte Deutschland den Fortbestand der restlichen Tschechoslowakei. Diese musste das Münchner Abkommen ohnmächtig hinnehmen.
Obwohl Hitler auf der Konferenz in München versprach, den Frieden zu wahren, überfielen deutsche Truppen am 15. März 1939 die Tschechoslowakei. Die Nationalsozialisten gliederten die Landesteile Böhmen und Mähren dem Deutschen Reich an und nannten sie „*Protektorat Böhmen und Mähren“.

Daraufhin änderten Großbritannien und Frankreich ihre Meinung. Im März 1939 erklärten sie, dass ein Angriff Deutschlands auf Polen Krieg bedeuten würde.

* **Protektorat**
  Herrschaft eines Staates über einen anderen, ursprünglich zu dessen Schutz und Sicherheit

1. Beschreibe mithilfe des Textes Hitlers Politik gegenüber Großbritannien und Frankreich.
2. Erkläre den Begriff Appeasement-Politik.
3. Erkläre in Bild 1 den Titel „Zug um Zug zerriss Adolf Hitler das Diktat von Versailles!“. Nimm dazu auch den Text, Bild 2 und die Karte zu Hilfe.
4. Beurteile die Politik Großbritanniens und Frankreichs gegenüber Hitler aus damaliger und heutiger Sicht.
   ▶ *Nimm die Methode „Ein eigenes Urteil bilden“ von Seite 188 zu Hilfe.*
5. „Von Frieden reden, den Krieg planen.“ Lege zu diesem Historikerzitat eine Zeitleiste zur NS-Außenpolitik von 1933 bis 1939 an. Kennzeichne darin scheinbare Friedensabsichten in Blau und offensichtliche Kriegsvorbereitungen in Rot.
   ▶ **Juli 1933: Konkordat mit dem Vatikan**, …
   März 1935: Einführung der … – *Schwache Proteste durch GB und F.*
6. Recherchiere, wie die Nationalsozialisten bei der Volksabstimmung in Österreich 99% der Stimmen erlangten.

Wie wurde der Krieg vorbereitet?

1 – „Adolf im Spiegel". Im Untertitel steht: „Herr Hitler: „Wie furchtbar ich heute aussehe." Karikatur in der englischen Zeitschrift „Punch" von 1934.

* KdF-Wagen
Dieser kostengünstige Kleinwagen, der im Rahmen der Bewegung „Kraft durch Freude" beworben wurde, sollte für alle erschwinglich und somit ein „Volkswagen" sein. Gleichzeitig wurde er aber so konstruiert, dass er auch beim Militär einsetzbar war. Ab 1940 wurde die Produktion auf Militärfahrzeuge umgestellt.

Frieden sagen und Krieg meinen

Schon vor dem Machtantritt Hitlers war deutlich geworden, worauf seine Politik abzielte: Bruch des Versailler Vertrags, Vergrößerung Deutschlands, Eroberung von „Lebensraum im Osten". Auch der Weg dahin wurde von Hitler in seinem Buch „Mein Kampf" beschrieben: Ein neuer Krieg. Dazu war die Aufrüstung der Armee notwendig. Deutschland gab von 1933 bis 1938 mehr dafür aus als Großbritannien, Frankreich und die USA zusammen. Insbesondere die Schwerindustrie und der Aufbau der Luftwaffe wurden gefördert. Ein Vierjahresplan legte genau fest, was produziert wurde. Besonders wichtig war es nach den Erfahrungen im Ersten Weltkrieg, die deutsche Wirtschaft unabhängig von Rohstoffimporten zu machen. Der Staat musste zur Finanzierung dieser Ausgaben Kredite aufnehmen. Folglich stieg die Staatsverschuldung. Die Bevölkerung rief man zu Sparmaßnahmen auf und lockte sie mit Angeboten wie dem *KdF-Wagen. Das angesparte Geld diente der Aufrüstung. In öffentlichen Reden äußerte sich Hitler eher friedlich und betonte den Willen zur Zusammenarbeit.
Im Münchner Abkommen 1938 erreichte Deutschland die Abtretung der von Sudetendeutschen besiedelten Randgebiete in der Tschechoslowakei (siehe S. 134/135). Im Gegenzug versprach Deutschland, auf weitere Gebietsansprüche zu verzichten. Großbritannien und Frankreich hofften, dass sich Deutschland an seine Zusagen in dem Vertrag halten würde. Allerdings hatten sie sich über den Erfolg ihrer Beschwichtigungspolitik (Appeasementpolitik, siehe S. 134) gründlich getäuscht.

Der Hitler-Stalin-Pakt

Im August 1939 schlossen das Deutsche Reich und die Sowjetunion überraschend den Hitler-*Stalin-Pakt. Es handelte sich um

2 – „Mal sehen, wie lange die Flitterwochen dauern werden.“ Britische Karikatur von C. K. Berryman zum Hitler-Stalin-Pakt, September 1939.

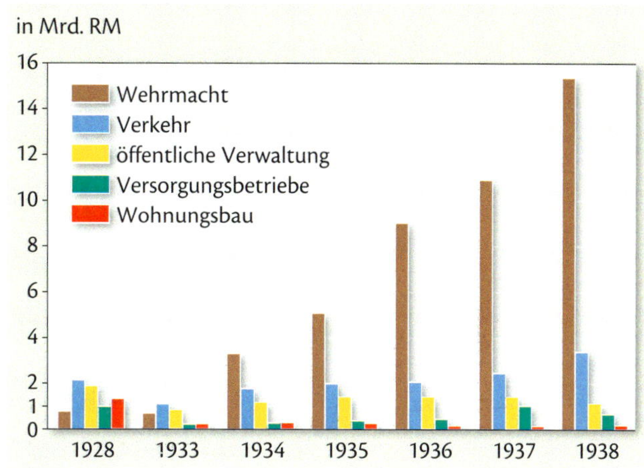

3 – Entwicklung der öffentlichen Ausgaben im Deutschen Reich 1928–1938.

einen Nichtangriffsvertrag. Beide Seiten sicherten sich zu, einander nicht anzugreifen, wenn einer von beiden durch Dritte angegriffen würde. Besonders brisant ist der Inhalt des geheimen Zusatzprotokolls zu diesem Pakt.
Durch dieses Abkommen mit der Sowjetunion glaubten viele Menschen in Europa, dass der Friede nun eingehalten werde. Aber es war das letzte große Täuschungsmanöver der Nationalsozialisten, die auch zum Krieg gegen die Sowjetunion entschlossen waren.

Q1 Aus dem geheimen Zusatzprotokoll des Hitler-Stalin-Paktes:

Aus Anlass der Unterzeichnung des Nichtangriffsvertrages zwischen dem Deutschen Reich und der Union der Sozialistischen Sowjetrepubliken haben die unterzeichneten Bevollmächtigten der beiden Teile in streng vertraulicher Aussprache die Frage der Abgrenzung der beiderseitigen Interessensphären in Osteuropa erörtert. Die Aussprache hat zu folgenden Ergebnissen geführt:

1. Für den Fall einer territorial-politischen Umgestaltung in den zu den baltischen Staaten (Finnland, Estland, Lettland, Litauen) gehörenden Gebieten bildet die nördliche Grenze Litauens zugleich die Grenze der Interessensphäre Deutschlands und der UdSSR. Hierbei wird das Interesse Litauens am Wilnaer Gebiet beiderseits anerkannt.
2. Für den Fall einer territorial-politischen Umgestaltung der zum polnischen Staate gehörenden Gebiete werden die Interessensphären Deutschlands und der UdSSR ungefähr durch die Linie der Flüsse Narew, Weichsel und San abgegrenzt. (...)
3. Dieses Protokoll wird von beiden Seiten streng geheim behandelt werden.

1 Nenne mithilfe des Textes die außenpolitischen Ziele Hitlers.

2 Erstelle in deinem Geschichtsheft eine Übersicht mit Maßnahmen, die zur Erreichung dieser Ziele ergriffen wurden.
▶ *Nimm den Text und die Grafik 3 zu Hilfe.*

3 Interpretiere die Karikatur 1 „Adolf im Spiegel“. Achte dabei besonders auf die verwendeten Symbole wie Blumen, Tiere, Zeichen usw.
▶ *Nutze die Methode „Karikaturen interpretieren“ von S. 190.*

4 Untersuche, wie der Karikaturist in Bild 2 das Bündnis zwischen dem Deutschen Reich und der Sowjetunion dargestellt hat. Erkläre, wieso der Zeichner zu dieser Einschätzung gekommen ist. Beachte dazu die verwendeten Symbole und wofür sie stehen.

5 Q1 enthält beschönigende Formulierungen, die die wahren Absichten der Vertragspartner verschleiern sollen. Erkläre die Bedeutung der folgenden:
- „Abgrenzung der beiderseitigen Interessensphären in Osteuropa“,
- „territorialpolitische Umgestaltung“.

Der Ausbruch des Zweiten Weltkriegs

Was geschah bei Kriegsbeginn?

1 – Vorstöße Deutschlands, Italiens und der Sowjetunion im Zweiten Weltkrieg von September 1939 bis Mai 1941.

Winston Churchill (1874–1965)
Churchill war von 1940–1945 und 1951–1955 britischer Premierminister. Großbritannien kämpfte auf Seiten der Alliierten (Verbündete) gegen die Achsenmächte Deutschland, Italien und Japan.

Der Überfall auf Polen

Die NS-Ideologie propagierte den Gedanken vom „Volk ohne Raum“. Dieser Raum sollte in einem Eroberungs- und Vernichtungskrieg im Osten gewonnen werden.
Am 31. August 1939 überfielen als Polen verkleidete SS-Männer den deutschen Radiosender in Gleiwitz (Schlesien). Sie gaben bekannt, dass sie Freiheitskämpfer seien und den Sender in ihrer Hand hätten. Deutschland nutzte diese vorgetäuschte und lange vorher geplante Provokation, um damit einen Einmarsch in Polen vor der Außenwelt zu begründen. Mit dem Überfall auf Polen begann am 1. September 1939 der Zweite Weltkrieg. Großbritannien und Frankreich erklärten dem Deutschen Reich den Krieg. Sie kamen Polen jedoch nicht zu Hilfe. Die Sowjetunion blieb neutral.

Die Blitzkriegstrategie

Durch den Einsatz seiner modernen Armee mit Panzern, Sturzkampfbombern und Kriegsschiffen sowie mit schnellen Vorstößen der Wehrmacht gelang es Deutschland, Polen in knapp vier Wochen zu besiegen.
Die Sowjetunion marschierte gemäß dem geheimen Zusatzprotokoll im Osten ein und besetzte diesen Teil Polens. Auch das Baltikum gehörte jetzt ihnen. Nur Finnland gelang es, sich gegen die sowjetische Armee und ihren Anführer Stalin zu wehren.
Großbritannien griff erst 1940 aktiv in die Kampfhandlungen ein. Die Briten wollten verhindern, dass Deutschland sich die Erzvorkommen in Schweden sicherte. Daher schickten sie Truppen nach Norwegen. Aber auch hier gelang es Hitler, Dänemark und Norwegen zu besetzen und sich die dringend benötigten Rohstoffe für die deutsche Rüstungsindustrie zu sichern.

2 – Die brennende St Pauls-Kathedrale nach dem deutschen Luftangriff am 29.12.1940 auf London.

3 – Winston Churchill und der amerikanische Botschafter unterzeichnen das *Lend-and-Lease-Abkommen. Foto, 11.03.1941.

Die Ausweitung des Krieges

Die nächsten Opfer der nationalsozialistischen Eroberungspolitik waren die Niederlande, Belgien und Luxemburg. Durch diese neutralen Länder marschierte die Wehrmacht in Frankreich ein. Den Briten gelang noch die Rettung ihrer in Frankreich befindlichen Soldaten über den Ärmelkanal bei Dünkirchen. Paris fiel im Sommer 1940. Der Norden Frankreichs und Paris kamen unter deutsche Verwaltung. Im Süden herrschte der hitlerfreundliche General Pétain. Deutschlands Verbündeter Italien versuchte auf dem Balkan und in Nordafrika ebenfalls mit der Blitzkriegstrategie, militärische Erfolge zu erringen. Allerdings benötigte er dazu bald deutsche Unterstützung.

Q1 In Großbritannien wurde *Winston Churchill neuer Premierminister. Er hielt 1940 seine Antrittsrede:

Ich habe nichts zu bieten als Blut, Mühsal, Tränen und Schweiß. Uns steht eine Prüfung von allerschwerster Art bevor. Wir haben viele, viele lange Monate des Kämpfens und des Leidens vor uns. Sie werden fragen: Was ist unsere Politik? Ich erwidere: Unsere Politik ist, Krieg zu führen, zu Wasser, zu Lande und zur Luft, mit all unserer Macht und mit aller Kraft, die Gott uns verleihen kann; (...) Krieg zu führen gegen eine ungeheuerliche Tyrannei, die in dem finsteren, trübseligen Katalog des menschlichen Verbrechens unübertroffen bleibt. (...) Sie fragen: Was ist unser Ziel? Ich kann es in einem Wort nennen: Sieg – Sieg um jeden Preis, Sieg trotz allem Schrecken. Sieg, wie lang und beschwerlich der Weg dahin auch sein mag; denn ohne Sieg gibt es kein Weiterleben. (...) So fühle ich mich in diesem Augenblick berechtigt, die Hilfe aller zu fordern, und ich rufe: Auf denn, lasst uns gemeinsam vorwärtsschreiten mit vereinter Kraft.

*** Lend-and-Lease-Abkommen** Leih-und Pachtabkommen zwischen den USA und den gegen Deutschland kämpfenden Staaten. Darin ging es u.a. um die Bereitstellung von Waffen, die erst später bezahlt werden mussten. Großbritannien war 1940 finanziell geschwächt und seine Armee ebenfalls. Das Abkommen sollte in dieser Situation helfen. Deutschland versuchte jedoch durch eine Seeblockade, Waffenlieferungen nach Großbritannien zu verhindern.

1. Beschreibe die Ereignisse im Sommer 1939, die zum Ausbruch des Zweiten Weltkriegs führten. Nutze dazu diese und die vorherige Doppelseite.
2. Erstelle mithilfe der Karte und des Textes eine Zeitleiste über die Anfangsphase des Krieges. Sie sollte erweiterbar sein.
3. Untersuche Q1 und erarbeite, was Churchill in seiner Rede zum Ausdruck bringen wollte.
4. Beurteile die Aussagen Churchills in Q1 angesichts der Lage Großbritanniens 1940. Beziehe dabei auch die zwei Bilder und die Erklärung in der Randspalte mit ein.

▶ *Nutze die Methode „Ein eigenes Urteil bilden“ von S. 188.*

Der Zweite Weltkrieg

Wie wurde der Krieg zum Weltkrieg?

1 – „Pearl Harbor rächen. Unsere Geschosse werden es erledigen." Amerikanisches Plakat von 1943.

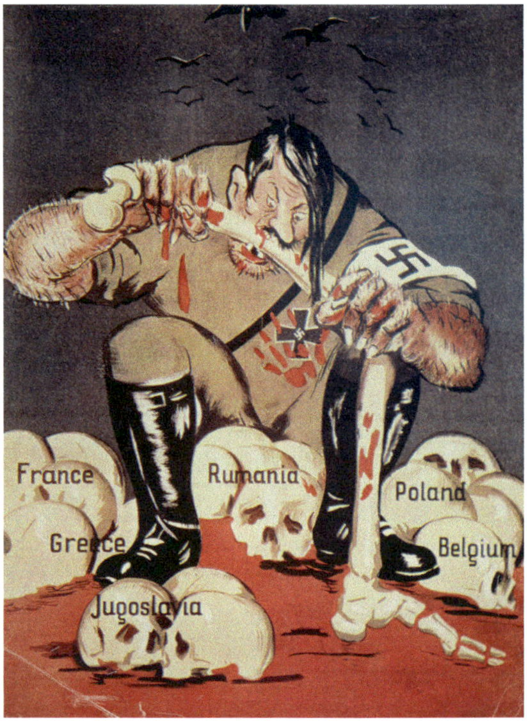

2 – „Man eater" (= Menschenfresser). Amerikanische Karikatur, um 1942.

*Achsenmächte
Die Achsenmächte waren Deutschland und seine Bündnispartner Italien und Japan.

*Balkanfront
Das Deutsche Reich, die UdSSR, Großbritannien und Italien vertraten hier verschiedene Großmachtinteressen. Das Deutsche Reich wollte sich die rumänischen Rohstoffvorkommen sichern. Italien strebte nach Gebieten rund um das Mittelmeer. Die UdSSR wollte ihre Grenzen im Südwesten schützen. Großbritannien besetzte Kreta, um eine weitere Ausdehnung der Achsenmächte zu verhindern.

Immer neue Fronten entstehen

Hitler hatte gehofft, dass das schlecht auf den Krieg vorbereitete Großbritannien nach der Kapitulation Frankreichs einen eigenen Friedensvertrag mit Deutschland abschließen würde. Aber das geschah nicht. Großbritannien kämpfte auf sich allein gestellt gegen die *Achsenmächte Deutschland, Italien und Japan.

1940 begann Deutschland mit Luftangriffen auf britische Städte. Sie sollten einen Einmarsch vorbereiten. Doch die Briten ließen sich trotz großer Verluste und Zerstörungen vor allem in Städten wie Coventry und London nicht zur Aufgabe zwingen. Etwa 1,4 Millionen Menschen wurden evakuiert. Churchill mobilisierte alle Kräfte des Landes für den Krieg. Die deutsche Blitzkriegstrategie war erstmals gescheitert.

Die Konzentration der Kräfte lag nun auf der *Balkanfront. Hitler wollte sich hier unbedingt die Erdöllieferungen aus Rumänien sichern und einem zunehmenden Einfluss Stalins zuvorkommen. Nachdem Jugoslawien und Griechenland 1941 kapituliert hatten, folgte der Angriff auf die Sowjetunion am 22. Juni 1941. Gemäß der NS-Ideologie sollten allerdings nicht nur der „Lebensraum im Osten", sondern auch die riesigen Ressourcen an Rohstoffen und Nahrungsmitteln für die Versorgung Deutschlands und seiner Wehrmacht gesichert werden. Geplant war, dass drei Heeresgruppen in Blitzkriegstrategie Leningrad, Moskau und Kiew einnehmen. Doch mit dem frühen Wintereinbruch kam auch der deutsche Vormarsch zum Erliegen. Japan blieb bei dem Angriff auf die UdSSR neutral. Großbritannien sowie die USA sagten der UdSSR Hilfsleistungen zu. Endgültig wurde der Krieg zum Weltkrieg mit dem japanischen Luftangriff auf den US-Flottenstützpunkt Pearl Harbor auf Hawaii am 7. Dezember 1941. Er traf die hier stationierten Soldaten völlig überraschend.

3 – Gefallene Wehrmachtssoldaten in der Schlacht um Stalingrad.

4 – Deutsche Soldaten auf dem Weg in die Gefangenschaft nach der Niederlage vor Stalingrad.

Fünf Schlachtschiffe und 188 Flugzeuge wurden dabei zerstört. Anschließend eroberte Japan große Teile des Pazifikraums und Südostasiens. Als Verbündeter Japans erklärte Deutschland den USA am 11. Dezember 1941 den Krieg.

Der Kampf um Stalingrad

Stalingrad war mehr als nur ein Schlachtort im Zweiten Weltkrieg. Für Hitler war es vor 1943 ein besonderer Ort, für die UdSSR wurde er danach zum Mythos. In Stalingrad wurden die deutschen Soldaten der 6. Armee wochenlang von der Roten Armee eingekesselt und mussten sich dann am 31. Januar 1943 geschlagen geben. Die Kämpfe führten zu *hohen Opferzahlen auf beiden Seiten, v.a. auch auf Seiten der Roten Armee und der Zivilbevölkerung. Dies ist der Forderung Hitlers zuzuschreiben, Stalingrad unbedingt zu halten, obwohl dies längst aussichtslos war. Die Kapitulation markierte den Wendepunkt der bis dahin siegreichen deutschen Armee.

Q1 Im „Völkischen Beobachter" sagte Hitler am 08.11.1942 über Stalingrad:

Ich wollte zur Wolga kommen, und zwar an einer bestimmten Stelle, an einer bestimmten Stadt. Zufälligerweise trägt sie den Namen von Stalin selber. Aber denken Sie nur nicht, dass ich aus diesem Grunde dorthin marschiert bin (...), sondern weil dort ein wichtiger Punkt ist. Dort schneidet man nämlich 30 Millionen Tonnen Verkehr ab, darunter fast 9 Millionen Tonnen Ölverkehr. Dort floss der ganze Weizen aus diesen gewaltigen Gebieten der Ukraine (...). Dort ist das Manganerz befördert worden, dort war ein gigantischer Umschlagplatz. Den wollte ich nehmen und – wissen Sie (...), wir sind bescheiden, wir haben ihn nämlich.

Q2 In einem anonymen Brief aus dem Kessel von Stalingrad steht:

Wir sind uns klar darüber, schweren Führungsfehlern zum Opfer gefallen zu sein, auch wird die Aufreibung der Festung Stalingrad unserem Volk (...) überhaupt schwersten Schaden zufügen.

* **Opfer der Kämpfe um Stalingrad**
Man schätzt, dass etwa 400.000 sowjetische Soldaten und eine unbekannte Zahl an zivilen Opfern bei den Kämpfen um Stalingrad umkamen. Auf deutscher Seite starben ca. 150.000 Soldaten.

1 Vervollständige deinen Zeitstrahl zum Kriegsverlauf.

2 Erkläre anhand von Bild 1 die Reaktion der USA auf den japanischen Angriff auf Pearl Harbor.

3 Untersuche die Karikatur 2 mit Blick auf Hitlers Pläne.

▶ *Nutze die Methode „Karikaturen interpretieren" von S. 190.*

4 Erarbeite mithilfe von Q1 die Bedeutung der Einnahme Stalingrads für Hitler.

5 Die vor Stalingrad kämpfende sechste Armee der Wehrmacht hatte rund 250.000 Soldaten. Ca. 91.000 gingen Anfang 1943 in Kriegsgefangenschaft und nur 5.000 kehrten bis 1956 heim. Bewertet vor diesem Hintergrund die Aussagen in Q1 und Q2.

▶ *Nutze die Methode „Ein eigenes Urteil bilden" von S. 188.*

Wie wirkte sich der NS-Rassismus im Krieg aus?

1 – Blockade von Leningrad: Ein eingewickelter Leichnam wird auf einem Schlitten über eine Straße gezogen. Foto, Winter 1941/42.

2 – Erschießung von Juden in der Schlucht von Babi Yar (Ukraine) durch deutsche Einsatzgruppen. Foto, Juli/September 1941.

Rassenlehre und Vernichtungskrieg

Es kam seit Beginn des Krieges zu systematischen Übergriffen auf die Bevölkerung der betroffenen Länder, vor allem auf Juden. Die NS-Rassenlehre betrachtete die Völker Ost- und Südosteuropas als minderwertig und bezeichnete sie als „Untermenschen". Mit dem Überfall auf die Sowjetunion verschärfte sich dieser NS-Rassismus. Die Schlucht von Babi Yar, in der Ukraine gelegen, steht für den Massenmord an ukrainischen Juden. Hier wurden an zwei Tagen 33.771 Juden ermordet.

Die SS und die Wehrmacht beteiligten sich aktiv an den Erschießungen der Juden vor einer Schlucht in Kiew. Insgesamt verloren in der Sowjetunion etwa 20 Millionen Menschen aufgrund dieser brutalen Besatzung und „Rassenpolitik" ihr Leben. Dörfer wurden niedergebrannt, die Bewohner versklavt oder erschossen, ihr Besitz geraubt. Auf der Suche nach *Partisanen, die deutsche Truppen aus dem Hinterhalt angriffen und Sabotageakte verübten, wurden radikale Maßnahmen auch gegen Zivilisten ergriffen.

*Partisanen
Dies sind eigenständig handelnde Kampftruppen, die nicht der regulären Armee angehören. Sie haben eigene Befehlsstrukturen. Gefangen genommene Partisanen wurden sofort getötet.

Die Blockade von Leningrad

Ein brutales Beispiel für den deutschen Vernichtungskrieg ist die Blockade von Leningrad, der zweitgrößten Stadt der Sowjetunion. Die Wehrmacht drang 1941 bis Leningrad vor, besetzte die Stadt aber nicht, um die Bevölkerung nicht versorgen zu müssen. Die Menschen sollten ausgehungert werden. Wenige Lebensmittel kamen über den Ladogasee in die Stadt. Aber von den einst 2 Millionen Menschen erlebten 600.000 die Befreiung durch die Rote Armee 1944 nicht mehr. Sie waren während der 871 Tage dauernden Blockade verhungert, erfroren, an Seuchen oder den Folgen des permanenten Artilleriebeschusses gestorben.

Deutsche Kriegsverbrechen

Als Vergeltung für Übergriffe auf Angehörige der SS oder deutsche Soldaten wurden in den besetzten Gebieten immer wieder Zivilisten getötet. Orte wie Pančevo in Serbien, Oradour sur Glane in Frankreich und Lidice (früher: Liditz) in Tschechien zeugen von diesen Kriegsverbrechen.

3 – Denkmal für die Kinder von Lidice. Foto, 2012.

Q1 Nach dem Attentat auf SS-Obergruppenführer Heydrich (s. S. 148, Randspalte) in Prag gab die deutsche Besatzungsmacht am 10. Juni 1942 bekannt:
Im Zuge der Fahndungen nach den Mördern des SS-Obergruppenführers Heydrich wurden einwandfreie Hinweise dafür gefunden, dass die Bevölkerung der Ortschaft Liditz (...) dem in Frage kommenden Täterkreis Unterstützung und Hilfe leistete. Nachdem die Einwohner dieses Dorfes durch ihre Tätigkeit (...) gegen die erlassenen Gesetze schärfstens verstoßen haben, sind die männlichen Erwachsenen erschossen, die Frauen in Konzentrationslager überführt und die Kinder einer geeigneten Erziehung zugeführt worden. Die Gebäude des Ortes sind dem Erdboden gleichgemacht und der Name der Gemeinde ist ausgelöscht worden.

Q2 Aus einem Befehl des Oberbefehlshabers der 6. Armee, Feldmarschall von Reichenau, vom 10. Oktober 1941 für die Soldaten an der Ostfront:
Der Soldat ist im Ostraum nicht nur ein Kämpfer nach den Regeln der Kriegskunst, sondern auch Träger einer unerbittlichen völkischen Idee und der Rächer für alle Bestialitäten, die deutschem oder artverwandtem Volkstum zugefügt wurden. Deshalb muss der Soldat für die Notwendigkeit der harten, aber gerechten Sühne am jüdischen Untermenschen volles Verständnis haben.

Q3 Aus den Erinnerungen des Psychologieprofessors Peter Brückner von 1980:
Es gab Verbrechen, denen gegenüber es fast unerträglich sein konnte, Zuhörer zu sein. Im Zugabteil reichten junge Soldaten Fotos herum – nicht die ihrer Bräute, sondern die aufgehängter Polen oder Russen; der Soldat, grinsend, im Vorder- oder Hintergrund, je nachdem.

1 Nenne die barbarischen Folgen der NS-Rassenlehre. Ziehe dazu die Bilder dieser Doppelseite heran.

2 99 Kinder lebten in Lidice. 17 kamen zur „Germanisierung" in deutsche Familien. 82 starben 1942 in der Gaskammer des Vernichtungslagers Chelmno. Vergleiche diese Fakten mit dem Text der Bekanntmachung (Q1).

3 Setze dich mit folgender Aussage auseinander: „Die NS-Ideologie war ein Werkzeug, um den Ausführenden dieser Ideologie eine Rechtfertigung für ihr Handeln zu liefern."

▶ *Berücksichtige hierbei besonders das typische Vokabular der NS-Ideologie in Q2 wie „Ostraum", „völkische Idee", „Sühne" und die in Q3 beschriebene Szene.*

4 Recherchiere weitere deutsche Kriegsverbrechen zu den anderen im Text genannten Orten. Gestalte dann eine Wandzeitung zu den Geschehnissen an diesen Orten.

▶ *Nutze die Methode „Eine Internetrecherche durchführen" von S. 184.*

Welche Folgen hatte die NS-Besatzungspolitik?

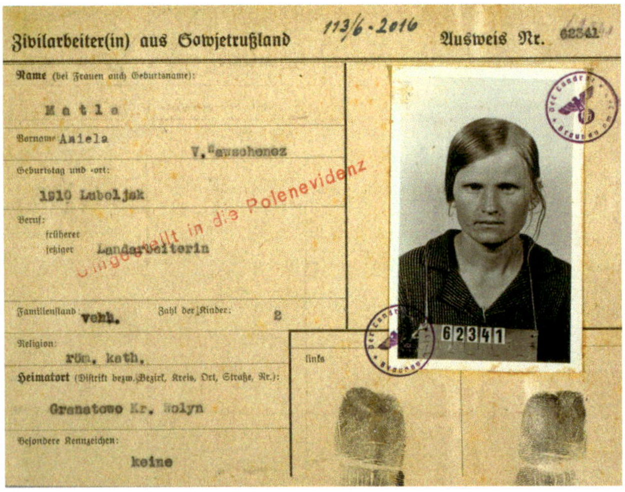
Zivilarbeiter(in) aus Sowjetrußland 113/6 · 2016 Ausweis Nr. 62341
Name (bei Frauen auch Geburtsname):
Vorname Aniela
Geburtstag und -ort:
1910
Beruf:
früherer
jetziger Landarbeiterin
Umgestellt in die Polenevidenz
Familienstand verh. Zahl der Kinder: 2
Religion:
röm. kath.
Heimatort (Distrikt bezw. Bezirk, Kreis, Ort, Straße, Nr.):
Besondere Kennzeichen:
keine
links
62341

1 – Karteikarte einer Zwangsarbeiterin aus der Sowjetunion mit dem Stempel vom 07.08.1943.

2 – Aufnäher zur Kennzeichnung von Ostarbeitern, um 1941.

Arbeitskraft als Kriegsbeute

Die von Deutschland besetzten Gebiete mussten nicht nur die Besatzungsmacht ertragen, sondern auch dulden, wie ihre Bürger als billige Arbeitskräfte nach Deutschland geholt wurden. Hier wurden sie in Bergwerken, Bauunternehmen, Rüstungsbetrieben und in der Landwirtschaft eingesetzt. Sie waren ein wichtiger Bestandteil der Kriegswirtschaft. Dies sollte sicherstellen, dass die deutsche Zivilbevölkerung und die Wehrmachtssoldaten an der Front ausreichend versorgt werden.

Am Anfang des Krieges wurden sie zielgerichtet angeworben. Der Druck wurde erhöht, als sich die schlechten Arbeits- und Lebensbedingungen sowie die geringen Löhne herumsprachen. Zivil- oder Fremdarbeiter in den besetzten Ländern wurden ergriffen, in Waggons verladen und nach Deutschland verschleppt.

Das Schicksal der Zwangsarbeiter

Besonders hart traf es die Gruppe der Zwangsarbeiter. Mehr als dreizehn Millionen waren es bei Kriegsende in Deutschland. Fast zwei Millionen stammten aus der Sowjetunion und 1,7 Millionen aus Polen. Sie wurden ausgebeutet und entrechtet. Verstöße gegen Regeln konnten zu Essensentzug, Prügel oder verschärfter Strafarbeit führen. Die Behandlung der Arbeitskräfte war stark ideologisch geprägt. Bei der Bestimmung des Einsatzortes sowie der Lebens- und Arbeitsbedingungen standen Juden, Sinti und Roma sowie die Ostarbeiter aus der Sowjetunion ganz unten. Etwas bessergestellt waren die Arbeitskräfte aus West- und Nordeuropa.

Mit der Zuweisung der Arbeitskräfte waren verschiedene *Behörden des deutschen Staates befasst. Manche Firmen suchten aber auch gezielt in den eroberten Gebieten nach geeigneten Unternehmen, um diese zu übernehmen und Einheimische dort billig für sich arbeiten zu lassen. So betrieb die Daimler-Benz-AG ein Reparaturunternehmen für Kraftfahrzeuge der Wehrmacht in Minsk (Weißrussland) mit 5.000 Beschäftigten. Die Firma IG Farben produzierte im Konzentrationslager Auschwitz-Monowitz Kautschuk.

Anwerbung, Ansiedlung, Ausbeutung

Im Auftrag Himmlers (Bild 3) wurden Deutschstämmige vor allem aus Rumänien (Bild 4) und dem Baltikum angeworben und im Rahmen der Umsiedlungsaktion „Heim ins Reich" vor allem in Polen angesiedelt.

* NS-Behörden, die mit der Zuweisung von Arbeitskräften befasst waren:
  - Arbeitsämter,
  - Reichssicherheitshauptamt,
  - Reichsarbeitsministerium,
  - Bevollmächtigter für den Vierjahresplan,
  - Generalbeauftragter des Arbeitseinsatzes,
  - Reichsminister für besetzte Ostgebiete.

Hermann Göring (1893–1946) Oberbefehlshaber der Luftwaffe; übernahm ab 1936/1937 die Führung der deutschen Wirschaft.

3 – Heinrich Himmler (2. von rechts), *Reichskommissar für die Festlegung deutschen Volkstums, eröffnete 1941 die Ausstellung „Planung und Aufbau im Osten“. Foto, 1941.

4 – Eingang zum Auffanglager der Volksdeutschen Mittelstelle in Rumänien. Foto, 1940.

Sie erhielten Bauernhöfe, deren polnische Besitzer zuvor vertrieben worden waren. Man nannte sie „Volksdeutsche“. Etwa 900.000 Menschen wurden umgesiedelt. Es ging vorrangig um die Nutzung ihrer Arbeitskraft als Ressource für die deutsche Kriegswirtschaft.

Q1 Reichsbauernführer Walther Darré sagte über die Eroberungspläne 1936:
Der natürliche Siedlungsraum des deutschen Volkes ist das Gebiet östlich unserer Reichsgrenze bis zum Ural, im Süden begrenzt durch Kaukasus, Kaspisches Meer, Schwarzes Meer und die Wasserscheide, welche das Mittelmeerbecken von der Ostsee und der Nordsee trennt. In diesem Raum werden wir siedeln, nach dem Gesetz, dass das fähigere Volk immer das Recht hat, die Scholle eines unfähigeren Volkes zu erobern und zu besitzen.

Q2 *Hermann Göring, Beauftragter für den Vierjahresplan, sagte über die Ausbeutung der Sowjetunion 1941:
II. Die Ausnutzung der neu zu besetzenden Gebiete hat sich in erster Linie auf den Gebieten der Ernährungs- und der Mineralölwirtschaft zu vollziehen. So viel wie möglich Lebensmittel und Mineralöl für Deutschland zu gewinnen, ist das wirtschaftliche Hauptziel der Aktion. (...) Völlig abwegig wäre die Auffassung, dass es darauf ankomme, in den besetzten Gebieten einheitlich die Linie zu verfolgen, dass sie baldigst wieder aufgebaut werden müssten.

* **Reichskommissar für die Festlegung deutschen Volkstums**
Der Titel geht auf einen Erlass Hitlers zurück. Himmler sollte die rassistische Ideologie der Nationalsozialisten umsetzen. Die Ermordung der europäischen Juden und gewaltige Umsiedlungsaktionen wie „Heim ins Reich“ lagen v.a. in seiner Verantwortung.

1 Fasse die Folgen der Kriegswirtschaft für die Bevölkerung der von den Deutschen besetzten Gebiete zusammen.
2 Millionen Menschen aus überfallenen Nachbarländern wurden in der deutschen Wirtschaft eingesetzt. Für sie gab es unterschiedliche Begriffe und Behandlungen. Ermittle die Gründe dafür. Nutze die Bilder 1 und 2 sowie den Text.
3 Erkläre die Darstellung auf den Bildern 3 und 4 mithilfe der Texte auf dieser Seite.
4 Die Ausbeutung der ausländischen Arbeitskräfte wurde gezielt geplant und durchgeführt. Nimm mithilfe der Materialien dieser Doppelseite Stellung zu dieser Aussage.
5 Untersuche die Aussagen zur Eroberungspolitik in Q1 und Q2. Bewerte diese mit Blick auf die betroffenen Länder.

Methode

Videointerviews im Unterricht nutzen

Wer etwas über geschichtliche Ereignisse erfahren möchte, kann Bücher zum Thema lesen, Dokumentationen anschauen oder auf Zeitzeugenberichte zurückgreifen.
Menschen, die über ihre persönlichen Erlebnisse und Erfahrungen aus zurückliegenden Jahrzehnten sprechen, nennen wir Zeitzeugen. Ein Interview mit ihnen wird auch als Oral History (= mündliche Geschichte) bezeichnet. Sie ist für den Zeitraum der letzten etwa einhundert Jahre eine wichtige Quelle für Wissenschaft, schulische Bildung und Erinnerungskultur. Durch die Aufnahme als Ton- oder Videodokument kann das Gesagte gespeichert und aufbewahrt werden. Wichtig für die Arbeit mit Videointerviews ist die Ergänzung des Gesagten durch andere Quellen und Darstellungen. So können sehr persönliche Erfahrungen und Erlebnisse in einen Gesamtzusammenhang gestellt werden. Insbesondere Erinnerungen an Ereignisse, die schon viele Jahre und Jahrzehnte zurückliegen, können Lücken aufweisen, sich mit Gelesenem oder Gehörtem vermischen oder in der zeitlichen Abfolge durcheinandergeraten.
Die Anzahl der Menschen, die uns über ihre Erlebnisse in der Zeit des Nationalsozialismus noch live berichten können, ist sinkend. Umso wichtiger ist der Einsatz von Videointerviews im Geschichtsunterricht. Auf dieser Methodenseite werden Anregungen dazu gegeben.

Folgende Schritte helfen dir bei der Arbeit mit Videointerviews:

Schritt 1:
Auswahl eines Interviews

- Welche Interviews gibt es zu welchen Themen und aus welcher Zeit?
- Wie kommt man an diese Interviews (DVD oder Internet)?
- Welche Zusatzinformationen gibt es zu den Videointerviews (Fotos, Biografien, Filme, Reportagen, Informationstexte)?

Schritt 2:
Arbeit mit dem Interview

- Wie soll mit dem Videointerview gearbeitet werden (Ausschnitte oder ganzes Interview, Zusatzmaterialien, weitere Recherchen)?
- Welches Interview ist besonders informativ und wird für die Einzel-, Partner- oder Gruppenarbeit ausgewählt?
- Welche sprachlichen Besonderheiten fallen in den Interviews auf (Muttersprache oder Übersetzung, Einsatz von Mimik und Gestik, Verwendung von sprachlichen Bildern, Kraftausdrücken oder langen Erklärungen)?

Schritt 3:
Auswertung des Interviews

- Wie kann das Gesagte überprüft und in historische Zusammenhänge eingebettet werden?
- Wie lassen sich die Informationen verarbeiten und präsentieren?
- Welche weiteren Fragen ergeben sich aus den Videointerviews?

1 Vollziehe die Schritte 1 bis 3 am Beispiel von drei Interviews mit ehemaligen Zwangsarbeiterinnen und einer Überlebenden der Shoah nach. Unter den Stichworten Zwangsarbeit → Archiv → Befreiung findest du die drei Videointerviews mit Betroffenen, die von ihrer Befreiung berichten.

2 Der zweite Teil des Titels der Videointerviews lautet „Zwischen Freude und Verzweiflung". Erkläre seine Bedeutung.

3 Gehe ins Online-Archiv „Zwangsarbeit 1939–1945". Wähle ein weiteres Interview aus und wende die Schritte 1–3 erneut an. Verwende auch das Zusatzmaterial der Seite.

1 – Zofia B.

2 – Galina G.

3 – Tosia S.

4 – Internetarchiv zum Thema „Zwangsarbeit 1939–1945. Erinnerungen und Geschichte".

Über das Internetarchiv zum Thema „Zwangsarbeit 1939–1945. Erinnerungen und Geschichte":

Auf der Internetseite mit dem Titel „Zwangsarbeit-Archiv. Die Befreiung: Zwischen Freude und Verzweiflung" erhält der Benutzer Einblicke in das Leben von drei Frauen, die zu Opfern des nationalsozialistischen Regimes wurden. Sie gehören zu den mehr als 20 Millionen Zwangsarbeitern und Zwangsarbeiterinnen in deutschen Arbeits- und Vernichtungslagern. Die drei Frauen berichten in Videointerviews über ihre Wahrnehmung der Ereignisse in den letzten Kriegstagen, die Bedingungen in den Lagern, das Verhalten der Wachmannschaften in den Konzentrationslagern am Kriegsende, die Befreiung durch amerikanische und russische Soldaten im Frühjahr 1945 und den schwierigen Start in ein neues Leben in Freiheit oder die schwierige Rückkehr in die Heimat.
Zusätzlich bietet die Internetseite biografische Daten zu Zofia B. aus Polen, Galina G. aus der Ukraine und Tosia S., eine jüdische Überlebende aus Ostpolen. Unter dem Stichwort „Lernumgebung" werden nach einer Registrierung sieben weitere sehr ausführliche Videointerviews angeboten.
Außerdem stehen im Interviewarchiv knapp 600 weitere Interviews zur Verfügung, die ebenfalls mit Kurzbiografien, Fotos und Anmerkungen versehen sind. Die Methode „Videointerviews" wird ebenso wie die Bedeutung von Oral History als Quelle genau erklärt. Experten kommen zu Wort und geben einen Einblick in ihre Arbeit.

Lösungsbeispiel:

Zum Schritt 1:
Wir haben uns die Videointerviews mit Zofia B., Galina G. und Tosia S. zum Thema „Zwangsarbeit und Befreiung" im Internet angeschaut.

Zum Schritt 2:
Es sind nur kurze Videointerviews. Daher haben wir sie uns vollständig angesehen und Notizen gemacht. Schwierig war das schnelle Mitlesen der Übersetzungen der Interviews, da sie in Polnisch, Russisch und Englisch gegeben wurden. Alle drei Frauen beschreiben sehr eindrucksvoll ihre Erlebnisse. Das macht ihre persönlichen Erfahrungen greifbar. Deutlich spürbar ist, wie sehr das Erlebte sie noch viele Jahre nach dem Ende des Krieges bewegt. Viele Details werden in den Videointerviews sehr genau beschrieben.

Zum Schritt 3:
Um die gemachten Angaben nachvollziehen zu können, mussten wir die Orte auf einer Karte suchen. Die besondere Lage der Zwangsarbeiterin aus der Ukraine nach der Befreiung aus dem Lager und ihrer Rückkehr in die Heimat mussten zum besseren Verständnis recherchiert werden. Wir haben uns dazu weitere Informationen zum Umgang mit sowjetischen Zwangsarbeitern durch ihre eigenen Landsleute auf der Internetseite angeschaut. Außerdem haben wir eine Archivrecherche auf der Internetseite durchgeführt und weitere Interviews angeschaut. Als Projekt wollen wir das Thema Zwangsarbeit in unserer Heimatregion erforschen.

Die Shoah

Was geschah auf der Wannsee-Konferenz?

Konzentrationslager (KZ):
- 1939 bestehendes Stammlager
- später errichtetes Stammlager
- Vernichtungslager
- sonstiges Konzentrationslager, Außenstelle oder Zwangsarbeitslager (Auswahl)

Dachau Name eines KZ

- Deutsches Reich 1937
- bis 1939 in das Deutsche Reich integrierte Gebiete
- im Zweiten Weltkrieg (bis Ende 1942) in das Reich ein- und angegliederte Gebiete

1 – Konzentrations- und Vernichtungslager während der Zeit des Nationalsozialismus.

*Reinhard Heydrich (1904–1942) stellvertretender Reichsprotektor in Böhmen und Mähren, Chef des Sicherheitsdienstes, der Sicherheitspolizei und Leiter des Reichssicherheitshauptamtes. Er war zuständig für die Verfolgung und Vernichtung der Juden Europas und damit verantwortlich für zahlreiche Kriegsverbrechen. Er starb bei einem Attentat in Prag.

„Geheime Reichssache"

Mit diesem Stempel wurden jene Dokumente versehen, die den geplanten Massenmord an 11 Millionen Juden zum Inhalt hatten. Am 20. Januar 1942 fand eine Dienstbesprechung für Staatssekretäre aus den wichtigsten Reichsministerien in einer Villa am Berliner Wannsee statt. Auf Befehl Hitlers und Görings berieten sie unter Leitung von *Reinhard Heydrich über die „Endlösung der Judenfrage". Dem NS-Rassenwahn waren bereits etwa eine halbe Million Menschen in Polen und der UdSSR zum Opfer gefallen. Die Konferenz befasste sich nun auf Wunsch Görings mit der organisatorischen, sachlichen und materiellen Abwicklung für eine „Gesamtlösung der Judenfrage im deutschen Einflussgebiet von Europa". Adolf Eichmann, Mitarbeiter von Heydrich, führte Protokoll bei der Planung dieses Völkermordes. Es ist 15 Seiten lang und fasst die Ergebnisse des Treffens zusammen. Das originale Protokoll wurde vor Kriegsende vernichtet, später entdeckte man aber eine Abschrift (s. Bild 3).

Die Folgen der Wannsee-Konferenz

In dem Protokoll wurde aufgelistet, wie viele Juden aus welchen Ländern Europas Zug um Zug in Durchgangsghettos in den Osten deportiert werden sollten. Für die Arbeitsfähigen plante man die Vernichtung durch Arbeit, z.B. im Straßenbau oder in Industriebetrieben nahe der Konzentrationslager. Die Unterbringung erfolgte in den Arbeits- und Vernichtungslagern. Diese Lager hießen nach ihren Standorten Auschwitz, Treblinka, Majdanek, Sobibor, Belzec und Chelmno. Sie befanden sich auf dem Gebiet des von Deutschland besetzten Polens. Sie wurden von der SS bewacht und verfügten über Bahnanschluss, Baracken, Gaskammern und Krematorien.

2 – Die Villa am Wannsee, in der die Besprechung am 20. Januar 1942 stattfand.

Land		Zahl
A. Altreich		131.800
Ostmark		43.700
Ostgebiete		420.000
Generalgouvernement		2.284.000
Bialystok		400.000
Protektorat Böhmen und Mähren		74.200
Estland	- judenfrei -	
Lettland		3.500
Litauen		34.000
Belgien		43.000
Dänemark		5.600
Frankreich / Besetztes Gebiet		165.000
Unbesetztes Gebiet		700.000
Griechenland		69.600
Niederlande		160.800
Norwegen		1.300
B. Bulgarien		48.000
England		330.000
Finnland		2.300
Irland		4.000
Italien einschl. Sardinien		58.000
Albanien		200
Kroatien		40.000
Portugal		3.000
Rumänien einschl. Bessarabien		342.000
Schweden		8.000
Schweiz		18.000
Serbien		10.000
Slowakei		88.000
Spanien		6.000
Türkei (europ. Teil)		55.500
Ungarn		742.800
UdSSR		5.000.000
Ukraine	2.994.684	
Weißrußland ausschl. Bialystok	446.484	
Zusammen:	über	11.000.000

3 – Auflistung aus dem Protokoll zur Wannsee-Konferenz. Dieser Auszug stellt die Anzahl der in den aufgelisteten Ländern lebenden Juden fest und zeigt gleichzeitig, wie viele Juden der NS-Staat zu töten beabsichtigte.

Q1 Protokoll der Besprechung über die Verwirklichung der geplanten „Endlösung der Judenfrage" vom 20.01.1942:

III. Anstelle der Auswanderung ist nunmehr als weitere Lösungsmöglichkeit nach entsprechender vorheriger Genehmigung durch den Führer die Evakuierung der Juden nach dem Osten getreten. (...) Unter entsprechender Leitung sollen im Zuge der Endlösung die Juden in geeigneter Weise im Osten zum Arbeitseinsatz kommen. In großen Arbeitskolonnen, unter Trennung der Geschlechter, werden die arbeitsfähigen Juden straßenbauend in die Gebiete geführt, wobei zweifellos ein Großteil durch natürliche Verminderung ausfallen wird. Der allfällig endlich verbleibende Restbestand wird, da es sich bei diesem zweifellos um den widerstandsfähigsten Teil handelt, entsprechend behandelt werden müssen, da dieser, eine natürliche Auslese darstellend, bei Freilassung als Keimzelle eines neuen jüdischen Aufbaues anzusprechen ist. (...) Im Zuge der praktischen Durchführung der Endlösung wird Europa von Westen nach Osten durchkämmt.

1 Arbeite anhand der Karte die Unterschiede zwischen den Konzentrationslagern heraus. Berücksichtige hierbei die in der Legende genannten Arten von Konzentrationslagern und ihre Lage.

2 Zufällig wurde eine Abschrift des Protokolls der sogenannten Wannsee-Konferenz nach dem Krieg entdeckt. Erkläre unter diesem Blickwinkel die besondere Bedeutung der Gedenkstätte „Haus der Wannsee-Konferenz" heute. Die Bilder und Dokumente dieser Doppelseite sowie die Homepage der Gedenkstätte helfen dir dabei.

3 Analysiere Q1 und Bild 3 bezüglich der Fakten und der Sprache. Bewerte anschließend die Wortwahl. Ermittle Formen der Verfolgung und den „Code" der NS-Sprache (Wortwahl und Bedeutung).

4 Die „Endlösung der Judenfrage" war ein Völkermord. Darunter ist die Vernichtung nationaler, ethnischer, religiöser oder durch ihre Kultur bestimmter Gruppen durch Tötung, psychische und physische gewalt sowie Entzug menschenwürdiger Lebensbedingungen zu verstehen. Völkermord ist eine schwerwiegende Straftat nach nationalem und internationalem Recht. Begründet in Kleingruppen die besondere Verantwortung Deutschlands angesichts der ca. 6 Millionen getöteten Juden in der Zeit des Nationalsozialismus.

Was geschah in Auschwitz?

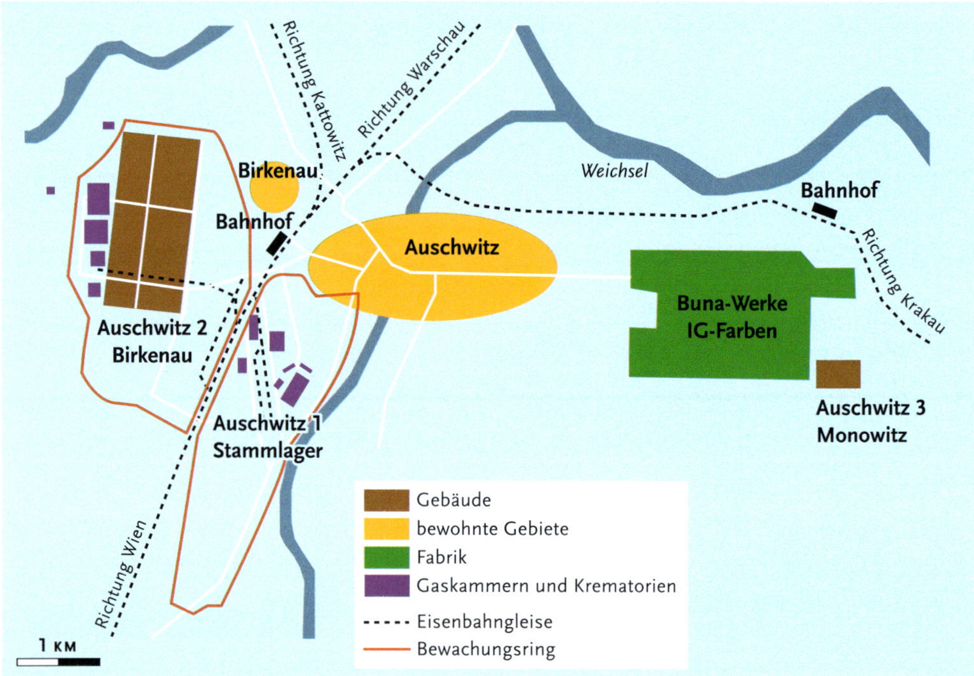

1 – Plan des Arbeits- und Vernichtungslagers Auschwitz.

* Shoah
(= hebräisch: große Katastrophe, Unheil) der von Juden verwendete Begriff für den Völkermord an sechs Millionen Juden aus ganz Europa in der Zeit des Nationalsozialismus.
Die Sinti und Roma bezeichnen den Völkermord an ihrer Minderheitengruppe als „Porajmos" (= das Verschlingen).

* Buna-Werke
ein Chemieunternehmen

* IG Farben
ein Pharma- und Chemiekonzern

Das Arbeits- und Vernichtungslager Auschwitz

Während des Zweiten Weltkriegs wurde aus der Verfolgung und Entrechtung die gezielte physische Vernichtung von Menschen, die ideologisch als „minderwertig" betrachtetet wurden. Dazu zählten neben den Juden auch Sinti und Roma (s. S. 130). Für diesen Zweck wurden Arbeits- und Vernichtungslager geschaffen. Seit 1940 gab es das NS-Konzentrationslager Auschwitz in der Nähe der Stadt Krakau im Süden des von Deutschland besetzten Polen. Über dem Eingangstor stand der zynische Satz: „Arbeit macht frei."
Auschwitz steht bis heute stellvertretend für einen systematisch durchgeführten Völkermord – die Shoah. Man schätzt, dass in Auschwitz mehr als eine Million Menschen getötet wurden. Die meisten waren Juden aus ganz Europa. Unter dem Lagerkommandanten Rudolf Höß wurde Auschwitz zu einer „Todesfabrik" ausgebaut.

„Selektion" an der Rampe

Die Menschen wurden massenweise in Zügen wie Tiere ins Lager gebracht. Nach ihrer Ankunft wurden sie gleich an der Rampe von Ärzten in Augenschein genommen und sofort „sortiert". Die noch Arbeitsfähigen mussten nach rechts und die Todeskandidaten nach links gehen. Diesen Vorgang nannte man damals „Selektion". Die noch Arbeitsfähigen wurden unter unmenschlichen hygienischen Bedingungen und bei absolut mangelhafter Ernährung in Baracken zusammengepfercht. Sie wurden durch Arbeit vernichtet, z.B. in den *Buna-Werken. Die zweite Gruppe wurde in die Gaskammern geführt.

Tod in den Gaskammern

Für die schnelle Tötung von Menschen sollte die *IG Farben ein Gas entwickeln, das billig war und binnen kurzer Zeit viele Menschen töten konnte. Das Gas Zyklon B entsprach diesen Anforderungen. Aber auch Dieselabgase wurden zur Tötung in den Gaskammern verwendet. Bis zu 1.000 Menschen konnten in einer Kammer vergast werden.

2 – **KZ-Häftlinge werden zur Zwangsarbeit bei Siemens eingesetzt.** Zeichnung von Lipins, ohne Jahr.

3 – **Wagen mit Leichen vor dem Krematorium in Auschwitz.** Zeichnung eines ehemaligen Häftlings, 1940er-Jahre.

Q1 Der Lagerkommandant Höß beschrieb 1946 den Vernichtungsvorgang:
Die zur Vernichtung bestimmten Juden wurden möglichst ruhig – Männer und Frauen getrennt – zu den Krematorien geführt. Im Auskleideraum wurde ihnen durch die dort beschäftigten Häftlinge des Sonderkommandos in ihrer Sprache gesagt, dass sie hier nun zum Baden und zur Entlausung kämen, dass sie ihre Kleider ordentlich zusammenlegen sollten und vor allem den Platz zu merken hätten, damit sie nach der Entlausung ihre Sachen schnell wiederfinden könnten. (...) Nach der Entkleidung gingen die Juden in die Gaskammer, die, mit Brausen und Wasserleitungsröhren versehen, völlig den Eindruck eines Baderaumes machte. (...) Das ging fast immer ganz ruhig, da die Ängstlichen und das Verhängnis vielleicht Ahnenden von den Häftlingen des *Sonderkommandos beruhigt wurden. (...) Die Tür wurde nun schnell zugeschraubt und das Gas sofort durch die bereitstehenden Desinfektoren in die Einwurflöcher durch die Decke der Gaskammer in einen Luftschacht bis zum Boden geworfen. (...) Durch das Beobachtungsloch in der Tür konnte man sehen, dass die dem Einwurfschacht am nächsten Stehenden sofort tot umfielen. (...) Die anderen fingen an zu taumeln, zu schreien und nach Luft zu ringen. Das Schreien ging aber bald in Röcheln über, und in wenigen Minuten lagen alle. Nach spätestens 20 Minuten regte sich keiner mehr. (...) Den Leichen wurden nun durch das Sonderkommando die Goldzähne entfernt und den Frauen die Haare abgeschnitten. Hiernach wurden sie durch den Aufzug nach oben gebracht vor die inzwischen angeheizten Öfen.

* „Sonderkommando"
So wurden die Arbeitskommandos mit Häftlingen genannt. Sie waren dazu gezwungen, die Ermordung der Deportierten vorzubereiten, die Leichen anschließend auszuplündern und zu verbrennen.

1. Erkläre mithilfe des Lageplans und der Häftlingszeichnungen den Begriff Arbeits- und Vernichtungslager.
2. Werte Q1 anhand der folgenden Kriterien aus:
   – Haltung des Schreibers zum Geschehen,
   – Darstellung des Vernichtungsvorgangs,
   – Beschreibung der Aufgaben des „Sonderkommandos",
   – Reaktion der Opfer.
3. Gestalte Bildunterschriften zu den Häftlingszeichnungen aus Auschwitz. Achte auf die Darstellungsweise der Personen, Elemente im Bildvordergrund und -hintergrund.
4. Am 27. Januar 1945 wurde das KZ Auschwitz befreit. Seit 2005 ist dieser Tag dem Gedenken an die Opfer des Nationalsozialismus gewidmet. Recherchiert, wie dieser Gedenktag begangen wird. Bewertet seine Bedeutung.
5. Recherchiere, auf welche Weise sich Firmen wie die Buna-Werke oder IG Farben an der Ausbeutung und Vernichtung von Menschen in den Konzentrationslagern beteiligt haben. Ermittle, wie sie nach dem Krieg zur Verantwortung gezogen wurden.

Wie sah das tägliche Grauen im Lager aus?

Erläuterungen zur Grafik:
„Bibelforscher“:
Häftlinge, die zumeist der Religionsgemeinschaft der Zeugen Jehovas angehörten. Diese gerieten u.a. in Konfrontation mit dem NS-Regime, weil sie den Militärdienst strikt ablehnten.

„Asoziale“
So wurden im NS-Staat verschiedene Gruppen bezeichnet, die außerhalb der „Volksgemeinschaft“ (s. S. 114) standen und deshalb ausgegrenzt wurden. Hierzu gehörten z.B. Obdachlose, Bettler, Landstreicher, Wanderarbeiter, Umherziehende (Sinti, Roma, Jenische, s. S. 130, 154), Prostituierte und Zuhälter.

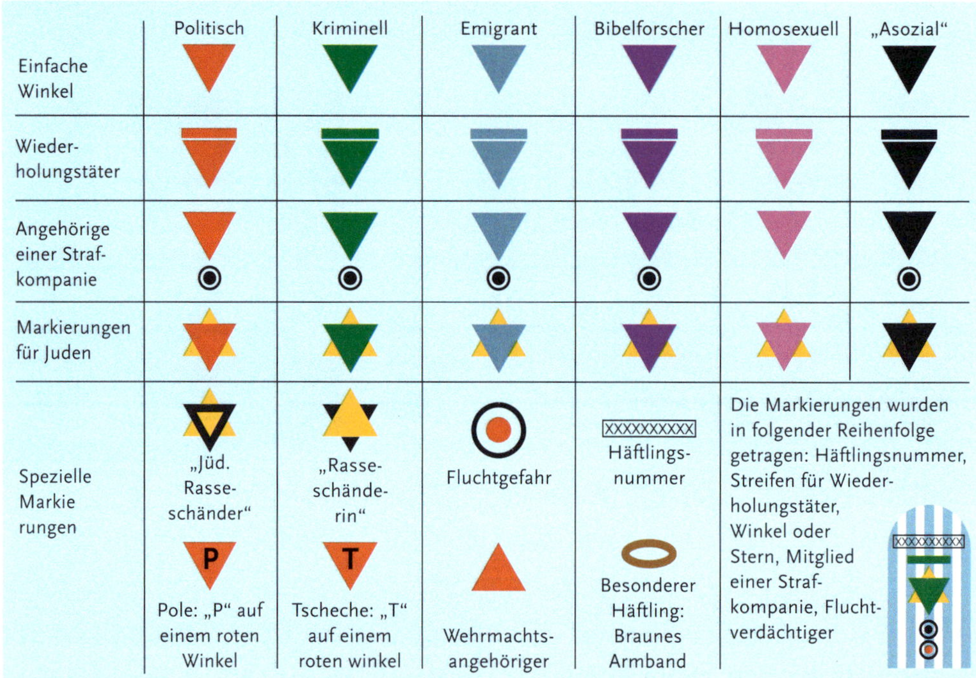

1 – Tabelle über die von den Nationalsozialisten verwendeten Kennzeichen für Häftlinge in Konzentrationslagern.

* Kapo/Capo
ein Häftling, der im KZ bestimmte Kontroll-, Ordnungs- und Verwaltungsaufgaben erfüllte. Dafür erhielt er verschiedene Vergünstigungen.

Der Mensch wird zur Nummer
Das Deutsche Reich war seit 1933 mit einem Netz aus Haupt- und Nebenlagern überzogen worden. Neben den sieben Hauptlagern im Reich – Dachau, Flossenbürg, Sachsenhausen, Buchenwald, Bergen-Belsen, Ravensbrück und Mauthausen kamen noch mehr als 1.000 Außenlager hinzu (s. Karte S. 148). Häftlinge kamen zur Bestrafung, „Umerziehung“, Ausbeutung ihrer Arbeitskraft und aus rassistisch sowie politisch motivierten Gründen in Konzentrationslager. Nach der Ankunft wurden sie kahlgeschoren, bekamen eine Nummer eintätowiert, mussten blau-weiß gestreifte Häftlingskleidung anziehen und in überfüllte Baracken einziehen.
Die täglichen Nahrungsrationen waren gering und reichten bei der schweren körperlichen Arbeit zum Überleben nicht aus. Jeden Tag gab es nur dünne Suppe, dazu meist verschimmeltes Brot, wenig Wurst, Margarine oder Marmelade.

Der Kampf ums nackte Überleben
Die KZ-Insassen waren der Willkür des Wachpersonals schutzlos ausgeliefert. Häufig wurden kriminelle Häftlinge als *Kapo eingesetzt. Die SS schürte bewusst Macht- und Überlebenskämpfe unter den verschiedenen Häftlingsgruppen. So wurden Kriminelle auf politische Häftlinge, Homosexuelle, Sinti und Roma oder Zeugen Jehovas gehetzt. Widerstand zu leisten, war unter diesen Bedingungen fast unmöglich und hatte harte Strafen zur Folge. Die Lager waren mit Stacheldrahtzäunen, Wachtürmen und Wassergräben gesichert. Wagten Häftlinge eine Flucht, so wurde intensiv mit Hunden nach ihnen gesucht, während die Mithäftlinge durch endlose Zählappelle bei Gluthitze, Regen oder Kälte bestraft wurden. Meist endeten Fluchtversuche tödlich. Der Kampf ums tägliche Überleben, die ständige Angst vor Schikanen und Schlägen durch die Wachmannschaften, Krankheiten und Schwäche sowie der permanente Hunger machten den Häftlingsalltag zur Hölle.

2 – Der Lageralltag im Konzentrationslager Auschwitz aus dem Comic „Die Suche", gezeichnet von Eric Heuvel. Die erzählte Geschichte ist erfunden, basiert aber auf den Aussagen und Erlebnisberichten ehemaliger Häftlinge.

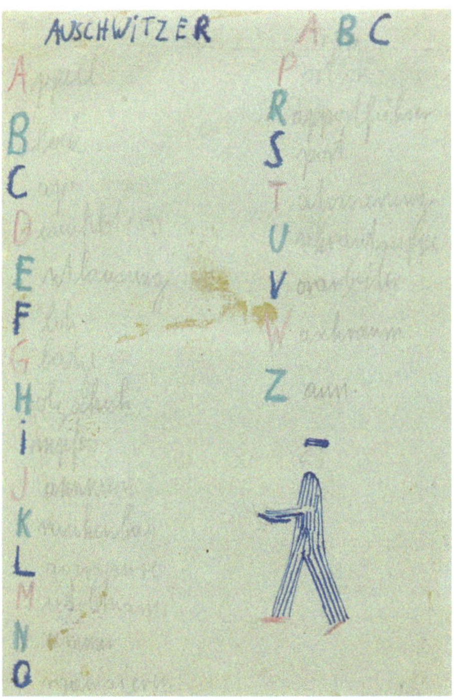

3 – „Auschwitzer ABC". Thomas Geve kam als 13-Jähriger ins Konzentrationslager Auschwitz und später nach Buchenwald. Er hielt seine Erlebnisse nach der Befreiung 1945 in Zeichnungen fest.

Q1 Julius Bendorf kam 1943 nach Auschwitz und musste in einem Nebenlager Zwangsarbeit verrichten:
Auf die Dauer konnte es in Monowitz nicht gelingen, seine Arbeitskraft zu erhalten, denn man konnte sich der Antreiberei nicht entziehen. Dafür sorgten schon die unmenschlichen Bewacher, die zusätzliche Ängste verursachten durch Bestrafungen oder Drohungen, nach Auschwitz-Birkenau – und das hieß Gaskammer – (...) verladen zu werden. Die Bestrafungen, die von uns allen mitangesehen werden mussten, waren Prügel oder Hinrichtungen durch den Strick.

1. Nenne mithilfe von Bild 1 die verschiedenen Häftlingsgruppen im KZ.
2. Erkläre den Zweck der Häftlingskennzeichnung.
3. Beschreibe mithilfe der Materialien dieser Doppelseite den Alltag der Häftlinge im Konzentrationslager. Berücksichtige dabei die permanenten Ängste und Nöte der Häftlinge.
4. Bilder von Thomas Geve (Bild 3) wurden 1995 bei einer Ausstellung zum 50. Jahrestag der Befreiung des Konzentrationslagers Buchenwald gezeigt. Er selbst nannte sie die „Zeichnungen eines kindlichen Historikers". Sprecht über den Titel und die Bedeutung solcher Bilder.
5. Recherchiere weitere Bilder von Thomas Geve und anderen ehemaligen KZ-Häftlingen im Internet.

▶ *Nutze die Methode „Eine Internetrecherche durchführen" von S. 184.*

Die Shoah

Welche Schicksale erinnern an den NS-Rassenwahn?

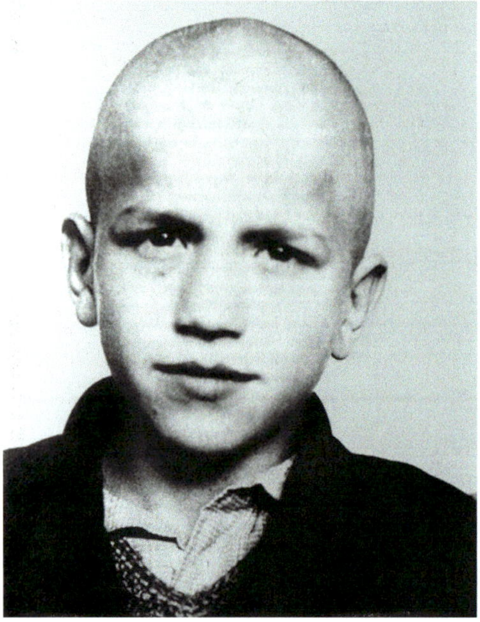

1 – Ernst Lossa. Foto, 1942.

2 – Anne Frank. Foto, 1940.

*Jenische
Sie sind eine bis heute nicht anerkannte Minderheit, die in ganz Mittel- und Westeuropa verbreitet ist. Sie lebten früher als fahrende Händler, Handwerker und Scherenschleifer. Sie haben eine eigene Sprache und Kultur. Das Wort „Kauderwelsch" stammt aus der Jenisch-Sprache. Sie sind nicht zu verwechseln mit den Sinti und Roma.

Ernst Lossa

Er war ein Junge aus armen Verhältnissen. Seine Eltern wurden von den Nationalsozialisten als „Zigeunermischlinge" eingestuft. Sie waren *Jenische, lebten als fahrende Händler in Schwaben und wurden von den Nationalsozialisten beobachtet, da sie in ihren Augen als „minderwertig" und „asozial" galten. Ernst Lossa wurde zusammen mit seinen Schwestern nach dem frühen Tod der Mutter in verschiedene Erziehungsanstalten geschickt. Dort stufte ihn ein ärztliches Gutachten als „stark abartiges und gemeinschaftsunfähiges Kind" ein. Sein Vater starb 1939 im Konzentrationslager an angeblicher Herzschwäche. 1942 kam Ernst Lossa in die Heil- und Pflegeanstalt Kaufbeuren. Hier lebte er zusammen mit geistig und körperlich Behinderten. Er bekam mit, wie immer mehr Anstaltsbewohner nach der Einnahme von Medizin „plötzlich" verstarben oder verhungerten. Er selbst verstarb im August 1944. In seinen Papieren stand „euthanasiert".

Anne Frank

Anne Frank wurde 1929 in Frankfurt/Main geboren. Die jüdische Familie wanderte in die Niederlande aus, um der Verfolgung durch die Nationalsozialisten zu entgehen. Ab 1942 musste sie sich in Amsterdam mit einer anderen jüdischen Familie verstecken. Otto Frank, der Vater von Anne, besaß in Amsterdam eine Firma. Vorausschauend hatte er neben seinen ehemaligen Geschäftsräumen ein Versteck im Hinterhaus eingerichtet. Unterstützt wurde die Familie von ehemaligen Mitarbeitern Otto Franks. In ihrem Versteck führte Anne bis 1944 Tagebuch. Hier schrieb sie alles auf, was sie bewegte und was geschah. Das Versteck wurde verraten und die Untergetauchten wurden nach Auschwitz abtransportiert. Kurz vor Kriegsende kamen Anne und ihre Schwester Margot in das Konzentrationslager Bergen-Belsen. Hier starben sie aufgrund der katastrophalen hygienischen Zustände an Fleckfieber. Nur Otto Frank überlebte und veröffentlichte Annes Tagebuch nach dem Krieg.

Johann Wilhelm Trollmann
Trollmann war ein Sinto und Anfang der 1930er-Jahre ein berühmter Boxer. 1907 wurde er in Gifhorn (Niedersachsen) geboren und wuchs in ärmlichen Verhältnissen auf. Mit acht Jahren entdeckte man sein Boxtalent. Bald gewann er verschiedene Meisterschaften. Er tanzte um seine Gegner herum, wich ihren Schlägen aus und platzierte seine Angriffe schnell und geschickt. Wegen seiner athletischen Figur, die an einen gerade gewachsenen Baum erinnerte, wurde er „Rukeli“ genannt. Das bedeutet in der Romanes-Sprache „Bäumchen“.
Im Kampf um die deutsche Meisterschaft 1933 war er für viele der Favorit. Allerdings passte dieser Sieg nicht in das rassistische Denkschema der Nationalsozialisten. Die Kampfrichter wollten den Kampf erst nicht werten, mussten aber nach lauten Protesten der Zuschauer den Sieg dann doch Trollmann zuerkennen. Nach einigen Tagen nahmen sie ihm den Titel als deutscher Meister im Halbschwergewicht jedoch wieder weg. In einem weiteren Kampf war Trollmann nur noch ein Schatten des einstigen Sportidols. Er musste nach viel Kritik in den Medien und Auflagen des Boxverbandes seinen dynamischen Kampfstil aufgeben. Damit verlor er seinen strategischen Vorteil. Vor dem Kampf färbte er sich die Haare blond und puderte sich die Haut weiß. Das war seine Form des Protests gegenüber dem NS-Rassismus.
Trollmann trat danach nur noch als Jahrmarktboxer auf. Er wurde zwangssterilisiert und trennte sich von seiner Ehefrau. Damit wollte er sie und die gemeinsame Tochter Rita vor einer Verfolgung schützen. 1939 wurde er zum Dienst in der Wehrmacht eingezogen und an der Ostfront verwundet. 1942 schloss man ihn aus „rassischen Gründen“ von der Wehrmacht aus. Nach einer Verhaftung kam er zunächst ins Konzentrationslager Neuengamme und dann ins KZ-Außenlager Wittenberge. Hier wurde er von einem Kapo aus Rache erschlagen, nachdem er ihn bei einem Boxkampf vor den SS-Mannschaften durch K.o.-Schlag besiegt hatte.

1 – Der Boxer Johann „Rukeli“ Trollmann. Foto, 1928.

Q1 Ein Eintrag aus dem Tagebuch der Anne Frank vom 23. Juni 1944:
Liebe Kitty!
Hier ist nichts Besonderes los! Die Engländer haben den großen Angriff auf Cherbourg begonnen. Pim [Annes Vater] und van Daan [Freund der Familie, der auch untergetaucht ist] sind der Meinung, dass wir am 10. Oktober frei sind! Die Russen nehmen teil an der Aktion und haben gestern ihre Offensive bei Witebsk begonnen, genau auf den Tag drei Jahre nach dem deutschen Überfall.
Wir haben fast keine Kartoffeln mehr; in Zukunft wollen wir sie abzählen und unter uns acht verteilen; dann kann jeder selbst sehen, wie er es macht.
Anne

1 Auf dieser Seite findest du drei Schicksale von jungen Menschen. Sie passten nicht in das menschenverachtende Weltbild der Nationalsozialisten, wurden ausgegrenzt und schließlich ermordet.
a) Wähle eine Person aus und verfasse einen Steckbrief für sie. Erste Informationen erhältst du auf diesen Seiten.
b) Recherchiere im Internet weitere Informationen und Bildmaterial. Ergänze mit diesen Angaben deinen Steckbrief.
▶ *Diese Stichworte für Ernst Lossa erleichtern dir die Suche im Internet: – Jenischer – Augsburg – Kaufbeuren.*
▶ *Im Internet findest du eine Internetseite des Anne-Frank-Hauses in Amsterdam. Schau dir in der Mediathek die Reportage mit dem Titel „Das Tagebuch der Anne Frank“ an.*
c) Stelle deinen Lebenslauf in der Klasse vor.

2 Untersuche den Auszug aus Annes Tagebuch (Q1). Was erfährst du von Anne über den Kriegsverlauf und die Situation im Versteck?

Methode

Eine Gedenkstätte besuchen

Aufgrund der schrecklichen Verbrechen der Nationalsozialisten gibt es in ganz Deutschland Gedenkstätten zur Erinnerung an die Opfer von Verfolgung, Widerstand und Krieg. Gedenkstätten dienen der Auseinandersetzung mit dem NS-Regime und seiner Verbrechen. Meist befinden sie sich direkt an Orten des Geschehens, auf Friedhöfen, in historischen Gebäuden oder in neu geschaffenen Museen. Es können auch nur noch Überreste vorhanden sein, die an die Vergangenheit erinnern. Oder es handelt sich um Denkmäler im öffentlichen Raum, die an Personen und Ereignisse erinnern. Insbesondere Konzentrationslager wurden als Gedenkstätten gestaltet, um das Geschehene zu dokumentieren. Sie sind zugleich Orte des Lernens und Gedenkens.
Der Besuch einer Gedenkstätte verlangt eine gute Vorbereitung. Nur so kann man sich mit der Geschichte des Ortes sinnvoll auseinandersetzen und das Erinnern nachhaltig gestalten. Gedenkstätten vermitteln nicht nur Fakten, sondern geben Denkanstöße. Sie haben mit Verantwortung und Geschichtsbewusstsein zu tun.

Folgende Hinweise helfen dir bei der Planung und Durchführung eines Gedenkstättenbesuchs:

Schritt 1
Organisatorische Vorbereitung

- Wo befinden sich in deiner Umgebung Gedenkstätten?
- Wie gelangt man zur Gedenkstätte und wie sind die Öffnungszeiten?
- Welche Informationen liefern das Internet oder andere Medien über die Gedenkstätte?
- Welche pädagogischen Angebote macht die Gedenkstätte für Schulklassen und Besucher?

Schritt 2
Inhaltliche Vorbereitung

- Woran erinnert die Gedenkstätte?
- Wie ist die Gedenkstätte aufgebaut oder gestaltet?
- Welche digitalen oder analogen Medien bietet die Gedenkstätte zur Auseinandersetzung mit dem Thema, z.B. Lagepläne, Kataloge, Filme, Videointerviews?
- Wie erschließt und dokumentierst du den Besuch in der Gedenkstätte (einzeln oder in Gruppen, Anfertigung von Notizen, Filmen, Protokollen, Artikeln auf der Homepage der Schule)?

Schritt 3
Auswertung des Besuchs

- Was hat dich besonders interessiert, beeindruckt und bewegt?
- Welche Fragen sind noch offen und wo kannst du Antworten finden?
- Worin besteht der besondere Wert eines Gedenkstättenbesuchs?

1 Informiere dich auf dieser Doppelseite, wie du mit deiner Klasse den Besuch einer Gedenkstätte planen und auswerten kannst. Beachte das Beispiel für die KZ-Gedenkstätte Buchenwald in Thüringen.

2 Wähle auf der Internetseite *www.stsg.de* eine Gedenkstätte in Sachsen aus und bereite mithilfe der Schritte 1–3 einen Besuch in dieser Gedenkstätte vor.

3 Gestalte einen Text zur Entstehung der Gedenkstätte, zu vorgenommenen Veränderungen und Angeboten der Gedenkstätte an Besucher. Orientiere dich dabei an M1.

4 Plane, in welcher Form du bei deinem Besuch in der Gedenkstätte an das Geschehene erinnern willst.

1 – **Torgebäude mit Wachturm und Gittertor.** Eingang zur KZ-Gedenkstätte Buchenwald in Weimar, Thüringen. Foto, 2021.

2 – **Dreisprachiger Gedenkstein am Platz des jüdischen Sonderlagers.** Foto, 2011.

M1 Informationen auf der Website der KZ-Gedenkstätte Buchenwald:
Im Juli 1937 lässt die SS auf dem Ettersberg bei Weimar den Wald roden und errichtet ein neues KZ. Mit dem Lager sollen politische Gegner bekämpft, Juden, Sinti und Roma verfolgt sowie „Gemeinschaftsfremde", unter ihnen Homosexuelle, Wohnungslose, Zeugen Jehovas und Vorbestrafte, dauerhaft aus dem deutschen „Volkskörper" ausgeschlossen werden. Schon bald wird Buchenwald zum Synonym für das System der nationalsozialistischen Konzentrationslager.
Nach Kriegsbeginn werden Menschen aus ganz Europa nach Buchenwald verschleppt. Im KZ auf dem Ettersberg und seinen 139 Außenlagern sind insgesamt fast 280.000 Menschen inhaftiert. Die SS zwingt sie zur Arbeit für die deutsche Rüstungsindustrie.
Am Ende des Krieges ist Buchenwald das größte KZ im Deutschen Reich. Über 56.000 Menschen sterben an Folter, medizinischen Experimenten und Auszehrung. In einer eigens errichteten Tötungsanlage werden über 8.000 sowjetische Kriegsgefangene erschossen. Widerstandskämpfer bilden im Lager eine Untergrundorganisation, um das Wüten der SS nach besten Kräften einzudämmen. Gleichwohl wird das „Kleine Lager" zur Hölle von Buchenwald. Noch kurz vor der Befreiung sterben Tausende der entkräfteten Häftlinge.
Als die Amerikaner im April 1945 Buchenwald und seine Außenlager erreicht haben, schreibt Dwight D. Eisenhower, der Oberbefehlshaber der Alliierten Streitkräfte: „Nichts hat mich je so erschüttert wie dieser Anblick."

Lösungsbeispiel: Schüler und Schülerinnen berichten über die Exkursion ihrer 8. Klasse in die KZ-Gedenkstätte Buchenwald:

Zum Schritt 1:
Wir haben uns für den Besuch der KZ-Gedenkstätte Buchenwald entschieden, da es das größte Konzentrationslager auf deutschem Boden war. Auf der Homepage haben wir uns über die Öffnungszeiten und angebotene Führungen im Vorfeld informiert. Wir haben dann eine zweistündige Überblicksführung durch die KZ-Gedenkstätte gebucht.

Zum Schritt 2:
Zur Vorbereitung haben wir im Geschichtsunterricht einen Fragenkatalog aufgestellt und kurze Ausschnitte aus dem Dokumentarfilm „KZ Buchenwald/Post Weimar" angeschaut. Es wurden dann Gruppen gebildet. Diese bekamen den Auftrag, einen Exkursionsbericht zu erstellen. Dafür sollten wir Informationen und Eindrücke zu dem Lager, den Gebäuden, dem Mahnmal und der Ausstellung während der Exkursion sammeln.

Zum Schritt 3:
Für uns war der Besuch in der KZ-Gedenkstätte ein sehr eindrucksvolles Erlebnis. Nach der Exkursion haben wir unsere Berichte im Geschichtsunterricht vorgestellt. Zur Vertiefung haben wir auf der Internetseite der KZ-Gedenkstätte unter dem Punkt „Geschichte online" weiter recherchiert. Dort kann man Biografien von Menschen, die im KZ Buchwald inhaftiert waren, lesen oder hören.

Welche Formen von Widerstand gab es?

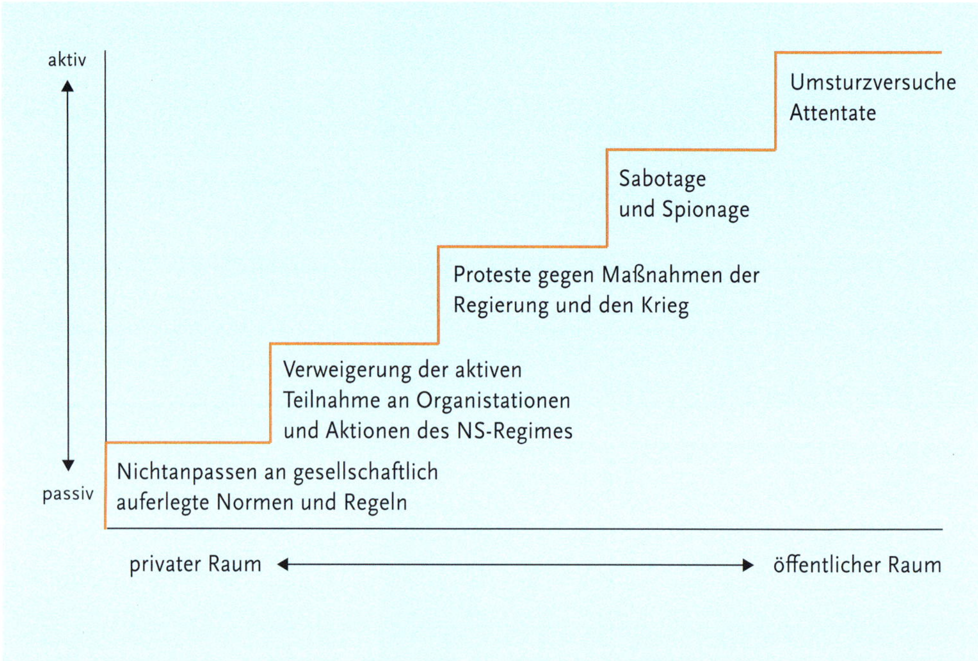

1 – Stufen abweichenden Verhaltens 1933–1945, entwickelt von dem Historiker Detlev Peukert.

*Widerstand
das Recht, sich gegen den Missbrauch staatlicher Gewalt, z.B. durch Tyrannen, zu wehren. Widerstand kann sich in unterschiedlichen Formen ausdrücken. Er reicht von der Nichtanpassung über die Verweigerung des Gehorsams bis zum aktiven gewaltsamen Handeln gegen ein Regime. In der Neuzeit wurde das Widerstandsrecht Teil der Menschenrechte.

War *Widerstand möglich?

Zwölf Jahre hielten sich die Nationalsozialisten an der Macht und entwickelten einen gewaltigen Überwachungs- und Unterdrückungsapparat mit Gestapo, Sicherheitsdienst, Polizei und SS. Sie nutzten Propaganda und Bespitzelung, schürten Hass und Rassismus und errichteten ein System von Konzentrationslagern und Gefängnissen. Gegner wurden eingeschüchtert, psychisch und physisch vernichtet. Trotzdem begehrten Menschen auf. Sie taten es aus verschiedenen Gründen und auf unterschiedliche Weise.

Formen des Widerstandes

Häufig waren es die kleinen Dinge im Alltag, mit denen Menschen ihre Ablehnung gegenüber dem NS-Regime zeigten: die Verweigerung des Hitlergrußes, das Nichteintreten in NS-Organisationen, die Ablehnung der Judenverfolgung und die heimliche Unterstützung jüdischer Mitbürger, KZ-Häftlinge oder Zwangsarbeiter.
Priester äußerten ihre Kritik am Rassismus der Nationalsozialisten in Predigten und Schriften.
Studenten und Jugendliche schlossen sich mit Gleichgesinnten zusammen und machten Pläne für ein Deutschland ohne NS-Diktatur. Sie verteilten Flugblätter, lebten ihren eigenen Mode- und Musikstil aus, hörten englische Radiosender und verweigerten sich gegenüber HJ und BDM.
Mitglieder der SPD und KPD mussten ihren Widerstand aus dem Untergrund heraus organisieren. Sie druckten und verteilten Flugblätter oder sabotierten kriegswichtige Anlagen.
Unter dem Namen „Rote Kapelle“ fasste die Gestapo mehrere Widerstandsgruppen in Deutschland und Westeuropa zusammen. Sie sammelte militärische Informationen und leitete diese an die Sowjetunion weiter, um sie über die Pläne der Wehrmacht zu informieren.
Im Warschauer Ghetto kam es am 19. April 1943 zu einem Aufstand der hier von den

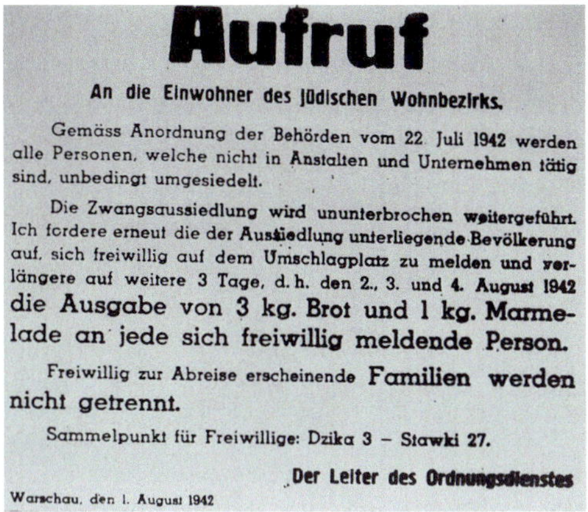

Aufruf

An die Einwohner des jüdischen Wohnbezirks.

Gemäss Anordnung der Behörden vom 22. Juli 1942 werden alle Personen, welche nicht in Anstalten und Unternehmen tätig sind, unbedingt umgesiedelt.

Die Zwangsaussiedlung wird ununterbrochen weitergeführt. Ich fordere erneut die der Aussiedlung unterliegende Bevölkerung auf, sich freiwillig auf dem Umschlagplatz zu melden und verlängere auf weitere 3 Tage, d. h. den 2., 3. und 4. August 1942 **die Ausgabe von 3 kg. Brot und 1 kg. Marmelade an jede sich freiwillig meldende Person.**

Freiwillig zur Abreise erscheinende **Familien werden nicht getrennt.**

Sammelpunkt für Freiwillige: Dzika 3 – Stawki 27.

Der Leiter des Ordnungsdienstes

Warschau, den 1. August 1942

2 – Aufruf an die zur Deportation vorgesehene jüdische Bevölkerung vom 1. August 1942.

3 – Jüdische Bewohnerinnen und Bewohner werden abgeführt und Häuser im Warschauer Ghetto abgebrannt. Foto, Mai 1943.

Deutschen zusammengetriebenen Juden. Das Ghetto sollte aufgelöst und die Bewohner in die Vernichtungslager im Osten gebracht werden. Die Juden kämpften mutig gegen die deutschen SS- und Polizeieinheiten. Dennoch verloren sie den ungleichen Kampf nach vier Wochen. Das Ghetto wurde nach dem Abtransport der Bewohner zerstört.
Etwa 40 Attentate wurden auf Hitler verübt. Die Täter hofften, dass mit seinem Tod der Krieg beendet werden und der Aufbau eines neuen Deutschlands beginnen könnte. Alle scheiterten. Die bekanntesten Attentäter waren Georg Elser (s. S. 160–161) und die Männer des 20. Juli um Claus Schenk Graf von Stauffenberg (s. S. 162–163).

Witz und Satire als Waffe

Obwohl jegliche Auflehnung unterdrückt und öffentliche Kritik am Regime mit dem *„Heimtückegesetz“ unter Strafe gestellt wurde, gab es viele Witze und Satire. Auch bei Büttenreden im Karneval oder Auftritten von Kabarettisten hörte man direkt oder indirekt geäußerte Kritik.

Q1 Flüsterwitze aus der NS-Zeit:

- Wie muss die deutsche Weihnachtsgans sein? Fett wie Göring, schnatternd wie Goebbels, braun wie die Partei und gerupft wie das deutsche Volk.
- Frage: „Was gibt's für neue Witze?“ Antwort: „Drei Monate Dachau.“
- In welcher Stadt gibt's die meisten Warenhäuser? In Berlin. Wo man auch hinschaut: Überall waren Häuser.
- Titel für Hitler: GröFaZ – größter Feldherr aller Zeiten.

* **„Heimtückegesetz“**
Gesetz „gegen heimtückische Angriffe auf Staat und Partei und Schutz der Parteiuniformen“ vom 20.12.1934. Es stellte letztendlich die freie und kritische Meinungsäußerung gegen das NS-Regime unter Strafe.

1 Beschreibe, wie der NS-Staat seine Macht schützte und gegen Kritik an seinem Regime vorging.
2 Untersuche das Schaubild 1.
3 Ordne die genannten Widerstandsbeispiele dem Schaubild zu. Begründe deine Entscheidungen.
4 Interpretiere die Flüsterwitze.
▶ *Achte darauf, gegen wen sie sich richteten und auf welche Ereignisse und Personen sie sich bezogen.*
5 Der vom NS-Regime verfolgte Journalist Carl von Ossietzky (1889–1938) sagte: „Ob wir überleben, ist weder sicher noch die Hauptsache. Wie man aber später von uns denken wird, ist so wichtig wie, dass man an uns denken wird. (...) Ein Deutschland, das an uns denkt, wird ein besseres Deutschland sein.“ Nimm Stellung zu der Aussage.
6 Vor der Deportation wurde den Juden mitgeteilt, dass sie 15 kg Gepäck und Wertsachen zu den Sammelstellen mitnehmen sollten. Analysiere die perfiden Methoden der Nazis bei der Vernichtung des jüdischen Ghettos. Beziehe die Bilder 2 und 3 mit ein.
7 Beurteile den Mut der Bewohner des Warschauer Ghettos, den Aufstand angesichts einer festinstallierten Diktatur mit Terrorapparat dennoch zu wagen.

Wer leistete Widerstand gegen den NS-Staat?

1 – Die Geschwister Hans (1918–1943) und Sophie (1921–1943) Scholl – hier mit Christoph Probst (rechts) – von der „Weißen Rose". Alle wurden am 22. Februar 1943 in München-Stadelheim hingerichtet.

Georg Elser (1903–1945)

Clemens August Graf von Galen (1878–1946)

* Tyrannis
eine gewaltsam errichtete Herrschaftsform im antiken Griechenland; sie ist durch Willkür und Unterdrückung gekennzeichnet.

Zwischen Zweifel und Hoffen

Anders als in den von Deutschland besetzten Ländern dauerte es im eigenen Land lange, bis sich Anzeichen von aktivem Widerstand in der Öffentlichkeit zeigten.
Viele Menschen
- fürchteten sich vor Verfolgung und Bestrafung,
- hatten Bedenken, gegen die eigene Regierung zu kämpfen,
- glaubten durch die NS-Propaganda, für die richtige Sache einzustehen.

Dies führte dazu, dass erst mit der Wende des Krieges 1943 ein zielführender Widerstand geübt wurde.

Georg Elser

Der Schreiner Georg Elser aus Königsbronn in Württemberg verübte bereits am 8. November 1939 allein ein Attentat auf Hitler. Mit einer selbst gebauten Bombe versuchte er, Hitler zu töten, während dieser eine Rede im Bürgerbräukeller in München hielt. Das Attentat misslang, da Hitler den Raum früher verließ. Nach jahrelanger Haft wurde Georg Elser im April 1945 im KZ Dachau ermordet.

Widerstand aus christlichen Motiven

Die Kirchen schwankten zwischen Duldung und Widerstand gegen das NS-Regime. Es waren Einzelne, die öffentlich gegen die Verfolgung von Mitmenschen, „Euthanasie" und Rassenlehre eintraten. Die evangelischen Pastoren Martin Niemöller, Paul Schneider und die katholischen Geistlichen Rupert Mayer und Bernhard Lichtenberg sind die Bekanntesten unter ihnen. Für ihren Widerstand wurden sie jahrelang in Konzentrationslagern gefangen gehalten. Die beiden großen Amtskirchen leisteten jedoch keinen offenen Widerstand.
Der Bischof von Münster, Clemens August Graf von Galen, prangerte 1941 in seinen Predigten den Mord an psychisch Kranken und Behinderten an: „Jetzt sind es die Unproduktiven", rief er. „Wann sind die anderen an der Reihe?" Da er bei der Bevölkerung sehr beliebt war, wagte es die NS-Führung nicht, ihn zu verhaften. Auch der evangelische Bischof Theophil Wurm verurteilte wie von Galen die Tötung von psychisch Kranken und Behinderten in seinen Predigten. Beide konnten erreichen, dass die Tötungen zeitweise eingestellt wurden.

Die „Weiße Rose"

Ab dem Sommer 1942 verteilten die Mitglieder einer Münchner Studentengruppe Flugblätter, die zum Widerstand gegen das NS-Regime aufriefen. Die Gruppe nannte sich „Weiße Rose". Zu dieser Gruppe gehörten die Geschwister Sophie und Hans Scholl, ihre Freunde Willi Graf, Christoph Probst und Alexander Schmorell sowie der Münchner Professor Kurt Huber. Am 18. Februar 1943 wurden die Geschwister Scholl und ihre Freunde verhaftet. Ein Mitarbeiter der Universität hatte beobachtet, wie sie Flugblätter an ihrer Universität ausgelegt hatten. Die Geschwister Scholl und Christoph Probst wurden nach einem kurzen Prozess zum Tode verurteilt und am 22. Februar hingerichtet. Einige Monate später wurden auch Kurt Huber, Alexander Schmorell und Willi Graf zum Tode verurteilt und getötet.

***Swing-Jugend und Edelweiß-Piraten**
Jugendliche organisierten sich während des Krieges in vielen deutschen Städten in Cliquen. Sie trafen sich in Cafés oder Klubs, um Swing-Musik zu hören. Diese Musik war von den Nationalsozialisten verboten worden. So protestierte die Swing-Jugend in Hamburg mit langem Haarschnitt, mit einer bewusst lässigen Kleidung und besonderen Abzeichen dagegen, dass der Staat sie bevormundete.
Im rheinisch-westfälischen Industriegebiet trafen sich Jugendliche aus dem Arbeitermilieu. Sie lehnten den Drill und die wachsende Militarisierung der Hitlerjugend ab. Sie wurden „Edelweiß-Piraten" genannt, weil sie als Erkennungszeichen eine Edelweiß-Anstecknadel trugen. In Köln wurden 13 Jungen der Edelweiß-Piraten am 10. November 1944 von der Gestapo gehängt.

Q1 In seiner Vernehmung sagte Georg Elser:
(D)er von mir seit Herbst 1938 vermutete unvermeidliche Krieg beschäftigte stets meine Gedankengänge. (...) Die von mir angestellten Betrachtungen zeitigten das Ergebnis, dass die Verhältnisse in Deutschland nur durch eine Beseitigung der augenblicklichen Führung geändert werden könnten. (...) Ich wollte ja auch durch meine Tat noch größeres Blutvergießen verhindern.

Q2 In dem letzten Flugblatt der „Weißen Rose" vom Februar 1943 hieß es unter dem Eindruck der Niederlage der deutschen Truppe bei der russischen Stadt Stalingrad:
Erschüttert steht unser Volk vor dem Untergang der Männer von Stalingrad. (...) Wollen wir den niederen Machtinstinkten einer Parteiclique den Rest der deutschen Jugend opfern? Nimmer mehr! Der Tag der Abrechnung ist gekommen, der Abrechnung der deutschen Jugend mit der verabscheuungswürdigsten *Tyrannis, die unser Volk je erduldet hat. Im Namen der deutschen Jugend fordern wir vom Staat Adolf Hitlers die persönliche Freiheit, das kostbarste Gut des Deutschen, zurück, um das er uns in der erbärmlichsten Weise betrogen (hat).

2 – Mahnmal für die Mitglieder der Weißen Rose in München. Foto, 2012.

* **Swing**
Stilrichtung des Jazz; in den 1920er-Jahren in den USA entstanden.

1. Erläutere mithilfe von Q1, wie Georg Elser sein Attentat begründet.
2. Beschreibe mithilfe des Textes den Widerstand aus christlichen Motiven.
3. Werte Q2 aus und erkläre, was die Mitglieder der „Weißen Rose" anprangerten.
4. Ordne den auf dieser Doppelseite beschriebenen Widerstand der Grafik 1 auf S. 158 zu.
5. Beschreibe die Mittel, welche die auf dieser Doppelseite beschriebenen Personen nutzten, um Widerstand zu leisten.
6. Führe eine Recherche über Widerstandskämpfer aus deiner Heimatregion durch.
   ▶ *Straßennamen, Namen für öffentliche Gebäude, Stolpersteine und Denkmäler im Ort können dir hierbei helfen.*
7. Der Historiker Richard Löwenthal schrieb 1982: „Der deutsche Widerstand (...) war immer die Leistung einer Vielzahl zersplitterter (...) Minderheiten – niemals eine Massenbewegung mit umwälzender Wirkung." Beurteile die Aussage. Gehe dabei auch auf Möglichkeiten und Grenzen des Widerstands ein.

Wie kam es zum militärischen Widerstand?

1 – Die zerstörte Lagerbaracke nach dem Attentat am 20. Juli 1944. Foto, 1944.

Claus Schenk Graf von Stauffenberg (1907–1944)

Helmuth James Graf von Moltke (1907–1945)

Ziviler und militärischer Widerstand

Die Niederlage von Stalingrad und der Massenmord an den Juden in den Vernichtungslagern bedeuteten einen Wendepunkt für die Widerstandskämpfer. Bisher war der Widerstand auf vereinzelte Gruppen und mehr oder weniger erfolgreiche Einzelaktionen beschränkt gewesen (vgl. S. 158–161). Jetzt planten Militärs, Diplomaten und Beamten eine gemeinsame Aktion. Mit einem Attentat und Staatsstreich sollten Hitler und sein Regime beseitigt werden.
Zivile Widerstandsgruppen um den ehemaligen Leipziger Oberbürgermeister Carl Friedrich Goerdeler (s. VIP auf S. 163) und den Gutsbesitzer und Juristen Helmuth James Graf von Moltke („Kreisauer Kreis") berieten dazu über eine neue staatliche Ordnung nach dem Sturz Hitlers. Sie standen in Verbindung mit dem militärischen Widerstand. Dieser hatte sich um den 1938 entlassenen Generaloberst Ludwig Beck gebildet. Es waren vor allem jüngere Wehrmachtsoffiziere, die sich nicht mehr an ihren Gefolgschaftseid, den sie dem „Führer" geschworen hatten, gebunden fühlten. Nachdem schon mehrere Attentatsversuche auf Hitler gescheitert waren, plante eine Gruppe um Oberst Claus Schenk Graf von Stauffenberg das Unternehmen „Walküre".

Der 20. Juli 1944

Am 20. Juli 1944 wurde Stauffenberg zu einer Besprechung mit Hitler nach Ostpreußen gerufen. Bei dem Treffen stellte er eine Aktentasche mit einer Bombe neben Hitler ab. Dann verließ er den Raum, um nach Berlin zu fliegen. Von dort sollte Stauffenberg den Umsturz selbst leiten. Die Bombe explodierte und tötete mehrere Menschen. Aber Hitler wurde nur leicht verletzt. Die meisten Generäle stellten sich nach dem Attentat auf Hitlers Seite. Deshalb brach der Umsturzversuch schnell zusammen. Stauffenberg und andere beteiligte Offiziere wurden noch in der Nacht des 20. Juli erschossen.
In den nächsten Monaten verhaftete die Gestapo über 5.000 Personen, die an dem Umsturzplan beteiligt waren. Viele wurden vom Volksgerichtshof zum Tode verurteilt.

Q1 Die Gruppe des 20. Juli hatte im Sommer 1944 einen Aufruf entworfen, in dem sie ihre Ziele nannte:

Deutsche! Hitlers Gewaltherrschaft ist gebrochen. (...) Um sich in der Macht zu halten, hat er eine Schreckensherrschaft errichtet. (...) Zahllose Deutsche, aber auch Angehörige anderer Völker, schmachten seit Jahren in Konzentrationslagern, den größten Qualen ausgesetzt und häufig schrecklichen Foltern unterworfen. (...) Durch grausame Massenmorde ist unser guter Name besudelt. (...) Unser Ziel ist die wahre, auf Achtung, Hilfsbereitschaft und soziale Gerechtigkeit gegründete Gemeinschaft des Volkes. Wir wollen Gottesfurcht anstelle von Selbstvergottung, Recht und Freiheit anstelle von Gewalt und Terror, Wahrheit und Sauberkeit anstelle von Lüge und Eigennutz. (...) Wir wollen mit besten Kräften dazu beitragen, die Wunden zu heilen, die dieser Krieg allen Völkern geschlagen hat, und das Vertrauen zwischen ihnen neu zu beleben. (...) Wir wollen der Hoffnungslosigkeit, dass dieser Krieg noch unendlich weitergehen müsse, ein Ende machen. Wir erstreben einen gerechten Frieden.

„Es ist eine phantastische Illusion, einen dauerhaften Frieden auf einen Pakt mit dem Teufel zu gründen."

Name: Carl Friedrich Goerdeler
Lebensdaten: 31. Juli 1884 – 2. Februar 1945
Familie: Goerdeler stammte aus einer gutbürgerlichen, konservativen Beamtenfamilie.

Jugend/Schule/Ausbildung:
- Ab 1891 besuchte er das Gymnasium in Marienwerder (Abitur 1902)
- Von 1905 bis 1911 studierte er u.a. in Königsberg Rechtswissenschaften.

Werdegang:
- Goerdeler trat 1912 in den Staatsdienst in Solingen ein.
- Im Ersten Weltkrieg diente er als Offizier in Weißrussland.
- 1920 wurde er in Königsberg Zweiter Bürgermeister und 1930 Oberbürgermeister von Leipzig.
- Der Monarchist Goerdeler lehnte die parlamentarische Demokratie ab. Er war Mitglied der antidemokratischen Deutschnationalen Volkspartei.
- Goerdeler war ein wirtschaftspolitischer Fachmann. Ende 1931 ernannte der Reichskanzler ihn daher zum Reichspreiskommissar, um die Preise zu überwachen.
- Obwohl er kein Mitglied der NSDAP war, wurde er 1934 erneut Reichspreiskommissar.
- Goerdeler kritisierte schon bald die Wirtschafts- und Finanzpolitik der Nationalsozialisten. Er wurde daraufhin von Hitler als Reichspreiskommissar entlassen.
- 1937 entfernten die Nationalsozialisten in Leipzig das Denkmal des jüdischen Komponisten Mendelssohn Bartholdy. Daraufhin trat Goerdeler aus Protest als Oberbürgermeister zurück.
- Bis 1939 wurde er Berater für die deutsche Großindustrie. Auf ausgedehnten Auslandsreisen knüpfte er wichtige Kontakte und warnte zugleich vor den Nationalsozialisten.
- Mit Ausbruch des Zweiten Weltkriegs führte Goerdeler mit Generaloberst Ludwig Beck den zivilen Widerstand gegen Hitler an.
- Die „Goerdeler-Gruppe" wollte Hitler stürzen und machte Pläne für eine Neuordnung Deutschlands nach Kriegsende. Ihnen schwebte ein autoritäres Reich wie unter Bismarck oder eine neue Monarchie vor. Politische Parteien oder Volksvertreter sollten eine untergeordnete Rolle spielen. Goerdeler wollte Reichskanzler werden.
- Kurz vor dem Stauffenberg-Attentat musste Goerdeler vor der Gestapo flüchten. Er wurde aber bald verraten und verhaftet. Am 8. September 1944 verurteilte man ihn zum Tode. Nach mehrmonatigen Verhören wurde er am 2. Februar in Berlin-Plötzensee hingerichtet.

Besonderheit:
Carl Friedrich Goerdeler lehnte politischen Mord, also ein Attentat, aus moralischen Gründen ab.

Was bleibt:
Zu Ehren Goerdelers sind nach dem Zweiten Weltkrieg zahlreiche deutsche Straßen und Schulen nach ihm benannt worden. Die historische Gestalt ist heute aber umstritten. Viele Unterdrückungsmaßnahmen gegen Juden nahm er ohne Protest hin. Zahlreiche Verordnungen zum Ausschluss von Juden aus dem öffentlichen Leben hat er selbst unterzeichnet. Andererseits besuchte er nach dem nationalsozialistischen Boykott im April 1933 demonstrativ jüdische Geschäfte.

1. Untersuche in Q1, wie die Widerstandskämpfer ihren Schritt begründen. Welche Ziele nennen sie?
2. Das Zitat oben stammt von Carl Friedrich Goerdeler. Er äußerte den Satz nach Bekanntwerden des Münchner Abkommens (s. S. 134–135). Erläutere ihn.
3. Erläutere anhand des Steckbriefs, warum Goerdeler heute kritisch gesehen wird. Nimm anschließend dazu Stellung.

Das Ende des Zweiten Weltkriegs

Wie sah der Kriegsalltag an der Heimatfront aus?

1 – Plakat des Reichsministeriums für Volksaufklärung. 1943/44.

2 – Im Rahmen des Reichsarbeitsdienstes wird eine Frau in die Arbeit am Fahrkartenschalter bei der Berliner Stadtbahn eingewiesen. Propagandafoto von 1942.

*Flak
Abkürzung für „Flugabwehrkanone". Die Geschütze richteten sich gegen Flugzeuge und sollten strategische Ziele auf dem Boden vor Luftangriffen schützen.

Leben mit dem Mangel

Mit Beginn des Krieges vollzog sich auch ein Wandel in der NS-Propaganda. Von den Frauen wurde nun erwartet, dass sie die fehlenden männlichen Arbeitskräfte in Industrie, Landwirtschaft, Verkehr und Verwaltung ersetzen. Um die Versorgung der Armee sicherzustellen, wurden alle Kräfte mobilisiert und auch mit der Rationierung von Nahrungsmitteln und Gebrauchsgütern begonnen. Die wöchentliche Lebensmittelration betrug für Erwachsene pro Woche 2.250 g Brot oder Mehl, 500 g Fleisch und 270 g Fett. Schwerarbeiter, werdende Mütter oder Kinder konnten Sonderzulagen erhalten.
Schwangere und Kinder bekamen auch Vollmilch, wohingegen die übrigen Verbraucher mit Magermilch auskommen mussten.
Kleidung konnte man nur mithilfe der „Reichskleiderkarte" erhalten. Je länger der Krieg dauerte, desto stärker wurde die Bevölkerung zum Sparen aufgerufen und je mehr wurden die Rationen gekürzt. Propagandaplakate appellierten immer wieder zu Sparmaßnahmen und an den Durchhaltewillen. Dass es im Deutschen Reich während des Krieges keine ernsthaften Ernährungsprobleme gab, ist auf die rücksichtslose Ausbeutung der besetzten Gebiete in Osteuropa zurückzuführen. Das galt allerdings nicht für die jüdische Bevölkerung in Deutschland. Diese erhielt meist deutlich weniger Nahrungsmittel und Kleidung zugeteilt.

Feuersturm über Deutschland

Der Luftkrieg gehörte seit 1939 zum Kampfgeschehen. Erst waren es deutsche Flugzeuge, die mit massiven Bombenangriffen Städte und Dörfer in Polen und England zerstörten. Ab 1941 kehrte sich diese Strategie gegen Ziele im Reich. Die Deutschen wurden zum Verdunkeln aufgerufen, Luftschutzkeller wurden eiligst eingerichtet und *Flak-Geschütze aufgestellt. Allerdings wirkten diese Maßnahmen oftmals hilflos angesichts der zielgerichteten Bombenangriffe durch Großbritannien und die USA auf deutsche Städte.
Rüstungsbetriebe, Großstädte und wichtige Einrichtungen wie Häfen und Bahnhöfe

3 – Blick vom Rathausturm auf das fast völlig kriegszerstörte Dresden. Foto, 1945.

4 – Verletzte jugendliche Flakhelfer in München werden nach einem Bombenangriff zu Kriegsende ausgezeichnet. Foto, 1944/45.

waren die Ziele der Piloten. Die Alliierten wollten einerseits die militärische Schlagkraft Deutschlands vermindern, andererseits die Zivilbevölkerung demoralisieren. Auf diese Weise sollten die deutsche Regierung und die Wehrmacht schneller zum Aufgeben gezwungen werden. Auch die von den Deutschen besetzten Gebiete in Frankreich und den Niederlanden fielen diesem Feuersturm zum Opfer. Im Herbst 1943 begann die Luftschlacht um Berlin. Ab 1944 konzentrierten sich die alliierten Flugzeuge auf die Städte im Ruhrgebiet mit seinen riesigen Industrieanlagen. Dresden erlebte vom 13. bis zum 15. Februar 1945 den schlimmsten Angriff. Schätzungen gehen von bis zu 35.000 Toten aus. Das historische Zentrum wurde binnen 24 Minuten komplett zerstört. Dieser Feuersturm war die Antwort der Alliierten auf die Bombardierung englischer Städte ab 1940.

Q1 Ein Augenzeuge berichtete über die britisch-amerikanischen Luftangriffe auf Augsburg im Februar 1944:
Welch ein Bild des Grauens bot sich uns, als wir aus dem Keller in die Häuser und auf die Straße gingen. In dämonischem Licht erglühte die brennende Stadt, Haus an Haus flammte und brannte wie Fackeln, und verstärkt zog der Elendszug der Flüchtlinge den Fluchtweg entlang und die Gemüter wurden grimmig gewürgt von der beginnenden Erkenntnis, dass tausendfaches Elend über die Bewohner der Stadt gekommen sei.

M1 Statistik zum Bombenkrieg 1940–1945:

	Bombenabwurf in Tonnen auf	
Jahr	Großbritannien	Deutschland
1940	36.844	10.000
1941	21.858	30.000
1942	3.260	40.000
1943	2.298	120.000
1944	9.151	650.000
1945	761	500.000

1. Nenne Veränderungen im Alltag der Zivilbevölkerung.
2. Erkläre die Rolle der NS-Propagandabilder für die Mobilisierung der Menschen an der „Heimatfront". Beachte die Gestaltungsmittel in der Darstellung (Bild 1).
3. Vergleiche die Aussage des Propagandaplakats (Bild 1) mit der des Augenzeugen aus Augsburg (Q1).
4. Jungen und Mädchen wurden nach kurzer Ausbildung als Flakhelfer und Bedienung von Scheinwerfern bei Luftangriffen eingesetzt. Diskutiert die Gefahren, Ängste und Probleme dieser Personengruppe. Bezieht auch die Bilder 3 und 4 sowie die Statistik (M1) mit ein.

Wie endete der Krieg in Europa?

1 – Generaloberst Keitel (Mitte) unterzeichnete Deutschlands Gesamtkapitulation am 8. Mai 1945 im sowjetischen Hauptquartier in Berlin-Karlshorst.

Charles de Gaulle (1890–1970) französischer General und Staatsmann. Er kämpfte für die Befreiung Frankreichs von der deutschen Besatzung.

Der Vormarsch der Alliierten

Nicht nur Stalingrad markierte die Wende im Zweiten Weltkrieg. 1942 eröffneten die alliierten Mächte Großbritannien und die USA die von Stalin schon lange geforderte zweite Front im Westen. Ihre Truppen landeten 1942 in Nordafrika und zwangen 1943 das deutsche Afrikakorps unter Generalfeldmarschall Rommel zur Aufgabe. Im gleichen Jahr landeten amerikanisch-britische Verbände auf Sizilien und sorgten so für den Sturz Mussolinis, Hitlers Verbündetem.
Am 6. Juni 1944 begann die Landung der Alliierten mit Truppen aus den USA, Großbritannien, Kanada, Polen, Frankreich, Neuseeland und weiteren Staaten in der Normandie. Dieses Ereignis wird mit dem Begriff *D-Day bezeichnet. Nach schweren Kämpfen und großen Verlusten gelang es ihnen, Frankreich zu erobern. General de Gaulle (Randspalte) zog an der Spitze der französischen Widerstandsbewegung im August 1944 in Paris ein.

Das Kriegsende in Europa

Im Herbst 1944 standen die alliierten Truppen an der deutschen Westgrenze und die Rote Armee der Sowjetunion in Ostpreußen. Hilflos und immer noch geprägt von den Parolen der NS-Propaganda wurde die Bevölkerung vom Hitlerregime zum Durchhalten aufgefordert und eine rechtzeitige Flucht aus den Kampfgebieten unter Androhung härtester Strafen verhindert. In den letzten anderthalb Kriegsjahren verloren mehr Menschen ihr Leben als in den vorangegangenen zusammen. Letzte Gegenoffensiven der Deutschen blieben erfolglos. Im Frühjahr 1945 standen sowjetische Truppen an der Oder und die westlichen Alliierten überquerten den Rhein.
Am 8. Mai 1945 endete der Zweite Weltkrieg in Europa. Deutschland kapitulierte zweimal: am 8. Mai vor den westlichen Alliierten und am 9. Mai vor der Sowjetunion.

2 – Verteilung von Kartoffeln an die Bevölkerung. Foto, Mai 1945.

3 – Aufschrift auf einer Hauswand. Foto, März 1945.

Q1 Erklärung des US-Präsidenten Roosevelt (Amtszeit 1933–1945) und des britischen Premiers Churchill (s. S. 138 Randspalte) 1943 auf der Konferenz von Casablanca (Marokko):

In Anbetracht der gesamten Kriegslage sind wir mehr denn je davon überzeugt, dass nur eine totale Beseitigung der deutschen und japanischen Kriegsmacht der Welt den Frieden bringen kann. Dies führt zu der einfachen Formulierung der Kriegsziele, welche eine bedingungslose Kapitulation Deutschlands, Japans und Italiens zum Inhalt hat. Die bedingungslose Kapitulation dieser Mächte kann allem Ermessen nach den Weltfrieden für Generationen sichern.

Q2 Aus der Urkunde über die bedingungslose Kapitulation der Deutschen Wehrmacht vom 8. Mai 1945:

1. Wir, die hier Unterzeichneten, handelnd in Vollmacht für und im Namen des Oberkommandos der Deutschen Wehrmacht, erklären hiermit die bedingungslose Kapitulation aller am gegenwärtigen Zeitpunkt unter deutschem Befehl stehenden oder von Deutschland beherrschten Streitkräfte auf dem Lande, auf der See und in der Luft (...).
2. Das Oberkommando der Deutschen Wehrmacht wird unverzüglich allen Behörden der deutschen Land-, See- und Luftstreitkräfte und allen von Deutschland beherrschten Streitkräften den Befehl geben, die Kampfhandlungen um 23:01 Uhr (...) am 8. Mai einzustellen (...).
3. Das Oberkommando der Deutschen Wehrmacht wird unverzüglich den zuständigen Befehlshabern alle von dem Obersten Befehlshaber der Alliierten Expeditionsstreitkräfte und dem Oberkommando der Roten Armee erlassenen zusätzlichen Befehle weitergeben und deren Durchführung sicherstellen.
6. Diese Erklärung ist in englischer, russischer und deutscher Sprache abgefasst. Allein maßgebend sind die englische und die russische Fassung.

* D-Day
Landung der Alliierten in der Normandie. Der Begriff entspricht dem deutschen Tag X und meint den Stichtag für eine militärische Operation. Die Abkürzung passt aber auch zu „Decision day" (Entscheidungstag) oder „Debarkationday" (Landungstag).

1 Nenne die wichtigsten Kriegsschauplätze am Kriegsende.
2 Beschreibe die Wirkung der Fotos auf dieser Seite.
3 Vervollständige deinen Zeitstrahl zum Zweiten Weltkrieg, den du auf S. 139 in Aufgabe 2 begonnen hast.
4 Erläutere die Ziele der Alliierten anhand des Textes und Q1.
5 Untersuche Q2 und erkläre die Bedeutung der bedingungslosen Kapitulation.
6 In Erinnerung an den Zweiten Weltkrieg wurden verschiedene Gedenktage ins Leben gerufen. Recherchiere die folgenden Daten: 1. September, 27. Januar, 8. und 9. Mai.

Der Kampf um Berlin

1 – Ein Soldat der Roten Armee hisst die sowjetische Flagge auf dem Reichstagsgebäude. Foto von Jewgeni Chaldej am 2. Mai 1945.

Schauplatz Geschichte

Längst ist der Krieg in seine Endphase getreten. Erbittert wird um die Reichshauptstadt Berlin gekämpft. Die Rote Armee verlor in dem Häuserkampf nochmals viele Soldaten. Aber es gelang ihnen schließlich, das Reichstagsgebäude einzunehmen. Dort hatten sich fanatische Truppen verschanzt, die sich nicht ergeben wollten. Die Kämpfe forderten nochmals viele Todesopfer. Einige Tage später entstand diese nachgestellte Aufnahme.

Bildet Gruppen und bearbeitet eine der Aufgaben 1–3. Stellt eure Ergebnisse anschließend den anderen Gruppen vor.

1 Betrachtet das Bild und beschreibt, wie Berlin im April 1945 von hier oben aussah.
- ▶ *Achtet auf die Gebäude und die Straßenzüge rund um das Reichstagsgebäude.*

2 Verfasst mithilfe des Bildes einen möglichen Tagebucheintrag des Rotarmisten.
- ▶ *Verwendet folgende Daten und Begriffe: 22. Juni 1941, „Untermenschen", „Lebensraum im Osten", „Tausendjähriges Reich".*

3 Informiert euch über das heutige Aussehen, die Nutzung und die Restaurierung des 1933 völlig zerstörten Reichstagsgebäudes. Geht dazu auf die Seiten des Bundestags.
- ▶ *Nehmt die Methode „Eine Internetrecherche durchführen" von S. 184 zu Hilfe.*

Wie endete der Krieg in Japan?

1 – Der Abwurf der amerikanischen Atombombe auf die Stadt Hiroshima am 6. August 1945.

2 – Der japanische General Yoshira Umeza unterzeichnet am 2. September 1945 auf dem US-Kriegsschiff Missouri die japanische Kapitulationsurkunde.

*Midwayinseln
Dies ist eine Inselgruppe im Pazifik, die sich 2.000 Kilometer nordwestlich von Hawaii befindet.

Harry S. Truman (1884–1972)
Er wurde nach dem Tod von US-Präsident Roosevelt im April 1945 sein Nachfolger im Amt. Er amtierte bis 1953.

Der Krieg im Pazifik

Japan übte seit 1937 eine brutale Eroberungs- und Besatzungspolitik auf dem asiatischen Kontinent und im Pazifik aus. Damit wollte Deutschlands Verbündeter im Zweiten Weltkrieg seine Macht- und Wirtschaftsinteressen durchsetzen. Bei den *Midwayinseln erlebte die japanische Armee von Kaiser Hirohito allerdings 1942 eine schwere Niederlage. Sie verlor vier Flugzeugträger und einen Großteil ihrer Bomberbesatzung. Das bedeutete eine massive Schwächung der japanischen Luft- und Seehoheit im pazifischen Raum.

Nach und nach konnten die Alliierten Japan aus den eroberten Gebieten verdrängen. Dieser zähe Kampf kostete viele Menschenleben. Die Amerikaner errichteten Luftwaffenstützpunkte auf den eroberten Inseln. So konnten sie Langstreckenflugzeuge ins 2.000 Kilometer entfernte Japan schicken und den Kriegsgegner direkt auf seinem Gebiet angreifen. Von Ende 1944 bis August 1945 wurde Tokio bombardiert. Dabei starben ca. 80.000 Menschen.

Kriegsende in Asien

Auch nach der Kapitulation Deutschlands im Mai 1945 ging der Krieg in Asien mit unerbittlicher Härte weiter. Die USA entschieden sich zum Einsatz einer neuen Geheimwaffe, die während des Krieges entwickelt wurde – die Atombombe. Am 6. August 1945 setzten die Amerikaner auf Befehl von US-Präsident Harry Truman erstmals eine Atombombe ein. Ziel war die japanische Industriestadt Hiroshima. Von den etwa 340.000 Einwohnern kamen bei der Explosion ca. 70.000 bis 80.000 ums Leben. 60.000 Menschen erlagen später ihren schweren Verletzungen. Am 9. August 1945 setzte die US-Luftwaffe eine zweite Atombombe über Nagasaki ein. Dabei starben ca. 22.000 bis 35.000 Menschen.

Als Folge kapitulierte Japan auf dem US-Kriegsschiff Missouri am 2. September 1945. Damit endete der Zweite Weltkrieg endgültig. Er gilt bis jetzt als schlimmste und opferreichste kriegerische Auseinandersetzung der Menschheit.

3 – **Mahnmal im Friedenspark in Hiroshima.** Der Rundbogen ist ein Kenotaph – ein Scheingrab. Im Hintergrund steht die Ruine eines 1945 zerstörten Gebäudes. Foto, 15.09.2000.

4 – **„Weltfremd“.** Dargestellt werden der frühere US-Präsident Barack Obama (Amtszeit: 2009–2017) und Uncle Sam als Symbol für die USA. Karikatur von Paolo Calleri, 2016.

Eine Bilanz des Schreckens

Das Grauen dieses Krieges lässt sich nicht in Worte fassen. Die enorme Anzahl von mehr als 60 Millionen Toten unter Zivilisten und Soldaten, etwa 35 Millionen Verwundete und drei Millionen Vermisste sowie sechs Millionen Opfer der Shoah und über zwölf Millionen Vertriebene geben diesem Grauen ein Gesicht.

Der Zweite Weltkrieg und die Shoah waren die zweite Katastrophe des 20. Jahrhunderts, eine Tragödie der Menschheitsgeschichte, die bis heute nachwirkt.

Q1 1965 sagte US-Präsident Truman über den Abwurf der Atombomben:

Mir war natürlich klar, dass die Explosion einer Atombombe unvorstellbare Schäden und Menschenverluste zur Folge haben würde. (...) Eines möchte ich klarstellen: Ich betrachtete die Bombe als militärische Waffe und hatte nie den geringsten Zweifel daran, dass sie eingesetzt werden sollte (...).

M1 Die Toten des Zweiten Weltkriegs (Auswahl, in Klammern: Anteil der Zivilisten).

Gesamtverluste: ca. 65 Millionen Tote

Sowjetunion	27.000.000 (14.000.000)
China	13.500.000 (10.000.000)
Polen	6.000.000 (5.700.000)
Japan	3.760.000 (1.700.000)
Deutschland	6.350.000 (1.170.000)
Jugoslawien	1.690.000 (950.000)
Ungarn	950.000 (590.000)
USA	407.316
Großbritannien	386.000
Frankreich	360.000 (150 000)

1 Suche die im Text genannten Kriegsschauplätze auf einer geografischen Karte.

2 Erkläre, wie es zum Einsatz der Atombomben kam.

3 Bewerte die Aussage von Präsident Truman unter Berücksichtigung der Folgen des Atombombenabwurfs.

4 Interpretiere die Karikatur aus dem Jahr 2016.

▶ *So kannst du beginnen: Der damalige US-Präsident Obama sprach sich kurz vor Ende seiner Amtszeit 2016 gegen ...*

5 Gestalte einen Aufruf zu einer Friedenskundgebung. Verwende die Informationen auf dieser Doppelseite dazu.

Geschichte vor Ort

Wie endete der Krieg in Sachsen?

1 – Kriegsgräberfriedhof in Göda bei Bautzen. Zahlreiche Soldaten starben beim sinnlosen Widerstand in den letzten Kriegsmonaten, Foto 2010.

Mitteldeutschland im Zentrum des Kriegsgeschehens

Zu Beginn des Jahres 1945 waren große Teile West- und Norddeutschlands bereits von westalliierten Truppen erobert worden. Nun wollten sie östlich in Richtung Mitteldeutschland vorrücken, um mit der Roten Armee zusammenzutreffen. Als Haltelinie war ein Gebiet zwischen den Flüssen Elbe-Mulde vereinbart worden.

Seit Januar 1945 verstärkten Briten und US-Amerikaner ihre Luftangriffe auf Mitteldeutschland, bei denen Städte wie Dresden am 13./14. Februar oder Chemnitz Anfang März größtenteils zerstört wurden. Diese Luftschläge unterstützten einerseits die Bodenoffensiven der eigenen Truppen, andererseits sollten so kriegswichtige Produktionen der Deutschen, die sich im Großraum Leipzig-Halle-Bitterfeld befanden, zerstört werden. Vielfach griff man gezielt die Zivilbevölkerung an, um ihren Durchhaltewillen zu brechen.

Leipzig und Halle

Hitler hatte die Parole ausgegeben, Städte bis zuletzt zu halten. Daher regte sich trotzdem noch vereinzelter Widerstand bei den überwiegend kriegsmüden Deutschen. Für diesen mussten manche Städte einen hohen Preis zahlen wie Leipzig. Hier rief ein neuer Stadtkommandant zum Widerstand auf, um den Vorstoß US-amerikanischer Truppen auf Berlin zu verzögern. Drei Tage dauerten die sinnlosen Kämpfe, die am 20. April 1945 mit dem Tod von 200 Deutschen und 20 US-Amerikanern endeten.

In der Stadt Halle siegte die Vernunft. Hier gelang es einigen Bürgern, den Stadtkommandanten „gegen ausdrücklichen Führerbefehl" zum Abzug zu bewegen. So blieben die schon startbereiten Bomber der US-Truppen am 17. April 1945 am Boden und die Stadt entging einer Katastrophe.

Verlustreiche Kämpfe in Ostsachsen

Bis Ende März hatte die Rote Armee fast ganz Ostpreußen, halb Schlesien, Hinterpommern und die Neumark erobert. Mitte April begann ein sowjetischer Großangriff mit Unterstützung der polnischen Armee an den Flüssen Oder und Neiße. Das Ziel war die Hauptstadt Berlin. Beim Vorrücken der Truppen entbrannte um Bautzen eine mehrtägige blutige Schlacht. Während dieser letzten großen deutschen Offensive wurden tausende polnische und sowjetische Soldaten getötet. Den Vormarsch sowjetischer und polnischer Truppen konnte dies nicht aufhalten. Stattdessen kam es zu schweren Kriegsverbrechen durch beide Kriegsgegner.

Kriegsverbrechen in Ostsachsen

Einheiten der Wehrmacht und SS durchstreiften Gebiete in Ostsachsen und töteten vielfach Kriegsgefangene. Zudem wurden viele kriegsmüde Soldaten und Zivilisten durch sogenannte fliegende Standgerichte und Greifkommandos hingerichtet.

Viele deutsche Zivilisten mussten nun für die Kriegsverbrechen büßen, die Deutsche in der UdSSR und in Polen begangen haben. So sollen zwischen Mitte April und Anfang Mai 1945 über 700 Zivilisten von sowjetischen oder polnischen Soldaten getötet worden sein. Zudem kam es zu zahlreichen Vergewaltigungen.

Flüchtlingsströme und Todesmärsche

In den letzten Kriegsmonaten flüchteten Zehntausende aus den von der Roten Armee eroberten Gebieten nach Sachsen. Da es kaum noch Lebensmittel oder Brennstoffe gab, konnten die Menschen oft nicht mehr mit dem Nötigsten versorgt werden.
Hinzu kamen noch Kolonnen von KZ-Häftlingen. Die SS hatte zahlreiche Konzentrationslager hektisch aufgelöst und trieb die Häftlinge in ziellosen Todesmärschen durch Deutschland. Tausende starben dabei oder wurden ermordet.

US-Truppen und die Rote Armee treffen aufeinander

Am 23. April hatten die US-Amerikaner ihren Vormarsch an der Mulde gestoppt, während die Rote Armee an der Elbe blieb. Dazwischen befanden sich 30 bis 40 Kilometer unbesetztes Gebiet. Am 25. April trafen ein US-amerikanischer Erkundungstrupp und eine sowjetische Patrouille in Torgau auf einer zerstörten Brücke an der Elbe aufeinander. Am 9. Mai 1945 zogen sich die Amerikaner aus Mitteldeutschland nach Bayern zurück, während die Rote Armee nachrückte und die Verwaltung in diesem Gebiet übernahm.

Q1 Hermann Lohmann erinnert sich 2010 in einem Zeitzeugenbericht über das Kriegsende in Sachsen:

Nach schweren Kämpfen in Ostpreußen und der Rettung über die Ostsee wurden wir geretteten Soldaten (...) zwecks Neuaufstellung im Raum Dresden etwa am 17.4.1945 zunächst mit der Eisenbahn über Berlin nach Jüterbog gebracht. (...) Von Jüterbog aus zogen wir per Anhalter und teilweise zu Fuß weiter in den Raum Dresden-Großenhain. Auf diesem Weg hielt uns der „Heldenklau" an und wollte uns in so genannte Alarmeinheiten zwecks Fronteinsatzes im Raum Berlin stecken. „Heldenklau" nannten wir Soldaten die Angehörigen der Feldgendarmerie, die die Aufgabe hatte, versprengte und zurückgehende Soldaten aufzugreifen und an die Front zu schicken. In Ostpreußen habe ich gesehen, dass eigene deutsche Soldaten, angeblich wegen Feigheit vor dem Feinde, öffentlich erhängt worden waren. Um den Hals trugen sie ein Schild mit der Aufschrift „Ich war ein Feigling". (...) Bis Ende April gelangten wir in den Raum von Wehlen an der Elbe in der Nähe des Elbsandsteingebirges. Dort wurden wir 2 Wochen vor Kriegsende völlig neu ausgerüstet. (...) Dann fuhren wir durch das im Februar 1945 total zerstörte Stadtgebiet Dresdens nach Pirna südlich der Elbe. Oberhalb der Stadt Pirna auf dem Sonnenstein (...) richteten wir unsere Artillerie-Beobachtungsgestelle ein. (...) Etwa am 6. Mai 1945 wurde ich mit noch einem Kameraden in Pirna in die dem Kleingartengelände gegenüberliegenden Kasernen geschickt (...). Als wir (...) über die Straße zurückwollten, sahen wir bereits die russischen Infanteriespitzen (...) auf uns zukommen. Darauf zu schießen, wäre sinnlos gewesen. Es wurde Zeit, dass wir schnell über die Straße rannten, um im Kleingartengelände zu verschwinden. (...) Der Russe war dabei, Pirna zu besetzen. In der ganzen Stadt schrien die drangsalierten Frauen.

2 – Auf einem zerstörten Brückenkopf in Torgau an der Elbe trafen die Rote Armee und amerikanische Truppen am 25. April 1945 erstmalig aufeinander. Das berühmte Foto steht für den endgültigen Sieg über Hitler-Deutschland. Tatsächlich wurde die Begegnung für diese Aufnahme einen Tag später nachgestellt.

1. Nenne Gründe, weshalb Mitteldeutschland Anfang 1945 zum Hauptkriegsziel wurde.
2. In einem Zeitungsartikel hieß es, dass Einzelne in den letzten Kriegsmonaten über das Schicksal ganzer Großstädte entschieden. Beurteile dies mithilfe des Textes.
3. Beurteile anhand des Textes, ob man die Kampfhandlungen in Ostsachsen als Vernichtungskrieg bezeichnen kann.
4. Untersuche anhand von Q1, wie Hermann Lohmann das Kriegsende in Sachsen erlebt hat.
5. Recherchiere über die Todesmärsche der KZ-Häftlinge.
6. Recherchiere genauer über die Vorgeschichte von Foto 2. Überlege dabei, warum man die Begegnung für ein Foto nachstellen ließ.

Lernen aus der Geschichte

Wie wollte man die NS-Verbrechen sühnen?

1 – Die Hauptangeklagten im Nürnberger Prozess 1945/1946. In den ersten Reihen die Verteidiger, dahinter in zwei Reihen die Angeklagten. Foto, 1946.

* Faschismus
Sammelbezeichnung für antidemokratische, nationalistische und antikommunistische Bewegungen, speziell den deutschen Nationalsozialismus und den italienischen Faschismus

* nominell
Gemeint sind hier Parteimitglieder, die nur auf dem Papier geführt wurden, aber nicht aktiv für den Nationalsozialismus eingetreten sind.

Die Aufarbeitung der NS-Verbrechen

Die Siegermächte wollten nach ihrem Sieg über Deutschland mit allen Mitteln verhindern, dass der Nationalsozialismus wieder auflebte. Vor allem sollten die Schuldigen der NS-Zeit zur Rechenschaft gezogen werden. Dazu errichtete man in Nürnberg einen Internationalen Gerichtshof. Die führenden Nationalsozialisten Adolf Hitler, Joseph Goebbels und Heinrich Himmler hatten sich schon vorher durch Selbstmord einer Gefangennahme und damit Strafverfolgung entzogen. Folglich konnten die Alliierten 1946 nicht alle Führer der NSDAP und der Wehrmacht in Nürnberg anklagen. Die Kläger warfen den Angeklagten vor, einen Angriffskrieg geplant und durchgeführt sowie einen Massenmord in den Vernichtungslagern verübt zu haben. Nach einjähriger Verhandlung verhängte das Gericht zwölf Todesurteile und sieben Haftstrafen (drei lebenslange), sprach aber auch drei Angeklagte frei. Einige Wirtschaftsführer wie Friedrich Flick oder Alfred Krupp wurden schon nach erheblich verkürzter Haftzeit entlassen.
Für die Prozesse hatten die Siegermächte ein besonderes Strafrecht geschaffen, in dem erstmals Verbrechen gegen die Menschlichkeit unter Strafe gestellt wurden. Neu war auch, dass Regierungsmitglieder nicht mehr durch ihr Amt vor Strafe geschützt waren. Durch die Nürnberger Prozesse wurden die NS-Verbrechen in ihrem ganzen Ausmaß erstmalig einer breiten Öffentlichkeit bekannt gemacht.

Die Entnazifizierung der Bevölkerung

Die Umsetzung dieser Richtlinie erwies sich als schwierig. Die Besatzungsmächte waren auf die Mit- oder Weiterarbeit der deutschen Spezialisten in den Verwaltungen, in der Justiz und in den technischen Einrichtungen, z.B. den Wasserwerken, angewiesen. Deswegen blieben zunächst viele Nationalsozialisten im Amt.

Umständliche Verfahren

Anfang 1946 dehnten die Besatzungsmächte das Entnazifizierungsverfahren auf die gesamte Bevölkerung aus. Es wurde in den vier Besatzungszonen allerdings sehr unterschiedlich umgesetzt. Briten und Franzosen entfernten vor allem Nationalsozialisten aus den Ämtern, die schwerer Verbrechen beschuldigt wurden. In der amerikanischen Zone beurteilten deutsche Laienrichter alle Bewohner in sogenannten Spruchkammern. Diese Spruchkammern urteilten mithilfe von fünf Abstufungen von „unbelastet" über „Mitläufer" bis „Hauptschuldiger". Zuvor hatte jeder einen umfangreichen Fragebogen mit 131 Fragen auszufüllen. Viele Menschen versuchten vor den Spruchkammern ihre Unschuld dadurch zu beweisen, dass sie entlastende Erklärungen von politischen Verfolgten oder Geistlichen vorlegten und ihnen untadeliges Verhalten in der Nazizeit bescheinigt wurde.
Insgesamt war das Entnazifizierungsverfahren in der amerikanischen Zone wenig erfolgreich. Schon bald ging das Interesse an einer Aufarbeitung der Verbrechen des Nationalsozialismus stark zurück. Folglich wurden die meisten Verfahren eingestellt. Von den 13 Millionen Menschen, die einen Fragebogen abgegeben hatten, wurden nur

10 Prozent verurteilt. Davon erhielt nur ein Prozent der Verurteilten eine Strafe. Besonders problematisch war es, dass man zuerst die Verfahren gegen gering belastete Bürgerinnen und Bürger bearbeitet hatte. Als das Entnazifizierungsverfahren eingestellt wurde, blieben die Schwerbelasteten ungestraft. Viele von ihnen konnten in der Bundesrepublik hohe Ämter in Industrie und Verwaltung besetzen. Obwohl sie eine NS-Vergangenheit hatten, prägten sie die Nachkriegsgesellschaft.

Entnazifizierung in der SBZ

In der SBZ galt die Parole von der „Ausrottung der Überreste des *Faschismus". Folglich entfernte die sowjetische Besatzungsmacht die bisherigen Führungskräfte in Schule, Justiz, Verwaltung, Polizei und Wirtschaft. Sie wurden durch Sozialisten bzw. Kommunisten ersetzt. Die Kommunisten nutzten die Entnazifizierung aber auch, um politische Gegner wegzudrängen. Dafür benutzten sie Vorwände, die schwer nachprüfbar waren. Bei der Entnazifizierung achtete man auf eine klare Unterscheidung zwischen aktiven Nazis und Mitläufern. Bis 1948 wurden etwa 520.000 Personen aus ihren Stellungen entfernt. Die bisherigen Amtsinhaber in Justiz und Schule wurden durch „Volksrichter" und „Neulehrer" ersetzt, die keine fachliche Ausbildung hatten und in Schnellkursen angelernt wurden. Die SED ging davon aus, dass die richtige sozialistische Gesinnung wichtiger sei als Fachkenntnisse, die man sich erwerben kann.

Q1 In den Richtlinien des Generalstabs der amerikanischen Streitkräfte vom 26.04.1945 hieß es:

Alle Mitglieder der Nazipartei, die nicht nur *nominell in der Partei tätig waren, alle, die den Nazismus oder Militarismus aktiv unterstützt haben (...), sollen entfernt und ausgeschlossen werden aus öffentlichen Ämtern und aus wichtigen Stellungen in halbamtlichen und privaten Unternehmungen.

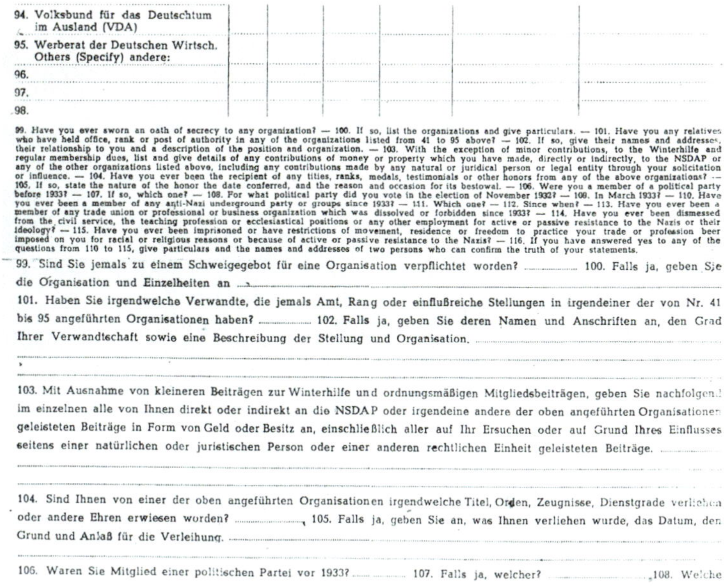

94. Volksbund für das Deutschtum im Ausland (VDA)
95. Werberat der Deutschen Wirtsch. Others (Specify) andere:
96.
97.
98.

99. Have you ever sworn an oath of secrecy to any organization? — 100. If so, list the organizations and give particulars. — 101. Have you any relatives who have held office, rank or post of authority in any of the organizations listed from 41 to 95 above? — 102. If so, give their names and addresses, their relationship to you and a description of the position and organization. — 103. With the exception of minor contributions, to the Winterhilfe and regular membership dues, list and give details of any contributions of money or property which you have made, directly or indirectly, to the NSDAP or any of the other organizations listed above, including any contributions made by any natural or juridical person or legal entity through your solicitation or influence. — 104. Have you ever been the recipient of any titles, ranks, medals, testimonials or other honors from any of the above organizations? — 105. If so, state the nature of the honor the date conferred, and the reason and occasion for its bestowal. — 106. Were you a member of a political party before 1933? — 107. If so, which one? — 108. For what political party did you vote in the election of November 1932? — 109. In March 1933? — 110. Have you ever been a member of any anti-Nazi underground party or groups since 1933? — 111. Which one? — 112. Since when? — 113. Have you ever been a member of any trade union or professional or business organization which was dissolved or forbidden since 1933? — 114. Have you ever been dismessed from the civil service, the teaching profession or ecclesiastical positions or any other employment for active or passive resistance to the Nazis or their ideology? — 115. Have you ever been imprisoned or have restrictions of movement, residence or freedom to practice your trade or profession beer imposed on you for racial or religious reasons or because of active or passive resistance to the Nazis? — 116. If you have answered yes to any of the questions from 110 to 115, give particulars and the names and addresses of two persons who can confirm the truth of your statements.

99. Sind Sie jemals zu einem Schweigegebot für eine Organisation verpflichtet worden? .... 100. Falls ja, geben Sie die Organisation und Einzelheiten an ....

101. Haben Sie irgendwelche Verwandte, die jemals Amt, Rang oder einflußreiche Stellungen in irgendeiner der von Nr. 41 bis 95 angeführten Organisationen haben? .... 102. Falls ja, geben Sie deren Namen und Anschriften an, den Grad Ihrer Verwandtschaft sowie eine Beschreibung der Stellung und Organisation. ....

103. Mit Ausnahme von kleineren Beiträgen zur Winterhilfe und ordnungsmäßigen Mitgliedsbeiträgen, geben Sie nachfolgend im einzelnen alle von Ihnen direkt oder indirekt an die NSDAP oder irgendeine andere der oben angeführten Organisationen geleisteten Beiträge in Form von Geld oder Besitz an, einschließlich aller auf Ihr Ersuchen oder auf Grund Ihres Einflusses seitens einer natürlichen oder juristischen Person oder einer anderen rechtlichen Einheit geleisteten Beiträge. ....

104. Sind Ihnen von einer der oben angeführten Organisationen irgendwelche Titel, Orden, Zeugnisse, Dienstgrade verliehen oder andere Ehren erwiesen worden? .... 105. Falls ja, geben Sie an, was Ihnen verliehen wurde, das Datum, den Grund und Anlaß für die Verleihung. ....

106. Waren Sie Mitglied einer politischen Partei vor 1933? .... 107. Falls ja, welcher? .... 108. Welche

2 – Ausschnitt aus dem Fragebogen der amerikanischen Militärregierung zur Mitgliedschaft in NS-Organisationen. Foto, 1945.

1 Berichte mithilfe des Textes über das Ziel und den Verlauf der Nürnberger Prozesse.

▶ *In dem Prozess sollten ... Es gab ...*

2 Beschreibe den Fragebogen zur Entnazifizierung (Bild 2) mit einem Partner. Besprecht dann, ob ihr ihn für geeignet haltet, um Schuld oder Unschuld des Einzelnen festzustellen.

3 Beschreibe die Probleme der Entnazifizierung in den westlichen Besatzungszonen. Unterscheide dabei zwischen der Zielsetzung (Q1) und dem Ergebnis.

4 Beurteile die Zurückstellung der Verfahren von schwer belasteten ehemaligen Nationalsozialisten. Schreibe deine Urteilsgründe auf. Berücksichtige dabei mögliche Folgen.

5 Vergleiche die Entnazifizierungsverfahren in der sowjetischen und der amerikanischen Zone. Notiere die Unterschiede.

6 Auch Jahrzehnte nach Ende des Zweiten Weltkriegs gab es Prozesse gegen Politiker, die wegen Kriegsverbrechen vor Gericht gestellt wurden (z.B. in Ruanda oder dem ehemaligen Jugoslawien). Informiere dich über einen solchen Kriegsverbrecherprozess und berichte der Klasse davon.

Wie gehen wir mit der Vergangenheit um?

1 – Das Holocaust-Denkmal in Berlin. Es erinnert an die sechs Millionen ermordeten Juden in ganz Europa. Es ist mit einem Informationszentrum verbunden, das die Erinnerung an das Geschehen während der Jahre 1933–1945 wachhält und die Namen der Ermordeten dokumentiert. Foto, 2012.

Einzigartige Verbrechen

Die Einzigartigkeit der nationalsozialistischen Verbrechen verpflichtet auch nachgeborene Generationen in Deutschland, weil sie Teil unserer Geschichte sind. Einen oft geforderten „Schlussstrich", der die Aufarbeitung und das Erinnern an diese Verbrechen beenden will, kann es nicht geben. In unterschiedlicher Weise ist die Schuld, die Mitschuld und die Verantwortung des heutigen Deutschland besonders zu Jahrestagen thematisiert worden.

Ein Tag der Befreiung?

Der damalige Bundespräsident Richard von Weizsäcker hielt 1985 zum 40. Jahrestag des Kriegsendes eine Rede, die in weiten Teilen der älteren Generation auf Ablehnung stieß und große Diskussionen um den Umgang mit der Geschichte auslöste.

Stolpersteine geben den Opfern ihre Namen zurück

Der Künstler Gunter Demnig will den vielen vergessenen und namenlosen Opfern des Nationalsozialismus gedenken, indem er in die Straße vor ihrer letzten selbstgewählten Wohnung „Stolpersteine" aus Messing verlegt. Auf ihnen steht: „Hier wohnte ..., deportiert ... ermordet".
Mit seiner Aktion will er den Opfern, die in den Konzentrationslagern nur noch mit Nummern bezeichnet wurden, ihren Namen zurückgeben und sie vor dem Vergessen bewahren.

Q1 Richard von Weizsäcker sagte am 08.05.1985

Der 8. Mai ist für uns Deutsche kein Tag zum Feiern. Die Menschen, die ihn bewusst erlebt haben, denken an ganz persönliche und damit ganz unterschiedliche Erfahrungen zurück. Der eine kehrte heim, der andere wurde heimatlos. Dieser wurde befreit, für jenen begann die Gefangenschaft. Viele waren einfach nur dafür dankbar, dass Bombennächte und Angst vorüber und sie mit dem Leben davongekommen waren. (...) Die meisten Deutschen hatten geglaubt, für die gute Sache des eigenen Landes zu kämpfen

und zu leiden. Und nun sollte sich herausstellen: Das alles war nicht nur vergeblich und sinnlos, sondern es hatte den unmenschlichen Zielen einer verbrecherischen Führung gedient. (...)
Und dennoch wurde von Tag zu Tag klarer, was es heute für uns alle gemeinsam zu sagen gilt: Der 8. Mai war ein Tag der Befreiung. Er hat uns alle befreit von dem menschenverachtenden System der nationalsozialistischen Gewaltherrschaft. Niemand wird um dieser Befreiung willen vergessen, welche schweren Leiden für viele Menschen mit dem 8. Mai erst begannen und danach folgten. Aber wir dürfen nicht im Ende des Krieges die Ursache für Flucht, Vertreibung und Unfreiheit sehen. Sie liegt vielmehr in seinem Anfang und im Beginn jener Gewaltherrschaft, die zum Krieg führte. Wir dürfen den 8. Mai 1945 nicht vom 30. Januar 1933 trennen.

Q2 Am 15.11.2015 sagte Bundespräsident Joachim Gauck in einer Rede zum Volkstrauertag:
Lange wollten Deutsche nur sich selbst als Opfer sehen und sich der Schuld an einem verbrecherischen Krieg nicht stellen. Inzwischen ist diese verhärtete Position des Selbstmitleids lange überwunden. Sie ist Geschichte. Heute ist sich Deutschland seiner Verantwortung bewusst, ganz besonders für den Vernichtungskrieg des nationalsozialistischen Regimes. Das Totengedenken, das ich anschließend hier sprechen werde, schließt alle Opfer von Krieg und Gewalt ein, auch solche, deren Schicksal im Erinnerungsschatten unser Gedenkkultur lag. Heute können wir der deutschen Opfer gedenken, weil wir auch der Opfer der Deutschen gedenken. Und weil wir den historischen Kontext nicht ausblenden, haben wir Verständnis auch für die Trauer der deutschen Angehörigen. Aber uns bleibt auch immer schmerzlich bewusst, dass unter den gefallenen Deutschen, die einst von ihren Lieben beweint und betrauert wurden, nicht wenige waren, die erst selber töteten, bevor sie getötet wurden. (...)
Geschichte wiederholt sich nicht. Wohl aber wiederholen sich menschliche Verhaltensweisen – im Guten wie im Bösen. Selbst Nachgeborene sind berührt von den Dokumenten des individuellen Leids, der individuellen Schuld, auch der individuellen Tragik. Im Verhalten von einst erkennen und fühlen sie das Menschenmögliche von heute – gleichgültig, welcher Ethnie, Nation oder Religion sie angehören.

2 – In der Helmholtzstraße 3b in Dresden wurden in Gedenken an die jüdische Familie Chitz Stolpersteine verlegt. Foto, 2013.

1 Untersuche Q1 und Q2 und notiere wichtige Stichwörter aus beiden Reden.
2 Erarbeite die unterschiedlichen Sichtweisen in den beiden Reden.
3 Bilde dir ein persönliches Werturteil zu der Frage: „Tragen wir auch heute noch Verantwortung für die nationalsozialistischen Verbrechen."
4 Erkundige dich, ob es in deiner Gemeinde oder Stadt Stolpersteine gibt. Berichte, an wen sie erinnern.

Warum erstarkt der Rechtsextremismus?

	PMK rechts	
PMK-Delikte	**2019**	**2018**
Tötungsdelikte vollendet	2	1
Tötungsdelikte Versuch	5	6
Körperverletzungen	828	1000
Brandstiftungen	6	11
Sprengstoffdelikte	2	0
Landfriedensbruch	8	15
gefährlicher Eingriff	5	12
Freiheitsberaubung	1	2
Raub	13	15
Erpressung	40	17
Widerstandsdelikte	76	77
Summe Gewaltdelikte	**986**	**1156**

1 – Politisch motivierte Kriminalität in Deutschland (= PMK-Delikte) 2018 und 2019.

*Rechtsextremismus
Rassistisches und nationalistisch-fremdenfeindliches Gedankengut. Es findet seinen Ausdruck in radikalen Aufrufen zu Fremdenhass, einem Ausleben der rechten Gesinnung in Mode, Musik, Freizeitgestaltung bis hin zu Terrorangriffen auf jüdische Einrichtungen und Asylantenheime sowie zur Ermordung von Menschen anderer politischer Gesinnung und geschlechtlicher Orientierung.

*NPD
Abkürzung für „Nationaldemokratische Partei Deutschlands". Sie steht der Ideologie des Nationalsozialismus sehr nahe. Sie betont den Gedanken des völkischen Nationalismus und Rassismus. Die NPD wird vom Verfassungsschutz der Bundesrepublik beobachtet.

Rechtsextremismus als Gefahr

Die NS-Ideologie lebt immer noch in Form des *Rechtsextremismus weiter. Jugendliche Rechtsextremisten organisieren sich heute weniger in einer Partei wie der *NPD, sondern bilden kleinere Organisationen. Diese nennen sich Kameradschaften, nationale Heimatvereine, Nationalsozialistischer Untergrund (NSU) oder autonome Nationalisten. Vielfach wird an der Namensgebung und den verwendeten Symbolen deutlich, welche Ideen sie vertreten. Oftmals tarnen sie sich auch sehr geschickt als Jugendkultur mit unterschiedlichen stilistischen Einflüssen gerade in den Bereichen Musik und Mode. Für die Verbreitung ihrer Ideologie nutzen sie die sozialen Medien.
Der Einstieg in die rechte Szene ist für Jugendliche häufig der harmlos beginnende Chat im Internet über Themen wie Heimat, Ausländer oder Musik. Es können Einladungen zu Sportveranstaltungen, Heimatfesten, Konzerten oder Liederabenden folgen. Gemeinschaftsgefühl, Kameradschaft und Nationalstolz werden betont. Die Ablehnung von Andersdenkenden und gezielte Angriffe auf sie gehören dazu.

Versteckspiele und Provokationen

Obwohl die Mehrzahl der rechtsgerichteten Organisationen durch den Verfassungsschutz überwacht wird, verbreiten sie ihre Ideologie und nutzen den gesetzlich gegebenen Rahmen sowie Grauzonen aus. Über das Internet läuft der Handel mit typischen nationalsozialistischen Erinnerungsstücken wie Hakenkreuzfahnen und -abzeichen sowie eindeutig rechten Aufklebern für Autos und Aufnähern mit nationalistischen Parolen. Gerade die T-Shirts oder Jacken bestimmter Marken sind in der rechtsextremen Szene sehr angesagt. Aufgedruckte Slogans werden zu sichtbaren Botschaften ihrer Ideologie. Zahlencodes wie „18" für „Adolf Hitler", „88" für „Heil Hitler", „28" für *„Blood and Honour" sind weit verbreitet. „Blood and Honour" ist ein internationales Neonazi-Skinhead-Netzwerk, „Combat 18" ist der bewaffnete Arm von „Blood and Honour".
Neonazis gibt es nicht nur in Deutschland, sondern auch in Großbritannien, Skandinavien oder den USA. Mittlerweile haben es rechte politische Kräfte in verschiedenen Ländern geschafft, in die Parlamente gewählt zu werden. Sie verharmlosen offen die Zeit und Ideologie des Nationalsozialismus in ihren Reden.

2 – Demonstration nach dem rechtsterroristischen Anschlag auf eine Synagoge in Halle. Foto, Oktober 2019.

3 – Gefährliche Geschichtsvergessenheit. Karikatur von Schwarwel, ohne Jahr.

Am 9. Oktober 2019 verübte ein junger Mann in Halle einen Anschlag auf die jüdische Synagoge, tötete zwei Unbeteiligte und verletzte ein Ehepaar schwer. Seine Tat filmte er und stellte sie ins Netz.

Q1 Der Ministerpräsident von Sachsen-Anhalt, Reiner Haseloff, sagte nach dem Anschlag am 23.10.2019 im Landtag:
Der Terroranschlag von Halle, ein versuchter Massenmord an unseren jüdischen Mitbürgerinnen und Mitbürgern, war ein Angriff auf uns alle. (...) Der Antisemitismus ist eine Gefahr für die grundlegenden Werte unserer Demokratie. (...) Im Jahr 2019 feiern Juden in Deutschland an Jom Kippur in ihrer Synagoge, und sie müssen um ihr Leben fürchten – 75 Jahre nach der Shoah. Dafür schäme ich mich. Auch dem Letzten muss nun klar geworden sein: Deutschland hat ein Antisemitismus- und Rechtsextremismusproblem. (...) Es geht darum, deutlich zu machen, wofür unser Land steht – für den uneingeschränkten Schutz jüdischen Lebens, daran darf es nicht den geringsten Zweifel geben.

M1 Rechtsextremistische Grundüberzeugungen beinhalten:
- Idee der natürlichen Ungleichheit der Menschen und Überlegenheit der nordeuropäischen Ethnie
- Ablehnung der Gleichberechtigung von Mann und Frau
- Verherrlichung von Nationalismus und Nationalsozialismus
- Antisemitismus und *Antiziganismus
- Glaube an den Sieg des Starken über den Schwachen
- Rechtfertigung von Gewaltanwendung zur Durchsetzung eigener Ziele und bei Streitigkeiten zwischen Menschen und Staaten
- Eintreten für autoritäre Staatsformen
- Ablehnung demokratischer Willensbildungsprozesse in Parlamenten

* „Blood and Honour“ (= Blut und Ehre). Diese Worte standen auf den Fahrtenmessern der Hitlerjugend. Ein weiterer direkter Bezug zum Nationalsozialismus ist in den „Nürnberger Rassegesetzen“ („Gesetz zum Schutz des deutschen Blutes und der deutschen Ehre“) zu sehen.

* Antiziganismus (frz. tsigane = „Zigeuner“) Vorurteile gegenüber Sinti und Roma, ihre Ausgrenzung und Diskriminierung.

1. Beschreibe die Erscheinungsform des Rechtsextremismus heute. Nimm die Texte und Bilder zu Hilfe.
2. Finde die Ursprünge der rechtsextremistischen Überzeugungen auf den Seiten dieses Kapitels und denen der Kapitel 1 und 2.
3. Arbeite aus Q1 die Forderungen des Ministerpräsidenten heraus und recherchiere die Hintergründe des Attentats.
4. Interpretiere die Bilder 2 und 3 und erläutere den Zusammenhang zum Kapitelthema.
5. Informiere dich über die Verbreitung von Hass im Internet. Unter der Rubrik „Zeit für Politik“ findest du ein Erklärvideo zum Thema „Hass im Netz“.
6. Werte die Materialien auf dieser Doppelseite aus und gestalte einen Flyer für eine Schule ohne Rassismus.

Über den Tellerrand geschaut

Wie kam es in Spanien zu einem Bürgerkrieg?

1 – Auf dem Banner im republikanischen Madrid stand: „Sie kommen nicht durch! Madrid wird der Sarg des Faschismus sein.“ Foto, 1937.

Francisco Franco (1892–1975)

Wirtschaftliche und soziale Krise

Spanien hatte zu Beginn der 1930er-Jahre unter den Folgen der Weltwirtschaftskrise zu leiden: Der Außenhandel war eingebrochen und die Arbeitslosigkeit extrem angestiegen. Besonders die landwirtschaftliche Bevölkerung war davon betroffen.

Verhärtete Fronten

Nach mehreren Jahren der Diktatur kam es 1931 zur sogenannten Zweiten Republik. Bei den Wahlen siegten vor allem reformfreudige Parteien der Linken und der liberalen Mitte. Sie verabschiedeten im Sommer 1932 ein Reformgesetz, durch das Grundbesitzer mit Entschädigung enteignet wurden. Das frei gewordene Land sollte die Agrarbevölkerung erhalten. Damit hatte sich die Republik bei den Großgrundbesitzern keine Freunde gemacht. Das galt auch für die katholische Kirche und das Militär. Durch neue Gesetze hatten beide deutlich an Macht eingebüßt.
Als 1933 nach Neuwahlen die konservativen Rechten siegten und ein Regierungsbündnis mit der faschistischen Falange-Partei eingingen, machten sie sofort einen Großteil der Reformgesetze rückgängig. Die linken Parteien riefen daraufhin zu Generalstreiks auf, die sich 1934 teilweise zu sozialen Aufständen weiterentwickelten. Diese wurden von der Regierung und dem Militär blutig niedergeschlagen. Die politischen Fronten waren nun verhärtet, es kam zu einer Radikalisierung von Rechten und Linken. 1936 gab es erneut Neuwahlen, bei denen die sogenannte Volksfront eine große Mehrheit erhielt. Das neue Regierungsbündnis bestand nun aus Sozialisten, Kommunisten, der republikanischen Linken und regionalen Kräften.

Militärputsch und Bürgerkrieg

Eine nationale Front aus katholischen Konservativen, Monarchisten, Rechtsrepublikanern und Faschisten lehnte die Volksfront-Regierung entschieden ab. Unter General Francisco Franco kam es daher am 17. Juli 1936 zu einem Militärputsch. Dieser mündete in einen Bürgerkrieg, der bis Ende März 1939 dauern sollte.

Internationale Unterstützung

Schnell konnte die nationale Front unter Franco weite Teile des Landes einnehmen. Im Oktober 1936 wurde er Oberbefehlshaber sowie Staats- und Regierungschef. Aber gerade in großen Städten wie Barcelona oder Madrid traf er auf erheblichen Widerstand. Der Bürgerkrieg wäre anders ausgegangen, wenn Hitler-Deutschland und das faschistische Italien Franco nicht mit Soldaten und Waffen unterstützt hätten. Hitler schickte Franco die „Legion Condor“, die mit modernsten Waffen neue Kriegstaktiken testen konnte. Die Volksfront erhielt nur wenig internationale Unterstützung von der UdSSR. Im Frühjahr 1939 kapitulierten auch Barcelona und Madrid. Am 1. April 1939 erklärte Franco den Bürgerkrieg für beendet. Es begann die Franco-Diktatur, die erst mit seinem Tod 1975 endete.

1. Beschreibe, in welcher Krise Spanien sich Anfang der 1930er-Jahre befand.
2. Nenne die politischen Blöcke, die sich in Spanien gegenüberstanden, und die Gründe dafür.
3. Erkläre, wie es zum Bürgerkrieg kam.
4. Überlege, weshalb Hitler Franco in dem Bürgerkrieg unterstützte.

Das kann ich …

Nationalsozialismus, Zweiter Weltkrieg und Shoah

Wichtige Begriffe

„Führerprinzip“
„Antisemitismus“
„Volksempfänger“
Vernichtungslager
„Euthanasie“
Vernichtungskrieg
Besatzung
Shoah – Holocaust
Hiroshima – Nagasaki
„Rassismus“
„Volksgemeinschaft“
Konzentrationslager
Pogrom
Appeasement-Politik
Rechtsextremismus
Zwangsarbeit
Widerstand
Entnazifizierung

Wissen und erklären

1. Notiere die wichtigen Begriffe jeweils auf eine Karteikarte und erkläre sie auf der Rückseite.
2. Aus welcher Quelle in diesem Kapitel stammt der folgende Auszug: „Wir deutschen Sozialdemokraten bekennen uns (...) feierlich zu den Grundsätzen der Menschlichkeit und Gerechtigkeit, der Freiheit und des Sozialismus. (...) Kein Ermächtigungsgesetz gibt Ihnen die Macht, Ideen, die ewig und unzerstörbar sind, zu vernichten.“ Gib die Fundstelle an und erkläre den historischen Zusammenhang.
3. Nenne Maßnahmen, welche die Nationalsozialisten 1933–1934 ergriffen, um ihre Diktatur zu errichten.
4. Erläutere, auf welche Weise die Diskriminierung und Verfolgung der Juden erfolgte.

Anwenden

5. Untersuche die Karikatur 1. Achte dabei auf die verwendeten Symbole und Gegenstände.
6. Erläutere die außenpolitische Vorgehensweise von Hitler und gehe auf seine Ziele ein.
7. Erläutere den Zusammenhang zwischen der Expansions- und Eroberungspolitik Deutschlands im Zweiten Weltkrieg und der NS-Ideologie.

Beurteilen und Handeln

8. Beurteile die Aussage „Die Machtübertragung an die Nationalsozialisten mit Adolf Hitler an der Spitze 1933 war kein „Betriebsunfall“, sondern von den politischen Eliten gewollt.“ (M1, Q1)
9. Heute gewinnen rechtspopulistische und rechtsextreme Parteien mit fremdenfeindlichen Parolen bei Wahlen Erfolge. Nur wer die Geschichte kennt, kann diesen Parteien entgegentreten. Nimm Stellung zu dieser Aussage.

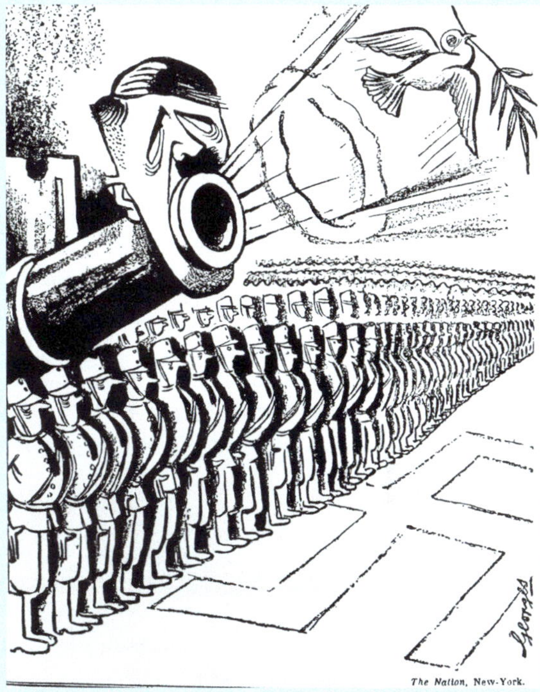

1 – Karikatur von Georges, in „The Nation“, New York, Frühjahr 1933.

M1 Die Süddeutsche Zeitung schrieb am 20.03.1983 über das nationalsozialistische Regime:
Terror gegenüber dem politischen Gegner, willkürliche Verhaftungen, Konzentrationslager, Judenverfolgung, Parteienverbot, Auflösung der Gewerkschaften, Aufhebung aller Macht für eine einzige Partei – dies alles war bereits 1933. Das war kein Regime, das gut anfing und sich später verirrte.

Q1 Reichspropagandaminister Joseph Goebbels sagte vor ausgewählten deutschen Pressevertretern am 05.04.1940:
Bis jetzt ist es uns gelungen, den Gegner über die eigentlichen Ziele Deutschlands im Unklaren zu lassen, genauso wie unsere innenpolitischen Gegner bis 1932 gar nicht gemerkt haben, wohin wir steuerten, dass der Schwur auf die Legalität (Gesetzestreue) nur ein Kunstgriff war. Wir wollten legal an die Macht kommen, aber wir wollten sie doch nicht legal gebrauchen. (...) Man hätte uns ja erdrücken können, so schwer war das nicht. Aber man tat es nicht. Man hätte 1925 ein paar von uns in Haft nehmen können, und alles wäre aus und zu Ende gewesen. Nein, man hat uns durch die Gefahrenzone hindurchgelassen.

Hier spielt die Geschichte ...

Kreuzworträtsel – teste dein Wissen!

Einführung:

In diesem Kapitel hast du dich ausführlich mit der Zeit des Nationalsozialismus, des Zweiten Weltkriegs und der Shoah befasst.
Mit diesem Kreuzworträtsel kannst du wichtige Begriffe, Ereignisse, Orte oder Namen wiederholen und festigen. Beantworte dazu die 15 Rätselfragen unten. Wenn du dir bei den Antworten nicht sicher bist, lies noch einmal die Texte auf den in Klammern angegebenen Seiten. Trage deine Lösungen dann in das Gerüst auf Seite 183 ein (ä = ae, ü = ue). Die Zahl gibt an, an welcher Stelle du die jeweilige Lösung notieren musst.

Vorbereitung:
Du solltest nicht in dein Buch schreiben. Kopiere daher die Seite 183. Du kannst auch eine Klarsichtfolie auf die Seite legen und deine Antworten mit einem Folienstift eintragen.

Rätselfragen

1. Am 23.03.1933 wurde mit diesem Gesetz der Reichstag entmachtet. (S. 105)
2. An diesem Ort wurden 1935 die Gesetze zur Entrechtung von Juden verabschiedet und 1946 die Prozesse gegen führende Nationalsozialisten durchgeführt. (S. 124–125 und 174)
3. Das Münchner Abkommen zwang die Tschechoslowakei zur Abtretung dieses Gebiets. (S. 135)
4. Als dieser am 02.08.1934 starb, wurde Hitler auch Reichspräsident und Oberbefehlshaber des Militärs. (S. 108)
5. Joseph Goebbels nannte sich Minister für Reichsaufklärung und ... (S. 108)
6. Die Niederlage an diesem Ort brachte 1943 den Wendepunkt für die bis dahin siegreiche deutsche Armee. (S. 141)
7. Auf der ...-Konferenz wurde der Völkermord an den europäischen Juden geplant. (S. 148)
8. Kinderreiche Mütter wurden ab 1939 mit dem ... ausgezeichnet. (S. 123)
9. Eine Münchner Studentengruppe, die ab 1942 auf Flugblättern zum Widerstand aufrief. (S. 160)
10. 1939 schloss Hitler einen Pakt mit ... (S. 137)
11. Den deutschen Einmarsch in Österreich nannten die Nationalsozialisten ... (S. 134)
12. Nach dem Angriff Japans auf ... erklärte Deutschland im Dezember 1941 den USA den Krieg. (S. 140)
13. Er wollte im Juli 1944 Hitler durch ein Bombenattentat töten. (S. 162)
14. So bezeichnet man die Landung der Alliierten 1944 in der Normandie. (S. 166)
15. Sie werden überall in Deutschland verlegt und erinnern an die vielen Opfer der Nationalsozialisten. (S. 176)

Tipp: Du kannst ganz leicht selbst ein solches Rätsel basteln und deine Klassenkameraden damit testen. Blättere dazu die Seiten von Kapitel 3 durch und notiere dir Begriffe, Ereignisse sowie Orts- oder Personennamen, die dir wichtig erscheinen. Ordne sie dann senkrecht und waagerecht zu einem Rätsel an. Formuliere anschließend entsprechende Fragen und versieh diese mit Nummern. Fertige nun ein Kreuzworträtselgerüst mit leeren Kästchen an. Du kannst dazu auch die kostenlose Website „www.xwords-generator.de“ nutzen.

Methodenübersicht

Gewusst wie ... arbeiten mit Methode

Methodenübersicht zu den Bänden 5 bis 8:

Methoden aus den Bänden 5 bis 7:

Informationen beschaffen

Eine Internetrecherche durchführen

1 Finden
- Formuliere zu deinem Arbeitsauftrag einen passenden Suchbegriff. Beachte dabei, dass du den Begriff nicht zu allgemein formulierst, sondern ihn konkretisierst. Wenn du z.B. Rom als Suchbegriff eingibst, erhältst du unendlich viele Einträge. Erläuterungen, wie z.B. Sklavenaufstand als zweiter Begriff, schränken die Suchergebnisse ein.
- Wähle eine passende Startseite. Am besten nutzt du spezielle Suchmaschinen und Online-Lexika für Kinder. Hier findest du altersentsprechend aufbereitete Seiten, die leicht verständlich und gut recherchiert sind.

2 Filtern
- Falls du andere Suchmaschinen oder Online-Lexika nutzt, musst du schauen, ob die aufgeführte Seite für dich nutzbar ist. Ist die Website von einem glaubwürdigen Anbieter (Museum, Schule, öffentliche Sendeanstalt, Institut)? Überfliege die Seite und überprüfe, ob sie wirklich zu deinem Arbeitsauftrag passt, nicht zu ausführlich oder zu oberflächlich ist.
- Kennst du bereits die Adresse einer Internetseite (www. ...) kannst du diese auch direkt in das Browserfeld eingeben.
- Wenn keine brauchbaren Ergebnisse vorliegen, dann versuche es erneut mit einem anderen Suchbegriff.

3 Fixieren
- Notiere dir den Link und wichtige inhaltliche Punkte. Alternativ kannst du dir auch Seiten ausdrucken und markieren.
- Lies den Arbeitsauftrag erneut und überprüfe deine bisherigen Ergebnisse.
- Suche gegebenenfalls Bilder, Karten oder Grafiken, die deine gesammelten Informationen veranschaulichen.

4 Formalitäten beachten
Notiere von allen Textteilen und Bildern, die du verwendest, die Quelle. Dazu gehören die Autorin/der Autor, das Datum und die Internetadresse. Kennzeichne deine Zitate als solche, denn bloßes Kopieren wäre Diebstahl geistigen Eigentums.

Ein Museum erkunden

1 Vorbereitung des Museumsbesuchs
- Welches Museum möchtet ihr besuchen? Zu welchen Themen gibt es dort Ausstellungen?
- Was wollt ihr im Museum lernen?
- Welche besonderen Aktionen/Programme bietet das Museum an?
- Welche Prospekte oder Materialien stellt das Museum für die Vorbereitung des Besuchs zur Verfügung? Fordert diese telefonisch an oder ladet sie von der Homepage des Museums herunter.
- Vereinbart einen Termin für die Besichtigung und Führung. Klärt hierbei auch die Kosten für die Anreise sowie eventuelle Eintrittsgelder.
- Wie sollen die Ergebnisse des Museumsbesuchs festgehalten werden, z.B. mit einem Erkundungsbericht, einem Museumsrätsel oder einer Wandzeitung?

2 Durchführung des Museumsbesuchs
- Erfragt am Eingang, welches Programm für euch vorbereitet wurde und ob ihr im Museum fotografieren dürft.
- Durchquert, wenn es möglich ist, erst einmal das gesamte Museum, um einen Überblick zu erhalten.
- Führt anhand eurer Materialien den geplanten Rundgang durch und notiert euch die erfragten sowie weitere interessante Informationen.
- Stellt möglichst viele vorbereitete, aber auch spontane Fragen an den Museumsführer.

3 Auswertung und Vorstellung der Ergebnisse
- Nach der Exkursion sichtet ihr das gesammelte Material und beschafft euch, wenn nötig, noch weitere Informationen.
- Erstellt die vorher festgelegte Präsentationsform.
- Was ist bei dem Museumsbesuch gut verlaufen? Was hättet ihr in der Vorbereitung oder Durchführung besser machen können?

Wir entdecken unsere Stadt – was ist vom Mittelalter noch übrig?

1 Aktuelle Luftbilder und Stadtpläne auswerten
Besorge dir im Internet oder in der Stadtinformation ein Luftbild und/oder einen Stadtplan deiner Stadt.
- Wo liegt der Stadtkern?
- Wo sind auffällige Linien oder Konturen im Stadtbild erkennbar?
- Welche besonderen Merkmale einer mittelalterlichen Stadt lassen sich noch erkennen, z.B. Marktplatz, Kirchen, Stadtmauern, Stadttore, Wälle?

2 Straßen-, Platz- und Flurnamen analysieren
Beschaffe dir einen Stadtplan mit genauer Beschriftung:
- Welche Straßen-, Platz- und Flurnamen könnten auf das Mittelalter hinweisen? Achte besonders auf Berufsbezeichnungen.
- Was bedeuten diese Namen?

3 Das Stadtbild beurteilen
- Informiert euch weiter im Internet über mittelalterliche Gebäude. Nutzt hierzu auch historische Stadtpläne und vergleicht sie mit dem heutigen Stadtplan. Auf dem Stadtwappen kann man auch Interessantes entdecken.
- Welche noch heute erhaltenen Bauwerke sind wirklich im Mittelalter errichtet worden? Welche sind nur dem Mittelalter nachempfunden und später gebaut? Für fast jede Gemeinde gibt es beim zuständigen Denkmalamt eine Ortsbeschreibung, die ihr für eure Entdeckung heranziehen könnt. Dokumentiere deine Entdeckungen mit Fotos und Zeichnungen.

4 Museum und Archiv erkunden
Besuche das Stadtarchiv oder das Stadtmuseum in deinem Ort:
- Welche Quellen und Ausstellungsgegenstände stammen aus dem Mittelalter?
- Sind schriftliche Quellen oder Darstellungen zur mittelalterlichen Geschichte verfügbar? Was verraten sie dir über das städtische Leben im Mittelalter?
- Betrachte das Wappen der Stadt.

Ein Industriemuseum besuchen

1 Vorbereitung des Museumsbesuchs
- Entscheidet, welches Museum ihr besuchen wollt.
- Erkundigt euch, z. B. im Internet, über Öffnungszeiten, Eintrittspreise, Anfahrtswege und Verkehrsmittel.
- Tretet in Kontakt mit dem Museum und findet heraus, welche Empfehlungen und Programme für Schülerklassen angeboten werden, z.B. Führungen, Vorführungen, Erkundungen oder Rallyes.
- Vereinbart einen Termin.
- Setzt inhaltliche Schwerpunkte und verteilt eventuell Gruppenaufträge, um viele Bereiche abzudecken.
- Legt fest, wie ihr eure Ergebnisse nach dem Museumsbesuch präsentieren wollt (Bericht, Wandzeitung, Rätsel etc.).

2 Durchführung des Museumsbesuchs
- Erfragt am Eingang des Museums, welcher Mitarbeiter für euch zuständig ist und welches Programm vorbereitet wurde.
- Fragt nach, ob ihr im Museum fotografieren dürft.
- Wenn ihr eigenständig recherchiert, achtet darauf, wo ihr euch einen Überblick zur Orientierung verschaffen könnt (z.B. Plan in der Eingangshalle, Informationsbereich).
- Seid während des Programms konzentriert und aufmerksam. Macht euch Notizen und stellt möglichst viele Fragen, um viel über das Thema Industrialisierung zu erfahren.

3 Auswertung und Vorstellung der Ergebnisse
- Wertet aus, was gut geklappt hat und was weniger gut. Woran lag dies? Zieht Schlüsse daraus für eure nächste Exkursion.
- Was hat euch besonders gut gefallen?
- Nach der Exkursion sichtet ihr das Material und die Fotos, die ihr während des Museumsbesuchs gemacht habt. Erstellt nun die festgelegte Präsentationsform, vielleicht auch innerhalb einer Projektwoche in der Schule.

Informationen ordnen

Eine Mindmap erstellen

1 Thema festlegen und Informationen sammeln
- Wähle ein Thema aus, über das du etwas erfahren möchtest.
- Suche dazu Texte und/oder Bilder.
- Unterstreiche nützliche Informationen zum Thema im vorliegenden Text.
- Überlege, welche Begriffe zusammengehören, und finde Überschriften.

2 Mind-Map zeichnen
- Nimm ein Papier zur Hand.
- Formuliere das Thema in der Mitte, am besten umrahmst du es.
- Zeichne nun so viele dicke Hauptlinien vom Thema in der Mitte nach außen, wie du Überschriften gefunden hast.
- Schreibe diese an die Enden der Hauptlinien.
- Davon ausgehend zeichnest du weitere, dünnere Zweige. Notiere an deren Ende dazugehörige Stichworte.

3 Symbole und Farben einfügen
- Die Überschriften und besonders wichtige Stichpunkte solltest du jetzt durch Unterstreichen oder verschiedene Farben hervorheben. So kannst du auf einen Blick erkennen, was Ober- und Unterpunkte sind.
- Zum besseren Einprägen kannst du Symbole oder einfache Zeichnungen zu den einzelnen Überschriften malen.

Eine Zeitleiste erstellen

1 Thema und Zeitspanne festlegen
- Lege das Thema der Zeitleiste fest.
- Stecke die Zeitspanne ab.

2 Material suchen und ordnen
- Führe eine Recherche zum gewählten Thema durch.
- Sammle Fakten und Bilder zu der von dir festgelegten Zeitspanne.
- Ordne das Material in der richtigen Reihenfolge. Beginne mit den ältesten Fotos/Ereignissen.

3 Zeitleiste anlegen
- Nimm ein großes Blatt Papier oder eine Tapetenbahn als Grundlage für deine Zeitleiste.
- Zeichne einen Pfeil in die Mitte des Blattes, damit du ober- und unterhalb arbeiten kannst.
- Schreibe das Jahr, welches am weitesten zurückliegt, ganz links. Unterteile die Zeitleiste in sinnvolle Abschnitte. (Beispielsweise kann 1cm ein Jahr oder zehn Jahre bedeuten, je nachdem, wie groß die Zeitspanne ist, die du darstellen möchtest und wie viel Platz du für die Zeitleiste hast.)
  Hinweis: Denke daran, dass gleich große Zeiträume auch immer gleich groß abgebildet werden müssen.

4 Zeitleiste gestalten
Gestalte deine Zeitleiste mithilfe von Bildern und Zeichnungen sowie entsprechenden Beschriftungen (Zahlen, Informationen zum Ereignis, etc.).

Informationen fachgerecht auswerten

Statistiken und Diagramme untersuchen

1 Thema klären
- Was ist dargestellt? Informationen zum Thema findest du in Über- oder Unterschriften, Legenden oder anderen Beschreibungen.
- Welcher Zeitraum ist dargestellt?
- Welche Orte, Länder oder Regionen werden in die Statistik einbezogen?

2 Inhalt erfassen
- Welche Form der Darstellung wird genutzt (Tabelle, Säulen-, Linien-, Kreis- oder Flächendiagramm)?
- Welche Größen und Maßeinheiten werden verwendet (z.B. Zeit in Jahren, Einwohnerzahlen, Anteile in Prozent)?
- Wie viele verschiedene Sachverhalte werden dargestellt (z.B. die Stadt- und/oder Landbevölkerung; wird die Einwohnerzahl für einen oder mehrere Orte untersucht)?

3 Informationen entnehmen
- Welche Informationen werden konkret wiedergegeben (größter/kleinster Wert, starke oder plötzliche Veränderungen)?
- Welche Entwicklungen kann man ablesen (Zunahme, Abnahme, Stabilität)?

4 Ergebnisse auswerten
- Werden weitere Informationen für die Beantwortung der Sachfragen benötigt?
- Welche Vorkenntnisse sind vorhanden und können einbezogen werden?
- Was kann man zusammenfassend sagen?
- Welche Folgerungen kann man aus den Angaben ziehen?

Sachtexte verstehen

1 Überfliegen des Textes
- Lies den Text einmal grob durch. Überfliege ihn.
- Beachte auch Zwischenüberschriften und Bilder oder Zeichnungen.
- Halte fest: Um welches Thema geht es? Was weißt du schon darüber? Was möchtest du noch wissen?

2 Fragen stellen
Beantworte die W-Fragen: Wer? – Was? – Wann? – Wo? – Wie? – Warum?

3 Genaues Lesen, Unbekanntes klären, Schlüsselwörter markieren
- Lies den Text erneut durch. Kläre die Bedeutung unbekannter Wörter.
- Kennzeichne unklare Stellen mit einem Fragezeichen.
- Markiere wichtige Stellen und Schlüsselwörter im Text, z.B. mithilfe eines Textmarkers oder durch Unterstreichen.

4 Gliedern des Textes
- Unterteile den Text in Abschnitte. Orientiere dich dabei an der Textstruktur. (Absätze)
- Formuliere zu den einzelnen Abschnitten Teilüberschriften, die den Inhalt des jeweiligen Textteils wiedergeben.

5 Formulieren des Textes
- Formuliere den Inhalt des Textes mithilfe der Zwischenüberschriften und markierten Textstellen.
- Kontrolliere, welche W-Fragen (Schritt 2) beantwortet wurden.

Bilder und Symbole untersuchen

1 Ersten Eindruck festhalten
- Formuliere einen ersten Eindruck: Was ist auf dem Bild zu sehen?
- Was fällt dir sofort auf?
- Besitzt das Bild einen Titel?

2 Die Einzelheiten des Bildes beschreiben
- Aus welcher Zeit stammt das Bild? (Bildlegende beachten)
- Beschreibe das Bild möglichst genau.
- Welche einzelnen Elemente sind auf dem Bild zu sehen, zum Beispiel Personen oder Gebäude, Landschaften oder Symbole?
- Wie sind die Personen dargestellt (Kleidung/Frisuren/Gesichtsausdruck)?
- Gibt es Unterschiede bei der Darstellung der verschiedenen Personen (Größe/Hautfarbe/Ausschmückung)?
- Beschreibe die Situation oder Handlung, die das Bild zeigt. Greife dabei auf anschauliche Adjektive zurück.
- Gibt es weitere Gegenstände? Welche Funktion haben diese?

3 Zusammenhänge erklären
- Wie ist das Verhältnis der Personen untereinander und was tun sie?
- Gibt es Gegenstände/Symbole, die eine besondere Bedeutung haben könnten?
- Was verrät das Bild über das Leben der Menschen zur damaligen Zeit (Lebensumstände, Familiensituation, Arbeitsleben usw.)?

4 Zusatzinformationen beschaffen
- Wer ist die Künstlerin/der Künstler? Wann lebte sie/er? Für wen hat sie/er das Bild angefertigt?
- Was kann ich aus anderen Quellen über das Dargestellte erfahren?

- Gibt es weitere Bilder zum gleichen Thema?
- Was ist mir unklar geblieben? Wie kann ich meine Fragen beantworten?

Geschichtskarten auswerten

1 Thema der Karte finden
- Welches Gebiet ist dargestellt?
- Welcher Zeitraum wird behandelt?
- Um welches Thema geht es?

2 Darstellung des Themas herausarbeiten
- Welche Informationen kann man der Legende der Karte entnehmen?
- Welche Bedeutung haben die Flächenfarben?
- Welche Symbole enthält die Karte und was bedeuten sie?
- Wie groß sind Entfernungen und Ausdehnung eines Gebietes (Maßstab)?

3 Informationen der Karte auswerten
- Welche Aussagen kannst du zu einzelnen Informationen der Karte machen?
- Welche Gesamtaussage der Karte kannst du formulieren?
- Welche Fragen interessieren dich zusätzlich zu den Informationen, die du aus der Karte erhältst?

Textquellen untersuchen

1 Fragen zur Verfasserin/zum Verfasser
- Wer ist die Verfasserin/der Verfasser der Textquelle? Was wissen wir über sie/ihn?
- Hat die Autorin/der Autor die Ereignisse, über die berichtet wird, selbst erlebt?
- Wie steht die Verfasserin/der Verfasser zu dem Ereignis, von dem sie/er berichtet? Versucht sie/er, neutral zu sein, oder ergreift sie/er Partei für eine Seite?

2 Fragen zum Text
- Wovon wird im Text berichtet? Was steht im Mittelpunkt?
- Wann ist die Quelle entstanden?
- Um welche Textsorte (z.B. Bericht, Erzählung, Inschrift) handelt es sich?
- Welche Begriffe sind unbekannt?
- Lässt sich der Text in einzelne Abschnitte gliedern? Lassen sich die Informationen kurz zusammenfassen?

3 Textabsicht erklären und Quelle beurteilen
- Unterscheide nun zwischen Sachinformationen der Textquelle und Meinungswiedergabe der Autorin/des Autors. Übertreibt sie/er an manchen Stellen oder wertet sie/er bestimmte Personen?
- An wen wendet sich die Textquelle und zu welchem Zweck?
- Stimmen heutige Erkenntnisse mit dem Inhalt der Textquelle überein?
- Wie glaubwürdig ist die Quelle (auch im Vergleich mit anderen Quellen)?

Textquellen vergleichen

1 Erschließen der einzelnen Textquellen
- Wer ist die jeweilige Autorin/der jeweilige Autor?
- Wo und wann sind die Texte verfasst worden.
- Welchem historischen Zeitraum lassen sich die Quellen zuordnen (Epoche, Ereignis, Konflikt)?
- Welche Textsorte liegt jeweils vor (Bericht, Brief, Rede, Vertrag, Inschrift, Erzählung, ...)?
- Wer sind die Adressaten der Texte (Machthaber, Öffentlichkeit, bestimmte Personengruppen, ...)?
- Was ist das gemeinsame Thema der Texte?
- Welche Sätze enthalten Sachinformationen, welche Sätze geben die Meinung der Verfasserin/des Verfassers oder ihr/sein Urteil wieder?

2 **Überprüfen der Glaubwürdigkeit der Texte**
- Waren die Autoren wirklich Augenzeugen der Geschehnisse oder liefern sie Informationen aus „zweiter Hand“?
- Mit welchem zeitlichen Abstand zum Geschehen wurden die Texte verfasst?

3 Vergleich der Inhalte
- Stelle die wichtigsten Informationen und Kernaussagen beider Texte gegenüber.
- Welche Gemeinsamkeiten und Unterschiede kannst du feststellen?
- Wie kann man die Differenzen erklären (Perspektive, unterschiedliche Interessen der Autoren)?

4 Sammeln weiterer Informationen
- Ordne dein bisheriges Wissen über den Sachverhalt den neugewonnenen Informationen hinzu.
- Benötigst du weitere Informationen für deine Einschätzung? Recherchiere.

5 Formulieren der Ergebnisse
- Fasse deine Ergebnisse zusammen.
- Wie lassen sich die Texte aus heutiger Sicht bewerten?
- Bilde dir ein eigenes Urteil zu den Geschehnissen und begründe es.

Ein eigenes Urteil bilden (Sachurteil)

1 Art des Urteils festlegen
- Willst du wissen, was passiert ist, und ein Urteil aus der damaligen Sicht fällen, triffst du ein Sachurteil.
- Möchtest du etwas aus deiner Sicht bewerten, fällst du ein Werturteil.

2 Informationen sammeln
Stelle verschiedene Sachtexte, Zeitzeugenberichte oder bildliche Darstellungen zum Thema zusammen und sichte diese.

3 Quellen überprüfen
- In welchem Zusammenhang stehen die gelieferten Informationen zum bereits Bekannten?
- Wie glaubwürdig sind die Informationen? Verfolgte die Verfasserin/der Verfasser ein bestimmtes Ziel oder schrieb sie/er im Auftrag einer anderen Person, die bestimmte Interessen verfolgte (Auftraggeber)?
- Wie sehr kann man den überlieferten Texten trauen? Berichtet eine Zeitzeugin/ein Zeitzeuge anhand eigener Erlebnisse oder anhand von Berichten anderer? Überprüfe, welchen Zweck Texte erfüllen sollten oder welche Absicht Autoren mit ihm verfolgten.

4 Aus heutiger Sicht ein Werturteil bilden
Vergleiche die damaligen Geschehnisse mit heute. Beurteile die Ereignisse/Situation aus deiner heutigen Sicht. Würdest du zustimmen? Begründe deine Entscheidung. (Werturteil)

5 Vergleich von Urteilen
Höre dir die Urteile anderer an. Welches Urteil überzeugt dich, welches nicht? Dabei ist der gegenseitige Respekt wichtig.

Bildquellen analysieren

1 Gegenstand des Bildes erschließen
- Wann entstand die Bildquelle? Welchen Titel trägt sie?
- Um welche Art von Bildquelle handelt es sich (Kupferstich, Holzschnitt, Gemälde, Zeichnung, Foto, ...)?
- Wer hat das Bild geschaffen?

2 Beschreibung des Bildes
- Wie ist dein erster Eindruck vom Bild (Stimmung, Farbgebung)? Was fällt dir besonders auf?
- Was wird auf dem Bild dargestellt?
- Sind Personen abgebildet? Wie werden sie dargestellt (Kleidung, Gestik, Mimik)? Was tun sie und wo sind sie platziert (Vordergrund, am Rand)?
- Welche Gegenstände, Gebäude oder Landschaften sind sichtbar?

3 Deutung des Bildes
- Was bedeuten die einzelnen Gestaltungsmittel?
- In welchen historischen Zusammenhang lässt sich das Bild einordnen (Epoche, besonderes Ereignis, Krieg)?
- Welches Problem wird dargestellt bzw. worauf bezieht sich das Bild?
- Wer ist Adressat des Bildes?

4 Beurteilung
- Stellt die Künstlerin/der Künstler ein reales Geschehen dar (Vergleich Entstehungszeit mit Zeit des Dargestellten)?
- Welches zusammenfassende Sachurteil lässt sich formulieren?
- Gibt es weitere Quellen, die die Bildaussage bestätigen/widerlegen?

5 Kritische Auseinandersetzung
- Welche Meinung vertritt die Künstlerin/der Künstler durch seine Darstellung?
- Welche Absichten verfolgt sie/er bzw. ihr/sein Auftraggeber?
- Wie deute ich das Bild aus heutiger Sicht und mit meinen Wertvorstellungen (Werturteil)?

Flugblätter entschlüsseln

1 Klärung des Themas
- Wann entstand das Flugblatt (Bildlegende beachten)?
- Wer war der Künstler des Bildes/der Bilder auf dem Flugblatt?
- Wer war die Auftraggeberin/der Auftraggeber des Flugblatts?
- Welche Personen, Gegenstände, Ereignisse oder Orte sind dargestellt

2 Gestaltung genauer untersuchen
- Was steht im Vordergrund, was tritt in den Hintergrund?

- Welche Symbole werden verwendet (Tiere mit menschlichen Eigenschaften, Stärken und Schwächen, Gegenstände, Farben)?
- Welche Funktionen haben diese Symbole?
- Gibt es Texte auf dem Flugblatt?

3 Einordnung in den historischen Zusammenhang
- In welchen historischen Zusammenhang (Ereignis, Epoche, Prozess/Konflikt, …) lässt sich das Flugblatt einordnen?
- Recherchiere nach zusätzlichen Informationen, z. B. zu abgebildeten, dir unbekannten Personen.
- Wie geht die Verfasserin/der Verfasser des Flugblatts mit dem Thema um (sachgerecht, mit Spott und Hohn, stellt sie/er jemanden oder Missstände bloß)?

4 Intention erkennen
- Was ist die Botschaft oder Wirkung des Flugblatts?
- An wen richtet sich das Flugblatt?
- Wie wirkt das Flugblatt auf dich?
- Welche Schlüsse ziehst du aus der Darstellung?

Ein Herrscherbild untersuchen

1 Das Bild beschreiben
- Welchen spontanen Eindruck ruft das Bild bei dir hervor?
- Wer ist auf dem Herrscherbild zu sehen?
- Wie wird die Person dargestellt (Körperhaltung, Gestik, Mimik, Blickrichtung, Kleidung, …)?
- Welche Perspektive hat die Malerin/der Maler gewählt (von oben, seitlich, unten, …)?
- Wie ist das Bild aufgebaut (Mittelpunkt, Hintergrund, Farbgebung)?
- Mit welchen künstlerischen Mitteln hat die Malerin/der Maler gearbeitet (Farbgestaltung, Licht, Größe, …)?
- Welche Bildelemente bestimmen das Bild?

2 Einzelheiten und Symbole entschlüsseln
- Welche Herrschaftszeichen sind auf dem Bild zu finden?
- Was bedeuten diese Herrschaftszeichen (Symbole)?
- Welche weiteren Details sind im Vorder- und Hintergrund zu sehen? Was bedeuten sie?

3 Die Aussage des Bildes erschließen
- Welchen Eindruck will die Malerin/der Maler oder die Auftraggeberin/der Auftraggeber mit der Darstellung wecken?
- Welche Herrscherrolle wird deutlich?
- Welches Selbstverständnis des Herrschers kommt zum Ausdruck?
- Was sagt uns das Bild über die damalige Zeit insgesamt?

Ein Verfassungsschema lesen und verstehen

1 Den Aufbau untersuchen
- Wie kann man das Schema lesen? Die Pfeile helfen euch.
  - Von unten nach oben bzw. oben nach unten?
  - Von links nach rechts bzw. rechts nach links?
- Was sind wichtige Bestandteile des Schaubildes?
- Welche Ämter und Einrichtungen gibt es?

2 Aussagen erschließen
- Wer darf wählen?
- Wie kommen Gesetze zustande?
- Welche Aufgaben haben die Ämter und Einrichtungen?

3 Zusammenhänge herstellen
- Wie ist die Macht verteilt? Welches Amt hat besonders viel Macht?
- Wer kontrolliert wen? Wessen Macht geht auf Wahlen zurück?
- Wo wird die Einflussmöglichkeit des Volkes erkennbar?
- Welche Gruppen sind von politischer Mitbestimmung ausgeschlossen?

4 Die Verfassung beurteilen
- Fasst noch einmal zusammen, ob und wie die Gewalten geteilt sind.
- Beurteilt, ob es sich um eine demokratische Verfassung handelt.
- Beurteilt, ob das Wahlrecht aus heutiger Sicht als demokratisch bezeichnet werden kann.

Denkmäler untersuchen

1 Beschreibung des Denkmals
- Wo steht das Denkmal?
- Wie sieht das Denkmal aus (Größe, Form, Material, verwendete Symbole, Inschriften)?
- Was für eine Art von Denkmal ist es?

2 Deutung des Denkmals
- Warum wurde das Denkmal geschaffen?
- Wann und wie wurde es eingeweiht?
- Gab es Gegenstimmen zu diesem Denkmal?

3 Denkmal in der Gegenwart
- Welche Rolle spielt das Denkmal heute?
- Welche Veränderungen wurden am Denkmal im Verlauf seines Bestehens vorgenommen bezüglich Aussehen, Inschriften oder Nutzung?

Ein historisches Lied untersuchen

1 Ersten Eindruck festhalten
Welche Wirkung hat das Lied auf dich?

2 Wichtige Informationen sammeln
- Um welche Liedart handelt es sich (z. B. Volkslied, Liebeslied, politisches Lied)?
- Wie lautet der Titel des Liedes?
- Wer ist die Textdichterin/der Textdichter bzw. die Komponistin/der Komponist?
- Wann und wo wurde das Lied verfasst?
- Welche Informationen, Grundeinstellungen und Anspielungen enthält der Liedtext in den einzelnen Strophen?

3 Zusätzliche Informationen heranziehen
- Was kannst du über die Hintergründe der Entstehung des Liedes in Erfahrung bringen?
- Wie verbreitet/bekannt war das Lied?
- Welchen Bezug zu historischen Ereignissen enthält es? Welches Ereignis/Problem steht im Zentrum des Textes?

4 Die Aussagekraft des Liedes
- Mit welcher Absicht wurde dieses Lied gesungen?
- Kannst du den Inhalt des Liedes in einen historischen Zusammenhang bringen?
- Welche Wirkung erzielte das Lied in seiner Zeit tatsächlich?
- Welche Gesamtaussage lässt sich formulieren?

Karikaturen interpretieren

1 Beschreibung der Karikatur
- Formuliere deinen ersten Eindruck.
- Welche Personen, Tiere, Gegenstände sind zu sehen? Wie sind diese dargestellt (übertrieben, lächerlich, realistisch, aggressiv, ...)? Achte dabei auch auf Details wie z.B. Gesichtsausdruck, Körperhaltung, Kleidung, Größenverhältnisse der Figuren zueinander.
- Gibt es einen Text, eine Überschrift oder andere Beschriftungen?
- Wie ist das Bild aufgebaut (Vordergrund, Zentrum, Hintergrund)?

2 Bedeutung verstehen
- Auf welche Problematik oder Situation wird aufmerksam gemacht und was wird thematisiert?
- Welche Bedeutung haben abgebildete Symbole, Metaphern oder auch Mensch-Tier-Vergleiche?

3 Zusammenhang und Absicht
- Wann entstand die Karikatur? An wen richtete sie sich?
- Welche geschichtlichen, politischen, wirtschaftlichen oder kulturellen Hintergründe und Zusammenhänge gibt es?
- Wer ist die Künstlerin/der Künstler der Karikatur? In wessen Auftrag oder in welchem Zusammenhang wurde sie gezeichnet?
- Wer oder was soll kritisiert oder bloßgestellt werden?

4 Wertung der Karikatur
- Was ist die Aussage der Karikatur?
- Wie stehe ich zu dieser Kernaussage? Stimme ich dieser zu oder nicht? Warum?
- Ist die Karikatur in meinen Augen gelungen und überzeugt sie mich? Weshalb?

Fotos analysieren

1 Der erste Eindruck
Wie ist dein erster Eindruck?
- Was siehst du auf dem Foto?
- Welche Gedanken, welche Gefühle hast du beim Betrachten des Fotos?

2 Bildbeschreibung
Was ist alles zu sehen und zu entdecken?
- Was genau wird dargestellt?
- Wie ist die Darstellung: Welche Farben gibt es? Wie sind die Lichtverhältnisse? Gibt es eine auffällige Bildkomposition? Wie ist der Ausschnitt des Bildes gewählt (Nahaufnahme/Totale)?
- Handelt es sich um eine Collage oder Montage (verschiedene Elemente werden kombiniert)?
- Ist die Bildlegende informativ? Was verrät sie und was nicht?

3 Analyse
Wofür steht das Foto?
- Welche Absichten verfolgt die Fotografin/der Fotograf vermutlich? Wofür wurde das Foto gemacht (Nachricht, Werbung, privat)?
- Ist das Foto gestellt oder handelt es sich um einen Schnappschuss?

- Sehen wir das Foto heute mit anderen Augen als zur Zeit seiner Entstehung?
- Wie kann man die Bildaussage zusammenfassen?
- Hat das Foto eine Bedeutung über die konkrete Situation hinaus, ist es typisch für ein bestimmtes Ereignis, ein Problem ...?

4 Erweiterung
Wie kann man das Foto „erweitern"?
- Was ereignete sich zeitlich vor und nach der Aufnahme?
- Welche Fragen hast du? Welche Materialien benötigst du?

Informationen präsentieren

Ein Lernplakat erstellen

1 Thema auswählen
Orientiere dich, welche Themen zur Auswahl stehen. Entscheide dich für ein Thema. Du kannst mit einer Partnerin oder einem Partner oder in der Gruppe arbeiten.

2 Wahlthema erarbeiten
Arbeite dein Wahlthema in Partnerarbeit oder Gruppenarbeit durch.
- Lies die Texte, betrachte das Bildmaterial dazu.
- Bereite das Lernplakat vor: Wie soll die Überschrift lauten?
- Welche Materialien werden benötigt? Stelle einen Arbeitsplan auf.

3 Material sammeln und auswählen
Sammle Bilder, Texte und weitere Materialien zu deinem Lernplakat. Du kannst in Sachbüchern, in einem Lexikon oder im Internet über das Thema weiter recherchieren. Trage deine Ergebnisse zusammen.

4 Das Lernplakat gestalten
Achte dabei auf Folgendes:
- Die Überschrift muss gut lesbar sein.
- Die Bilder und Fotos müssen zum Thema passen.
- Es muss insgesamt gut erkennbar sein, um welches Thema es geht.
- Die Texte und die Bilder sollten so angeordnet sein, dass die Betrachter schnell das Wichtigste erfassen können.
- Das Lernplakat informiert und zeigt deine Arbeitsergebnisse. Du kannst mithilfe des Plakates das Thema erläutern (Kurzvortrag).

Ein Referat halten

1 Klärung des Themas und Eingrenzung
- Wie lautet das genaue Thema deines Vortrags? Bei eigener Themenwahl achte darauf, dass es nicht zu allgemein oder zu umfassend ist.
- Welchen Umfang soll das Referat haben (Redezeit)?
- Wie viel Zeit hast du zur Erarbeitung?

2 Recherche durchführen und Material sammeln
- Wie kannst du Expertin/Experte auf deinem Themengebiet werden?
- Wo findest du Material zu dem Thema (Bücher, Fachzeitschriften, Internet)? Frag auch deine Lehrerin/deinen Lehrer, ob sie/er dir Literatur empfehlen kann.
- Notiere dir Wichtiges oder kopiere geeignete Übersichten oder Informationen. Nutze für Internetseiten und Bücher Lesezeichen und notiere dir deine Quellen, um sie am Ende deines Referats zur Verfügung stellen zu können.
- Sammle Skizzen, Bilder oder Übersichten zur Verdeutlichung und Anschaulichkeit. Vergiss nicht, für alle Materialien die Quellen anzugeben!

3 Gliederung anfertigen
- Erstelle eine Gliederung mit Unterpunkten. Eine Mindmap kann dir helfen, die vielen Informationen zu sortieren.
- Formuliere Leitfragen und achte auf einen „roten Faden", der sich durch dein Referat zieht.
- Gibt es etwas besonders Spannendes oder Kurioses innerhalb deines Themas? Nutze das für die Einleitung.
- Fasse im Schlussteil Wesentliches zusammen.

4 Redekarten erstellen und Referat üben
- Erstelle zu jedem Gliederungspunkt eine Redekarte. Notiere darauf nur kurze Stichpunkte oder Stichworte, damit du während des Vortrages freier, mit Blick zur Klasse sprichst.
- Vermerke auf den Redekarten auch, wann du Bilder oder Übersichten zeigst.
- Übe dein Referat mehrmals. Nutze hierfür nur die Redekarten.
- Bereite dich auf Nachfragen zu Fremdwörtern oder Zusammenhängen vor.

Aus dem Grundgesetz der Bundesrepublik Deutschland

Artikel 1

(1) Die Würde des Menschen ist unantastbar. Sie zu achten und zu schützen, ist Verpflichtung aller staatlichen Gewalt.
(2) Das Deutsche Volk bekennt sich darum zu unverletzlichen und unveräußerlichen Menschenrechten als Grundlage jeder menschlichen Gemeinschaft, des Friedens und der Gerechtigkeit in der Welt.
(3) Die nachfolgenden Grundrechte binden Gesetzgebung, vollziehende Gewalt und Rechtsprechung als unmittelbar geltendes Recht.

Artikel 2

(1) Jeder hat das Recht auf die freie Entfaltung seiner Persönlichkeit, soweit er nicht die Rechte anderer verletzt und nicht gegen die verfassungsmäßige Ordnung oder das Sittengesetz verstößt.
(2) Jeder hat das Recht auf Leben und körperliche Unversehrtheit. Die Freiheit der Person ist unverletzlich. In diese Rechte darf nur aufgrund eines Gesetzes eingegriffen werden.

Artikel 3

(1) Alle Menschen sind vor dem Gesetz gleich.
(2) Männer und Frauen sind gleichberechtigt. Der Staat fördert die tatsächliche Durchsetzung der Gleichberechtigung von Frauen und Männern und wirkt auf die Beseitigung bestehender Nachteile hin.
(3) Niemand darf wegen seines Geschlechtes, seiner Abstammung, seiner Rasse, seiner Sprache, seiner Heimat und Herkunft, seines Glaubens, seiner religiösen oder politischen Anschauungen benachteiligt oder bevorzugt werden. Niemand darf wegen seiner Behinderung benachteiligt werden.

Artikel 4

(1) Die Freiheit des Glaubens, des Gewissens und die Freiheit des religiösen und weltanschaulichen Bekenntnisses sind unverletzlich. ...

Artikel 5

(1) Jeder hat das Recht, seine Meinung in Wort, Schrift und Bild frei zu äußern und zu verbreiten und sich aus allgemein zugänglichen Quellen ungehindert zu unterrichten. Die Pressefreiheit und die Freiheit der Berichterstattung durch Rundfunk und Film werden gewährleistet. Eine Zensur findet nicht statt. ...

Artikel 6

(1) Ehe und Familie stehen unter dem besonderen Schutze der staatlichen Ordnung.
...

Artikel 8

(1) Alle Deutschen haben das Recht, sich ohne Anmeldung oder Erlaubnis friedlich und ohne Waffen zu versammeln.
(2) Für Versammlungen unter freiem Himmel kann dieses Recht durch Gesetz ... beschränkt werden.

Artikel 9

(1) Alle Deutschen haben das Recht, Vereine und Gesellschaften zu bilden.
(2) Vereinigungen, deren Zwecke oder deren Tätigkeit den Strafgesetzen zuwiderlaufen oder die sich gegen die verfassungsmäßige Ordnung oder gegen den Gedanken der Völkerverständigung richten, sind verboten. ...

Artikel 10

(1) Das Briefgeheimnis sowie das Post- und Fernmeldegeheimnis sind unverletzlich. ...

Artikel 11

(1) Alle Deutschen genießen Freizügigkeit im ganzen Bundesgebiet. ...

Artikel 12

(1) Alle Deutschen haben das Recht, Beruf, Arbeitsplatz und Ausbildungsstätte frei zu wählen. ...
(2) Niemand darf zu einer bestimmten Arbeit gezwungen werden. ...

Artikel 12a*

(1) Männer können vom vollendeten achtzehnten Lebensjahr an zum Dienst in den Streitkräften, im Bundesgrenzschutz oder in einem Zivilschutzverband verpflichtet werden.
(2) Wer aus Gewissensgründen den Kriegsdienst mit der Waffe verweigert, kann zu einem Ersatzdienst verpflichtet werden. ...

Artikel 13

(1) Die Wohnung ist unverletzlich.
(2) Durchsuchungen dürfen nur durch den Richter, bei Gefahr im Verzuge auch durch die in den Gesetzen vorgesehenen anderen Organe angeordnet und nur in der dort vorgeschriebenen Form durchgeführt werden.
...

Artikel 16a

(1) Politisch Verfolgte genießen Asylrecht.
...
(2) Auf Absatz 1 kann sich nicht berufen, wer aus einem Mitgliedstaat der Europäischen Gemeinschaften oder aus einem anderen Drittstaat einreist, in dem die Anwendung des Abkommens über die Rechtsstellung der Flüchtlinge und der Konvention zum Schutze der Menschenrechte und Grundfreiheiten sichergestellt ist. ...

Artikel 20

(1) Die Bundesrepublik Deutschland ist ein demokratischer und sozialer Bundesstaat.
(2) Alle Staatsgewalt geht vom Volke aus. Sie wird vom Volke in Wahlen und Abstimmungen und durch besondere Organe der Gesetzgebung, der vollziehenden Gewalt und der Rechtsprechung ausgeübt.
(3) Die Gesetzgebung ist an die verfassungsmäßige Ordnung, die vollziehende Gewalt und die Rechtsprechung sind an Gesetz und Recht gebunden.
(4) Gegen jeden, der es unternimmt, diese Ordnung zu beseitigen, haben alle Deutschen das Recht zum Widerstand, wenn andere Abhilfe nicht möglich ist.

Artikel 21

(1) Die Parteien wirken bei der politischen Willensbildung des Volkes mit. Ihre Gründung ist frei. Ihre innere Ordnung muss demokratischen Grundsätzen entsprechen. Sie müssen über die Herkunft und Verwendung ihrer Mittel sowie über ihr Vermögen öffentlich Rechenschaft geben. ...

* Die Wehrpflicht wurde zum 1. Juli 2011 auf Beschluss der Bundesregierung ausgesetzt.

A

Achsenmächte
Die Achsenmächte waren im Zweiten Weltkrieg Deutschland und seine Bündnispartner Italien und Japan.

Alliierte
Damit bezeichnete man im Ersten Weltkrieg die verbündeten Gegner der Mittelmächte. Im Zweiten Weltkrieg waren die Alliierten die Verbündeten im Kampf gegen die Achsenmächte. Das Wort stammt aus dem Lateinischen und bedeutet „Verbündete".

Annexion
Eine Annexion ist eine gewaltsame und eigenmächtige Aneignung eines fremden Gebiets.

Antisemitismus
Dieser Begriff bezeichnet die Diskriminierung und Verfolgung von Juden aus religiösen, wirtschaftlichen oder wie im Nationalsozialismus rassistischen Gründen. Im Nationalsozialismus wurden etwa sechs Millionen Juden u. a. in Konzentrations- und Vernichtungslagern wie Auschwitz ermordet.

Arbeiter- und Soldatenrat
Das ist ein Organ der Selbstverwaltung in den Städten, das überwiegend aus Arbeitern und Soldaten besteht. Im Russischen hießen diese Sowjets.

„Arier"/„arisch"
Der Begriff „Arier" wurde von den Nationalsozialisten im Zusammenhang mit ihrer wissenschaftlich nicht haltbaren „Rassenlehre" zur Bezeichnung eines Angehörigen der nordischen Rasse verwendet, deren Nachkommen die deutsche Bevölkerung mit Ausnahme der Bürger jüdischen Glaubens und der Sinti und Roma sei. Die Nationalsozialisten rechtfertigten mit dieser Ideologie die Verfolgung und Vernichtung der Juden und Sinti und Roma sowie die Deklassierung der Slawen zu „Untermenschen".

autoritäre Regierung
Dies ist eine Form der diktatorischen Herrschaft. Es gibt keine oder nur eine sehr geringe Teilung der Gewalten sowie keine freien Wahlen und keine freie Meinungsäußerung.

B

Bolschewiki
(russ. = Mehrheitler). Der Name geht auf eine Abstimmung zurück. Bei dieser hatte der radikale Teil der sozialdemokratischen Arbeiterbewegung in Russland die Mehrheit erhalten. Die Bolschewiki behielten ihren Namen, obwohl sie später oft keine Mehrheit besaßen.

D

Demokratie
Dies ist die Regierungsform, in der der Wille des Volkes – ausgedrückt durch unmittelbare Teilhabe an den politischen Entscheidungen (direkte Demokratie) oder Wahlen (repräsentative Demokratie) – ausschlaggebend ist. Kennzeichen der modernen Demokratie sind u. a. Garantie der Menschenrechte, allgemeines, gleiches und geheimes Wahlrecht, Gewaltenteilung, Mehrparteiensystem, Minderheitenschutz.

demokratischer Zentralismus
Bei diesem politischen Prinzip werden die jeweils höheren Organe durch die unteren (scheinbar demokratisch) gewählt. Tatsächlich werden die Kandidaten aber von oben (zentralistisch) vorgegeben. Jede Wahl hat dadurch nur noch einen bestätigenden Charakter. In der Sowjetunion waren die Partei und die Räte nach diesem Prinzip aufgebaut.

Deportation
Darunter versteht man die Zwangsverschickung von „lästigen" politischen Gegnern oder ganzen Volksgruppen.

Deutsche Arbeitsfront (DAF)
Dies war eine nach der Zerschlagung der Gewerkschaften von der NSDAP gegründete Zwangsorganisation von Arbeitnehmern und Unternehmern.

Diktatur
Dies bezeichnet eine auf Gewalt und Zwang beruhende unbeschränkte Herrschaft eines Einzelnen oder einer Gruppe. Kennzeichen jeder modernen Diktatur ist die Aufhebung der Gewaltenteilung und die Rechtlosigkeit der Bürger. Opposition ist verboten.

E

Entente cordiale
So nennt man einen Vertrag von 1904 zwischen Frankreich und Großbritannien. Er regelte im gegenseitigen Einverständnis die Einflussbereiche beider Länder in Afrika.

Entente-Mächte
So bezeichnet man für die Zeit des Ersten Weltkriegs die verbündeten Gegner der Mittelmächte.

„Ermächtigungsgesetz"
Dieses Gesetz ermöglichte es Hitler, ohne den Reichstag und Reichsrat Gesetze zu erlassen. Dieses Gesetz kam einer Selbstentmachtung der Parteien gleich.

„Euthanasie"
(griech. = „schöner Tod") Der beschönigende Begriff steht für die geplante und durchgeführte Ermordung von etwa 300.000 Menschen im Nationalsozialismus, die als geistig und körperlich behindert sowie als psychisch krank eingestuft wurden. Die Opfer starben durch Vergasung, Verhungern und Medikamentengabe.

F

„Führerprinzip"
In der nationalsozialistischen Weltanschauung oberster Grundsatz, der zu blindem Gehorsam und willenloser Unterordnung gegenüber dem „Führer" Adolf Hitler verpflichtete. Das „Führerprinzip" war unter Berufung auf Hitlers Buch „Mein Kampf" als Gegensatz zu jeder Art von demokratischer Entscheidung und Mitbestimmung formuliert und fand im Kult um die Person Adolf Hitlers seinen höchsten Ausdruck.

Fünf-Jahres-Plan
Ende der 1920er-Jahre wurde in der Sowjetunion wieder eine zentrale Wirtschaftsplanung eingeführt. Eine staatliche Behörde legte für fünf Jahre im Voraus fest, in welcher Höhe industrielle und landwirtschaftliche Güter zu produzieren und zu verteilen sind. Auch Löhne und Preise wurden für fünf Jahre bestimmt. Die Parteiführung unter Stalin wollte vor allem die Industrialisierung zügiger voranbringen.

Fünf-Prozent-Hürde
Nach einer Wahl bekommen heute nur die Parteien Parlamentssitze, die mindestens 5 % der abgegebenen Stimmen erhalten haben. Dadurch soll verhindert werden, dass durch zu viele Splitterparteien Koalitionen erschwert werden.

G

Gestapo
Abkürzung für „Geheime Staatspolizei". Die Gestapo war eine von den Nationalsozialisten geschaffene Sonderpolizei zur Bekämpfung der Gegner des Nationalsozialismus.

Gewerkschaft
Dies sind Vereine, die zur Veränderung der wirtschaftlichen und sozialen Lage von Arbeitnehmern Mitte des 19. Jahrhunderts gegründet wurden.

Ghetto
Dies bezeichnet ein seit dem Mittelalter abgesondertes Wohngebiet einer bestimmten Bevölkerungsgruppe, vor allem der Juden.

„Gleichschaltung"
Mit der „Gleichschaltung" wollte Hitler erreichen, dass Staat, Politik, Gesellschaft und Medien gewaltsam gemäß den ideologischen und politischen Zielen der Nationalsozialisten organisiert werden.

Grundrechte
Grundrechte heißen bestimmte grundlegende Rechte in der deutschen Verfassung. Der eine Teil sind Bürgerrechte, auf die nur Deutsche Anspruch haben, z.B. das Recht, sich überall ohne vorherige Genehmigung versammeln zu dürfen. Der andere Teil der Grundrechte sind allgemeine Menschenrechte, auf die sich alle berufen können, die in Deutschland leben.

GULag
(russ. = Hauptverwaltung der Arbeitslager). Dies waren staatliche Zwangsarbeitslager, die es seit Ende der 1920er-Jahre überall in der Sowjetunion gab. Man ließ hier Millionen Menschen bei unzureichender Unterbringung und Verpflegung härteste Arbeiten verrichten. Wer zu schwach war, wurde gequält und ermordet.

H

Hitlerjugend (HJ)
Dies war die Jugend- und Nachwuchsorganisation der NSDAP und ab 1933 staatliche Massenorganisation für männliche Jugendliche. Im Mittelpunkt der nach dem „Führerprinzip" aufgebauten Organisation stand die körperliche und ideologische Schulung. Der weibliche Zweig der HJ war der „Bund Deutscher Mädel" (BDM).

Holocaust
(griech. = vollständiges Brandopfer). Es bezeichnet den Völkermord an sechs Millionen Juden aus ganz Europa in der Zeit des Nationalsozialismus.

I

Imperialismus
So bezeichnet man das Streben von Großmächten nach wirtschaftlicher, politischer und militärischer Vorherrschaft.

Inflation
Darunter versteht man eine schrittweise und steigende Entwertung des Geldes.

K

kapitalistisch
In einer kapitalistischen Wirtschaft bestimmen Angebot und Nachfrage, was produziert und verkauft wird. Zum Kapital gehören z.B. Maschinen, Fabriken und Geld. Diese sind in der Hand von Unternehmern. Der Staat greift nur in Maßen in das Wirtschaftsgeschehen ein. Die Unternehmer können meist frei entscheiden und handeln. Privateigentum ist geschützt.

Kapkolonie
Dies war der Vorläuferstaat des heutigen Südafrika.

Kolchosen
So wurden im Zuge der Zwangskollektivierung die verstaatlichten landwirtschaftlichen Großbetriebe in der Sowjetunion genannt.

Kolonie
So nennt man eine Besitzung europäischer Staaten in Übersee.

Kommunismus
(lat. communis = gemeinsam) So wird die politische Idee von Karl Marx (1818–1883) und Friedrich Engels (1820–1895) genannt, die sie 1848 im „Kommunistischen Manifest" aufgeschrieben haben. Das Ideal ist eine klassenlose Gesellschaft und der Verzicht auf Privateigentum. Im 20. Jahrhundert wurde der Kommunismus zur Grundlage verschiedener politischer Herrschaftsformen. Nach der russischen Revolution 1917 entstand in der Sowjetunion eine Staats- und Gesellschaftsordnung, die als Endziel eine kommunistische Gesellschaft anstrebte.
Sozialismus ist die Bezeichnung für die Übergangsgesellschaft als Vorstufe zum Kommunismus.

Konzentrations- und Vernichtungslager
Dies bezeichnet das Netz von Massenlagern, mit dem die Nationalsozialisten Deutschland überzogen, in denen die Häftlinge misshandelt und ermordet wurden. Neben der Todesursache Folter oder willkürliche Ermordung kamen auch viele Häftlinge durch unmenschliche Arbeitsbedingungen und Entkräftung durch Hunger, Auszehrung und Krankheiten um. Das System der KZs war der SS unterstellt. Es gab sogenannte Stammlager und zu diesen jeweils eine Vielzahl von Neben- oder Außenlagern. Seit 1941 wurden KZs als Vernichtungslager errichtet, in denen etwa sechs Millionen Juden und ca. 500.000 Nichtjuden, z.T. unter Einsatz von Giftgas, ermordet wurden.

Kulaken, Kulakenverfolgung
Dies waren in der Sowjetunion etwas besser gestellte Bauern. Sie wollten nicht in die von Stalin verordneten Kolchosen eintreten und ihre Selbstständigkeit verlieren. Stalin brandmarkte sie als „konterrevolutionäre Klassenfeinde" und ließ ihren Widerstand rücksichtslos brechen.

M

Menschewiki
(russ. = Minderheitler). Der Name geht auf eine Abstimmung zurück. Bei dieser hatte der gemäßigte Teil der russischen sozialdemokratischen Arbeiterbewegung nur die Minderheit gestellt. Die Menschewiki behielten ihren Namen, obwohl sie später oft die Mehrheit besaßen.

Minderheitsregierung
So nennt man eine Regierung, die im Parlament keine Mehrheit von über 50% besitzt. Sie muss daher die übrigen Parteien bei jeder politischen Entscheidung um Unterstützung bitten.

Mittelmächte
So bezeichnet man für die Zeit des Ersten Weltkriegs das Bündnis von Deutschem Reich, Österreich-Ungarn, Osmanischem Reich und Bulgarien.

Mobilmachung
(frz.: mobile = beweglich, marschbereit). Dies sind Maßnahmen, durch die die Streitkräfte eines Landes für den Kriegseinsatz bereitgestellt werden, z. B. durch die Einberufung aller Wehrpflichtigen.

N

Nationalsozialismus
Dies ist die antidemokratische Ideologie der von Hitler geführten Partei NSDAP. Sie beruht auf Rassismus, Antisemitismus, einem aggressiven Nationalismus und der Idee einer überlegenen deutschen „Volksgemeinschaft" mit einem diktatorischen „Führer" an der Spitze.

Neue Ökonomische Politik (NÖP)
Neue politische Ausrichtung Lenins, um die sowjetische Wirtschaft wiederzubeleben und zu stabilisieren. Für eine begrenzte Zeit sollten die Gesetze des kapitalistischen Marktes wieder zugelassen werden. NÖP sollte nach dem Bürgerkrieg und zahlreichen Aufständen auch dazu beitragen, den Frieden im Land wiederherzustellen. NÖP setzte im Frühjahr 1921 ein und bestand bis Mitte/Ende der 1920er-Jahre. NÖP führte tatsächlich zu einer Wiederbelebung von Handel und Gewerbe. Die Versorgung mit Lebensmitteln und Konsumgütern verbesserte sich.

Notverordnungen
Artikel 48 der Reichsverfassung erlaubte es, in Notsituationen Gesetze auch ohne Zustimmung des Reichstages in Kraft zu setzen, wenn der Reichspräsident die Notverordnungen unterschrieb. Auf Verlangen des Reichstages mussten die Notverordnungen aufgehoben werden. Dafür gab es aber nach 1930 keine Mehrheit mehr.

„Nürnberger Gesetze"
Die „Nürnberger Gesetze" legalisierten 1935 die Diskriminierung von Juden. Nur noch „Reichsdeutsche" hatten fortan alle Bürgerrechte. Juden verloren das Wahlrecht und durften keine öffentlichen Ämter mehr bekleiden. Beziehungen zwischen Juden und Nichtjuden wurden zur „Rassenschande".

O

Opposition
Das sind politische Gruppen, welche die Politik anderer, meist der herrschenden Parteien, ablehnen. Eine Opposition kann es unter mehreren Parteien geben, aber auch innerhalb einer Partei.

P

parlamentarische Demokratie
Hier wählt das Volk in geheimer Wahl seine Vertreter in Form eines Parlaments. Dieses ist der Inhaber der höchsten Staatsgewalt (= Souverän).

parlamentarische Monarchie
Bei dieser Staatsform kann der König nicht mehr alleine herrschen. Der Staat wird von einem Parlament geführt, das vom Volk frei gewählt wurde. Dieses bestimmt die Politik des Landes und macht die Gesetze. Der Monarch repräsentiert den Staat meist nur noch nach innen und außen. Das hängt davon ab, welche Aufgaben die Verfassung für ihn vorsieht.

Pazifismus
Bezeichnung für eine Weltanschauung, bei der jeder Krieg abgelehnt wird. Zu den Forderungen des Pazifismus gehört auch, auf Rüstung und militärische Ausbildung zu verzichten.

Pogrom
So bezeichnet man Ausschreitungen und gewaltsame Verfolgung aus religiösen oder in Vorurteilen begründeten Absichten.

Proletariat, Proletarier
(lat. proles = Nachkommen) Mit dem Begriff bezeichnet man eine Klasse von abhängigen Lohnarbeitern. Sie besitzen keine Produktionsmittel und haben nur ihre Arbeitskraft zu verkaufen.

Propaganda
Die systematische Verbreitung politischer und weltanschaulicher Ideen und Meinungen mithilfe von Großveranstaltungen, Presse, Film, Theater, Rundfunk usw. zur Beeinflussung des allgemeinen Bewusstseins. Die Nationalsozialisten richteten dafür ein Ministerium mit Joseph Goebbels als Propagandaminister ein, das allein diesem Zweck dienen sollte.

R

Rassismus
So bezeichnet man die scheinbar wissenschaftliche Anwendung der biologischen Unterscheidung menschlicher Gruppen mit ähnlichen erblichen Anlagen (z.B. Hautfarbe) auf das gesellschaftliche und politische Leben. Dabei wird die Höher- bzw. Minderwertigkeit verschiedener „Rassen" unterstellt. Dieser auf den Sozialdarwinismus des 19. Jahrhunderts zurückgehende Rassismus bildete eine Grundlage des Nationalsozialismus.

Räterepublik
So bezeichnet man eine Regierungsform, bei der die Herrschaft von direkt gewählten Räten ausgeht. Es gibt keine Gewaltenteilung und keine Parteien, weil die Räte den einheitlichen Volkswillen verkörpern sollen.

Reparationen
Dies sind wirtschaftliche und finanzielle Leistungen des besiegten Landes zur Entschädigung und Wiedergutmachung für Schäden, Zerstörungen und Kriegskosten des Siegers.

Rückversicherungsvertrag
Das war ein geheimes Abkommen zwischen Russland und dem Deutschen Reich. Darin wurde festgelegt, dass beide Staaten sich nicht einmischen würden, wenn einer von ihnen in einen Krieg verwickelt würde.

S

SA
Abkürzung für „Sturmabteilung". Die „Sturmabteilung" war die uniformierte Kampf- und Propagandatruppe der NSDAP. Sie wurde vor allem bei Saal- und Straßenschlachten gegen Kommunisten eingesetzt und ging mit äußerster Brutalität gegen Gegner der NSDAP vor.

Sinti und Roma
Dies sind die Namen für weltweit verbreitete Minderheitengruppen, die eine gemeinsame Sprache, das Romanes, und eine gemeinsame Kultur haben. Schätzungen gehen von 200.000 bis zu einer halben Million getöteten Sinti und Roma durch die NS-Rassenpolitik aus. Aus vielen Ländern Europas wurden sie in die Vernichtungslager gebracht und getötet. Dieser Völkermord trägt die Bezeichnung „Porajmos" (= das Verschlingen).

Spartakusbund
Dies war ein politischer Zusammenschluss von Anhängern des linken Randes der SPD und anderer sozialistischer Gruppen. Ihre Sprecher waren Karl Liebknecht und Rosa Luxemburg.

SS
(= Schutzstaffel) Dies war ein militärisch organisierter Kampfverband der NSDAP und ab 1934 Hauptträger des nationalsozialistischen Terrors nach innen und außen.

Stellungskrieg
Damit bezeichnet man eine Kriegsführung, die durch sich kaum verändernde Frontverläufe geprägt ist. Vor allem an der Somme, bei Verdun und Ypern tobte jahrelang ein verlustreicher, aber ergebnisloser Kampf zwischen den gegnerischen Grabenstellungen.

T

totalitär
Ein politisches System ist totalitär, wenn es alle Lebensbereiche bestimmt und die Freiheiten seiner Bevölkerung nach eigenem Ermessen einschränkt oder erweitert. Totalitäre Staaten waren das nationalsozialistische Deutschland unter Hitler und die Sowjetunion unter Stalin.

Triple Entente
Darunter versteht man die Erweiterung der Entente cordiale 1907 mit Russland als Dreierbündnis gegen Deutschland.

U

UdSSR
Abkürzung für Union der Sozialistischen Sowjetrepubliken. Sie wurde 1922 von den Bolschewiki gegründet. Darin fassten sie alle von ihnen kontrollierten Gebiete zusammen.

UNO
Das ist die Abkürzung für United Nations Organization (= Vereinte Nationen). Sie wurde 1945 als Nachfolgeorganisation des Völkerbundes gegründet. Sie soll dazu beitragen, Konflikte zwischen den Völkern friedlich zu lösen.

V

Vertrag von Versailles
Die Alliierten diktierten 1919 der neuen Republik den Vertrag von Versailles. Deutschland zahlte nicht nur enorme Reparationen und trat große Gebiete ab, sondern die Alliierten bestanden auch auf Deutschlands alleiniger Kriegsschuld, was im Land für große Empörung sorgte.

Vierzehn-Punkte-Programm
Programm des US-amerikanischen Präsidenten Woodrow Wilson, in dem er die Grundzüge einer Friedensordnung nach dem Ersten Weltkrieg umrissen hat. Zu den Zielen gehörten u. a. das Selbstbestimmungsrecht der Völker, öffentliche Diplomatie, Abrüstung sowie die Gründung des Völkerbundes.

Völkerbund
Dies war die erste internationale Organisation zur Sicherung des Weltfriedens. Sie bestand von 1920 bis 1946 und war der Vorläufer der Vereinten Nationen (UNO).

„Volksgemeinschaft"
Die Nationalsozialisten verstanden darunter eine „Blut- und Schicksalsgemeinschaft", in der alle Standesgrenzen, Parteien und Einzelinteressen aufgehoben werden sollten. Die Gemeinschaft sollte sich dem Willen des „Führers" unterordnen. Zahlreiche Gruppen wie z.B. politische Gegner blieben von der „Volksgemeinschaft" ausgeschlossen.

W

Wannsee-Konferenz
Unter der Leitung Reinhard Heydrichs wurde am Großen Wannsee in Berlin durch Vertreter verschiedener Amtsstellen die Organisation des Völkermords an den Juden geplant.

Weimarer Koalition
Dies ist die Bezeichnung für die Koalition aus SPD, linksliberaler DDP und dem katholischen Zentrum in der Weimarer Republik, die sich für die parlamentarische Republik einsetzte.

Weimarer Verfassung
Die Weimarer Verfassung von 1919 war Grundlage der ersten deutschen Demokratie und sorgte für eine staatliche Modernisierung (Menschenrechte, Gewaltenteilung, Sozialstaat etc.). Radikale Kräfte nutzten die Schwächen dieser Verfassung, um diese Republik zu zerstören.

Weltwirtschaftskrise
Ausgelöst durch geplatzte Börsenspekulationen in den USA 1929 gerieten die Industrieländer in eine bis dahin nicht gekannte wirtschaftliche Krise, die viele Jahre andauerte und zu hoher Arbeitslosigkeit und Armut führte. Eine Folge war die politische Radikalisierung in Deutschland.

Z

Zwangsarbeit
Um die Rüstungs- und Lebensmittelproduktion aufrechtzuerhalten, wurden in Deutschland 1939–1945 Kriegsgefangene und zivile Zwangsarbeiter beschäftigt. Die meisten von ihnen kamen aus Osteuropa. Ende 1944 gab es etwa 13 Millionen Zwangsarbeiter in Deutschland. Die Lebensbedingungen der ausländischen Zwangsarbeiter und Gefangenen unterschieden sich sehr stark nach ihrem Einsatzort in Industrie oder Landwirtschaft. In der Sowjetunion wurden Menschen, die als Regimegegner betrachtet wurden, oft in GULags verschleppt und zur Zwangsarbeit verurteilt. Wenn Gefangene die Zeit im GULag überlebten, kehrten sie meist als gebrochene Menschen zurück. Die Zwangsarbeit war von der sowjetischen Wirtschaft fest eingeplant. Man nutzte sie vor allem in abgelegenen Gegenden, wohin kein Lohnarbeiter freiwillig gehen wollte. Meistens wurden die Zwangsarbeiter auf Baustellen, im Bergbau oder der Goldgewinnung eingesetzt.

Zwangskollektivierung
Ende der 1920er-Jahre wurde in der Sowjetunion beschlossen, alle privaten Bauern zu enteignen. Sie durften nur ein kleines Stück Land für sich behalten. Boden, Vieh und Arbeitsgeräte wurden in Gemeineigentum umgewandelt. Jeweils zehn Dörfer sollten sich zu einer Kollektivwirtschaft zusammenschließen und nach den Vorgaben einer staatlichen Behörde produzieren. Dies stieß bei den Bauern auf Widerstand. Dafür ließ Stalin sie brutal verfolgen.

Textquellen

1. Imperialismus und Erster Weltkrieg

S. 15 M1: Jean-Claude Juncker, Transcription du discours lors de la Journée de deuil national (Volkstrauertag), Bundestag, Berlin, 2008, zit. n.: https://sip.gouvernement.lu/de/actualites.gouvegouvern%2Bfr%2Bactualites%2Btoutes_actualactu%2Bdiscours%2B2008%2B11-novembre%2B16-juncker-volkstrauertag.html (abger. 20.08.2021), Auszug. **S. 15 Q1:** Winston Churchill, Universität Zürich, 19. September 1946, zit n.: https://www.churchill-in-zurich.ch/de/churchill/churchills-zurcher-rede/ (abger. 20.08.2021), Auszug. **S. 17 Q1:** Zit. n. Wolfgang Mommsen, Imperialismus. Seine geistigen, politischen und wirtschaftlichen Grundlagen, Hamburg (Hoffmann und Campe) 1977, S. 211f., gekürzt. **S. 17 Q2:** Verhandlungen des Reichstags, IX. Legislaturperiode, II.b Session 1893/1894, Stenographische Berichte, Bd. 2, Sitzung vom 17.02.1894, Berlin (Druck und Verlag der Norddeutschen Buchdruckerei und Verlags-Anstalt) 1894, S. 1318, gekürzt. **S. 19 Q1:** Patemann, Helgard: Lehrbuch Namibia. Deutsche Kolonie 1884–1915, Wuppertal (Hammer) 1984, S. 41, gekürzt. **S. 19 Q2:** Drechsler, Horst: Südwestafrika unter deutscher Kolonialherrschaft: Der Kampf der Herero und Nama gegen den deutschen Imperialismus, Berlin (Akademie) 1986, S. 160, Auszug. **S. 21 Q1:** Zit. n. Albrecht und Friedrich Thimme (Hg): Die Auswärtige Politik des Deutschen Reiches 1871–1914, Bd. 1, Berlin (Deutsche Verlagsgesellschaft f. Politik u. Geschichte) 1928, S. 58f. **S. 21 Q2:** Zit. n. Michael Salewski, Neujahr 1900. Die Säkularwende in zeitgenössischer Sicht, in: Archiv für Kulturgeschichte Bd. 53, Heft 2., Köln (Böhlau) 1971, S. 27. **S. 21 Q3:** Zit. n. Erich Eyck, Das persönliche Regiment Wilhelms II., Politische Geschichte des deutschen Kaiserreichs von 1890 bis 1914, Erlenbach-Zürich (Rentsch) 1948, S. 263 f. **S. 22 Fließtext:** Bertha von Suttner: Die Waffen nieder!. E. Pierson's Verlag, Dresden/Leipzig 1899, Bd. 2, S. 63, gekürzt. **S. 22 Fließtext:** Riksarkivet Stockholm, Nachlass Alfred Nobels vom 06.02.1891, Auszug. **S. 22 Fließtext:** Bertha von Suttner: Memoiren, Stuttgart und Leipzig (Deutsche Verlags-Anstalt) 1909, zit. n. http://www.zeno.org/nid/20005757207 (abger. 20.08.2021), Auszug. **S. 22 Q1:** Zit. n. Gisela Brinker-Gabler (Hg.): Kämpferin für den Frieden, Bertha von Suttner. Lebenserinnerungen, Reden u. Schriften, Frankfurt/M. (Fischer) 1982, S. 203, gekürzt. **S. 23 Fließtext:** Arno Widmann: Bertha von Suttner Pazifistin: Die Ära der Sprengstoffe, zit. n. https://www.fr.de/kultur/sprengstoffe-11051428.html (abger. 20.08.2021), Auszug. **S. 25 M1:** Fritz Fischer: Griff nach der Weltmacht, Düsseldorf (Droste) 1961, erweitert 1964, S. 97, Auszug. **S. 25 M2:** Christopher Clark: Die Schlafwandler. Wie Europa in den Ersten Weltkrieg zog. Aus dem Englischen von Norbert Juraschitz. München (Deutsche Verlags-Anstalt) 2013, S. 716–717, gekürzt. **S. 27 Q1:** Zit. n. Ernst Rudolf Huber (Hg.): Dokumente zur deutschen Verfassungsgeschichte, Bd. 2, Stuttgart (Kohlhammer) 1961, S. 455, gekürzt. **S. 27 Q2:** Verhandlungen des Reichstags, XIII. Legislaturperiode, II. Session, Stenographische Berichte, Bd. 306, Sitzung vom 4.8.1914, Berlin 1916, S. 8, Auszug. **S. 31 Q1:** Eduard Schneegans: Briefe eines Soldaten, Zürich (Raschert) 1918, S. 151ff.; 235, gekürzt. **S. 31 Q2:** Brief von Anton Staiger, in: Witkop, Philipp: Kriegsbriefe gefallener Studenten, München (Georg Müller) 1928, S. 238, Auszug. **S. 33 Q1:** Zit. n. Elfriede Kuhr, in: ... da gibt's ein Wiedersehen! Kriegstagebuch eines Mädchens 1914–1918, hg. v. Jo Mihaly, Freiburg (Kerle) 1964, S. 216. **S. 33 M1:** Volker Ullrich, Kriegsalltag, in: Wolfgang Michalka, Der Erste Weltkrieg, München: Piper 1994, S. 610, gekürzt. **S. 37 Q1:** Wolfgang Gust (Hg.): Der Völkermord an den Armeniern 1915/16. Dokumente aus dem Politischen Archiv des deutschen Auswärtigen Amtes. Springe (Zu Klampen Verlag) 2005, S. 171, gekürzt. **S. 39 Q1:** Herbert Schambeck, Helmut Widder Marcus Bergmann (Hg.): Dokumente zur Geschichte der Vereinigten Staaten von Amerika. 2., erweiterte Auflage, Berlin (Duncker & Humblot) 2007, S. 438–440, gekürzt. **S. 45 M1:** Beate Ziegs: Verbrechen an den Herero und Nama. Die juristische Auseinandersetzung mit dem Kolonialismus. zit. n.: https://www.deutschlandfunkkultur.de/verbrechen-an-den-herero-und-nama-die-juristische.976.de.html?dram:article_id=426514 (abger. 20.08.2021), Auszug.

2. Demokratie und Diktatur – Deutschland und Russland im Vergleich

S. 57 Q1: Ladislaus Singer: Sowjetimperialismus. Seewald Verlag, Stuttgart 1970. S. 44, Auszug. **S. 57 Q2:** Wladimir Iljitsch Lenin, zit. n.: https://www.lpb-bw.de/russland-nach-1917 (abger.: 08.10.2021), gekürzt. **S. 61 Q1:** Zit. n. Gerhard. A. Ritter, Susanne Miller (Hg.): Die deutsche Revolution 1918–1919, Dokumente, Hamburg (Hoffmann & Campe) 1975, S. 77f., gekürzt. **S. 63 Q1:** Herbert Michaelis, Ernst Schraepler (Hg.): Ursachen und Folgen, Bd. 2: Der militärische Zusammenbruch. Berlin (Wendler) 1959, S. 405, Auszug. **S. 63 Q2:** Günther Schönbrunn: Weltkriege und Revolutionen 1914–1945, Geschichte in Quellen, Bd. 6, hg. v. Wolfgang Lautemann und Manfred Schlenke, München (bsv) 1979, 126f. u. 128f., gekürzt. **S. 65 Q1:** Emil Julius Gumbel: Vier Jahre politischer Mord, Reprint der Originalausgabe von 1922, Heidelberg (Das

Wunderhorn) 1980, S. 81, gekürzt. **S. 66 Fließtext:** Leo Dawidowitsch Trotzki zit. n.: Max Weber: Politik als Beruf, München Leipzig (Verlag von Duncker & Humblot) 1919, S. 4, Auszug. **S. 67 Fließtext:** Marie Juchacz zit. n.: https://www.bundestag.de/dokumente/textarchi z-215672 (abger. 08.10.2021), gekürzt. **S. 71 Q1:** Wladimir Iljitsch Lenin, zit. n.: Wolf Dietrich Behschnitt: Die Russischen Revolutionen 1917–1929. Stuttgart (Klett Verlag) o.J., S. 47, gekürzt. **73 Q1:** Weimarer Verfassung, zit. n.: http://www.verfassungen.de/de19-33/verf19-i.htm (abger. 08.10.2021), gekürzt. **S. 83 Q1:** Das Tagebuch der Nina Kosterina, übersetzt von Helen von Ssachno, München (dtv) 1973, S. 26f., 31, 38f., 58., gekürzt. **S. 84 AA2:** George Orwell: 1984. übersetzt von Michael Walter, 9. Auflage, München (Heyne/Random House) 2010, S. 55, gekürzt. **S. 87 Q1:** Kurt Tucholsky: Gesammelte Werke in zehn Bänden. Band 2, Reinbek bei Hamburg (Rowohlt) 1975, S. 327, gekürzt. **S. 89 Q1:** Hubert Renfro Knickerbocker: Deutschland so oder so. Berlin (Rowohlt) 1932, S. 14f., gekürzt. **S. 89 Q2:** „Der Tag" vom 22.09.1932. Berlin (Scherl Verlag), gekürzt. **S. 79 Q2:** Zit. n. Geschichte, Lehrbuch für die Klasse 10, Berlin (Ost), (Volk & Wissen) 1971. S. 125, gekürzt. **S. 91 Q1:** Adolf Hitler, zit. n.: Wolfgang Michalka, Gottfried Niedhart (Hg.): Die ungeliebte Republik, München (dtv) 1980, S. 184, gekürzt. **S. 91 Q2:** Adolf Hitler, zit. n.: Ian Kershaw: Hitler. 1989–1936, übersetzt von Jörg W. Rademacher und Jürgen Peter Krause, Frankfurt a.M. und Wien (Lizenzausgabe für die Büchergilde Gutenberg) 1999, S. 427, gekürzt. **S. 92 Q1:** Zit. n.: Wolfgang Michalka, Gottfried Niedhart (Hg.): Die ungeliebte Republik, München (dtv) 1980, S. 340f., gekürzt. **S. 93 Q2:** Zit. n.: Wolfgang Michalka, Gottfried Niedhart (Hg.): Die ungeliebte Republik, München (dtv) 1980, S. 342, gekürzt. **S. 97 Q1:** Lidia Kovalenko, Holod 33, zit. n.: Timothy Snyder, Bloodlands. Europa zwischen Hitler und Stalin. Übers. v. Martin Richter, München (dtv) 2013, S. 57.

3. Nationalsozialismus, Zweiter Weltkrieg und Shoah

S. 105 Q1: Otto Wels zit. n.: Wolfgang Michalka (Hg.), Das Dritte Reich, Bd. 1, München (dtv) 1985, S. 33 ff., gekürzt. **S. 107 Q1:** Adolf Hitler vor Kreisleitern auf der „Ordensburg" Sonthofen (1937), in: Dem Krieg entgegen: Orig.-Aufnahmen aus d. Jahren 1934–1939, hg. v. Horst Siebecke, ausgew. u. komm. v. Karl Otmar Frhr. von Aretin u. Mitarb. von Horst Siebecke, Frankfurt a. M.; Berlin; München (Diesterweg) 3. Aufl. 1972. S. 5. **S. 107 Q2:** Adolf Hitler: Mein Kampf., München (Eher) 1936, S. 329. **S. 107 Q3:** Adolf Hitler: Mein Kampf., München (Eher) 1936, S. 736, gekürzt. **S. 109 M1:** William S. Allen: Das haben wir nicht gewollt! Die nationalsozialistische Machtergreifung in einer Kleinstadt 1930 bis 1935, übers. v. Jutta und Theodor Knust, Gütersloh (S. Mohn) 1966, S. 240f., gekürzt. **S. 111 Q1:** Werner Willikens zit. n.: Ian Kershaw: Hitler. 1989–1936, übersetzt von Jörg W. Rademacher und Jürgen Peter Krause, Frankfurt a.M. und Wien (Lizenzausgabe für die Büchergilde Gutenberg) 1999, S. 665, gekürzt. **S. 111 M1:** Rüdiger Hachtmann zit. n.: Der prekäre Staat. Herrschen und Verwalten im Nationalsozialismus, hg. v. Sven Reichardt und Wolfgang Seibel, Frankfurt a.M. (Campus Verlag) 2011, S. 51, gekürzt. **S. 115 Q1:** Hans Jürgen Massaquoi, „Neger, Neger, Schornsteinfeger!": meine Kindheit in Deutschland, München (Scherz) 1999, S. 129ff., gekürzt. **S. 115 Q2:** Göttinger Tageblatt vom 4./5.11. 1933, S. 4, zit. nach: Thomas Berger: Lebenssituationen unter der Herrschaft des Nationalsozialismus, Frankfurt a. M. (Hirschgraben) 1981, S. 53, gekürzt. **S. 115 Q3:** Deutschlandberichte der Sozialdemokratischen Partei Deutschlands (Sopade) 1934–1940, hg. im Auftr. d. Exilvorstandes d. SPD, 3. Jahrgang, 1936, Salzhausen u. a. (Nettelbeck u. a.) 1980, S. 881, gekürzt. **S. 116 Q1:** Joseph Goebbels, zit. n. Thomas Lange und Gerd Steffens: Der Nationalsozialismus, Schwalbach/Ts. (Wochenschau Verlag) 2009, S. 127f., gekürzt. **S. 117 Q2:** Göttinger Tageblatt vom 11./12.11.1933, S. 4, zit. nach.: Thomas Berger: Lebenssituationen unter der Herrschaft des Nationalsozialismus, Frankfurt a. M. (Hirschgraben) 1981 S. 70, gekürzt. **S. 117 Q3:** Zit. nach: Karl Löwith: Mein Leben in Deutschland vor und nach 1933. Ein Bericht. Frankfurt (Fischer) 1989, S. 128f. **S. 119 Q1:** Zit. n. Hanna Elling, Frauen im deutschen Widerstand 1933–1945, Frankfurt/M. (Röderberg) 1989, S. 335, gekürzt. **S. 119 Q2:** Hans Beimler, zit. n.: Karl Filser und Hans Thieme (Hg.): Hakenkreuz und Zirbelnuss. Augsburg im Dritten Reich. Augsburg (Himmer) 1983. S. 48, gekürzt. **S. 121 Q1:** Zit. n. Arno Klönne: Jugend im Dritten Reich: Die Hitler-Jugend und ihre Gegner. Dokumente und Analysen. Düsseldorf/Köln (Diederichs) 1982, S. 138ff., gekürzt. **S. 121 Q2:** Gisela Richter, zit. n. https://www.dhm.de/lemo/zeitzeugen/gisela-richter-das-bdm-m%C3%A4dchen-gisela (abger. 08.10.2021), vekürzt. **S. 123 Q1:** Adolf Hitler, zit. n.: Max Domarus: Hitler. Reden und Proklamationen 1932–1945, kommentiert von einem deutschen Zeitgenossen. Würzburg (Selbstverlag) 1962/63. S. 450. **S. 125 Q1:** Reichsbürgergesetz und Gesetz zum Schutze des deutschen Blutes und der deutschen Ehre, 15. September 1935, und die beiden ersten Ausführungsbestimmungen, 14. November 1935, zit. n.: https://www.1000dokumente.de/index.html?c=dokument_de&dokument=0007_nue&object=

translation&l=de (abger.: 07.10.2021), gekürzt.
S. 127 Q1: Arno Hamburger: Die Pogromnacht vom 9. auf den 10. November 1938 in Nürnberg, zit. n. Jörg Wollenberg (Hg.): „Niemand war dabei und keiner hat's gewusst." Die deutsche Öffentlichkeit und die Judenverfolgung 1933–1945. München/Zürich (Piper) 1989, S. 22f., gekürzt.
S. 127 Q2: Melanie Dewynter, zit. n.: Andreas Heusler, Tobias Weger: „Kristallnacht". Gewalt gegen die Münchner Juden im November 1938. München (Buchendorfer Verlag, Stadtarchiv), zit. n.: Süddeutsche Zeitung von 30.10.2008, online u.: https://www.sueddeutsche.de/muenchen/70-jahrestag-der-pogromnacht-die-verbrennen-die-synagoge-1.521453" (abger. 10.09.2021), gekürzt.
S. 131 Q1: Romani Rose (Hg.): „Den Rauch hatten wir täglich vor Augen". Der nationalsozialistische Völkermord an den Sinti und Roma. Katalog zur ständigen Ausstellung im Dokumentations- und Kulturzentrum Deutscher Sinti und Roma. Heidelberg (Wunderhorn) 1999, Anhang 231, S. 64ff., gekürzt. **S. 137 Q1:** Zit. n. Wolfgang Michalka (Hg.): Das Dritte Reich, Bd. 1, München (dtv) 1985, S. 171, gekürzt. **S. 139 Q1:** Winston S. Churchill, Reden 1938–1940, Bd. 1, ges. u. übers. v. Randolph. S. Churchill. Zürich (Europa-Vlg.) 1946, S. 321, gekürzt. **S. 141 Q1:** Völkischer Beobachter, Berlin. Ausg. v. 10. Nov. 1942, zit. n.: Wege durch die Geschichte, Grundkurs Geschichte, hg. v. Rudolf Berg, Berlin (Cornelsen) 1994, o.S., gekürzt. **S. 143 Q1:** Bekanntmachung der deutschen Besatzungsmacht vom 10. Juni 1942, abgedruckt in der deutschen Besatzungszeitschrift „Der neue Tag" am 11. Juni 1942, zit. n.: https://de.wikipedia.org/wiki/Lidice (abger. 08.04.2020), gekürzt. **S. 143 Q2:** Walter von Reichenau, zit. n.: Ernst Klee u. Willi Dreßen (Hg.), „Gott mit uns". Der deutsche Vernichtungskrieg im Osten 1939–1945. Frankfurt/M. (Fischer) 1989, o.S. **S. 143 Q3:** Peter Brückner: Das Abseits als sicherer Ort: Kindheit und Jugend zwischen 1933 und 1945. Berlin (Wagenbach) 1980, S. 146. **S. 145 Q1:** Walther Darré, zit. n.: Adam Tooze, Ökonomie der Zerstörung: die Geschichte der Wirtschaft im Nationalsozialismus, München (Pantheon) 2008, S. 238. **S. 145 Q2:** Hermann Göring zit. n.: Dietrich Eichholtz, Wolfgang Schumann (Hg.): Anatomie des Krieges. Neue Dokumente über die Rolle des deutschen Monopolkapitalismus bei der Vorbereitung und Durchführung des 2. Weltkrieges. Berlin (Dt. Verl. der Wiss.) 1969, S. 333f., gekürzt. **S. 149 Q2:** Zit. n. Robert W. Kempner, Eichmann und Komplizen, Zürich u. a. (Europa-Verlag) 1961, in: Léon Poliakov u. Josef Wulf, Das Dritte Reich und die Juden, unv. Nachdr. Berlin (Arani-Verlag), 1983, S. 116ff., gekürzt. **S. 149 Abbildung 3:** Protokoll der Wannsee-Konferenz, zit. n.: https://www.ghwk.de/fileadmin/user_upload/pdf-wannsee/dokumente/protokoll-januar1942_barrierefrei.pdf (abger. 08.10.2020). **S. 151 Q1:** Rudolf Höß, zit. n. Martin Broszat (Hg.): Kommandant in Auschwitz. Autobiografische Aufzeichnungen des Rudolf Höß. München (dtv) 1963, S. 170f., gekürzt. **S. 153 Q1:** Zit. n. Muriel Asseburg, Israelisch-palästinensische Streitfragen, in: Informationen zur politischen Bildung 278, hg. v. d. Bundeszentrale für Politische Bildung, Bonn 2008, S. 69f., gekürzt. **S. 153 Q2:** Julius Bendorf, zit. n.: Ober-Ramstadt und seine Juden: Dokumente und Berichte, hg. v. Magistrat der Stadt Ober-Ramstadt, Auswahl u. Bearb. d. Texte v. Helmut Beier, 1988, S. 255ff., gekürzt. **S. 155 Q1:** Anne Frank, zit. n.: Das Tagebuch der Anne Frank: 14. Juni 1942 bis 1. August 1944, aus dem Holländ. übers. v. Anneliese Schütz, Berlin (Union-Verlag) 1990, S. 268. **S. 157 M1:** Website der KZ-Gedenkstätte Buchenwald: https://www.buchenwald.de/72/ (abger. 9.10.2021). **S. 159 Q1:** Zit. n. Kurt Zentner: Illustrierte Geschichte des Widerstandes in Deutschland und Europa 1933–45. München (Südwest Verlag) 1983, S. 150. **S. 159 AA5:** Zit. n. Hölle im Moor: Die Emslandlager 1933–1945. hg. i. Auftrag d. Stiftung Gedenkstätte Esterwegen, Bernd Faulenbach, Andrea Kaltofen, Göttingen (Wallstein) 2017, S. 10, gekürzt.
S. 161 Q1: Georg Elser, zit. n.: Peter Steinbach, Johannes Tuchel: Georg Elser, Berlin (Bebra Wissenschaft) 2008, S. 195f., gekürzt. **S. 161 Q2:** Zit. n. Hofer, Walter (Hg.): Der Nationalsozialismus. Dokumente 1933–1945, Frankfurt a. M. (Fischer) 1982 S. 328f., gekürzt. **S. 161 AA7:** Richard Löwenthal, Widerstand im totalen Staat, in: Ders. / Patrik von zur Mühlen (Hg.), Widerstand und Verweigerung in Deutschland 1933 bis 1945, Bonn/Berlin (Dietz) 1982, S. 24, gekürzt. **S. 162 Q1:** Zit. n. Bodo Scheurig (Hg.): Deutscher Widerstand 1938–1944. Fortschritt oder Reaktion? München (dtv) 1984, S. 280f., gekürzt.
S. 163 Fließtext: Carl Friedrich Goerdeler, zit. n.: Marianne Meyer-Krahmer: Carl Goerdeler – Mut zum Widerstand: Eine Tochter erinnert sich, Leipzig (Leipziger Universitätsverlag) 1998, S. 168. **S. 165 Q1:** Zit. n. Gerhard Hetzer, Kulturkampf in Augsburg 1933–1945: Konflikte zwischen Staat, Einheitspartei u. christlichen Kirchen, dargestellt am Beispiel einer deutschen Stadt, Augsburg (Mühlberger) 1982, S. 198. **S. 167 Q1:** Franklin D. Roosevelt, zit. n. Hans-Adolf Jacobsen, Der Zweite Weltkrieg. Grundzüge der Politik und Strategie in Dokumenten, Frankfurt a. M. (Bernard & Graefe) 1965, S. 236. **S. 167 Q2:** Urkunde über die bedingungslose Kapitulation der Deutschen Wehrmacht vom 8. Mai 1945, zit. n. https://www.bpb.de/geschichte/deutsche-geschichte/der-zweite-weltkrieg/199402/endphase-und-kriegsende (abger. 15.06.2020), verkürzt und verändert. **S. 171 Q1:** Harry S. Truman,

zit. n.: Wolfgang Lautemann, Manfred Schlenke (Hg.): Geschichte in Quellen. Weltkriege und Revolutionen 1914–1945. bearb. v. Günter Schönbrunn, München (bsv), 1979, S. 585, gekürzt. **S. 173 Q1:** Hermann Lohmann, zit. n.: https://www.dhm.de/lemo/zeitzeugen/hermann-lohmann-das-kriegsende-in-sachsen-1945.html (abger. 09.10.2021), gekürzt. **S. 175 Q1:** Richtlinien des Generalstabs der amerikanischen Streitkräfte vom 26.04.1945, zit. n.: Hans-Jörg, Ruhl (Hg.): Neubeginn und Restauration, München, (dtv) 1982, S. 60, gekürzt. **176 Q1:** Richard von Weizsäcker, zit. n.: http://www.bundespraesident.de/SharedDocs/Reden/DE/Richard-von-Weizsaecker/Reden/1985/05/19850508_Rede.html (abger. 13.11.2017), gekürzt. **177 Q2:** Joachim Gauck, zit. n.: http://www.bundespraesident.de/SharedDocs/Reden/DE/Joachim-Gauck/Reden/2015/11/151115-Volkstrauertag.html, (abger. 13.11.2017), gekürzt. **S. 179 Q1:** Reiner Haseloff, zit. n.: https://www.landtag.sachsen-anhalt.de/plenarsitzungen/transkript/?tx_apertoaper_livetranscript%5Bspeaker%5D=13565&ccHas=8ee51a00455ea1c19d2b69ef1e4c4741 (abger. 08.10.2020). **S. 181 M1:** Süddeutsche Zeitung Nr. 65, 19./20.03.1983, zit. nach: Geschichte für morgen, Ausgabe für Hauptschulen Baden-Württemberg, 9. Schuljahr, Frankfurt a. M. (Hirschgraben) 1986, S. 73. **S. 181 Q1:** Joseph Goebbels, zit. Rainer F. Schmidt: Die Außenpolitik des Dritten Reiches 1933–1939, Stuttgart (Klett-Cotta), o. S., gekürzt.

Bildquellenverzeichnis

Titelbild: akg-images/Bildarchiv Monheim
S. 2: PEFC Deutschland e.V.; **S. 3|o.l. (Wh.S. 10/11):** akg-images/Science Source; **S. 3|u.l.:** bpk/Kunstbibliothek, SMB, Photothek Willy Römer; **S. 4:** bpk/Bayerische Staatsbibliothek/Heinrich Hoffmann.

1. Imperialismus und Erster Weltkrieg

S. 13|2: mauritius images/TopFoto; **S. 14|1:** akg-images/Erich Lessing/Léon Azéma: Beinhaus von Douaumont; **S. 14|2:** dpa Picture-Alliance/ABACA; **S. 15|3:** mauritius images/alamy stock photo/Guido Schiefer; **S. 17|2:** bpk; **S. 18|u.l.:** bpk/Stoedtner; **S. 18|m.l.:** bpk/M. Bätz; **S. 19|2:** bpk; **S. 19|3:** bpk; **S. 20|u.l.:** bpk/Geheimes Staatsarchiv, SPK/Bildstelle GStA PK; **S. 21|2:** bpk; **S. 22|1:** Bridgeman Images /© SZ Photo/Sammlung Megele; **S. 22|2:** Archiv der sozialen Demokratie; **S. 23|o.r.:** Bridgeman Images/© Iberfoto; **S. 25|2:** akg-images; **S. 26|1:** akg-images; **S. 26|2:** Bridgeman Images/© SZ Photo/Scherl; **S. 28|m.l.:** bpk; **S. 28|u.l.:** akg-images; **S. 29|2:** Bridgeman Images/Universal History Archive/UIG; **S. 29|3:** Imago Stock & People GmbH/Shotshop; **S. 30|1:** interfoto e.k./Friedrich; **S. 31|2:** akg-images; **S. 31|3:** akg-images; **S. 32|1:** Markensammlung des Stadtarchivs Hohenstein-Ernstthal; **S. 32|2:** Markensammlung des Stadtarchivs Hohenstein-Ernstthal; **S. 33|3:** akg-images; **S. 33|4:** Stadtarchiv Bielefeld; **S. 35|1:** dpa Picture-Alliance/dpa-Zentralbild/Stefan Sauer; **S. 37|2:** bpk; **S. 38|1:** mauritius images/Science Source; **S. 38|m.l.:** Amerika Haus/Süddeutsche Zeitung Photo; **S. 39|2:** akg-images / IAM; **S. 40/41:** akg-images/(c) VG Bild-Kunst, Bonn 2022; Otto Dix: Der Krieg, Triptychon, 1929/32; **S. 43|1:** akg-images/Album/Dreamworks; **S. 44|1:** akg-images/Science Photo Library; **S. 45|1:** bpk/Adoc-Photos; **S. 45|2:** INTERFOTO/Granger, NYC; **S. 47|1:** mauritius images/Kim Petersen.

2. Demokratie und Diktatur – Deutschland und Russland im Vergleich

S. 48/49: bpk/Kunstbibliothek, SMB, Photothek Willy Römer; **S. 53|3:** bpk/Deutsches Historisches Museum/Arne Psille; **S. 53|4:** akg-images; **S. 54|1:** mauritius images/alamy stock photo/Pictorial Press Ltd; **S. 55|2 (Wh. S. 97|2):** akg-images /RIA Nowosti/(c) VG Bild-Kunst, Bonn 2022; Vladimir Aleksandrovich Serov: Lenin spricht zu Vertretern des Volkes auf einem Kongress am 26.10.1917, 1947; **S. 57|2:** dpa Picture-Alliance/IMAGNO/Austrian Archives; **S. 59|2:** Bridgeman Images/Peter Newark Historical Pictures; **S. 60|1:** bpk/Erich Greiser; **S. 61|2:** akg-images; **S. 63|2:** akg-images; **S. 64|1:** bpk/Kunstbibliothek, SMB, Photothek Willy Römer; **S. 65|2:** Unibibliothek Heidelberg/Róbert Berény/https://digi.ub.uni-heidelberg.de/diglit/ulk1925/0161; **S. 66:** bpk; **S. 67:** akg-images/Imagno; **S. 70|2:** akg-images; **S. 73|2:** bpk/Kunstbibliothek, SMB, Photothek Willy Römer; **S. 74|1:** bpk; **S. 76|1:** dpa Picture-Alliance/TASS/Nikolay Petrov; **S. 77|2:** akg-images; **S. 78|2:** akg-images; **S. 79|m.r.:** akg-images/TT News Agency/SVT; **S. 80|1:** mauritius images/alamy stock photo/History and Art Collection; **S. 80|2:** mauritius images/alamy stock photo/Ivan Vdovin; **S. 81|3:** interfoto e.k./fine art images; **S. 82|1:** akg-images; **S. 83|2:** akg-images/Elizaveta Becker; **S. 83|m.r.:** akg-images/Sputnik; **S. 85|1:** akg-images; **S. 85|2:** bpk; **S. 86|1:** bpk/Bayerische Staatsgemäldesammlungen; **S. 86|2:** mauritius images/Pitopia; **S. 87|3:** bpk/Kunstbibliothek, SMB/Dietmar Katz; **S. 89|2:** bpk; **S. 89|3:** akg-images/Walter Ballhause; **S. 90|1:** akg-images; **S. 90|2:** akg-images; **S. 92|1:** Stadtarchiv Mannheim – Institut für Stadtgeschichte; **S. 93|2:** interfoto e.k./awkz; **S. 94|1:** interfoto e.k./Sammlung Rauch; **S. 95|2:** Bridgeman Images/© SZ Photo/Scherl; **S. 96|1:** Bridgeman Images/Granger /; **S. 97|1:** bpk.

3. Nationalsozialismus, Zweiter Weltkrieg und Shoah

S. 100/101: bpk/Bayerische Staatsbibliothek/Heinrich Hoffmann; **S. 104|1:** akg-images; **S. 105|2:** akg-images;

S. 106|1: bpk/Staatsbibliothek zu Berlin; **S. 107|2:** bpk/Kunstbibliothek, SMB; **S. 108|1:** akg-images; **S. 108|u.l.:** bpk; **S. 109|2:** bpk; **S. 109|3:** bpk; **S. 113|1:** bpk/Bayerische Staatsbibliothek/Heinrich Hoffmann/Albert Speer, Walter Brugmann: Reichsparteitagsgelände (Nürnberg); **S. 113|2:** bpk/Bayerische Staatsbibliothek/Heinrich Hoffmann; **S. 114|1:** akg-images/Glasshouse Images; **S. 115|2:** bpk/Deutsches Historisches Museum/Sebastian Ahlers; **S. 116|1:** bpk; **S. 117|2:** Bridgeman Images/© SZ Photo/Scherl; **S. 118|1:** Sammlung Gedenkstätte Buchenwald; **S. 118|m.l.:** bpk/Deutsches Historisches Museum/Arne Psille; **S. 119|2:** Bridgeman Images/Everett Collection; **S. 120|2:** bpk; **S. 121|3:** bpk/Arthur Grimm; **S. 122|1:** bpk/Deutsches Historisches Museum; **S. 123|2:** bpk/Liselotte Purper (Orgel-Köhne); **S. 123|3:** interfoto e.k./Mary Evans/Library of Congress; **S. 124|1:** Bridgeman Images/© SZ Photo/Scherl; **S. 125|2:** Bridgeman Images; **S. 125|3:** Bridgeman Images/© SZ Photo; **S. 126|1:** SGM Leipzig / Foto: Prof. Johannes Widmann; **S. 127|2:** bpk/Bayerische Staatsbibliothek/Heinrich Hoffmann; **S. 128/129:** akg-images/Bildarchiv Pisarek; **S. 130|1:** Imago Stock & People GmbH/Daniel Schäfer; **S. 131|2:** dpa Picture-Alliance/Wolfgang Kumm; **S. 132|1:** dpa Picture-Alliance/ZB/dpa-Zentralbild/Archiv; **S. 133|2:** Foto: Marion Doering; **S. 134|1:** akg-images; **S. 134|2:** akg-images; **S. 136|1:** bpk; **S. 137|2:** akg-images/De Agostini Picture Lib.; **S. 138|u.l.:** akg-images; **S. 139|2:** akg-images; **S. 139|3:** Bridgeman Images/Everett Collection; **S. 140|1:** Bridgeman Images/© Galerie Bilderwelt; **S. 140|2:** Bridgeman Images/Peter Newark Military Pictures; **S. 141|3:** akg-images/Archive Photos; **S. 141|4:** Bridgeman Images/Granger; **S. 142|1:** akg-images/Sammlung Berliner Verlag/Archiv; **S. 142|2:** Bridgeman Images/Pictures from History; **S. 143|3:** stock.adobe.com/A_Lein; **S. 144|1:** bpk/Deutsches Historisches Museum; **S. 144|2:** bpk/Deutsches Historisches Museum; **S. 144|u.l.:** mauritius images/alamy stock photo/Volgi archive; **S. 145|3:** interfoto e.k./Austrian National Library/Weltbild; **S. 145|4:** akg-images; **S. 147|1:** Zofia B., Interview-Archiv „Zwangsarbeit 1939-1945“, za251, © Freie Universität Berlin; **S. 147|2:** Galina G., Interview-Archiv „Zwangsarbeit 1939-1945“, za474, © Freie Universität Berlin; **S. 147|3:** Tosia S. , Interview-Archiv „Zwangsarbeit 1939–1945“, za378, © Freie Universität Berlin; **S. 147|4:** Banner: Interview-Archiv „Zwangsarbeit 1939-1945“, za474, © Freie Universität Berlin; **S. 148|u.l.:** akg-images; **S. 149|2:** bpk/Bengt von zur Mühlen; **S. 149|3:** Auswärtiges Amt – Politisches Archiv; **S. 151|2:** bpk; **S. 151|3:** interfoto e.k./Sammlung Rauch; **S. 153|2:** Aus: Die Suche - Copyright 2007 © Eric Heuvel/Anne Frank Stichting, Übersetzung Waltraud Hüsmert.; **S. 153|3:** Photo © Yad Vashem Art Museum, Jerusalem; **S. 154|1:** dpa Picture-Alliance GmbH; **S. 154|2:** interfoto e.k./IFPAD; **S. 155|1:** dpa Picture-Alliance/Privat/Manuel Trollmann; **S. 157|1:** Imago Stock & People GmbH/Jürgen Ritter; **S. 157|2:** Imago Stock & People GmbH/imagebroker\r; **S. 159|2:** akg-images/IMAGNO/Votava; **S. 159|3:** Bridgeman Images/Buyenlarge Archive/UIG; **S. 160|1:** akg-images/George (Jürgen) Wittenstein; **S. 160|m.l.:** akg-images; **S. 160|u.l.:** Bridgeman Images/SZ Photo/Sammlung Megele; **S. 161|2:** akg-images/Jürgen Raible; **S. 162|1:** akg-images/Heinrich Hoffmann; **S. 162|m.l.:** Bridgeman Images/Universal History Archive/UIG; **S. 162|u.l.:** bpk; **S. 163:** akg-images; **S. 164|1:** akg-images; **S. 164|2:** akg-images/Sammlung Berliner Verlag/Archiv; **S. 165|3:** akg-images; **S. 165|4:** Bridgeman Images/© SZ Photo/Scherl; **S. 166|1:** akg-images/TT News Agency/TT News Agency/; **S. 166|m.l.:** dpa Picture-Alliance/Ann Ronan Picture Library/Heritage Imag; **S. 167|2:** akg-images/Sammlung Berliner Verlag/Archiv; **S. 167|3:** interfoto e.k./Sammlung Rauch; **S. 168/169:** bpk/Voller Ernst – Fotoagentur/Jewgeni Chaldej; **S. 170|1:** bpk; **S. 170|2:** Bridgeman Images; **S. 170|u.l.:** bpk; **S. 171|3:** akg-images/Rainer Hackenberg; **S. 171|4:** mauritius images/dieKleinert; **S. 172|1:** Imago Stock & People GmbH/Daniel Schäfer; **S. 173|2:** akg-images; **S. 174|1:** akg-images; **S. 175|2:** akg-images; **S. 176|1:** stock.adobe.com/Frank; **S. 177|2:** Imago Stock & People GmbH/Sven Ellger; **S. 179|2:** Imago Stock & People GmbH/imago images/snapshot; **S. 179|3:** mauritius images/dieKleinert; **S. 180|1:** mauritius images/alamy stock photo/CPA Media Pte Ltd; **S. 180|m.l.:** mauritius images/alamy stock photo/Photo 12; **S. 181|1:** akg-images.

Illustrationen und Karten:

Cornelsen/Carlos Borrell Eiköter: S. 16|1; S. 18|1; S. 18|o.l.; S. 27|3; S. 28|1; S. 36|1; S. 50|1; S. 52|1; S. 52|2; S. 56|1; S. 59|3; S. 62|1; S. 102|1; S. 135|3; S. 138|1; S. 148|1; **Cornelsen/Elisabeth Galas:** S. 20|1; S. 21|3; S. 23|3; S. 24|1; S. 58|1; S. 72|1; S. 75|2; S. 78|1; S. 88|1; S. 91|3; S. 120|1; **Cornelsen/Heimann & Schwantes:** S. 94|o.r. (Wh. S. 132, S. 172); **Cornelsen/Peter Kast:** S. 12|1; **Cornelsen/Erfurth Kluger Infografik GbR:** S. 79|3 S. 110|1; S. 150|1; S. 152|1; S. 158|1; **Cornelsen/Carsten Märtin:** S. 13|o.r.; S. 46|o.r.; S. 46|u.l.; S. 47|o.r.; S. 47|m.r.; S. 51; S. 98|o.; S. 98|u.r.; S. 99|o.l.; S. 99|o.r.; S. 99|u.; S. 103; **Cornelsen/Dieter Stade:** S. 70|1; S. 137|3.